종교개혁자들의 정부론과 국가론

종교개혁자들의 정부론과 국가론

발 행 일	2025.08.14.
발 행 인	이정기
편 집 인	황대우
발 행 처	고신대학교 출판부
	고신대학교 개혁주의학술원
	kirs@kosin.ac.kr / www.kirs.kr
	부산시 영도구 와치로 194 051) 990-2267
판 권	고신대학교 개혁주의학술원 - 개혁주의 신학과 신앙 총서 19
제 목	종교개혁자들의 정부론과 국가론
저 자	김용주 유정모 황대우 류성민 김진홍 박상봉 박재은 양신혜 이남규 권경철 우병훈
I S B N	979-11-91936-20-9

종교개혁자들의 정부론과 국가론

개혁주의 신학과 신앙 총서 제19권을 펴내며

저희 학술원이 2025년에 출간하는 신학과 신앙 총서 제19권 주제는 "종교개혁자들의 정부론과 국가론"입니다. 서구 유럽은 16세기에 독립 국가 개념이 발생하기 시작했습니다. 잘 알려진 것처럼 교회와 국가의 관계를 논할 때 제일 먼저 등장하는 신학자는 초대교회 교부 아우구스티누스입니다. 왜냐하면 그가 자신의 『하나님의 도성』에서 세상의 도시 즉 도성과 하나님의 도시 즉 도성을 각각 정의하면서 그 두 도성이 서로 다르다고 주장했기 때문입니다.

아우구스티누스의 주장과 달리, 중세 서구 유럽은 하나님의 나라와 세상 나라가 구분 없이 그리스도의 지상 대리자를 자처한 교황 아래 하나로 혼합되었습니다. 16세기 종교개혁은 지역과 인종과 신앙에 따라 정교일치라는 하나의 중세 유럽을 분열시키는 강력한 원인이었습니다. 이처럼 종교개혁과 유럽의 국가 탄생은 불가분의 관계입니다. 특히 루터의 두 왕국론 즉 두 국가론은 유명합니다. 루터는 교회와 국가를 마치 하나님 나라와 세상 나라의 대립 관계로 설정하는 듯한 주장을 주저하지 않았습니다. 루터의 주장을 단순화하고 오해했던 재세례파는 교회를 하나님의 나라로, 국가를 사탄의 나라로 도식화했는데 이러한 이원론적 사고가 오늘까지 강력한 영향력을 행사하고 있습니다.

루터의 두 왕국론은 아우구스티누스의 두 도성 이론과 유사점도 있고 차이점도 있는데, 그 두 이론과 다른 주장이 칼빈의 두 정부론입니다. 아우구스티누스와 루터의 강조점이 하나님 나라와 세상 나라의 구분에서 한 걸음 더 나아간 분리에 있는 반면에 칼빈이 내세운 두 정부론은 교회와 국가가 구분되어 마땅하지만 분리와 대립보다는 협력 관계임을 강조합니다. 모든 통치의 기원은 하나님이시고 교회든 국가든 지도자와 통치자는 하나님께서 세우신다는 로마서 13장의 가르침이 두 정부론의 결정적 원리입니다.

교회와 국가의 관계 문제는 이미 지난 코로나19 재난을 통해 또 다시 심각한 논쟁거리였습니다. 우리 그리스도인들은 교회와 국가의 관계를 어떻게 정립하는 것이 성경적이고 개혁신학적인지 고찰하는 일은 여전히 유의미합니다. 이런 점에서 본서는 다음과 같은 주제로 16-17세기 기독교 국가론과 정부론이 무엇인지 제시합니다.

1. 루터의 두 왕국과 두 정부론 / 김용주 박사
2. 울리히 츠빙글리의 국가론 / 유정모 박사
3. 부써의 정부론과 그리스도의 나라 / 황대우 박사
4. 멜랑흐톤의 정부론과 국가론 / 류성민 박사
5. 버미글리의 개혁주의 정치관 / 김진흥 박사
6. 하인리히 불링거의 교회와 국가의 관계 / 박상봉 박사
7. 존 낙스의 정부론과 국가론 / 박재은 박사
8. 테오도르 베자의 국가관과 통치권 사상 / 양신혜 박사
9. 우르시누스의 정부론과 국가론 / 이남규 박사
10. 푸티우스의 정부론과 국가론 / 권경철 박사
11. 청교도 리처드 백스터의 국가론 / 우병훈 박사

본서가 대한민국의 모든 교회에 건전하고 건강한 기독교 국가론과 정부론이 정착하는데 일조할 수 있기를 간절히 바랍니다.

개혁주의학술원장 황대우

차 례

개혁주의 신학과 신앙 총서 제19권을 펴내며 ·· 4

1. 루터의 두 왕국과 두 정부론 / 김용주 ·· 9
2. 울리히 츠빙글리의 국가론 / 유정모 ·· 35
3. 부써의 정부론과 그리스도의 나라 / 황대우 ·· 81
4. 멜랑흐톤의 정부론과 국가론 / 류성민 ·· 127
5. 버미글리의 개혁주의 정치관 / 김진흥 ·· 161
6. 하인리히 불링거의 교회와 국가의 관계 / 박상봉 ······························· 199
7. 존 낙스의 정부론과 국가론 / 박재은 ·· 225
8. 테오도르 베자의 국가관과 통치권 사상 / 양신혜 ······························· 259
9. 우르시누스의 정부론과 국가론 / 이남규 ··· 293
10. 푸티우스의 정부론과 국가론 / 권경철 ··· 335
11. 청교도 리처드 백스터의 국가론 / 우병훈 ··· 359

루터의 두 왕국과 두 정부론

김용주

Martin Luther(1483-1546)

전남대학교 사범대학 독어교육과를 졸업하고 총신대 신대원에서 목회학 석사(M.Div.)과정을 졸업한 후 독일로 건너가 베를린 소재 훔볼트대학교에서 교회사 루터 전공으로 박사학위(Dr.theol.)를 받았다. 현재 분당두레교회 담임 목사로 섬기고 있다. 저서로는 『루터, 혼돈의 숲에서 길을 찾다』(익투스, 2012)와 『칭의, 루터에게 묻다』(좋은 씨앗, 2017), 『자유주의 신학이란 무엇인가?』(좋은씨앗, 2018)와 『신정통주의 신학이란 무엇인가』(좋은씨앗, 2019), 『정치신학이란 무엇인가』(좋은 씨앗, 2022), 『인간을 인간되게 하라』(솔로몬, 2022), 『밤에 찾아온 손님』(솔로몬, 2022), 『들어서 읽어라: 아우구스티누스의 생애와 신학』(좋은 땅, 2024)이 있다.

김용주

I. 서론

1. 루터의 두 왕국과 두 정부론에 대한 오해

루터의 두 왕국(Zwei Reiche)과 두 정부(Zwei Regimente)에 관한 입장은 민주주의나라에서 자라난 사람들일수록 부정적인 입장에서 접근하는 경향이 있다. 이런 부정적인 입장이 생기게 된 데는 두 가지 이유가 있을 것이다.

첫째는 독일의 제 3제국 당시 히틀러의 통치를 옹호하던 루터교 신학자들에 의하여 생긴 두 왕국 이론 때문이다.[1] 루터교 신학자들은 두 왕국론을 통하여 교회가 세상이 하는 일에 관여하지 않아도 될 명분을 제공하였다. 그래서 칼 바르트와 같은 신학자는 이 두 왕국론을 받아들이고 싶지 않았고, 루터교회와 개혁파 교회가 함께 작성했으나 자신이 주도적 역할을 했던 바르멘 선언(Barmen Erklärung, 1534)에서 두 왕국론에 대한 비판적 입장을 견지하고 있다. 바르트는 이 선언의 1항,2항에서 교회의 유일한 지도자는 오직 예수 그리스도 뿐이며, 우리 그리스도인들이 예수 그리스도가 아니라 다른 주인들도 소유할 수 있는 것처럼 가르치는 것은 잘못된 가르침이라고 말한다. 그는 두 왕국이 아니라 한 왕국이 있을 뿐이라고 주장하였다.[2] 바르트뿐만 아니라 개혁파 교회의 일부 신학자들도 루터가 두 왕국을 주장함으로써 세상의 일에 대한 교회의 개입을 차단하고 있다고 말하면서 그의 입장을 비판하고 있다.

---

[1] Luther heute, *Ausstrahlungen der Wittenberger Reformation*, eds. Heckel, Kampmann, Leppin, Schwöbel (Tübingen: Mohr Siebeck, 2017), 294.
[2] Hans-Martin Barth, *Die Theologie Martin Luthers* (Gütersloh: Gütersloher Verlaghaus, 2009), 455-456.

두 번째 이유는 루터 자신이 한 말들 때문이다. 루터가 두 왕국과 두 정부론을 집중적으로 논할 때는, 농민전쟁(1525)이 일어나기 전후였다. 이 때에 그는 영주들과 귀족들에게 온건한 농부들에게는 그들이 요구하는 요구안을 들어주어야 하지만, 폭동을 일으키는 농민들에 대해서는 질서유지를 위하여 과격한 진압을 하도록 요청했다. 그리고 과격한 진압을 위해서 그가 세상 지도자들에게 요청했던 매우 과격한 표현들이 세상에 알려지면서 그 당시뿐만 아니라 그 이후의 시대에 있어서도 그는 강한 비판을 받고 있다.

이 두 가지 중요한 이유로 인해서, 연구가들은 루터가 두 왕국론과 두 정부론을 말할 때, 그가 그런 말을 하게 된 참 뜻을 파악하기 보다는 그의 생각이 잘못되었다는 선입견을 가지고 접근하게 되었다. 이런 선입견으로 인해서 대부분의 부정적인 평가자들은 루터 자신의 글들을 자세히 읽고 평가하기 보다는, 루터가 농민들이나 세상 정부들에 대하여 한 말이나, 히틀러 치하에서 히틀러를 지지하던 신학자들이 루터를 소급하면서 한 말들에 의지하여 평가하는 경향이 있다.

본고를 통해서 필자는 루터의 두 왕국과 두 정부에 관한 입장을 루터 자신이 쓴 글들을 통하여 살펴보면서 루터의 입장에 관한 지금까지의 평가들이 옳았는지에 대하여 살펴보고 또한 알려지지 않았던 측면들도 알리고자 한다.

2. 두 왕국과 두 정부 중 어떤 표현이 더 적합한가?

본론으로 들어가기 전에, 먼저 루터의 두 왕국과 두 정부론이라는 제목에 대하여 서론적으로 고찰을 하고자 한다. 왜냐하면 학자들 중에서 루터의 두 왕국론이라고 칭하기도 하고 루터의 두 정부론이라고 칭하고 있기 때문이다.

먼저 두 왕국이라는 용어는 루터 이전에 이미 어거스틴이 그의 책 『하나님의 도성』(De civitatis Dei)에서 사용한 말이다. 어거스틴은 이 책에서 역사를 아벨로부터 시작된 하나님의 도성(Civitas Dei)과 가인으로부터 시작된 땅의 도성(Civitas terrena)의 투쟁의 장으로 말하였으므로, 이 두 도성이라는 말이 이후의 신학사에서 계속 받아들여지고 있다. 어거스틴은 두 도성의 기원과 성격에 대하여 밝히는데 초점을 두었다. 그는 하나님의 도성을 지으신 이는, 하나님이신 반면, 땅의 도성은 악마에 의하여 지배를 받는 불신자들의 도성이라고 말한다. 그래서 하나님의 도성은 하나님을 믿는 백성이 사랑으로 봉사하며 사는 도성이지만, 땅의 도성은 불신자들이 시기와 교만으로 행하는 왕국이다. 그는 이 두 도성이 대립 투쟁하나 결국은 하나님의 도성의 승리로 끝날 것이라고 말한다.

하지만 루터가 말하는 두 왕국과 두 정부론은 어거스틴의 입장을 계승하면서도 그의 두 왕국론을 정적으로가 아니라 동적으로 파악하려 했고,[3] 역사 안에서의 두 왕국의 차이를 은혜 밖에서의 삶과 은혜의 영향 하에 사는 삶의 근본인간학적 구분(fundamentalanthropolische Unterscheidung)으로 정위시키고, 또한 인간의 구원이라는 하나의 목표를 지향하는 하나님의 행동의 두 방식 사이의 신학적 구분으로 발전시키고 있다.[4]

루터에게 있어서는 두 왕국과 두 정부는 모두 다 하나님의 주권 하에 존재한다. 루터는 하나님의 왕국을 대표하는 영적정부도, 세상 왕국을 대표하

---

[3] Oswald Bayer, *Martin Luthers Theologie* 2. Auflage (Tübingen: Mohr Siebeck, 2004), 294.
[4] Herausgegeben von Albrecht Beutel, *Luther handbuch* (Tübingen: Mohr Siebeck, 2005), 426.

는 세속정부도 하나님의 통치하에 있다고 본다. 하나님은 오른손으로는 영적 정부인 교회를 붙잡고 영혼을 구원하고 왼손으로는 세상정부를 붙잡고 세상을 질서 있게 통치하신다. 어거스틴에게 있어 하나님의 도성은 하나님에 의하여 통치를 받고 땅의 도성은 마귀의 통치를 받지만, 루터에게 있어서는 두 도성이 다 한 하나님의 통치를 받는다. 한 하나님 밑에 영혼을 구원하기 위해서 교회 정부가 존재하고 세상 질서를 유지하기 위해서 세상 정부가 존재하는 것이다. 루터는 두 왕국론과 두 정부론을 교호적으로 사용하는데, 대체로 하나님의 통치 영역을 말할 때는 두 왕국을, 통치 방식을 사용할 때에는 두 정부를 사용한다.[5]

루터의 두 정부론에 관한 입장은 종교개혁의 초기에서부터 분명히 등장한다. 특별히 그가 1523년에 썼던 『세속 정부에 대하여: 우리가 세속정부에 얼마만큼 복종할 의무가 있는가』[6]에서 가장 잘 요약하여 제시하고 있다. 이후에 농민전쟁에서 그가 보여주었던 행동과 말을 통해서 그의 입장을 파악할 수 있고 그 이후의 글들에서도 그의 이런 입장을 찾아 볼 수 있다. 먼저 그의 입장이 가장 잘 요약된 『세속 정부에 대하여: 우리가 세속정부에 얼마만큼 복종한 의무가 있는가』를 통하여 그의 입장을 살펴보고자 한다.

II. 『세속 정부에 대하여: 우리가 세속정부에 얼마만큼 복종할 의무가 있는가』

---

[5] Bernhard Lohse, *Luthers Theologie* (Göttingen: Vandenhoeck & Ruprecht, 1995), 338.
[6] *Von weltlicher Obrigkeit, wie weit man ihr Gehorsam schuldig sei* (1523)

루터가 이 책을 쓰게 된 직접적인 계기는 그의 종교개혁을 도와주었던 쿠어작센(Kursachsen)의 영주 현자 프리드리히가 죽은 후 그를 계승한 공작 요한(Johhannes Herzog von Kursachsen)이 그에게 저항권 문제에 관한 책을 써달라는 요청을 하였기 때문이다. 요한이 그에게 이런 책을 써달라고 요청한 이유는 작센의 공작 게오르그(Hezog Georg von Sachsen)가 그 자신이 사는 주변 지역들에서 루터가 당시에 번역했던 신약성경을 사고팔지 못하게 하는 조치를 내렸기 때문이었다. 그는 이 신약성경을 판매하지 못하게 하고 이미 샀던 책들조차도 강제로 수거하도록 명령하였다. 루터가 볼 때, 이 사람의 이런 행동은 세속 군주에게 주어진 권력을 남용한 것이다. 그래서 그는 이 책을 통하여 세속권력의 출처와 권한행사의 범위에 대하여 지정해주고자 한다. 그는 이 책을 세 부분으로 나누어서 이 문제를 다루고 있다. 첫 번째 부분에서 그는 세속 권세의 기원과 검의 사용의 근거를 설명하고 있다.

1. 그는 세상 군주는 자신에게 주어진 권세와 검을 올바로 사용해야 한다고 말한다.

루터는 먼저 세상 권세는 하나님의 의지와 질서를 통하여 세상 안에 있으므로, 이 사실에 대하여 어느 누구도 의심하지 말아야 한다고 말한다. 그는 먼저 롬 13:1을 소환하면서 모든 사람은 위에 있는 권세와 정부에 복종해야 하는데, 이는 모든 권세는 하나님께로부터 나기 때문이라고 말한다. 그는 계속 벧전 2:13-14절을 인용하면서 그런 권세가 있는 곳은 어디에서나 그 권세는 하나님으로부터 세워졌으므로 "권세에 저항하는 자는 하나님의 질서에 저항하는 것이고 하나님의 질서에 저항하는 자는 스스로를 정죄 받게 한다."7

루터는 이런 검의 권리는 세상의 시작 때부터 이미 존재하고 있다고 말한다. 가인이 아벨을 죽였을 때, 가인은 사람들이 검으로 그를 죽이지 못하게 해달라고 하나님께 간청하는데, 이는 그가 이미 세속 권력을 가진 자가 살인자를 처벌할 수 있다는 생각을 받아들이고 있었기 때문이라고 말한다. 하나님께서는 홍수 후에도 사람의 피를 흘린 자는 그의 피가 다시 다른 사람을 통하여 흘려져야 한다(창 9장)고 말하면서, 또한 모세의 법을 통하여서도, 예를 들어서 출 21장에 나오는 "눈은 눈으로 이는 이로 갚으라"는 말씀에서도 검을 통한 통치의 사상을 확인시켜 주고 있다고 말한다. 그는 신약에서도 그리스도께서 체포되기 전에 동산에서 "검을 빼는 자는 검으로 죽는다"고 말하면서 이 법칙을 확인하고 있으며, 세례 요한도 군인들의 직무를 인정함으로써 이 법칙을 확인하고 있다고 말한다. 그는 이런 구약과 신약의 구절들을 인용하면서 "세속의 검과 권리는 악인들을 형벌하고 선인들을 보호하기 위해서 사용되어야 하는 것이 하나님의 뜻이라는 것이 확실하고 충분히 분명하다"고 주장한다.8

2. 그는 이런 검을 그리스도인들이 자신들을 위해서는 결코 사용해서는 안 된다고 말한다.

루터는 그리스도께서도 사도 바울도9 예수님께서도10 베드로 사도도 그리

---

7 Luther, *Von der weltlichen Obrigkeit*, 224-225: "인간의 모든 제도를 주를 위하여 순종하되 혹은 위에 있는 왕이나 혹은 그가 악행 하는 자를 징벌하고 선행하는 자를 포상하기 위하여 보낸 총독에게 하라."
8 Luther, *Von der weltlichen Obrigkeit*, 226-227.

스도인은 자기 자신을 위하여서는 검을 사용하지 말아야한다고 가르쳤다고 말한다.11 그는 특히 자기 자신을 위한 검의 사용의 금지에 대한 예수님의 가르침을 스콜라 신학자들이 잘못 해석했다고 말하면서 이들을 비판하고 있다. 그는 스콜라 신학자들이 자신을 위하여는 검의 사용을 금한다는 예수님의 산상보훈의 말씀들은 수도사들과 같은 '완전한 신분'에게는 '권고'(consilia)로서 해당하지만, 그 외의 다른 불완전한 신분들에게는 해당하지 않는다고 가르치면서, 성경에서 근거를 찾을 수 없는 가르침을 퍼뜨렸다고 이들을 비판한다. 그는 하지만 그리스도의 말씀들은 완전한 신분이든, 완전하지 않은 신분이든지 간에, 모든 사람에게 유효하다고 말한다.

3. 그는 아담의 자손들을 두 부분으로, 즉 하나님 나라에 속한 사람들과 세상 나라에 속한 사람들로 나누어야한다고 말한다.

그는 하나님 나라에 속한 사람들은 모두가 그리스도 안에 있는 자들로서 참된 신앙인들이며, 그리스도는 하나님의 나라에서 왕이시며 주인으로서 하나님의 나라를 시작하고 세상 속에 세우기 위해 이 땅에 오셨으므로, 하나님 나라의 백성은 어떠한 세속의 검 혹은 권세도 필요로 하지 않으며, 만일 온 세상이 참된 그리스도인들로 즉 참된 신앙인들로만 구성이 되어 있다면. 어떤 영주도, 왕도, 주도, 검도 권세도 필요하지도 유익하지도 않을 것이라고 주장한다. 그는 하나님을 믿는 의인이 그런 검을 필요로 하지 않는 이유는, 의인은 전체 법이 요구하는 것 보다 모든 것을 그리고 더 많은 것을 행할 것

---

9 롬 12:19-20.
10 마 5:43-44.
11 Luther, *Von der weltlichen Obrigkeit*, 226-227.

이기 때문이라고 말한다.12 그는 불의한 자들은 올바른 것을 행하지 않기 때문에 그들에게 선을 가르치고 강요하고 밀어붙이는 법을 부과할 필요가 있지만, 모든 그리스도인들은, 좋은 나무가 그의 본성상 좋은 열매를 맺는 것처럼, 본성상 영과 신앙을 통하여 율법이 가르치는 것 보다 더 많은 선과 법을 행하므로 어떤 법도 권세도 필요가 없다고 말한다.13

루터는 "법이 필요 없다면 왜 하나님께서 인간들에게 그렇게 많은 법을 말씀하셨느냐"고 질문하는 사람들에게 바울 서신을 인용하면서, 율법은 악인들 때문에 주어졌으며, 그리스도인이 아닌 사람들이 율법을 통하여 외적 강제를 받아서 악한 행동을 멀리하도록, 자신들의 죄를 인식하고 하나님 앞에 겸손해지도록 하기 위함이라고 말한다.14

4. 그는 그리스도인이 아닌 사람들은 모두 세상 나라에 혹은 율법 아래에 속한다고 말한다.

하나님께서는 그리스도인의 신분 그리고 하나님 나라 밖에 있는 사람들을 위하여 다른 정부를 세우시고 세상 정부의 검에 굴복하게 했는데, 이는 그들이 비록 죄를 짓기를 원한다 하더라도 그들의 악함을 행사할 수 없게 하기 위함이라고 말한다. 그는 세상 정부의 검은 악한 짐승들이 날 뛸 때 사람들을 물지 못하도록 단속하기 위해서 사용하는 검과 같으므로, 만일 권세를 가진 자들에게 이런 검이 주어지지 않는다면, 온 세상은 악한 세상이 될 것이고 단 한 명의 참된 그리스도인도 없을 것이라고 말한다. 그는 이런 맥락에

---

12 Luther, *Von der weltlichen Obrigkeit*, 228-229.
13 Luther, *Von der weltlichen Obrigkeit*, 229-231.
14 Luther, *Von der weltlichen Obrigkeit*, 230-231.

서 그의 두 정부론의 핵심이 될 수 있는 말을 한다.

> "그러므로 하나님은 두 정부를 제정하셨다. 먼저 영적 정부(Geistliche Regierung)를 제정하시어 성령을 통하여 그리스도인들을 그리고 그리스도 아래 의로운 사람들을 만드신다. 그리고 세상 정부(Weltliche Regierung)를 만드시어 그리스도인이 아닌 자들과 악한 자들을 막아서 그들이 원하든 원하지 않든지 간에 외적으로 평화를 유지하고 조용히 머무르도록 하기 위함이다."[15]

그는 만일 어떤 사람이 세상을 복음에 의하여 통치하기를 원하고 모든 세상적인 권리와 검을, 자신들은 모두가 그리스도인이므로 어떤 권세도 검도 필요하지 않다는 이유를 들어서, 그것들을 포기한다면, 이 세상의 야수들이 선인들을 파멸시키지 않겠느냐고 말한다. 그의 이 말은 당시의 종교개혁의 좌파들인 광신론자(Schwärmer), 재세례파(Wiedertäufer)와 영파(Spiritualist) 등이 세상을 검이 아니라 복음으로 다스려야한다는 주장을 하였으므로 그들의 이런 잘못된 주장을 반박하는 말이다. 그는 만일 세상을 검으로 다스리지 않는다면, 악한 자들이 그리스도의 이름을 빌어서 복음적 자유를 오용하고 그들의 악을 옮기고, 그들은 그리스도인들이므로 어떤 법과 검에도 굴복하지 않는다고 말할 것이라고 그들을 비판한다.[16]

루터는 거듭 그리스도인들은 그들 자신을 위하여 검과 권세를 사용해서는 안 된다고 말하지만, 이 세상 안에 있는 다른 이웃들을 위해서는 검의 사용이 반드시 필요하다는 원칙을 강조한다. 그는 이 세상이 참된 그리스도인으

---

[15] Luther, *Von der weltlichen Obrigkeit*, 230-231.
[16] Luther, *Von der weltlichen Obrigkeit*, 232-233.

로 가득 찼을 때는 검의 사용이 필요가 없겠지만, 현실의 세계에서는 검이 반드시 필요한데, 이는 이 세계에는 세례를 받고 그리스도인이라는 이름을 가진 사람들 중에서도 많은 사람들이 그리스도인이 아닌 사람들로 머무르고 있기 때문이다. 그는 더 나아가 그리스도인들은 서로 멀리 떨어져 살기 때문에 이 세상 안에 복음으로만 통치하는 기독교적인 정부를 세우는 일은 불가능하다고 분명히 말한다.[17] 그는 온 나라를 혹은 세계를 복음으로 통치하기를 원하는 것은, 한 목자가 늑대들과 사자들과 독수리들과 양들을 한 공동의 목장에 넣어서 자유롭게 다니도록 하는 일과 같다고 말한다. 그는 이런 맥락에서 두 정부를 구분할 필요가 있음에 대하여 강조하여 말한다.

"그러므로 우리는 두 정부를 신중하게 구분해야 한다. 둘을 존속하게 하여 한 정부는 의롭게 만드는 일을, 다른 정부는 외적 평화를 만들고 악한 행위들을 막는 일을 해야 한다. 이 세계 안에는 하나만 있고 다른 하나는 없어서는 안 된다. 왜냐하면 어느 누구도 그리스도의 영적 정부 없이 하나님 앞에서 의롭게 될 수 없기 때문이다."[18]

그는 그리스도의 정부가 모든 사람을 지배하지 못하는 것은 항상 그리스도인들은 비 그리스도인들 중에서 소수이기 때문이라고 말한다.

5. 그리스도인들이 세상의 검과 권세를 사용하지 않는다면, 왜 바울은 롬 13장에서 모든 그리스도인들에게 모든 사람들은 세상 권세와 정부에 복종하라고 말했는가?

---

[17] Luther, *Von der weltlichen Obrigkeit*, 232-233.
[18] Luther, *Von der weltlichen Obrigkeit*, 232-233.

루터는 그리스도인들이 자기 자신들을 위해서는 검이나 권세를 사용하지 말아야 하다는 원칙을 천명하면서도, 그리스도인은 이 땅위에서 자신만을 위해서 살지 않고 이웃을 위해서도 살아야하므로 이웃을 보호하기 위해서 검을 사용해야 한다고 말한다. 온 세상을 위해서는 평화를 유지하고 죄를 벌하고 악을 막기 위해 검은 매우 유익하므로 그리스도인은 아주 자발적으로 검의 정부에 굴복하고 세금을 지불하고 정부를 존경하고 법의 권세를 장려하기 위하여 할 수 있는 모든 일을 행하고 봉사해야 한다.[19]

그는 그리스도인들이 정부를 섬기는 것은, 그들 자신들을 위해 정부가 필요하기 때문이 아니라, 다른 사람들이 보호를 받고 악이 더 나빠지지 않도록 하기 위함 때문이라고 말한다. 그는 만일 그리스도인이 이렇게 행하지 않는다면, 그리스도인답게 행동하지 않는 것이고 사랑을 거슬려 행하는 것이며, 그리스도인들이 정부에 복종하지 않는 태도를 보이게 될 때, 비 그리스도인들에게 그리스도인이 말하는 복음은 봉기를 가르치고 이기적인 사람들을 만든다는 비난을 하도록 하는 계기를 제공하게 할 것이라고 말한다. 그는 그리스도는 그를 믿는 자들이 법의 권세를 섬기거나 복종하지 말아야 한다고 말하지 않고, 도리어 악에게 저항하지 말아야 한다고 가르치고 있다는 점에 주목해야 한다고 말한다.[20]

6. 그는 한 그리스도인이 세속의 검을 가지고 악한 자들을 교정 할 수 있는지를 묻는 질문에 답한다.

---

[19] Luther, *Von der weltlichen Obrigkeit*, 236-237.
[20] Luther, *Von der weltlichen Obrigkeit*, 238-239.

루터는 자기 자신을 위해서는 검을 사용하지 말아야하지만, 검은 온 세계를 위하여 그리고 이웃을 위해서는 매우 유용하고 필요하므로, 그리스도인은 검을 자신의 복수를 위해서 그리고 악을 악으로 갚아주기 위해서 그것을 사용하지 말아야하지만, 이웃을 위하여 그리고 다른 사람들을 보호하고 다른 사람들을 세워주기 위해서는 사용해야 한다고 말한다.

"왜냐하면 너 자신을 위해서는 너는 복음에 머무른다. 그리고 그리스도의 말씀에 따라 처신한다. 너는 즐거이 두 뺨을 참고 너에게 겉옷을 구하는 자들에게 속옷을 벗어주게 되는데 이 일은 너 자신에게 해당하는 문제이기 때문이다. 이렇게 둘은 잘 조화 한다: 이는 하나님의 나라에도 세상 나라에도 올바르게 행하는 사람이 되어 외적으로 내적으로 네 악도 불의도 참고 악도 불의도 벌하기 때문이다. 즉 너는 악을 저항하지도 않고 그에게 저항한다. 왜냐하면 너는 한편으로 너 자신과 너 자신의 것을 본다. 다른 한편으로 너는 이웃과 그의 것을 본다. 너와 너의 것에 관계한 문제에 있어서는 너는 복음에 의하여 너를 판단하고 너를 위하여 불의를 참된 그리스도처럼 견딘다. 다른 사람과 그의 것과 관계해서는 너는 너를 사랑에 의하여 판단하고 네 이웃을 위하여 어떤 불의도 견디지 않는다. 복음은 그것을 금하지 않는다. 복음은 도리어 다른 구절에서 그것을 명한다."[21]

루터는 창세기 때부터 구약 전체에 걸쳐서 하나님의 사람들도 검을 사용해왔다고 주장하면서, 지금은 구약 율법은 폐지되었다고 말하면서 검의 사용을 반대하는 사람들은 성경을 잘못 알고 있다고 지적한다. 그는 구약의 백성들도 신약의 백성들과 같은 영과 같은 신앙을 가졌으므로, 이웃을 위하여

---

[21] Luther, *Von der weltlichen Obrigkeit*, 238-241.

유익하고 필요하다면 구약이든 신약이든 행할 의무가 있다고 말한다.22 그는 사랑이 강권할 때 그런 법들을 행하면 되지만, 그런 법들을 지킴을 통하여 자신이 의로워지려는 생각은 결코 하지 말아야 한다는 말을 덧붙임으로써 이웃을 위하는 행동을 통하여 우리가 의로워질 수는 없음을 분명히 한다.

그는 신약에서 세례 요한이 군인들에게 급료를 주라고 명령한 것은 그가 검을 사용해도 된다는 말과 다름없으며, 고넬료의 경우나 이디오피아의 내시의 경우를 볼 때도 그들이 복음을 듣고 예수님을 믿은 후에 사도들이 그들에게 그들의 직무를 포기하라고 말하지 않았다는 사실은, 그리스도인도 세속 직업을 가진 자로서 검을 사용할 수 있다는 뜻이라고 말한다.23 그는 계속 서기오(행 13장)도 그리스도인이 된 후에 검을 사용하는 그의 직무를 포기하지 않았으며, 로마에서 순교한 자들도 군인으로 평화를 유지하기 위해서 전쟁에 나가서 많은 사람들을 죽이는 일을 했다고 말한다. 그는 이런 맥락에서 또 다시 롬 13장을 소급하면 권세의 사용은 모든 사람에게 허용된 것임을 강조하고 있다. 그는 검과 권세를 결혼과 농업과 다른 수공업과 같이 똑같이 높이 평가해야 한다고 말한다.24 그는 하지만 이런 검과 권세를 이웃의 필요가 요구할 때 악을 벌하고 선을 보호하기 위하여 사용해야한다는 점을 분명히 한다.

루터는 그러면 "왜 그리스도와 사도들은 검을 사용하지 않았는가?"라는 질문을 하는 사람들에 대하여, 검을 사용하는 것은 그리스도의 과제가 아니었기 때문이라고 대답한다. 그리스도는 그의 직분을 통해서 그의 왕국이 다스려지고 사람들이 회개하고 그의 왕국에 속해지기를 원할 뿐이었다. 하지

---

22 Luther, *Von der weltlichen Obrigkeit*, 240-241.
23 Luther, *Von der weltlichen Obrigkeit*, 242-243.
24 Luther, *Von der weltlichen Obrigkeit*, 244-245.

만 그리스도의 왕국에는 결혼하는 것이나 재단사나 농부나 영주나 사형집행인들이 속하지 않으며, 즉 검도 세상 권세도 그의 왕국에 속하지 않고 도리어 오직 하나님의 말씀과 영만 그의 왕국에 속하기 때문이다.25

그는 그리스도의 왕국은 하나님의 말씀과 성령을 통해서 내적으로(innerlich) 통치된다는 점을 강조한다. "이런 직분을 그 역시 그 당시 행사하셨고 그것을 아직도 계속하여 그가 항상 영과 하나님의 말씀을 주시면서 행사하신다. 이런 직분 속에서 사도들과 영적 정부를 가진 모든 사람들은 그를 따라야 한다."26 그는 예수님께서 "악한 자에게 대적하지 말라"(마 5:39)는 말은 이로써 설명이 다 되었다고 말하면서, 그리스도인은 모든 악과 불의를 참도록 지어졌으므로, 스스로를 위하여 복수하지 않고 자신을 법정 앞에서 변호하지 않고 세상 권세를 자기 자신을 위하여 사용하지 않도록 해야 한다고 말한다. 하지만 다른 사람들을 위해서는 그는 형벌과 법과 보호와 도움을 찾고 그가 할 수 있는 것을 가지고 그를 도와야 한다는 점을 분명히 한다.

루터는 "악한 자에게 대적하지 말라"(마 5:39)는 그리스도의 가르침을 잘못 적용한 스콜라 신학자들 같은 거짓 선생들을 다시 소급한다. 그들은 그리스도의 이 말씀이 완전한 자들을 위한 권고라고 해석했지만, 이 말씀은 모든 그리스도인들을 위한 일반적인 엄격한 계명이라고 분명히 말한다. 그는 "네가 알도록 복수하고 법정 앞에 그들의 재산과 영광을 위하여 권리를 다투고 싸우는 모든 사람들은 그리스도의 이름하에 있는 이방인들이다"라고 말하면서, 그리스도인들로서도 검을 들어 행사할 수 있다고 말한다. 그는 "눈은 눈으로 갚으라"는 그리스도의 법은 세상 왕국에서는 여전히 유효하지만 이 명

---

25 Luther, *Von der weltlichen Obrigkeit*, 246-247.
26 Luther, *Von der weltlichen Obrigkeit*, 246-247.

령은 영적 왕국에서는 해당되지 않으므로 영적 왕국에 속한 그리스도인들은 그렇게 하지 말아야한다고 말한다.

> "왜냐하면 세상 정부가 그런 법칙을 가져야 한다 해도, 그들이 불신자들을 판단하기 위해서, 그리고 너희들 자신도 다른 사람들을 돕기 위해서 이런 법칙을 사용할 수 있다 해도, 너희들은 그것을 너희를 위하여 그리고 너희들의 문제 속에서 찾지도 말고 사용하지도 말아야한다. 왜냐하면 너희들은 하늘나라를 가지고 있다. 그러므로 너희들은 지상나라를 그것을 너희들에게서 빼앗는 자에게 넘겨주어야한다."27

루터는 어떤 그리스도인도 검을 자신과 자신의 일을 위해 사용해서도 안 되고 불러서도 안 되며, 그것을 다른 사람을 위하여 이끌고 불러야 하며, 그를 악으로부터 보호를 받고 그의 진실이 변호되도록 하기 위해서 사용해야 함을 강조하여 말한다.28 그는 사형집행관도 검을 이렇게 바르게 사용한다면 축복된 상태를 가질 수 있으며, 이들의 일도 하나님께 봉사하는 일이라고 말한다.29

7. 세상 정부의 권세의 행사 범위는 어디까지인가?

루터는 이 책의 두 번째 부분에서 세상 정부가 어느 정도까지 권세를 행사할 수 있는지에 대하여 범위를 규정하고 있다. 그는 먼저 어거스틴의 두 왕국론을 소급하여 아담의 후손들은 두 왕국 중 하나에 속해 있다고 말한다.

---

27 Luther, *Von der weltlichen Obrigkeit*, 248-249.
28 Luther, *Von der weltlichen Obrigkeit*, 250-251.
29 Luther, *Von der weltlichen Obrigkeit*, 252-253.

한 부류는 그리스도하에 하나님의 나라(Gottes Reich) 속에 사는 사람들이고, 다른 한 부류는 정부 하에 있는 세상 왕국(Reich der Welt) 속에 사는 사람들이며, 각 부류는 자신의 법칙들을 가지고 있다고 말한다.[30] 세상 정부는 육체와 재산과 지상의 외적인 것들에만 미치는 법들을 가지는데, 이는 영혼에 대해서는 하나님께서는 단지 자기 자신 외에 다른 어느 누구도 통치하게 할 수도 없고 원하지도 않기 때문이다. 그 때문에 세속 권세가 건방지게 법들을 영혼을 위하여 발의한다면, 세상 권세는 하나님을 그의 정부 속에 가두고 영혼을 미혹하고 단지 죽일 뿐이다.[31]

그는 사람들이 영혼에게 인간에 의하여 만들어진 법을 부과하고 그렇게 믿게 한다면, 거기에는 명백히 하나님의 말씀은 없으며, 하나님은 우리의 신앙이 완전히 전적으로 그의 신적인 말씀에만 세워지기를 바라신다고 분명히 말한다.[32] 그는 신앙은 자유로운 일이므로 어느 누구에게도 신앙을 강요해서는 안 되며, 신앙은 성령 안에서 신적인 일이기 때문에, 사람들은 신앙을 절대로 외적 권세로 강요하거나 창조할 수 없다고 말한다. 그는 또한 세속 영주들이 단지 외적으로 육체나 재산에 관계된 법들과 성들, 도시들과 나라와 백성들 통치할 법을 가지고 하나님의 말씀을 통하여 내적으로 통치해야 할 영혼들을 살인적으로 괴롭히고 있다고 말하면서, 세속 군주들은 자신들에게 주어진 권세를 가지고 영혼이 아니라 오직 땅과 백성들을 다스려야 한다고 경고한다.[33]

그는 하나님 외에 어느 누구도 영혼에 대한 권세를 가질 수 없으므로, 세상 권세는 신앙에 대하여 명령하는 것에 책임이 없으며, 땅위에서 질서를 지

---

[30] Luther, *Von der weltlichen Obrigkeit*, 252-253.
[31] Luther, *Von der weltlichen Obrigkeit*, 252-255.
[32] Luther, *Von der weltlichen Obrigkeit*, 254-255.
[33] Luther, *Von der weltlichen Obrigkeit*, 258-261.

우고 통치해야 할 외적인 것들에 대해서만 책임이 있으며, 세상적 순종과 세속 권세는 단지 외적으로 세금, 이자, 영예와 공경에만 관계되며, 세상 권세는 신앙이나 하나님의 말씀이 아니라 악한 행위들을 제어해야 한다고 말한다."[34]

그는 베드로도 인간적인 질서는 하늘과 영혼에 관계되어져서는 안 되며, 도리어 땅위에서만 인간의 서로에 대한 외적인 태도에게만 관계되어져야한다고 말했으며, 예수님도 황제에게 속한 것은 황제에게 주고 하나님께 속한 것은 하나님께 드리라고 말씀하셨다고 말하면서, 영혼은 황제의 권세 하에 있지 않으며, 도리어 황제는 신체, 선과 영예를 위하여 권세를 행할 수 있는데, 이는 그 모든 것들은 그의 권세 하에 위임되어 있기 때문이라고 말한다.[35] 루터는 계속 창세기 1장과 시편 115편을 인용하면서 세상 권세의 한계를 정해주고 있다.

그는 이런 맥락에서 그가 이 책을 쓰도록 하게 한 현안 문제에 대한 입장을 밝힌다. 그는 성경책을 사고파는 문제에 세상 통치자가 관여해서는 안 된다고 분명히 말한다. 그는 만일 통치자가 그리스도인들에게 그들이 산 성경책들을 그에게 넘겨주라고 말하면 순종할 의무가 없다고 분명히 말한다. 그는 그리스도인에게 "만일 네가 그에게 저항하지 않고 그에게 자유로운 손을 내버려둔다면 너에게 신앙을 혹은 책들을 뺏도록, 너는 실제적으로 하나님을 부정하는 일이므로, 이런 일을 행하는 사람들에게 영혼의 손실을 입으면서 종이 한 장도 한 글자도 넘겨주어서는 안 된다"고 경고한다. 그는 이런 일을 행하는 자는 그리스도를 헤롯의 손에 넘겨주는 자이기 때문이므로, 그리스도인들은 사람들이 그들의 집들을 수색하고 그들에게서부터 폭력으로

---

[34] Luther, *Von der weltlichen Obrigkeit*, 260-261.
[35] Luther, *Von der weltlichen Obrigkeit*, 260-263.

책이나 다른 소유들을 뺏는 것을, 그리고 그들의 범법을 그리스도인은 저항하지 말고 견뎌야한다고 말한다.36

루터는 자신의 권세의 범위를 알고 바로 사용할 줄 아는 세속 통치자를 찾기가 매우 어렵다고 말하면서, 이런 영주를 찾는 것은 희귀한 새를 찾는 것과 같이 어려운 일이라고 말한다.37 그는 만일 한 영주가 명석하고 의롭고 혹은 한 그리스도인이라면 그것은 엄청난 기적이고 그의 나라에 대한 하나님의 은혜의 특별히 값비싼 표시라고 까지 말한다.38

루터는 이단들을 척결하는 일 역시 세상 권세를 가진 자가 해야 할 일이 아니라고 말한다. 그는 이 일은 감독들이 해야 하며 검으로가 아니라 하나님의 말씀으로 이단과 싸워야 한다고 말한다.39 그는 이어서 그리스도인 영주들이 해야 할 일은 신앙을 수호하고 터어키인들을 막아내는 것이므로,40 이를 위해 영주들은 영주답게 처신해야 하고 이성적으로 확실하게 통치해야 한다고 말한다. 그는 롬 12장을 인용하면서, 그리스도인들 아래서는 정부가 있어서도 안 되고 있을 수 없어야 하는데, 이는 모든 사람들은 다른 사람에게 복종해야 하기 때문이라고 말한다.41 그는 사제들과 감독들이 다른 그리스도인들보다 더 높거나 더 낮지 않은 것은 그들의 통치는 어떤 정부나 권세가 아니라 섬김과 영혼을 담당하는 직분이기 때문이므로, 다른 그리스도인들에게 그들의 의지나 동의 없이 어떤 법칙이나 계명들을 부과하지 말아야 하며, 그들의 다스림은 단지 하나님의 말씀을 전하고 그와 함께 그리스도인

---

36 Luther, *Von der weltlichen Obrigkeit*, 262-265.
37 Luther, *Von der weltlichen Obrigkeit*, 264-265.
38 Luther, *Von der weltlichen Obrigkeit*, 264-265.
39 Luther, *Von der weltlichen Obrigkeit*, 266-267.
40 Luther, *Von der weltlichen Obrigkeit*, 268-269.
41 Luther, *Von der weltlichen Obrigkeit*, 270-271.

들에게 방향을 제시하고 이단을 극복하는데 있다고 말한다. 그는 그리스도인들을 단지 하나님의 말씀으로만 다스려야하는데, 이는 그리스도인들은 외적인 행위들로가 아니라 즉 신앙 안에서 다스려져야 하기 때문이라고 말한다.42

루터는 계속하여 신앙은 인간의 말을 통해서가 아니라 단지 하나님의 말씀을 통해서만 오지만(롬 10:10), 믿지 않는 자들은 전혀 그리스도인들이 아니며 하나님의 나라에 속하지도 않고 도리어 세상 나라에 속하므로 우리는 그들을 검으로 그리고 외적 정부로 강제하고 다스려야 한다고 말한다. 하지만 그리스도인들은 모든 선을 강요 없이 자기 스스로부터 하기 때문에 자신을 위해서는 단지 하나님의 말씀으로 충분하다고 말한다.43

III. 농민전쟁과 그 이후의 글들에서 나타난 입장(1524-1546)

루터가 농민 전쟁(1524-26)에서 농부들과 영주들 그리고 귀족들에게 보인 입장은 그의 시대뿐만 아니라 오늘날까지도 비판을 받고 있다. 특히, 루터가 농부들에 대해 보인 과격한 태도는 그동안 그를 지지해왔던 농부들이 그로부터 돌아서게 만드는데 결정적인 역할을 했고, 그리고 이런 사실이 루터가 농민전쟁이 일어나기 이전에 보였던 농부들에 대한 호의적인 태도와 발언을 다 묻어버렸다. 루터는 농민전쟁이 일어나기 이전에 영주들과 귀족들에게 농부들에 대한 처우개선을 요구해왔으며, 농민전쟁이 일어났을 때도 그는 처음단계에서는 그들에게 농부들의 요구안을 대부분 수용해주도록 설

---

42 Luther, *Von der weltlichen Obrigkeit*, 270-271
43 Luther, *Von der weltlichen Obrigkeit*, 270-273.

득했다. 하지만 농민들이 무기를 들고 폭동을 일으키고 귀족들을 죽이는 데까지 이르게 되자 그는 두 부류의 농민들을 구분하고 온건한 농부들에게는 관대하게 대해야 하지만 과격한 농부들에 대하여서는 공권력을 사용하여 강력하게 진압해야 한다는 글들을 썼고, 그리고 그 글들의 내용이 너무도 잔인하였으므로, 많은 농민들로부터 그리고 심지어는 루터의 종교개혁을 지지하던 독일의 지성인들에게까지도 비판을 받게 되었다.44

하지만 루터가 왜 영주들과 귀족들에게 농민들을 그렇게 대하도록 처신했는지는 첫째로 그의 두 왕국과 두 정부론에 대하여 알아야 이해할 수 있다. 그는 이미 농민전쟁이 발발하기 전에도 위에서 다루었던 글을 통하여 세상권세의 본질과 용도 그리고 한계에 대한 지침을 제공했다. 정부지도자들은 나라의 질서유지에 대한 책임이 있다. 농민전쟁이 폭동과 살인으로 변한 상황에서는 나라의 질서 유지를 위해서 그들은 하나님께로부터 자신들에게 허락된 권력을 사용하여 진압을 해야 한다. 루터가 농민전쟁에 반대했던 또 하나의 알려진 이유는 하나님의 말씀을 통해서가 아니라 검을 통하여 천년왕국을 실현하려했던 뮌쳐(Thomas Münzer)가 농민들을 선동했기 때문이었다.45 루터는 그의 종교개혁이 폭동과 살인과 같은 무질서한 방법으로 이루어지기를 바라지 않았고 오직 하나님의 말씀으로 질서 있게 이루어지기를 바랐다. 그는 나라의 질서가 무너진 상태에서 말씀을 통한 건전한 종교개혁이 불가능함을 보았으므로 정부지도자들에게 폭력을 사용하는 농민들에 대한 과격한 진압을 하도록 명했다고 볼 수 있다.

이미 위에서 다루어졌던 『세속권세 얼마만큼 복종해야하는가』에서 루터가 정립했던 두 정부론은 이후의 그의 글에서도 큰 변경 없이 계속 유지된

---

44 Martin Brecht, *Martin Luther*, Band 2 (Stuttgart: Calwer Verlag, 1986), 172-178.
45 Brecht, *Martin Luther*, 178ff.

다. 그는 농민전쟁 바로 다음 해인 1526년에 썼던 『군인들도 축복스런 신분에 있을 수 있는지에 대한 입장』[46]이라는 글에서도 군인들이 적들을 죽이고도 구원을 받을 수 있는 이유를 두 정부론에 근거해서 정당하다고 말한다. 그리고 1530년대에 쓰여진 『갈라디아서 강해』나 『시편 강해』(1532) 등의 책에서도 그의 이런 입장은 바뀌지 않고 계속 된다.

루터는 특히 영적 정부를 높이고 세상 정부의 역할을 축소시키려 했던 로마 가톨릭교회와는 다르게 세상 정부의 역할을 영적 정부와 똑같은 비중으로 강조한다. 1530년 터어키인들이 독일을 침공했을 때도, 그는 두 정부론에 근거해서 정부 지도자들에게 그리스도인들을 포함한 독일 국민들에게 검을 들고 터어키인들과 용감히 맞서서 싸울 것을 권면하고 있다.[47]

그러나 그의 이런 입장은 1530년의 가톨릭 진영의 공격을 막기 위해 결성된 슈말칼덴 동맹(1530년 12월) 이후부터 조금씩 바뀐다.[48] 그는 그리스도인들은 자신들을 위해서는 검을 들지 말아야 한다고 줄곧 말해 왔지만, 이때부터는 그리스도인들이 자신들의 신앙을 지키기 위해서는 검을 들어야 한다고 말하고 있기 때문이다. 말하자면 기독교인들이 자신들의 신앙을 지키기 위해서는 검을 사용하여 신앙을 멸절시키려는 핍박자들과 싸울 수 있다는 원리를 첨가시킨 것이다.

하지만 이렇게 그가 입장을 변경한 것은, 그가 그의 두 왕국론에 대하여 총체적으로 수정하려는 것이 아니라 "자신을 위해서는 검을 쓰지 말고 이웃을 위해서는 써야한다"는 자신이 정해 놓은 근본 원칙을, 그 때 그 때의 상황에 유연하게 적용하려 함이었다고 볼 수 있다. 그는 말씀을 전파하여 영혼

---

[46] Ob Kriegleute auch in seligem Stande sein können.
[47] Brecht, *Martin Luther*, 350ff.
[48] Irene Dingel, *Reformation* (Göttingen: Vandenhoeck & Rprecht, 2016), 192ff.

을 구원하기 위해서 세워진 하나님 나라를 지키기 위해서 그리고 목양적 차원에서 자신의 양들을 보호하기 위해서 상황 적응적 태도를 취하였다고 볼 수 있다.49

IV. 결론

루터의 두 왕국과 두 정부론을 오늘의 현대사회에서 어떻게 받아들여야 할지에 대한 논의들이 계속 되고 있다. 이미 서론에서 언급했던 바르멘 선언에서 바르트는 루터의 두 왕국과 두 정부론이 "이중의 도덕(Doppelte Moral)"을 가르치는 것으로 이해할 수 있는 위험성이 있다고 보고 한 분 그리스도의 통치에 대하여 강조했다.50 하지만 그 역시 루터의 두 왕국과 두 정부론이 신구약 성경에 나타난 많은 상황들과 구절들에 근거하여 만들어진 가르침을 진지하게 검토하지 못했다. 그리스도인이 교인으로서 교인들끼리 있을 때 지켜야 할 윤리와 세상 직업을 가진 사람으로서 세상에서 행할 때 똑같은 윤리적인 잣대를 가지고 행할 수 없다는 것은 우리의 경험을 통해서도 충분히 알 수 있는 바다. 그리고 루터가 두 왕국론과 두 정부론을 펼칠 때의 그 시대의 상황을 고려할 때, 그는 세상 왕국을 무시하려는 로마 천주교의 스콜라신학자들과 세상 왕국을 다스릴 검으로 하나님의 왕국을 세우려 했던 종교개혁의 좌파를 비판하고 각 왕국을 자신의 본래의 자리에 세우고자 했던 것이다.

---

49 Bayer, *Martin Luthers Theologie*, 281: "루터의 윤리적 노력은 도리어 목양(Seelsorge)으로서 일어난다."
50 Barth, *Die Theologie Martin Luthers* (Gütersloh: Gütersloher Verlaghaus, 2009). 455-456.

그럼에도 루터의 입장은 당연히 오늘 현대인들이 받아들이기가 어렵다. 하지만 그의 두 왕국과 두 정부론은 오늘 우리가 그리스도인으로서 정부와 권력에 대하여 어떤 입장을 가져야할지에 대한 좋은 지침을 제공할 수 있다. 그리스도인들은 그리스도인(Christperson)으로서는 자신들의 문제를 위해서는 검을 사용하지 말고 가능한 참아야 한다. 하지만 공인(Amtsperson)으로서는 이웃의 문제를 위해서는 정부 지도자들에게 공권력을 사용하도록 말해야 하고 자신도 사용할 수 있다.51 그리스도인들은 기독교 정부를 만들 필요는 없다. 하지만 기독교인으로서 정부 지도자들이 된다면 나라의 질서와 이웃의 생명을 보호하기 위해서 공권력을 사용해도 된다. 오늘의 민주주의 제도에 익숙해있는 사람들은 받아들이기 어려운 입장이지만 성경적으로 말하려 한다면 루터의 입장은 오늘날도 여전히 유효한 입장이라고 사려 된다.

---

51 Lohse, *Luthers Theologie*, 341.

〈참고문헌〉

Barth, Hans-Martin. *Die Theologie Martin Luthers*. Gütersloh: Gütersloher Verlaghaus, 2009.

Bayer, Oswald. *Martin Luthers Theologie* 2. Auflage. Tübingen: Mohr Siebeck, 2004.

Beutel, Albrecht ed. *Luther handbuch*. Tübingen:Mohr Siebeck, 2005.

Brecht, Martin. *Martin Luther*. Band 2. Stuttgart: Calwer Verlag, 1986.

Dingel, Irene. *Reformation*. Göttingen: Vandenhoeck & Rprecht, 2016.

Lohse, Bernhard. *Luthers Theologie*. Göttingen: Vandenhoeck & Ruprecht, 1995.

Luther, Martin. *Von weltlicher Obrigkeit, wie weit man ihr Gehorsam schuldig sei(1523)*

_____. *Deutsch- Deutsche Studienausgabe*, Band 3. Ed. Helmut Zschoch. Leipzig: Evangelische Verlagsanstalt, 2016.

Beutel, Albrecht ed. *Luther handbuch*. Tübingen: Mohr Siebeck, 2005.

Heckel, Kampmann, Leppin, Schwöbel eds. *Luther heute, Ausstrahlungen der Wittenberger Reformation*. Tübingen: Mohr Siebeck, 2017.

울리히 츠빙글리의 국가론

유정모

Huldrych Zwingli (1484-1531)

경희대학교에서 영어영문학으로 문학사(B.A.)를, 한국침례신학대학교에서 목회학석사(M.Div.)를 취득한 후, Calvin Theological Seminary에서 Richard A. Muller 교수의 지도하에 교회사/역사신학 전공으로 신학석사(Th.M.)와 철학박사(Ph.D.) 학위를 받았다. 이후 The Southern Baptist Theological Seminary의 Andrew Fuller Center에서 박사 후 연구원(Post-Doctoral Research Fellow)으로 활동했다. 현재는 횃불트리니티신학대학원대학교에서 교회사 교수로 섬기고 있다.

유정모

I. 서론

16세기 종교개혁은 중세 로마 가톨릭의 타락한 제도와 교리를 바로잡아, 교회를 올바른 말씀과 복음의 진리 위에 세우고자 했던 교회 갱신 운동으로 이해할 수 있다. 그러나 종교개혁은 단지 교회의 개혁에 국한된 운동이 아니었다. 종교개혁은 교회의 영역을 넘어 정치, 경제, 교육, 문화 등 유럽 사회 전반에 걸쳐 지대한 영향을 미쳤다. 본 연구에서 다루고자 하는 '국가와 정부에 대한 이해' 또한 그 대표적인 사례 가운데 하나이다.

중세 봉건사회를 지나 유럽이 근대사회로 접어들던 16세기는 국가와 정부에 대한 새로운 이해와 접근이 절실히 요청되던 시기였다. 종교개혁가들도 신학을 개혁하는 동시에, 그 신학적 이상을 실현할 수 있는 사회적 기반으로서 국가와 정치 질서에 대한 성경적 대안을 제시할 필요성을 느꼈다. 따라서 그들은 성경의 가르침에 근거하여 국가의 역할, 국가와 교회의 관계 등 국가와 정부에 대한 바른 사상 정립에 깊은 관심을 가졌으며, 이러한 관심은 자연스럽게 이들의 설교와 저술을 통해 구체적으로 나타났다.

이러한 종교개혁가들의 국가에 관한 관심은 특히 스위스 취리히의 개혁자 울리히 츠빙글리(Ulrich Zwingli, 1484-1531)의 사상에서 잘 드러난다. 츠빙글리는 취리히 종교개혁 초기부터 국가에 대한 성경적 이해에 깊은 관심을 가졌으며, 그의 여러 저술에서 이 주제를 심도 깊게 다루었다.[1] 예컨대,

---

[1] 스티븐스는 츠빙글리의 사상에서 "가장 중요한 영향력" 중 하나가 교회와 국가의 관계에 나타나며, 그의 국가론이 곧 그의 신학을 구성하는 "본질적 요소" 중 하나라고 주장한다. W. Peter Stephens, "The theology of Zwingli," in *The Cambridge Companion to Reformation Theology*, eds. David Bagchi and David C. Steinmetz (Cambridge: Cambridge University Press, 2004), 93, 95. Cf. 츠빙글리는 1513년 종군 사제로 프랑스와 신성로마제국·스위스 연방 동맹군 사이에서 벌어진 노바라 전투(Battle of Novara)에 참전하면서부터 정치적 이슈에 관한 관심을 드러내기 시작했다. 1519년 취리히에서 목회 사역을 시작한 이후에

그는 1523년에 출간한 "하나님의 정의와 사람의 정의"와 "67개 논제에 대한 해제" 등의 저작에서 국가와 정부에 대한 자신의 견해를 구체적으로 설명하며, 교회의 개혁이 국가와 정부의 개혁으로까지 확장되어야 함을 강조하였다.2 츠빙글리의 이러한 이해는 취리히 종교개혁의 심층 구조에 작용하였으며, 국가와 교회의 긴밀한 협력을 통해 취리히 종교개혁의 이상이 실현될 수 있는 기반을 제공하였다. 또한, 그의 국가관은 단지 이론에 그치지 않고, 실제 사역 전반에 실천적으로 반영되었다. 취리히 개혁 과정에서 나타난 제도 개편, 사회윤리의 정비, 공교육 개혁, 성찬의 공공성 강조 등은 모두 그의 국가론이 낳은 열매들이라 할 수 있다. 그러므로 취리히 종교개혁을 온전히 이해하기 위해서는 츠빙글리의 국가론과 정부론에 대한 고찰이 필수적이라고 할 수 있다.

그러나 학계에서는 그동안 츠빙글리의 교의신학(敎義神學)적 논의에 집중하는 경향이 강했고, 그의 국가론과 정부론은 마틴 루터(Martin Luther, 1483-1546), 존 칼빈(John Calvin, 1509-1564), 아나뱁티스트 등의 사상에 비해 상대적으로 적은 주목을 받아왔다. 이는 츠빙글리의 사상이 종종 '칼빈 이전의 중간자'로 축소되거나, 신학적 깊이가 부족하다는 부적절한 평가에 기인한 요인이 크다. 다행히 최근 들어 그의 정치사상에 관한 연구들이 점차 등장하고 있다.3 하지만 츠빙글리의 국가론은 역사 속에서 가지는 중요

도 그는 종교를 사회·정치적 맥락 속에서 일관되게 해석하고자 하였다. 우병훈, "그리스도인의 삶, 어떻게?" 주도홍 편, 『종교개혁자 츠빙글리의 삶과 개혁신학』 (경기도: 킹덤북스, 2022), 449.

2 훌트라이히 츠빙글리, "하나님의 정의와 사람의 정의," 『츠빙글리 저작선집 1』, 임걸 옮김 (서울: 연세대학교 대학출판문화원, 2014), 197-262; 훌트라이히 츠빙글리, "67개 논제에 대한 해제," 『츠빙글리 저작선집 2』, 임걸 옮김 (서울: 연세대학교 대학출판문화원, 2018), 7-517. Cf. 스위스 종교개혁의 신학적·제도적 기초를 마련한 선언문으로 평가받는 67개 조항 가운데 10개 조항(34 조항부터 43 조항까지)이 정부에 관한 내용을 담고 있다는 사실은, 츠빙글리 사상에서 정부에 대한 이해가 중요한 비중을 차지했음을 단적으로 보여준다.

성에 비해 여전히 충분히 조명되지 못한 것이 교계와 학계의 현실이다.4

이에 본 연구는 츠빙글리의 국가에 대한 이해를 고찰하고, 이를 루터, 칼빈, 아나뱁티스트와 비교함으로써 그의 사상이 동시대 종교개혁자들과 어떤 공통점과 차이점을 지니는지를 밝히고자 한다. 이러한 분석은 츠빙글리 사상을 종합적으로 이해하는 데 기여할 뿐만 아니라, 16세기 취리히 종교개혁의 성격을 재조명하고, 종교개혁의 역사를 교회 중심의 협소한 시각에서 벗

---

3 츠빙글리의 국가론과 이에 관련된 주제를 다룬 주요 연구는 다음과 같다. R. N. C. Hunt, "Zwingli's Theory of Church and State," *Church Quarterly Review* 112 (1931), 20-36; Jakob Kreutzer, *Zwinglis Lehre von der Obrigkeit* (Stuttgart: F. Enke, 1909); A. W. G Raath & S. A. de Freitas, "Calling and resistance: Huldrych Zwingli's (1484-1531) political theology and his legacy of resistance to tyranny," *Koers* 66/1 (2002), 45-76; Heinrich Schmid, *Zwinglis Lehre von der göttlichen und menschlichen Gerechtigkeit* (Zürich: Zwingli-Verlag, 1959); Robert C. Walton, *Zwingli's Theocracy* (Toronto: University of Toronto Press, 1967); 안인섭, "츠빙글리의 국가론에 근거한 통일을 향한 기독교의 책임," 「기독교와 통일」 13권 1호 (2022년 4월), 7-36; 안인섭, "츠빙글리와 칼빈의 국가론 비교," 주도홍 편, 『츠빙글리 종교개혁의 확장』 (경기도: 킹덤북스, 2024), 161-184; 박찬호, "교회와 국가의 관계에 대한 츠빙글리의 견해," 「한국개혁신학」 65 (2020), 80-117; 우병훈, "츠빙글리의 성화론: 그의 신론, 교회론, 국가론과 연결하여," 「한국개혁신학」 64 (2019), 148-192; 우병훈, "종교개혁자들의 교회와 국가관," 안명준 외 지음, 『교회통찰』 (서울: 세움북스, 2020), 205-215; 우병훈, "그리스도인의 삶, 어떻게?," 432-69; 이신열, "국가와 가난한 자들에 대하여," 주도홍 편, 『종교개혁자 츠빙글리의 삶과 개혁신학』 (경기도: 킹덤북스, 2022), 326-368; 이은선, "정의란 무엇인가?," 주도홍 편, 『종교개혁자 츠빙글리의 삶과 개혁신학』 (경기도: 킹덤북스, 2022), 150-183; 정미현, "츠빙글리와 재세례파의 교회와 국가에 대한 이해와 그 현대적 적용," 「한국조직신학논총」 62집. (2021), 117-161; 주도홍, 『처음 시작하는 루터와 츠빙글리』 (서울: 세움북스, 2019); 주도홍, "츠빙글리의 국가관: 한국교회, 어떻게 북한을 바라보아야 하나," 「기독교와 통일」 11권 1호 (2020, 5월), 5-40. Cf. 본 연구는 츠빙글리의 국가론을 분석하고 논의를 전개함에 있어 안인섭, 이신열, 우병훈의 선행 연구에 많은 도움을 받았으며, 이들 연구에 대한 의존도가 높았음을 미리 밝혀 둔다.

4 츠빙글리의 국가론에 대한 역사적 의의와 영향력에 관하여 라트(Raath)와 더 프레이터스(de Freitas)는 다음과 같이 평가한다. 츠빙글리의 정치 신학은 서유럽과 영국에 강한 영향을 미쳤으며, 개혁주의 정치사상의 핵심 요소 상당수가 그의 사상에 기초하고 있다. 이러한 점에서 그는 개혁주의 정치사상의 창시자로 평가될 수 있다. 그의 정치 신학은 하인리히 불링거(Heinrich Bullinger, 1504-1575)와 칼빈을 통해 영국과 스코틀랜드의 종교개혁 전통은 물론 유럽 전반의 개혁주의 정치사상으로 계승되었다. Raath & de Freitas, "Calling and resistance," 46. 특히 츠빙글리의 정치 신학이 구체적으로 어떻게 불링거와 칼빈, 그리고 영국과 스코틀랜드의 종교개혁자들에게 영향을 미쳤는지는 다음을 참고하라. Raath & de Freitas, "Calling and resistance," 55-73.

어나 보다 입체적이고 통합적으로 조망하는 데에도 의미 있는 시사점을 제공할 것이다. 아울러 본 연구는 이러한 고찰을 바탕으로, 츠빙글리의 신학적 관점에서 교회와 국가의 관계, 신학의 공공성 등 오늘날에도 여전히 중요한 주제들에 대해 신학적 통찰과 현대적 함의를 제시하고자 한다.

II. 국가에 대한 이해

1. 국가의 기원과 목적

츠빙글리는 국가는 하나님께서 세우신 기관이며 국가 권력의 토대는 그리스도의 말씀과 사역 위에 있다고 가르친다.[5] 그는 국가의 존재 이유를 인간의 타락한 본성을 억제하고, 무질서와 혼란을 방지하며, 백성들이 인간다운 삶을 살 수 있도록 하기 위함이라고 설명한다.[6] 츠빙글리는 "하나님의 정의와 사람의 정의"에서 국가 제도의 필요성을 다음과 같이 서술한다.

> 그래서 우리들 가운데 갈등과 분열이 나타났습니다. 그렇습니다. 이제 우리의 모든 평화와 이웃과 더불어 사는 삶이 파괴되었습니다. 하나님은 분쟁을 막고 해결할 통치자와 재판관을 세웠습니다. … 하나님의 정의가 사라진 것처럼 우리에게서 사람의 정의가 사라진다면 우리 사람 사회는 다름 아닌 비이성적 동물 세계로 전락하고 말 것입니다. … 그래서 재판관과 통치자는 하나님의 종인 것입니다. … 따라서 그들의 정의에 순종하지 않는 사람은 하나

---

5 츠빙글리, "67개 논제에 대한 해제," 368-371.
6 츠빙글리, "하나님의 정의와 사람의 정의," 220-21.

님을 반대하는 사람입니다.7

    츠빙글리에 따르면, 만약 인간이 성령의 인도하심에 따라 하나님의 말씀에 온전히 순종하며 살아간다면, 국가라는 기관이나 제도는 필요하지 않다.8 그러나 아담 이후 인간은 죄로 인해 타락하여 자기중심적이고 하나님을 거역하는 존재가 되었고, 이로 인해 사회적 혼란과 다툼이 필연적으로 발생하게 되었다. 하나님은 이러한 타락한 인간성에 따른 사회적 무질서를 제어하고 사회 질서와 평화를 유지하기 위해, 다른 말로 선을 보호하고 악을 심판하기 위해 국가와 정부라는 권력 제도를 허용하신 것이다.9 즉, 국가가 외적 질서를 담당하며 도덕법을 강제하는 것은, 하나님께서 정의로운 법질서를 실현하시려는 목적이다.10 따라서 츠빙글리는 인간이 신적 기원과 존재 목적을 갖는 국가의 권위를 마땅히 따르고 존중해야 한다고 주장한다.

    츠빙글리가 주장하는 국가의 당위성을 이해하기 위해서는 츠빙글리의 정의에 대한 이해가 중요하다. 그는 "하나님의 정의와 사람의 정의"에서 하나님의 정의와 인간의 정의라는 두 가지 정의를 구분한다. 전자는 "본질적으로 정의롭고, 깨끗하며, 완전히 선한" 하나님의 본성과 일치하는 완전하고 절대적인 정의를 의미한다. 츠빙글리에 따르면, 오직 하나님만이 참으로 의로우며, 하나님은 곧 정의 그 자체이다. 하나님의 정의는 인간의 어떠한 더러움도 섞이지 않은, 근본적으로 순수한 정의이다. 곧, 영원한 선이신 하나님께

---

7 츠빙글리, "하나님의 정의와 사람의 정의," 220-21.
8 "만일 모든 사람들이 하나님께 빚지고 있는 것을 하나님께 돌린다면, 우리에게는 영주나 통치자가 필요 없을 것이고, 참으로 우리는 결코 낙원을 떠나시도 않았을 것이다." W. P. 스티븐스, 『츠빙글리의 생애와 사상』, 박경수 옮김 (서울: 대한기독교서회, 2007), 208에서 재인용. 이 점에서 루터는 츠빙글리와 동의한다. 우병훈, "종교개혁자들의 교회와 국가관," 209.
9 Stephens, "The theology of Zwingli," 95; 이신열, "국가와 가난한 자들에 대하여," 328.
10 우병훈, "종교개혁자들의 교회와 국가관," 209.

서는 정의 그 자체이시며, 그분의 정의에는 욕심이나 이기적 탐심과 같은 어떤 불순물도 섞여 있지 않다. 따라서 하나님의 정의는 인간적인 것을 초월하며, 인간은 스스로 하나님의 정의에 도달할 수 없다. 인간은 오직 하나님의 말씀을 통해서만 이와 같은 "맑고 순수하며 바른 하나님의 정의"를 알 수 있다.11 이 정의는 인간의 능력으로 달성될 수 있는 것이 아니라, 오직 말씀과 성령의 사역을 통해 실현되는 것으로, 사랑의 계명을 완성하는 참된 정의로 해석된다.

반면, 인간의 정의는 인간의 외적 행위만을 다루는 불완전한 정의로, 하나님의 내면적이고 완전한 정의와 명확히 구별된다. 비록 인간의 정의도 하나님의 정의에서 유래했지만, 도덕적으로 완전하지 못하며, 타락한 인간 본성을 제어하기 위해 강제성을 지닌다는 점에서 하나님의 정의와 다르다. 츠빙글리는, 인간의 정의가 사회 질서를 유지하는 데 필수적으로 기능하지만, 하나님 앞에서 인간을 의롭게 만들 수 없기에 완전한 정의가 아니라고 가르친다. 츠빙글리는 인간의 정의를 자연법과 같은 것으로 여긴다.12 인간은 법이나 제약이 없는 "자연상태"에서는 자신의 자기중심적이고 타락한 욕망을 따라 살게 되고, 그로 인해 사회의 질서는 파괴된다.13 이에 하나님께서는 인간 사회의 무질서를 막고 사람들이 서로 평화롭게 공존할 수 있도록 자연법을 주셨다. 이 자연법은 '당신이 원하는 것을 남에게 행하고, 원하지 않는 것은 남에게도 행하지 말라'는 황금률로 설명되며, 궁극적으로는 '네 이웃을 네 몸과 같이 사랑하라'라는 이웃 사랑의 계명 안에 요약된다.14 츠빙글리는

---

11 츠빙글리, "하나님의 정의와 사람의 정의," 206-07.
12 츠빙글리, "67개 조항에 대한 해제," 388-89.
13 우병훈, "츠빙글리의 성화론," 179; 우병훈, "그리스도인의 삶, 어떻게?" 451.
14 '당신이 원하는 것은 다른 사람에게 하십시오. 그리고 당신이 원하지 않는 것은 다른 사람에게도 하지 마십시오 … 따라서 그리스도는 그 자연의 법칙을 "네 이웃을 여러분 자신처럼 사랑하십

인간의 정의란 곧 자연법을 준수하며 그것에 합당한 삶을 살아가는 데에서 실현된다고 보았다.15 특히 그는 이 자연법은 단순히 추상적인 것이 아니라, 십계명에 구체적으로 잘 나타나 있다고 설명한다.16 따라서 츠빙글리에 따르면 십계명은 단순히 신앙인에게만 주어진 규범이 아니라, 모든 인간 사회가 따라야 할 보편적 자연법의 구체적 표현이다.

츠빙글리는 하나님의 정의와 인간의 정의 사이의 관계에 대해 두 가지 핵심적인 내용을 정리한다. 첫째, 하나님의 정의는 인간의 정의보다 훨씬 더 높고 완전한 차원의 정의다. 츠빙글리는 이를 설명하기 위해 '도둑질하지 말라'는 십계명의 계명을 예로 든다. 이 계명은 인간의 외적인 행위를 겨냥하고 있으며, 외적인 정의와 관련되어 있다. 반면, '남의 것을 탐내지 말라'는 계명은 인간의 내면을 겨냥한 것으로, 내적인 정의와 관계되어 있다. 인간의 정의 기준에서는 어떤 사람이 단순히 도둑질하지 않았다면, 그는 의로운 사람으로 인정받을 수 있다. 그러나 하나님의 정의는 그 이상의 것을 요구한다. 남의 소유를 탐내는 내면의 정욕과 탐심이 존재하는 한, 그 사람은 하나님의 정의에 부합하지 못하는 죄인이 된다. 이처럼, 인간의 정의는 하나님의 정의가 요구하는 것을 외적인 행위 수준에서만 지키는 데 그친다. 따라서 츠빙글리는 하나님의 정의는 인간의 정의를 초월하는 상위의 정의라고 주장한다.17

둘째, 하나님의 정의와 인간의 정의는 서로 모순되거나 대립하는 것이 아니라, 전자에서 후자로 발전하는 관계에 있다. 즉, 인간은 먼저 교회 안에서

시오." 츠빙글리, "하나님의 정의와 사람의 정의," 226.
15 츠빙글리, "하나님의 정의와 사람의 정의," 226.
16 츠빙글리, "하나님의 정의와 사람의 정의," 220-25.
17 츠빙글리, "하나님의 정의와 사람의 정의," 217.

복음을 통해 하나님의 내적 의를 경험한 뒤, 국가를 통해 인간의 외적 의로 나아간다. 따라서 인간의 정의는 하나님의 정의와의 관계 속에서만 올바르게 이해될 수 있다. 이러한 점에서 하나님의 정의와 인간의 정의를 별도로 구분하기보다는 양자 간의 연속성을 찾으려 한 츠빙글리의 시도는, 하나님의 정의와 인간의 정의 사이의 대립적 긴장 관계를 강조했던 루터의 입장과는 뚜렷이 구별된다.18

결국, 츠빙글리에 따르면 인간의 범죄는 하나님의 정의를 거스르는 것이며 동시에 인간의 정의를 훼손하는 것이다. 그리고 타락한 인간이 자연법에 해당하는 인간의 정의를 지키지 못하기에, 사회 질서의 유지와 구성원들의 안녕을 보장하기 위해 국가는 필연적으로 존재해야 한다. 물론 자연법에 위반되었다고 해서 언제나 인간이 제정한 법률에 따라 위반자에게 형벌이 부과되는 것이 아니다. 이는 하나님의 정의와는 달리 인간의 정의는 결함이 있고 한계가 있어 하나님의 절대적 정의처럼 완전하지 못한 상태에 머물러 있기 때문이다. 하지만 사회 공동체의 평화와 안정을 위해 인간의 정의에 근거해 인간이 세운 법적 질서는 여전히 필수적이다.19

이러한 관점에서 율법은 츠빙글리에 의해 신적인 것과 인간적인 것으로 구분된다. 신적인 율법은 인간의 내면과 외면 모두를 아우르는 완전한 법이지만, 인간이 만든 인간적인 율법은 외적 행위만을 규제하는 불완전한 법에 불과하다. 인간적인 율법은 탐욕이나 미움과 같은 내면적 죄악까지는 다룰 수 없지만, 사회적으로 드러난 죄에 대해서는 처벌할 수 있다. 따라서 외적으로 드러난 죄를 범한 자는 인간의 법을 어겼을 뿐만 아니라 하나님의 정의에 비추어 보아도 죄인이므로, 국가 권력에 의해 정당하게 처벌되어야 한다.

---

18 안인섭, "츠빙글리와 칼빈의 국가론 비교," 162-63.
19 츠빙글리, "하나님의 정의와 사람의 정의," 226-27.

이러한 국가의 권위는 단순히 사회 질서를 유지하기 위한 필요성에서 비롯된 것이 아니라, 하나님의 정의와 본질적으로 일치하는 것이며, 따라서 국가의 법 집행은 인간 사회의 안정뿐 아니라 하나님의 정의를 구현하는 사역으로 이해되어야 한다.[20]

2. 국가의 역할과 기능

"하나님의 정의와 사람의 정의"에서 츠빙글리는 국가의 기능 또는 과제를 상세하게 제시한다. 이신열은 이에 대한 츠빙글리의 사상을 다음과 같이 크게 다섯 가지로 정리한다. 첫째, 국가 권력의 기본적인 기능은 사회 질서를 유지하는 데 있다. 국가는 특히 악한 행동을 하는 자들에게 두려움을 주어 사회의 질서를 지켜야 한다. 이를 위해 국가 권력자들은 하나님의 말씀을 기준으로 선과 악을 판단할 책임을 지닌다. 나아가 츠빙글리는 국가가 단순히 질서를 유지하는 데 그치지 않고, 복음을 증진하는 데에도 이바지해야 한다고 보았다.[21] 이러한 점들을 고려할 때 츠빙글리의 사상에서 국가의 기능은 본질적으로 종교적 성격을 지니고 있음을 알 수 있다.[22] 츠빙글리는 국가가 본래의 기능을 올바르게 수행하지 못한 사례로 중세 신성로마제국을 제시한다. 그는 중세 신성로마제국이 선악 판단의 기준을 하나님의 말씀이 아니라 교회의 전통에 두었기 때문에 국가 권력이 본래의 역할을 상실하고 타락하였다고 비판한다. 나아가 그는 왜곡된 권력을 통해 중세 신성로마제국의 권

---

20 츠빙글리, "하나님의 정의와 사람의 정의." 216-18. Cf. 이신열, "국가와 가난한 자들에 대하여." 329-30.
21 츠빙글리, "하나님의 정의와 사람의 정의." 239-42.
22 Cf. Kreutzer, *Zwinglis Lehre von der Obrigkeit*, 28; Schmid, *Zwinglis Lehre von der göttlichen und menschlichen Gerechtigkeit*, 221-233.

력자들이 가난한 이들을 억압하고 착취하여 부를 축적한 행위는 선한 자를 벌하는 것과 다름없는 행위였다고 강도 높게 지적한다.23

둘째, 국가는 개인의 사유재산을 보호하는 기능을 수행해야 한다. 츠빙글리는 초기에는 사유재산 자체를 부정하고 이를 공동체의 소유로 간주하는 급진적 입장을 취하였다. 그는 인간이 하나님의 것을 사적으로, 마치 자기 소유인 것처럼 취하고, 인간은 단지 하나님의 관리자임에도 불구하고 재산을 하나님의 뜻에 따라 사용하지 않은 점을 들어, 재산을 본질적으로 불의한 것으로 규정하였다. 나아가 그는, 비록 인간이 부패하지 않았더라도 개인 소유 자체가 하나님의 심판을 받을 죄에 해당한다고 보았다. 하나님께서 '남의 것을 탐내지 말라'고 명령하신 것도, 인간 사회에서 사유재산으로 인한 폭력과 불의를 방지하기 위한 조치로 해석하였다. 그러나 츠빙글리의 사상은 이러한 이해에도 불구하고 사유재산의 존재를 전면적으로 부정하기보다, 현실적으로 이를 인정하고 재산 소유에 대한 경계와 하나님의 계명에 따른 책임 있는 사용을 강조하는 방향으로 나아갔다. 실제로 그는 재산 보호의 필요성을 인정하며, 빚진 자가 모든 채무를 변제해야 한다고 주장하였다. 이는 농민반란과 아나뱁티스트의 혁명적 경향을 거부하고, 국가 권력의 존재와 정당성을 강조하는 츠빙글리의 정치적 입장을 분명히 보여준다.24

셋째, 국가는 하나님의 의를 시행하는 도구로서, 악을 행하는 자들을 심판하고 하나님의 진노를 집행하는 기능을 담당한다. 그는 국가 권력에 대한 복종은 단순한 두려움 때문이 아니라 양심을 따라 하나님께 순종하는 것과 같다고 보았다. 그러나 국가 권력은 무제한적이 아니다. 그것은 하나님의 말씀

---

23 츠빙글리, "하나님의 정의와 사람의 정의," 240-41. Cf. 이신열, "국가와 가난한 자들에 대하여," 330-31.
24 츠빙글리, "하나님의 정의와 사람의 정의," 246-47; 251. Cf. 이신열, "국가와 가난한 자들에 대하여," 331-32.

으로 한계를 지니며, 하나님의 정의를 구현하는 종으로서 말씀에 순종해야 한다. 츠빙글리는 중세 후기 로마 가톨릭이 신자들이 자유롭게 하나님의 말씀을 따르지 못하도록 폭력으로 신앙의 자유를 억압하고 미사를 희생제물로 강요했던 것을 비판하며, 하나님 말씀의 우선성과 이에 대한 순교적 충성을 강조하였다. 그는 국가 권력이 하나님의 진리에 반하는 명령을 내릴 경우, 신자는 죽음을 택할지언정 이에 복종하지 말아야 하며, 하나님의 말씀이 결국 불의한 권력을 무너뜨릴 것이라고 주장하였다. 요컨대, 국가는 하나님의 의를 위해 악을 심판하는 역할을 하며, 모든 권력은 하나님의 말씀 아래에 있어야 한다. 국가가 하나님의 말씀을 거스르면, 그 권력은 정당성을 잃고 무너질 것이다.[25]

넷째, 국가는 하나님의 정의를 실현하고 약자들을 보호하는 하나님의 도구이다. 츠빙글리는 로마서 13장에 근거해서 국가를 단순한 통치 기구로 이해하지 않고, 모든 사람에게 선을 행하는 하나님의 종으로 보았다.[26] 여기서 말하는 선은 단순한 친절이 아니라 정의로운 행위를 의미하며, 국가는 인간 사회에서 정의를 증진시키는 "훈육관"으로서의 역할을 수행해야 한다.[27] 이러한 맥락에서 국가는 죄 없는 자들, 과부와 고아, 그리고 힘없이 억눌린 자들을 보호하는 책임을 지닌다. 츠빙글리는 정의를 실천하고 이를 통해 약자들을 돌보는 것이 국가의 본질적 사명임을 강조하였으며, 이 같은 이해는 취리히 시 정부의 정책을 통해 구체화되었다. 1520년에 제정된 "자선법(Alms Statute of 1520)"과 1525년의 "빈민구호법(Ordnung und Satzung die armen und das almuosen betreffend)," 그리고 "구빈원(alms office)"

---

[25] 츠빙글리, "하나님의 정의와 사람의 정의," 235-36; 238-39. Cf. 이신열, "국가와 가난한 자들에 대하여," 333-34.
[26] Stephens, "The theology of Zwingli," 95.
[27] 츠빙글리, "하나님의 정의와 사람의 정의," 221.

의 설치는 약자 보호라는 국가의 사명을 제도적으로 실현하려는 노력의 일환이었다. 이러한 내용은 츠빙글리가 국가가 단순히 악을 억제하는 역할 이상의 적극적이고 긍정적인 역할을 하는 기관으로 이해하고 있음을 보여준다.[28]

다섯째, 국가는 공복들의 생활을 세금으로 보장함으로써, 사회 정의 실현이라는 공적 사명이 안정적으로 수행되도록 해야 한다. 츠빙글리는 국가의 공복들을 하나님의 종으로 이해하며, 이들의 활동이 사회 정의를 위한 것임을 강조하였다. 그는 시민들이 부담해야 할 세금으로 거래세, 십일조세, 소작료, 고리세를 언급하였으며, 특히 십일조세에 대해 가장 자세히 다루었다. 십일조세 제도의 문제점을 인식하면서도, 츠빙글리는 공권력에 대한 순종을 이유로 세금 납부를 거부해서는 안 된다고 주장하였다. 동시에 그는 십일조세가 일시적 재화에 관한 것이므로, 국가가 공동체 정의를 해치지 않는 범위 내에서 이를 변경할 수 있다는 유연한 입장도 함께 제시하였다.[29]

3. 하나님의 대리자로서의 위정자

츠빙글리는 위정자(통치자)의 정체성을 하나님의 대리인으로 규정한다. 즉, 국가를 다스리는 사람은 단순한 정치인이나 직업인이 아니라, 하나님의 정의와 질서를 구현하도록 하나님께 부름 받은 존재라는 것이다. 그는 "정당한 방법으로 집권한 정치권력은 예언자에 비해 결코 뒤지지 않는 하나님의

---

[28] 이신열, "국가와 가난한 자들에 대하여," 334. Cf. 츠빙글리, "하나님의 정의와 사람의 정의," 242.
[29] 이신열, "국가와 가난한 자들에 대하여," 247-51. Cf. 츠빙글리, "하나님의 정의와 사람의 정의," 334-35; 홀트라이히 츠빙글리, "누가 사회를 혼란스럽게 만들었는가",『츠빙글리 저작선집 1』, 임걸 옮김 (서울: 연세대학교 대학출판문화원, 2014), 407-17.

대리자"라고 주장하였다.30 따라서 그는 합법적인 위정자(통치자)들을 하나님을 대신하여 이 땅에서 하나님의 공의와 선을 실현할 사명을 위임받은 자들로 이해하였다.

츠빙글리에 따르면 위정자가 실천해야 할 의무는 다음의 네 가지로 정리될 수 있다.31 첫째, 위정자는 하나님의 대리자로서 하나님의 말씀에 따라 국가를 통치해야 한다. 말씀에 근거한 사역은 단지 교회의 영적 직무를 감당하는 목회자에게만 해당하는 것이 아니라, 세속 정치를 담당하는 통치자에게도 적용된다. 즉, 위정자도 하나님의 말씀이 가르치는 원리와 정신에 따라 국가를 다스려야 한다는 것이다.32 츠빙글리는 국가 권력이 성경의 원리에 따라 행사되고 국민적 통합을 이끌어낼 때, 복음이 오히려 그 권력을 강화한다고 보았다. 이런 점에서 그는 세속 정부의 통치가 정당성을 갖기 위해서는 반드시 하나님의 말씀에 근거해야 한다고 주장하였다.33 츠빙글리는 하나님의 말씀을 통해 인간의 세계 이해가 근본적으로 새로워지며, 성령의 명확성과 능력을 통해 그 말씀은 인간을 하나님과 연결시키고 삶에 역동성을 부여한다고 보았다.34 따라서 위정자는 하나님의 말씀을 경청해야 한다. 왜냐하면, 그 말씀이 곧 통치자의 앞길을 인도할 것이기 때문이다.35 나아가 츠빙글리는 공적 권력을 가진 자들이 영적 직무를 수행하는 자들과 유사한 위치에 있다고 보았고, 그로 인해 그리스도인들이 위정자에게 세금을 지불하는

---

30 홀트라이히 츠빙글리, "믿음의 내용," 『츠빙글리 저작선집 4』, 임걸 옮김 (서울: 연세대학교 대학출판문화원, 2015), 135.
31 Cf. 안인섭, "통일 어떻게," 191-93.
32 안인섭, "츠빙글리의 사회윤리 사상," 「신학지남」 제86권 (2019), 183-85.
33 우병훈, "종교개혁가들의 교회와 국가관," 209.
34 페터 오피츠, 『울리히 츠빙글리: 개혁교회의 예언자, 이단자, 선구자』, 정미현 옮김 (서울: 연세대학교 대학출판 문화원, 2017), 38-41.
35 츠빙글리, "스위스 연방에 대한 간곡한 경고," 『츠빙글리 저작선집 1』, 임걸 옮김 (서울: 연세대학교 대학출판문화원, 2014), 380-81.

것은 정당하다고 주장하였다.36

둘째, 국가의 통치자는 사회 질서와 인간의 정의를 구현하는 역할을 감당해야 한다. 이를 위해 위정자는 하나님의 일꾼으로서 법에 근거해 범죄를 처벌한 권한을 갖는다.37 뿐만 아니라, 츠빙글리는 위정자가 국민으로 하여금 하나님에 대한 참된 지식을 갖고, 하나님의 뜻에 따라 살아가도록 도와야 한다고 보았다.38 다시 말해, 통치자는 단순한 질서의 관리자나 행정적 집행자가 아니라, 하나님의 공의와 진리를 실현하는 신적 소명의 수행자인 것이다.39

셋째, 위정자의 사명은 국민의 평화로운 삶을 실현하는 것이다. 그는 교회와 국가가 본질적으로 구별되지만, 국가 역시 그리스도의 평화를 유지하기 위해 하나님이 세우신 기관임을 강조하였다.40 따라서 국민이 국가의 법에 복종해야 하는 이유는 바로 그 법이 하나님의 질서를 반영하기 때문이다. 그는 초기 저작부터 말년에 이르기까지 일관되게 국가 권력은 국민의 평화를 위해 존재해야 한다고 주장했다.41

또한, 그는 하나님께서 위정자의 굳은 마음을 부드럽게 하셔서 이웃을 사랑하게 하신다고 말하며, 위정자는 억압자가 아니라 국민을 돕고 평화를 권면하는 사람이어야 한다고 보았다. 그는 모세와 예수를 그런 모범으로 제시하며, 자신이 줄곧 취리히에서 평화를 설교해 왔다고 밝혔다.42 불신 독재자

---

36 안인섭, "통일 어떻게?," 189-90. Cf. 츠빙글리, "하나님의 정의와 사람의 정의," 246; 츠빙글리, "67개 논제에 대한 해제," 402.
37 츠빙글리, "67개 논제에 대한 해제," 398-400.
38 우병훈, "종교개혁가들의 교회와 국가관," 209.
39 안인섭, "통일 어떻게," 189.
40 츠빙글리, "슈비츠 사람들에 대한 하나님의 경고," 『츠빙글리 저작선집 1』, 임걸 옮김 (서울: 연세대학교 대학출판문화원, 2014), 118.
41 안인섭, "통일 어떻게?," 191-92.
42 홀트라이히 츠빙글리, "그리스도교 신앙 선언," 『츠빙글리 저작선집 4』, 임걸 옮김 (서울:

는 권력을 남용해 사익을 추구하지만, 하나님을 경외하는 통치자는 자신의 것을 백성과 나누며 평화와 안녕을 중시한다. 그는 스위스 연방이 분열과 갈등이 아닌 화해와 평화를 추구해야 하며, 외세의 개입으로 내부가 분열되면 공멸에 이를 수 있음을 경고하였다. 결국, 츠빙글리는 국가가 정의와 평화라는 본래의 사명을 잘 수행하려면, 그리스도의 말씀이 가장 확고한 기반이 되어야 한다고 보았다.43 통치자와 국민 모두가 하나님의 말씀을 신뢰할 때, 세상에는 더 큰 평화와 사랑이 넘치게 되리라는 것이 그의 확신이었다.44

넷째, 국가의 통치자는 개인의 탐욕을 버리고 국민을 위해 일해야 한다. 츠빙글리는 통치자가 국민을 억압하거나 착취하는 존재가 아니라, 국민을 위해 봉사하고 정의를 실현해야 할 존재라고 보았다.45 만일 위정자가 폭군이 되어 국민의 권리를 침해한다면, 목회자는 앞장서서 국민을 보호해야 한다고 그는 강조했다.46 그는 당시 스위스 사회에 만연한 뇌물 수수를 강하게 비판하며, 뇌물은 지혜를 어둡게 하고 정의를 왜곡시킨다고 경고했다. 또한, 스위스의 주요 수입원이었던 용병 제도에 대해서도, 그것이 청년들의 희생을 대가로 외세에 종속되게 한 악한 제도라며 깊은 우려를 표했다. 츠빙글리는 이러한 사회적 악과 이기심을 극복하는 길은 하나님의 말씀을 진실하게 선포하는 것이라고 보았다. 또한, 그는 전쟁을 준비하는 지휘관 역시 사적 이익이 아니라 공공의 유익과 병사들의 신뢰를 최우선으로 삼아야 한다고 주장했다.47 요컨대, 츠빙글리에게 이상적인 통치자는 개인의 욕망을 따르지

연세대학교 대학출판문화원, 2015), 331.
43 츠빙글리, "누가 사회를 혼란스럽게 만들었는가," 427.
44 안인섭, "통일 어떻게?," 192.
45 안인섭, "통일 어떻게?," 192-93.
46 훌트라이히 츠빙글리, "목자," 『츠빙글리 저작선집 1』, 임걸 옮김 (서울: 연세대학교 대학출판문화원, 2014), 320.
47 안인섭, "통일 어떻게?," 193. Cf. 츠빙글리, "슈비츠 사람들에 대한 하나님의 경고," 130.

않고, 국민의 평화와 정의를 실현하는 자였다.

4. 국가 권력의 형태

한편 츠빙글리가 가장 선호한 정치 제도는 무엇이었을까? 그에 대한 답은 1531년에 집필한 "그리스도교 신앙선언"에서 고대 그리스의 정치 체제를 분석한 내용을 통해 확인할 수 있다. 이 저작에서 츠빙글리는 군주제, 귀족제, 민주제라는 세 가지 정치 형태를 소개하고, 각각의 장점과 한계를 신중히 평가한다.48

츠빙글리에 따르면, 루터가 선호했던 "군주제"(monarchy, regnum)는 정의와 인간성에 기반한 통치가 가능하다는 점에서 일정 부분 긍정적으로 평가될 수 있지만, 권력이 한 개인에게 집중될 경우 "독재"(tyranny, tyrannis)로 이어질 위험이 크다는 한계가 존재한다.49 츠빙글리는 이미 1522년 "슈비츠 사람들에 대한 하나님의 경고"에서 성경의 예를 들어 왕정의 타락 가능성을 지적한 바 있으며, 군주제는 통치자를 교체하기 어려운 체제라는 점에서도 문제를 안고 있다고 보았다.50 반면, "민주제"(democracy, res publica)는 권력이 일반 시민 전체, 즉 전 민중의 손에 있으며, 모든 공적 직무는 전 시민이 함께 수행한다는 점에서 자율성과 참여를 전제로 하지만, 츠빙글리는 이 체제가 타락할 경우 무질서, 혼란, 유혈사태, 폭동, 반란으로 이어질 수 있으며, 개인의 유익이 국가의 유익보다 우선시되는 위험이 있다고 경계하였다.51 이는 국민 주권 자체를 부정하기보다는, 당시 유럽에

---

48 츠빙글리, "그리스도교 신앙 선언," 329-331.
49 츠빙글리, "그리스도교 신앙 선언," 329.
50 츠빙글리, "슈비츠 사람들에 대한 하나님의 경고," 118.

서 나타난 급진적 개혁운동이 초래한 정치적 불안정성과 사회적 혼란에 대한 우려로 이해할 수 있다.52 츠빙글리가 가장 긍정적으로 본 체제는 "귀족정"(aristocracy, optimatium potentia)이었다. 츠빙글리는 능력과 덕망을 갖춘 소수의 인물이 공동선을 추구하며 통치하는 구조를 가장 이상적인 정치 형태로 여겼다. 즉 츠빙글리는 귀족제는 "대표성과 대중에 대한 책임성"이라는 두 요소를 모두 지니고 있어, 군주제와 민주제 각각의 결함을 피할 수 있으며, 따라서 이 두 불완전한 정치 형태 사이의 "중용의 길"(via media)이 될 수 있다고 보았다.53 그러나 그는 동시에 이 체제가 타락할 경우, 소수의 기득권층이 권력을 독점하고 사익을 추구하며 국가를 사유화하는 "과두정"(oligarchy)으로 전락할 수 있다는 점을 경고하였다.54 스티븐스에 따르면, 츠빙글리가 귀족정을 선호한 이유는 그가 취리히에서 경험한 정부 형태에 대한 신뢰뿐 아니라, 이 체제가 실패할 경우 비교적 쉽게 교체가 가능하다는 현실적 고려도 반영된 것으로 볼 수 있다.55 결국, 츠빙글리는 특정 제도를 절대화하지 않고, 각 체제가 지닌 이상과 함께 타락의 가능성까지 함께 인식하였다. 이처럼 츠빙글리의 정치 제도에 대한 이해는 이상적 원칙과 정치적 현실 사이의 균형을 모색하면서도, 권력의 남용 가능성에 대해 지속적으로 경계하고 있었음을 보여준다.

---

51 츠빙글리, "그리스도교 신앙 선언," 330.
52 Alister E. McGrath, *Reformation Thought: An Introduction* (Oxford: Blackwell Publishers, 1999), 230; 안인섭, "통일 어떻게?," 190-91.
53 McGrath, *Reformation Thought*, 230.
54 츠빙글리, "그리스도교 신앙 선언," 330.
55 Stephens, "The theology of Zwingli," 95; McGrath, *Reformation Thought*, 230.

III. 그리스도인의 의무

1. 그리스도인의 국가에 대한 복종과 저항

츠빙글리는 그의 신학과 정치사상 전반에 걸쳐 일관되게 그리스도인의 국가에 대한 복종을 강조하였다.[56] 그는 모든 권세가 하나님으로부터 비롯된다고 보았기 때문에, 교황을 포함한 어떤 권력자도 예외 없이 세속 권위에 복종해야 한다고 주장하였다. 츠빙글리는 누가복음 20장 25절을 인용하면서 '가이사'는 세습이나 선거를 통해 권력을 부여받은 모든 통치자를 의미한다고 설명한다. 따라서 그는 성도가 그리스도의 명령을 따라 어떤 왕이나 통치자에게 순종하고 그들을 존중해야 한다고 주장한다.[57] 설령 통치자가 악할지라도 신앙에 직접적인 침해를 가하지 않는 한, 그 권세는 인내 가운데 감내되어야 하며, 이는 종국적으로 하나님의 구원이 임할 것이라는 소망 안에서 감당될 수 있다고 보았다.[58] 츠빙글리는 하나님께서 때로는 하나님을 두려워하지 않는 독재자조차도 죄에 대한 심판과 인내의 도구로 사용하신다고 이해하였다. 반면, 경건한 통치자는 시민의 안녕과 평화를 증진시키는 하나님의 도구로 간주된다.[59] 기독교인의 복종은, 자신에게 법적 의무가 없음에도 불구하고 세금 납부와 공적 권위에 순종하신 그리스도의 모범을 따르는 것

---

[56] 츠빙글리, "하나님의 정의와 사람의 정의," 236-38; 츠빙글리, "67개 논제에 대한 해제," 376-84.
[57] 츠빙글리, "그리스도교 신앙 선언," 331.
[58] Stephens, "The theology of Zwingli," 95; Raath & de Freitas, "Calling and resistance," 53. 츠빙글리는 사무엘이 사울을 인내했던 것을 성경 속의 실례로 제시한다. 츠빙글리, "그리스도교 신앙 선언," 330.
[59] 안인섭, "츠빙글리와 칼빈의 국가론 비교," 166; 안인섭, "츠빙글리의 국가론에 근거한 통일을 향한 기독교의 책임," 24. Cf. 츠빙글리, 『67개 논제에 대한 해제』, 376-384.

으로, 통치자가 하나님의 종이라는 점에서 그에 대한 복종은 궁극적으로 하나님께 대한 복종을 의미한다.60

그러나 츠빙글리는 단순히 국가 권력에 대한 무조건적인 복종만을 주장하지 않았다. 그는 교회가 국가 권력에 대해 선지자적 비판의 책임을 지고 있으며, 통치자가 하나님의 뜻을 대적할 경우 저항할 권리가 있음을 분명히 하였다.61 즉, 위정자가 폭군이 되어 하나님의 뜻을 거스르거나, 말씀의 선포를 방해하는 것을 명령할 경우, 교회는 그에게 복종할 의무가 없다고 보았다.62 이러한 입장은 "67개 조항"의 제42항에서도 명확히 드러난다. 츠빙글리는 이 조항에서 위정자가 "자신의 의무를 잊거나 그리스도가 준 기준을 따르지 않는다면" 하나님의 뜻을 따라 그를 제거할 수 있다고 선언하였다.63 그는 사도행전 5장 29절의 말씀, 곧 '사람보다 하나님께 순종하라'라는 구절을 근거로 삼아, 하나님의 뜻에 반하는 권력에는 복종할 수 없음을 신학적으로 정당화했다.64 특히 츠빙글리는 목회자가 국민을 보호해야 할 도덕적 책임이 있으며, 폭군에 맞서 하나님의 말씀으로 그들을 비판해야 한다고 강조하였다. 그는 구약에서 사울 왕을 책망한 사무엘, 다윗을 훈계한 나단, 아합 왕에 맞서 하나님의 뜻을 전한 엘리야 등을 예로 들며, 목회자의 역할이 단

---

60 Raath & de Freitas, "Calling and resistance," 53.
61 츠빙글리를 포함한 종교개혁자들이 통치자에 대한 저항권 사상을 심도 있게 논의하게 된 배경에는, 16세기 초 서유럽에서 절대 군주제가 지배적인 정치 형태로 자리 잡기 시작한 시대적 흐름이 있다. 절대주의의 확산과 정치 권력의 집중은 정치적 폭정과 권력 남용에 대한 명확한 대응과 원칙 정립의 필요성을 제기했다. Raath & de Freitas, "Calling and resistance," 45-46.
62 Stephens, "The theology of Zwingli," 95.
63 츠빙글리, 『67개 논제에 대한 해제』, 407.
64 츠빙글리, 『67개 논제에 대한 해제』, 388. Cf. 폭군이 된 왕이나 군주가 그를 향한 책망을 무시하고 계속 폭정을 한다면 그는 권좌에서 제거되어야 하는데, 이런 상황에서도 하나님께서 그를 권좌에서 물러나게 하시거나, 그를 권좌에서 끌어내려 질서를 회복시킬 정당한 자들이 나서기 전까지는 그에게 복종해야 한다고 가르친다. 츠빙글리, "그리스도교 신앙 선언," 331.

지 종교적 권위의 수호자가 아니라, 하나님의 정의를 대변하는 선지자임을 역설했다.65 아울러 츠빙글리는 구약의 사례들에서 하나님께서 이스라엘을 불의한 지도자를 통해 징계하시기도 하지만, 모세를 통해 이스라엘을 바로의 압제에서 구원하신 것처럼, 오늘날에도 하나님께서 교황과 같은 폭군의 지배에서 자기 백성을 구원하시기를 원하신다고 주장하였다.66

츠빙글리는 저항의 방식에도 독특한 관점을 보였다. 폭정에 대한 저항은 결코 살인, 봉기, 전쟁을 통한 것이 아니라, "보통 선거"와 같은 민주적이고 평화적인 방법이어야 한다고 주장했다.67 소수에 의해 선출된 권력자가 폭군으로 전락한 경우에는 이를 널리 알리고 제거해야 하며, 이 과정에서 죽음의 위협이 따르더라도 정의를 위한 저항은 영예로운 일임을 강조했다.68 여기에 더해 츠빙글리는 저항과 권력 교체에 있어서도 중요한 원칙을 제시한다. 그는 아무리 악한 위정자라도 국민의 일반적 승인과 동의 없이 개인이 임의로 폐위해서는 안 된다고 강조했다. 저항과 해임은 반드시 공동체의 동의와 적법한 절차를 거쳐야 하며, 이는 그가 저항권마저도 민주적 원칙 위에 세우려 했음을 보여준다.69

이처럼, 츠빙글리의 저항권 사상은 '하나님의 말씀에 순종'이라는 대원칙

---

65 츠빙글리, 『67개 논제에 대한 해제』, 408-10; 츠빙글리, 『목자』, 318-326. Cf. 안인섭, "츠빙글리와 칼빈의 국가론 비교," 166-67; 안인섭, "츠빙글리의 국가론에 근거한 통일을 향한 기독교의 책임," 25.
66 츠빙글리, 『67개 논제에 대한 해제』, 376.
67 츠빙글리, 『67개 논제에 대한 해제』, 409. Cf. McGrath, *Reformation Thought*, 230. 그렇다고 츠빙글리가 폭군을 살해할 가능성을 전적으로 부정한 것은 아니다. 그는 아합과 이세벨과 같은 성경의 사례를 언급하며, 특정한 경우에는 살해를 통한 제거가 정당화될 수 있음을 암시한다. Raath & de Freitas, "Calling and resistance," 54.
68 츠빙글리, 『67개 논제에 대한 해제』, 407-11. Cf. 안인섭, "츠빙글리와 칼빈의 국가론 비교," 167-68; 안인섭, "츠빙글리의 국가론에 근거한 통일을 향한 기독교의 책임," 25.
69 츠빙글리, "67개 논제에 대한 해제," 410. Cf. 스티븐스, 『츠빙글리의 생애와 사상』, 209. 안인섭, "츠빙글리와 칼빈의 국가론 비교," 168; 안인섭, "츠빙글리의 국가론에 근거한 통일을 향한 기독교의 책임," 25-26.

안에서 폭군에 대한 저항의 정당성을 인정하되, 그 방법은 무력이 아닌 평화적이고 질서 있는 절차를 통해 이뤄져야 한다는 점에 특징이 있다. 그리고 목회자는 이런 저항의 선두에 서서 양들을 지키는 사명으로 권세를 바로잡아야 하며, 그것이 진정한 영적 지도자의 책임임을 츠빙글리는 거듭 강조했다. 이러한 츠빙글리의 사상은 루터처럼 '두 왕국 이론'을 따르면서도 복음 중심적으로 시민 정부의 한계를 더욱 분명히 설정하여 교회와 국가의 관계를 조화롭게 유지할 수 있는 여지를 루터보다 더 많이 제공했다고 평가된다.70 나아가 그의 저항권 사상은 이후 개혁파 정치 신학의 발전에도 깊은 영향을 미쳤다.71

2. 그리스도인과 교회의 사회적 책임

츠빙글리는 교회와 국가가 서로 깊은 관련성을 갖는다고 보았으며, 이 관점은 자연스럽게 그리스도인의 사회적 책임으로 확장된다. 그는 공적 삶의 영역에서 기독교인의 책임이 지극히 중요하다고 강조했다. 츠빙글리에 따르면 인간은 하나님께서 주신 자유를 누리지만 동시에 청지기로서 사회적 책임을 져야 한다. 그리스도인은 개인의 신앙적 삶에만 머무르지 않고, 공적 영역에서도 하나님의 의가 드러나도록 살아야 한다. 이 같은 사회 윤리적 강조는 경제 윤리, 정치 윤리로 확산되며, 시민사회 속에서 '좋은 그리스도인이자 정의로운 시민'이라는 정체성을 이루어야 한다는 근대적 특징을 보여준다.72

---

70 우병훈, "종교개혁자들의 교회와 국가관," 210.
71 스티븐스, 『츠빙글리의 생애와 사상』, 209.
72 안인섭, "츠빙글리와 칼빈의 국가론 비교," 168; 안인섭, "츠빙글리의 국가론에 근거한 통일을 향한 기독교의 책임," 23-24.

츠빙글리는 가난한 자를 보호하지 않는 목회자들을 "거짓 사제들"이라 부르며 강하게 비판했을 정도로 그리스도인과 교회의 사회적 책임을 중요시했다.73 이는 단순히 개인의 구원만이 아니라, 공동체의 정의와 복지를 돌보는 사명을 포함한다는 그의 신학적 확신을 드러낸다. 또한, 츠빙글리는 국가가 위기에 처했을 때 교회의 회개가 국가의 회복으로 이어질 수 있다고 보았다.74 교회가 자기중심적 태도를 버리고 하나님의 은혜 중심으로 돌아설 때, 국가 역시 새롭게 화해하고 미래를 보장받을 수 있다는 것이다.75 이를 통해 츠빙글리는 교회가 단순한 신앙 공동체를 넘어 사회와 국가의 미래에 깊이 관여하며 책임져야 하는 존재임을 강조했다.76 결국, 츠빙글리의 사상은 교회와 그리스도인이 공적 삶 속에서 정의롭고 책임 있는 태도로 사회적 선을 실현할 사명이 있음을 일깨우며, 신앙과 사회 윤리가 분리되지 않음을 분명히 하고 있다.

IV. 국가와 교회의 관계

츠빙글리는 "하나님의 정의와 사람의 정의"에서 교회와 국가의 관계를 체계적으로 정리했다. 그 핵심 내용은 다음과 같다: 모든 권세는 하나님께로부터 왔기에, 복음을 전하는 자는 국가 권력에 순종해야 하고, 국가는 외적인 악행에 대해 정의를 집행해야 한다. 국가는 정의로운 사람을 칭찬하고 보호

---

73 츠빙글리, "목자," 347.
74 츠빙글리, "스위스 연방에 대한 간곡한 경고," 378.
75 안인섭, "츠빙글리의 국가론에 근거한 통일을 향한 기독교의 책임," 24.
76 안인섭, "츠빙글리와 칼빈의 국가론 비교," 168.

하며, 악을 행한 자만 처벌해야 하며, 통치자는 하나님의 종으로서 칼을 사용해 불의를 억제할 권한을 가진다. 국민은 단순히 두려움이 아니라 양심을 따라 국가에 복종해야 하며, 국가 운영을 위해 세금을 내고 각자의 의무를 다해야 한다.[77]

츠빙글리는 교회와 국가를 단순히 두 개의 공동체로 분리하거나 혼합하지 않았다. 그는 이 둘이 모두 하나님의 절대적 통치 아래 있다는 점에서는 연속성을 가지지만, 각각 고유한 영역과 역할을 지닌 구별된 공동체로 보았다. 교회는 영혼의 구원과 내적 정의를 담당하는 공동체로, '사랑의 공동체'라 불리며 복음을 선포하고 신앙과 경건을 세우는 사명을 맡는다. 반면 국가는 외적 질서 유지와 정의 실현을 담당하는 '법의 공동체'로, 악을 억제하고 선을 장려하며 사회적 안정을 유지해야 한다. 한마디로 "설교자가 '하나님의 말씀'을 맡고 관료들은 '검'을 맡는 구조이다."[78] 이 둘은 각각 다른 영역을 맡지만 동일하게 하나님의 주권적 통치를 실현하는 목표를 공유한다.

츠빙글리는 국가가 신학적 문제에 개입해서는 안 된다고 명확히 했으며, 신학적 권한은 오직 목회자들에게 속한다고 보았다. 국가는 국민의 삶을 돌보고 외적 정의를 집행하는 역할을 하며, 교회의 신앙적·교리적 문제를 다루는 것은 교회의 고유한 책임이다. 이러한 점에서 교회와 국가는 하나님이 각각에게 맡긴 고유한 권한과 책임을 지니며, 그 성격과 기능 면에서 분명히 구별된다.[79] 특히 츠빙글리는 로마서 13장에 대한 주해를 바탕으로 아나뱁티스트의 급진적 분리주의나 로마 가톨릭의 교권 우위적 모델을 거부하고,

---

[77] 츠빙글리, "하나님의 정의와 사람의 정의," 235-247. Cf. 안인섭, "츠빙글리와 칼빈의 국가론 비교," 163-64.
[78] 안인섭, "통일 어떻게?," 197-98.
[79] 안인섭, "츠빙글리의 국가론에 근거한 통일을 향한 기독교의 책임," 22-23; 우병훈, "그리스도인의 삶, 어떻게?" 450.

국가와 교회의 역할이 각자의 자리에서 분명히 구별되어야 함을 강조했다.[80]

그러나 이 구별성 속에서도 츠빙글리는 교회와 국가가 하나님의 나라를 섬기고 하나님의 통치를 실현한다는 점에서 상호 연관성을 강조했다. 정부는 설교자가 자유롭게 복음을 전하고 교회가 사역할 수 있는 환경을 조성해야 하며, 설교자는 하나님의 말씀을 통해 사회 전체가 하나님의 정의와 질서를 따르도록 이끌어야 한다. 츠빙글리는 이를 '신정'이라고 불렀는데, 이는 국가가 교회를 통치하거나 교회가 국가를 지배하는 의미가 아니라, 위정자와 목회자가 각각의 자리에서 하나님의 주권적 통치를 위해 협력해야 한다는 뜻이다.[81] 특히 츠빙글리는 정치나 경제 영역이 종교와 분리되어 자율적으로 작동하는 것을 경계하며, 신정 체제를 통해 이들 영역이 하나님의 통치 아래 있어야 한다는 점을 강조하였다. 국가는 칼과 법으로 악을 억제하고 공공의 질서를 지키며, 교회는 성령의 검인 하나님의 말씀을 선포하여 영혼을 새롭게 하고 정의를 세운다. 루터의 두 왕국 이론과 유사한 점도 있지만, 츠빙글리는 국가의 복음적 역할을 더 명확히 규정하고 교회와 국가가 조화를 이루는 모델을 제시했다.[82] 이에 관해서 우병훈은 다음과 같이 츠빙글리의 사상을 정리한다.

> 기독교인의 삶에서 하나님의 말씀의 가치를 확보해 주고 "성화가 실현되도록(Heiligung zu realisieren)" 하는 일에 설교자와 시의원들은 각자 구별되는 책임성을 지닌다. 바로 그 책임성이 "두 개의 영역(beide Bereiche)"을 하나로 결합시켜 준다. 설교자는 하나님의 공의에 관여하며, 하나님의 말씀을

---

80 스티븐스, 『츠빙글리의 생애와 사상』, 204.
81 스티븐스, 『츠빙글리의 생애와 사상』, 212.
82 우병훈, "종교개혁가들의 교회와 국가관," 209-10; 우병훈, "츠빙글리의 성화론," 177-78.

전함으로써 하나님의 공의와 뜻이 사람들의 내면에서부터 실현되도록 한다. 위정자들은 인간의 정의에 관여하며, 하나님의 율법에 따라 사회생활을 규제하고, 복음적인 설교를 보호한다. 이를 위해 설교자가 "말씀"을 지닌다면, 관료들은 "검"을 지닌다.[83]

따라서 츠빙글리는 교회와 국가의 고유한 성격과 역할을 분명히 구별하면서도, 두 기관이 하나님의 정의와 통치를 실현하기 위해 상호 협력하고 조화롭게 기능해야 한다고 보았다.[84] 그의 교회개혁에서도 이러한 원칙은 실제로 구현되어, 의회와 교회가 서로의 영역에 일정 부분 관여하기도 했으나, 언제나 최종적 기준은 하나님의 말씀임을 강조하였다. 따라서 그는 법 또한 하나님의 말씀에 따라 제정되어야 한다고 주장하며, 이를 67개 조항 가운데 39번째 조항에서도 분명히 밝혔다.[85] 그는 교회개혁에 있어 국가 권력의 역할을 높이 평가하며, "비록 정부가 성령의 일들과 동떨어진 세속적인 사건들을 감독하고 통제하긴 하지만, 정부 없이는 교회가 있을 수 없다."라고 진술하였다.[86] 동시에 그는 설교자가 예언자적 사명을 감당하여, 하나님의 말씀으로 사회와 국가의 방향을 바로잡아야 한다고 믿었다.[87] 실제로 츠빙글리는 목회자를 단순한 종교 관리자가 아니라 예언자로 이해하였으며, "목자"라는 글에서는 목자가 예언자로서 탐욕, 고리대금, 전쟁, 용병 제도, 독점 등 사회적 불의에 맞서 위정자와 백성 모두를 향해 하나님의 뜻을 선포해야 한다고 강조하였다.[88] 그는 복음의 공적 영향력에 대해서도 "그리스도의 가르침이

---

83 우병훈, "그리스도인의 삶, 어떻게?" 450.
84 스티븐스, 『츠빙글리의 생애와 사상』, 203.
85 츠빙글리, "67개 논제에 대한 해제," 387-97.
86 스티븐스, 『츠빙글리의 생애와 사상』, 203에서 재인용.
87 우병훈, "종교개혁가들의 교회와 국가관," 210. Cf.
88 Stephens, "The theology of Zwingli," 94. Cf. 하지만 부쉬(Busch)는 츠빙글리가 교회의

참으로 순수하게 공표된다면, 그것은 국가의 평화에 지대하게 공헌한다는 것을 나는 부인하지 않는다, 아니 주장한다."라고 말하며, 복음이 사회질서에 미치는 긍정적 효과를 분명히 인정하였다.[89] 나아가 그는 시의회가 성경에 반하는 법을 제정할 경우, 설교자는 반드시 하나님의 말씀으로 그에 맞서야 한다고 역설하였다.[90] 또한, 츠빙글리는 위정자들이 그리스도의 가르침에 부합하지 않게 행한다면 하나님의 이름으로 그 직위에서 해임될 수 있음을 경고하였다.[91]

츠빙글리는 교회개혁의 실천 과정에서도 교회와 국가의 상호작용을 강조하였다. 그는 취리히 교회개혁에서 시의회의 역할을 적극적으로 인정하며, 의회가 교회개혁을 주도하는 구조를 지지하였다.[92] 실제로 제1차 및 제2차 취리히 토론회는 시의회의 주도로 개최되었으며, 당시 주요 의제였던 미사와 성상 철폐 시기의 결정 또한 의회에 위임되었다.[93] 츠빙글리는 설교자가 전하는 메시지의 복음적 정당성 판단 역시 의회의 권한이라고 보았으며, 1524년 12월 스트라스부르에 보낸 서신에서는 복음을 설교하지 않거나 삶과 설교가 일치하지 않는 자들을 추방하는 일 또한 의회가 담당해야 한다고

선지자적 직무를 강조한 공로는 높이 평가하지만, 목회자에 대한 평가를 국가의 감독 아래 두게 함으로써 그 직무의 본질을 약화시켰다고 비평한다. Eberhard Busch, "Church and Politics in the Reformed Traditions," in *Major Themes in the Reformed Tradition*, ed. Donald K. McKim (Grand Rapids: Eerdmans, 1992), 194.

89 스티븐스, 『츠빙글리의 생애와 사상』, 198에서 재인용. Cf. 실제로 츠빙글리는 1522년에 이렇게 진술한다. "스위스의 다른 어떤 주들(cantons)보다도 취리히는 평화롭고 조용한데, 모든 선량한 시민들은 이것이 복음의 공이라고 여긴다." Stephens, "The theology of Zwingli," 95에서 재인용

90 우병훈, "종교개혁가들의 교회와 국가관," 210.

91 츠빙글리, "67개 논제에 대한 해제," 411-12.

92 맥그레스는 이러한 배경에는 시 의회의 적극적인 참여와 동의 없이는 종교개혁이 가능하지 않다는 판단이 츠빙글리에게 있었기 때문이라고 설명한다. McGrath, *Reformation Thought*, 228.

93 스티븐스, 『츠빙글리의 생애와 사상』, 200.

주장하였다.[94] 그러나 그는 동시에 의회가 교회의 일을 독립적으로 처리할 권한은 없으며, 어디까지나 교회의 이름 안에서, 복음의 권위 아래에서 행동해야 한다고 강조했다.[95] 반대로 츠빙글리는 목회자 역시 시정의 행정에 일정 부분 참여할 수 있다고 보았고, 실제로 그는 종교개혁의 범위를 넘어 베른, 바젤, 스트라스부르, 베니스 등과의 동맹 문제나 가톨릭 주들과의 군사적 충돌에까지 관여하며, 외교·군사적 결정에도 영향을 미쳤다.[96] 그러나 그는 설교자, 즉 예언자의 역할이 관료보다 더 본질적임을 분명히 하였다.[97] 참된 예언자가 없는 한 관료는 아무것도 할 수 없으나, 예언자는 관료를 세울 수 있다는 것이 그의 인식이었다.[98] 이는 교회와 국가의 협력 속에서도 궁극적인 권위는 하나님의 말씀에 있으며, 시의회가 말씀에 반하는 법을 제정할 경우에는 오직 하나님의 말씀만이 그에 저항할 수 있는 정당한 권위라고 보았기 때문이다. 반대로 그 질서가 말씀에 위배되지 않는 한, 시민은 국가 권력에 기꺼이 순종해야 한다는 점도 그는 분명히 하였다.[99]

이상과 같은 입장은 츠빙글리가 교회와 국가의 관계를 상호 협력적이면서

---

[94] 스티븐스, 『츠빙글리의 생애와 사상』, 202. Cf. 이런 이유로 그래함(Graham)은 모든 주요 개혁교회 사상가들은 통치자들이 영적인 문제에 있어 교회의 권위에 복종해야 한다고 보았으나, 츠빙글리는 이 점에서 예외적인 입장을 취하였다고 설명한다. W. Fred Graham, "Govenment, Civil," in *The Westminster Handbook to Reformed Theology*, ed. Donald K. McKim (Louisville KY: Westminster John Knox Press, 2001), 96.

[95] Stephens, "The theology of Zwingli," 94.

[96] 스티븐스, 『츠빙글리의 생애와 사상』, 202. Cf. 하지만 츠빙글리의 정치 관여는 취히리 시의회의 일원으로서, 그리고 시민 위원회의 대표로서 활동한 범위에 국한되었다. 이러한 맥락에서 그는 어디까지나 여러 사람 가운데 한 사람으로서 의견을 제시했을 뿐이라는 점을 유념할 필요가 있다. Busch, "Church and Politics in the Reformed Traditions," 188.

[97] 츠빙글리, "그리스도교 신앙 선언," 331. Cf. 츠빙글리는 교회는 설교가 우선이지만, 영혼과 육체가 함께 있어야 사람이 존재하듯 세속 정부 없이는 유지될 수 없기에, 세속 정부는 교회에 필수적이라고 설명한다. 츠빙글리, "그리스도교 신앙 선언," 331.

[98] 스티븐스, 『츠빙글리의 생애와 사상』, 204.

[99] 우병훈, "종교개혁가들의 교회와 국가관," 209-10; 우병훈, "츠빙글리의 성화론," 178-79.

도 하나님의 주권 아래 복속된 질서로 이해했음을 보여준다. 일반적으로는 교회(신앙 공동체)와 국가(세속 공동체)를 구별해서 보려는 경향이 있지만, 츠빙글리는 이 둘을 분리된 공동체로 보지 않았다. 오히려 둘 다 하나님께 속해 있으며, 하나님의 절대적인 지배 아래 있는 하나의 공동체로 보았다.100 예를 들어, 교회만이 하나님의 통치를 받는 것이 아니라, 국가와 시민의 삶도 하나님의 주권 아래 있다는 것이다. 그렇기 때문에 신앙생활과 시민생활을 별개로 나누기보다는, 모두가 하나님의 법과 질서에 복종해야 한다는 원리를 강조했다. 츠빙글리에게 그는 국가의 삶과 교회의 삶이 서로 다르지 않다고 보았으며, 이는 양쪽 모두가 서로에게 요구하는 바를 동일하게 요구하기 때문이라고 보았다. 츠빙글리는 국가의 삶과 교회의 삶이 서로 다르지 않다고 보았으며, 이는 양쪽 모두가 서로에게 요구하는 바를 동일하게 요구하기 때문이라고 설명한다.101 츠빙글리의 이런 관점은 스위스 도시 국가의 정치 상황과도 맞닿아 있어, 그의 신학에는 자연스럽게 애국주의적 색채가 드러난다.102 즉, 신앙심과 시민으로서의 충성이 구별되지 않고 하나로 엮여 있다는 것이다. 여기서 중요한 점은 츠빙글리가 교회와 국가를 단순히 뒤섞은 것이 아니라, "그리스도의 왕국"이라는 개념을 바탕으로 삼아 이 둘을 "통합"했다는 점이다.103 그리스도의 왕국은 단순히 교회 안에서만 구현되는 것이 아니라, 사회 전체 속에서 하나님의 뜻이 실현되는 것을 목표로 한다. 츠빙글리는 국가의 법과 정치 질서도 이 왕국의 일부로 보았고, 교회와 국가가 각기 다른 영역이지만 본질적으로 하나님의 뜻을 수행하는 같은

---

100 안인섭, "츠빙글리의 국가관과 통일," 20.
101 스티븐스, 『츠빙글리의 생애와 사상』, 212.
102 안인섭, "츠빙글리의 국가관과 통일," 20.
103 안인섭, "통일 어떻게?," 195; 안인섭, "츠빙글리와 칼빈의 국가론 비교," 162.

공동체로 이해했다. 즉, 츠빙글리는 교회와 국가를 하나님의 절대적 주권 아래 놓인 동일한 공동체로 보면서도, 각자의 고유한 역할을 분명히 구별하고 상호 협력 속에서 하나님의 정의와 통치를 실현해야 한다고 보았다. 이러한 그의 사상은 이후 개혁주의 정치 신학의 기초를 형성하며 큰 영향을 끼쳤다.

V. 츠빙글리와 다른 종교개혁가들의 국가관 비교

루터와 츠빙글리는 모두 국가를 하나님이 세우신 신적 기관으로 이해하며, 국가의 목적은 인간의 타락한 본성을 억제하고 질서를 유지하는 데 있다고 보았다.104 이 점에서 두 사람은 기본적으로 공통된 시각을 공유한다. 이 둘은 신자가 궁극적으로 사랑의 계명 안에서 살아가며 하나님의 말씀에 순종하는 진정한 신앙인에게는 외적 법질서가 본질적으로 필요하지 않다고 생각한 점에서도 유사한 견해를 펼친다.105

그러나 국가론에 있어 두 사람은 분명한 차이점도 보인다. 루터는 국가와 교회를 하나님의 '두 왕국'으로 구분하며, 각각 세속적 통치와 복음적 통치를 담당한다고 보았다. 루터에게 이 둘은 하나님의 다스림 속에서 조화롭게 공존할 수 있지만, 본질적으로는 서로 구별되는 영역이었다.106 반면, 츠빙

---

104 종교개혁 시기의 정치 신학에 대한 개괄적 이해를 위해서는 다음을 참고하라. McGrath, *Reformation Thought*, 219-34; Busch, "Church and Politics in the Reformed Tradition," 180-95.
105 우병훈, "종교개혁가들의 교회와 국가관," 209.
106 Cf. 루터는 초기에는 신자에게 국가의 강제력이 필요 없다고 했지만, 1525년 농민전쟁 이후에는 그리스도인도 죄인이므로 세상의 법과 권위에 복종해야 한다고 주장했다. 이에 따라 루터의 국가론은 점차 국가 권위를 강조하는 방향으로 발전했으며, 루터파 교회 역시 회중교회적 성격에서 국가교회로 변화하였다. 우병훈, "종교개혁가들의 교회와 국가관," 207-08.

글리는 교회와 국가를 별개의 공동체로 보지 않고, 하나님의 절대적 지배 아래 있는 하나의 공동체로 이해했다. 그는 '그리스도의 왕국' 개념을 중심으로 교회와 국가가 모두 복음을 위해 협력해야 하며, 국가의 법과 질서 역시 하나님의 뜻을 수행하는 수단으로 보았다. 이로 인해 츠빙글리의 국가론은 루터에 비해 복음과 율법의 조화를 추구하며 교회와 국가의 통합적 모델을 제시하는 모델이라고 평가할 수 있다.

맥그래스와 우병훈 등은 루터와 츠빙글리 모두 국가의 필요성과 신앙인이 공직을 맡는 것의 정당성을 인정했다는 점에서 유사성을 지적하지만, 하나님의 의와 인간의 의에 대한 관점에서는 차이를 보인다고 분석한다.107 루터는 두 의를 상호 모순적인 관계로 보며 구원론적 관점에서 해석한 반면, 츠빙글리는 인간의 의를 하나님의 의에 이르는 단계로 이해하며 이를 정치적 차원에서 다루었다. 이러한 차이는 국가에 대한 태도에서도 나타나, 루터는 복음과 율법의 대립 속에서 국가의 역할을 제한적으로 보았으나, 츠빙글리는 국가를 복음을 실현하는 적극적 수단으로 이해하였다.108 따라서 우병훈은 루터의 국가론이 복음과 율법의 대립이라는 그의 신학적 특징을 반영하고 있는 반면, 츠빙글리의 국가론은 율법과 복음의 조화를 강조하는 신학적 관점 위에서 보다 안정적으로 전개되었다고 평가한다.109

한편 교회와 국가를 명확히 구분하며 이들의 관계를 대립적으로 설정했던 루터의 견해는 1523년 이후, 특히 농민전쟁 이후 양자의 관계 속에서 국가

---

107 루터와 츠빙글리의 국가론을 비교한 기존 학계의 논의 및 루터와 츠빙글리의 의(義) 개념 차이에 대한 맥그래스의 견해에 대한 우병훈의 비평은 다음 글을 참고하라. 우병훈, "츠빙글리의 성화론," 181-83.
108 Cf. 츠빙글리가 루터의 가장 큰 차이점은 루터보다 츠빙글리가 국가에 보다 긍정적이고 적극적인 역할을 부여했다는 것이다. 안인섭 "츠빙글리와 칼빈의 국가론 비교," 163.
109 우병훈, "츠빙글리의 성화론," 183.

의 권위를 강조하는 방향으로 나아간다. 가령 루터는 국가가 교회의 복음 선포와 예배를 방해하지 않는 한, 교회는 국가의 권위에 도전하거나 문제를 제기할 책임이 없다고 가르쳤다. 물론 루터는 교회가 국가에 조건 없이 순종해야 한다고 가르친 것은 아니다. 교회의 복음 사역과 예배를 훼방한다면 교회는 국가에 저항해야 한다고 말했다.110 이러한 측면은 위정자가 하나님의 뜻을 거스를 경우 이에 항거할 수 있다고 주장했던 츠빙글리의 사상과도 연속성을 갖는다.111

루터와 달리 칼빈은 츠빙글리처럼 교회와 국가가 하나님의 통치 아래 상호 협력해야 한다는 인식이 강했다.112 츠빙글리와 칼빈은 인문주의적 배경을 공유하며, 경건한 삶과 책임 있는 시민의 삶을 분리할 수 없다고 보았다. 이 둘은 교회와 국가는 하나님의 정의와 뜻을 실현하는 공동체로 기능해야 하며, 국가 권위 역시 하나님으로부터 위임된 것임을 인정했다. 그러나 국가에 대한 복종은 무조건적인 것이 아니라, 하나님의 정의에 부합한 정당한 통치의 경우에만 한정했다. 또한, 사회적 약자에 대한 책임은 교회와 국가 모두가 져야 한다고 보았으며, 이 같은 국가관은 후에 개혁파와 루터파의 차이로도 이어졌다.113

하지만 칼빈과 츠빙글리는 이론적 기초와 실천적 강조점에서 뚜렷한 차이를 보였다. 츠빙글리는 교회와 국가를 하나님의 절대 통치 아래 있는 단일한

---

110 우병훈, "종교개혁가들의 교회와 국가관," 208.
111 그럼에도 불구하고 그래함은, 루터의 사상이 츠빙글리나 칼빈과 같은 다른 16세기 종교개혁자들에 비해 정부와의 관계에 있어서 평신도의 수동적이고 복종적인 태도를 더욱 강하게 드러내고 있다고 평가한다. Graham, "Government, Civil," 96.
112 하지만 이들 사상의 핵심에는 영적인 영역(교회)과 세속적인 영역(국가)이 각각 고유한 사명을 가지고 있으며, 서로의 역할을 침범하거나 혼동해서는 안 된다는 확신이 공통적으로 자리하고 있음은 분명하다. 이러한 확신은 당시 종교개혁의 본질적이며 필수적인 특징이다. Busch, "Church and Politics in the Reformed Traditions," 182.
113 Busch, "Church and Politics in the Reformed Traditions," 182.

공동체로 이해하고, 그리스도의 왕국 개념을 통해 양자를 통합적으로 보았다. 그는 국가가 하나님의 정의를 실현하는 기관이며, 경건한 그리스도인이 공직에 가장 적합하다고 보았다.114 반면, 칼빈은 교회와 국가를 '영혼과 육체'의 유비로 구별하되, 이 둘을 대립되는 영역이 아니라 유기적으로 연결된 관계로 이해했다. 따라서 그는 국가와 교회의 의무와 역할을 명확히 구분하면서도 교회와 국가가 협력해야 한다고 보았다.115 가령 칼빈은 교회와 국가는 협력하여 정의를 구현하고, 자비를 실천하며, 빈곤한 이들을 돌보고, 시민들이 평안 속에서 삶을 영위할 수 있는 공동체를 구축할 공동의 책무를 지닌다고 보았다.116

양자는 교회의 자율성에 대한 관점에서도 차이를 보였다. 칼빈은 츠빙글리보다 교회의 독립성과 영적 자율성을 더욱 중시하였다. 그가 컨시스토리 제도를 통해 교회의 권징권을 제도화하고, 수찬금지를 통해 교회의 순결을 유지하도록 한 것은 그 대표적인 예이다. 또한 그는 국가가 단순히 질서를 유지하는 데 그치지 않고, 교회의 사명과 바른 교리를 보호하며, 경건과 예배를 후원함으로써 교회를 섬겨야 한다고 강조함으로써, 국가의 적극적인 후원을 요청하였다. 반면, 츠빙글리는 교회와 국가의 분리보다는 양자의 통합을 이상적인 정치-종교 질서로 보았다. 그는 교회개혁과 국가 개혁을 하나의 연속된 과정으로 이해하였고, 교회개혁에 있어 의회에 많은 권한을 부

---

114 스티븐스, 『츠빙글리의 생애와 사상』, 205. 스티븐스는 츠빙글리가 경건한 그리스도인이 공직에 오르는 것을 긍정적으로 평가한 이유에 대해, 그들이 하나님의 율법을 받아들이고 그리스도인의 방식으로 이를 해석할 수 있는 자들이기 때문에 정부를 이끌기에 가장 적합하다고 보았다고 설명한다. 스티븐스, 『츠빙글리의 생애와 사상』, 205.

115 Graham, "Govenment, Civil," 95. Cf. 칼빈은 국가를 교회가 국가의 본질적 사명을 수행할 수 있도록 협력하는 기관으로 보았지만, 츠빙글리는 국가를 복음을 통해 하나님의 뜻을 직접 실현하는 기관이라고 이해했다.

116 Graham, "Govenment, Civil," 95.

여하였다. 그리고 츠빙글리는 국가의 본질적 사명은 궁극적으로 복음을 실현하는 데 있다고 보았으며, 이에 따라 그의 관점에서 국가는 하나님의 정의를 구현하는 통치 기관으로 이해되었다.

정치적 맥락과 관점의 차이 또한 두 사람의 국가관을 구분 짓는 중요한 요소였다. 츠빙글리는 스위스 연방의 자주성과 국가적 통합을 중시하는 애국주의적 정서 속에서 활동하며, 국가의 권위를 강조하고 교회와 국가를 실질적으로 하나로 통합하려는 경향을 보였다. 이에 따라 그는 국가에 보다 큰 권한을 부여하고, 교회의 개혁 역시 국가적 차원에서 추진되기를 기대하였다. 반면, 칼빈은 프랑스 출신의 난민으로서 종교적 박해를 경험한 배경 속에서, 교회의 독립성과 영적 자율성을 확보하는 데 더욱 주안점을 두었다. 그는 국가와 교회의 구별을 보다 명확히 하였고, 국가가 단지 통치 권력을 행사하는 기관이 아니라 신앙과 예배의 자유를 보장하고 교회를 보호해야 할 책임이 있다고 보았다. 이러한 정치적 배경과 역사적 경험의 차이는 두 사람의 국가론과 교회관의 방향성을 결정짓는 중요한 요인이 되었다. 정치 체제 면에서도 츠빙글리는 덕망 있는 소수의 통치를 지지했지만, 칼빈은 귀족정과 민주정의 결합 형태를 이상적으로 보되, 각국의 다양성을 존중하고 특정 체제를 고집하지 않는 유연한 태도를 보였다.[117]

마지막으로, 국가 권위에 대한 복종과 폭군에 대한 저항 문제에서도 칼빈과 츠빙글리는 차이를 보였다. 두 사람 모두 국가 권위에 대한 복종은 무조건적인 것이 아니라 그것이 하나님의 정의에 부합할 때만 정당하다는 데에는 의견을 같이했다. 복종에 대한 신학적 해석에서도 차이가 나타났다. 칼빈은 복종을 단순한 정치적 순응이 아니라 하나님께 드리는 성도의 신앙적 의

---

[117] 츠빙글리, "그리스도교 신앙 선언." 329-331.

무로 강조하였다. 반면 츠빙글리는 복종을 주로 사회 질서 유지를 위한 정치적 행위로 보았으며, 이를 종교적 의무로까지 확대하지는 않았다. 츠빙글리와 칼빈은 폭군 저항론에서도 차이를 보였다. 칼빈은 초기에는 저항을 허용하지 않았으나, 1550년대 이후 점차 저항의 정당성을 열어두는 방향으로 입장을 발전시켰다. 반면 츠빙글리는 비교적 이른 시기부터 국가의 부패와 불의한 권력에 대한 저항을 정당화했으며, 실제로 스위스의 정치적·군사적 갈등 속에서 이를 실천에 옮기기도 했다.118

16세기 종교개혁 시대의 다양한 신학적 흐름 가운데, 아나뱁티스트는 국가의 권위와 역할에 대해 가장 급진적인 견해를 제시하였으며, 이는 츠빙글리의 국가관과 뚜렷한 대조를 이룬다. 츠빙글리와 아나뱁티스트는 국가가 죄의 결과로 등장한 제도이며, 국가의 통치자가 하나님에 의해 세워졌다는 점을 인정한다는 점에서는 공통점을 공유했다. 하지만 츠빙글리와 달리 아나뱁티스트는 국가와 교회의 철저한 분리를 주장하며, 국가가 영적 영역에 개입하는 것을 강하게 거부했다. 가령, 1527년 발표된 『슐라이트하임 신앙고백서』 제6항은 국가의 기능을 인정하면서도 칼(국가 권력)은 "칼은 하나님께서 그리스도의 완전성 밖에서 정하신 것이다. 칼은 사악한 자를 징벌하며 사형에 처하게 한다. 그리고 선한 자를 지키며 보호한다."라고 명시하며 세속적 차원에만 국가의 역할을 국한시켰다.119 당시 대표적인 아나뱁티스트였던 메노 시몬스(Menno Simons, 1496-1561)도 국가의 선한 역할은 인정했지만, 양심과 신앙의 영역은 절대적으로 분리되어야 하며, 오직 그리스도만이 양심의 주인이라고 주장했다.120 이러한 입장은 국가가 교회의 신앙

---

118 스티븐스, 『츠빙글리의 생애와 사상』, 206. 스티븐스는 츠빙글리를 "설교자였을 뿐만 아니라 의회의 종교개혁을 옹호하려는 관심을 갖고 도시의 일들에도 참여하려는 참여자"였다고 평가한다. 스티븐스, 『츠빙글리의 생애와 사상』, 206.
119 우병훈, "종교개혁가들의 교회와 국가관," 206에서 재인용.

을 수호하는 측면이 있다고 보았던 다른 종교개혁가들의 그것과는 매우 상반된다. 예를 들어 츠빙글리는 국가와 교회를 복음 안에서 통합된 파트너로 보았고 국가가 교회의 개혁과 복음 실현을 돕는 역할을 해야 한다고 강조했다.

아나뱁티스트는 산상수훈을 기독교인의 삶의 절대적 규범으로 간주했으며, 이를 개인의 윤리뿐 아니라 사회·정치적 삶에도 일관되게 적용하고자 했다.121 이로 인해 그들은 군 복무나 공직 수행, 무력 사용, 공권력 행사를 신앙에 반하는 것으로 간주하며 거부하였고, 국가가 신앙의 영역을 침해할 경우 적극적으로 저항하기보다는 수동적 고난 감수의 태도를 견지하였다.122 이러한 점에서 아나뱁티스트는 국가와 교회의 완전한 분리를 추구하였을 뿐 아니라, 그리스도인은 철저히 '하늘 시민'으로 살아야 한다는 급진적인 윤리적 이상을 추구하였다.123 이에 비해 츠빙글리는 보다 통합적인 관점을 견지하였다. 그는 기독교 공동체의 갱신과 복음의 확산을 위해 국가의 역할을 적극적으로 긍정하였으며, 교회와 국가가 상호 보완적으로 협력해야 한다고 보았다. 특히 그는 신실한 그리스도인이 공직에 참여하여 정의를 실현하고 사회를 복음의 원리에 따라 질서 있게 이끌어가는 것이 바람직하다고 여겼다.124 이는 그가 국가를 단순히 죄의 억제 장치로 보지 않고, 하나님의 정의

---

120 우병훈, "종교개혁가들의 교회와 국가관," 206.
121 Cf. 루터와 츠빙글리는 사적 도덕성과 공적 도덕성을 구분하면서, "악한 자를 대적하지 말라", "오른뺨을 치거든 왼뺨도 돌려 대라"와 같은 산상수훈의 명령은 개인으로서의 기독교인에게 적용되는 것이지, 공적 책임을 맡은 기독교인에게는 해당되지 않는다고 주장하였다. 특히 츠빙글리는 예수께서 바리새인들을 공개적으로 비판하셨고, 대제사장 앞에서도 다른 뺨을 돌려 대지 않으셨다는 점을 근거로 들며 이 입장을 뒷받침하였다. McGrath, *Reformation Thought*, 229.
122 George H. Williams, *The Radical Reformation* (Philadelphia: Westminster Press, 1962), 124–134.
123 Hans-Jürgen Goertz, *The Anabaptists* (London: Routledge, 1996), 87–92.
124 스티븐스, 『츠빙글리의 생애와 사상』, 205.

를 실현하는 도구로 이해했기 때문이다. 이러한 관점은 국가 권력을 근본적으로 불신하며 영적 공동체로부터 분리하려 했던 아나뱁티스트의 국가관과 본질적으로 구별된다.

이상과 같은 비교를 통해 우리는 종교개혁가들의 국가관에 다음과 같은 유사점과 차별성이 있음을 정리해 볼 수 있다. 먼저 루터, 츠빙글리, 칼빈은 모두 국가를 하나님께서 세우신 선한 기관으로 이해하며, 그리스도인은 교회에 속하면서 동시에 국가의 통치를 받는 이중적 정체성을 지닌다고 보았다.125 이들은 국가를 타락 이후 사회 질서를 유지하고 정의와 평화를 증진하며 종교의 자유를 보장하는 필수적 장치로 간주했으며, 집권자가 하나님의 대리자로서 공권력을 행사할 수 있음을 인정했다. 그러나 이러한 권력은 반드시 하나님의 뜻을 실현하는 데 사용되어야 하며, 국가에 대한 복종은 결코 하나님께 대한 불복종으로 이어져서는 안 된다고 강조했다. 아나뱁티스트 역시 국가가 사회 질서를 유지하는 세속적 기능을 수행한다는 점은 인정했으나, 신앙의 영역에서 국가의 개입을 단호히 거부하며 무력행사와 공적 직무 참여를 지양하고 양심의 자유를 절대시했다. 이처럼 네 입장은 모두 국가의 신적 기원과 사회 질서 유지의 필요성에 대해 일정 부분 공통점을 보였다.

반면 이들은 국가와 교회의 관계 설정 방식에서 뚜렷한 차이를 드러냈다. 루터는 '두 왕국론'을 통해 교회(영적 왕국)와 국가(세속 왕국)를 명확히 구별하며 이 둘이 본질적으로 분리되지만 조화롭게 존재할 수 있다고 보았다.

---

125 Cf. 16세기 종교개혁가들은 정부를 하나님의 종으로 생각했다. 하지만 루터는 "정부이기 때문에 그리고 정부인 한"(because and insofar as it is the government) 정부가 하나님의 종이라는 생각에 가까웠다. 반면 츠빙글리와 칼빈은 "하나님의 종일 때 그리고 하나님의 종인 한에서"(when and insofar as it is God's servant) 정부가 진정한 정부라는 생각에 더 가까웠다. 따라서 츠빙글리와 칼빈은 정부를 "하나님의 뜻과 직접적이고 자동적으로 동일시하는 것"을 거부하였다. Busch, "Church and Politics in the Reformed Traditions," 184.

농민전쟁 이후 그의 국가론은 국가 권위를 보다 강조하는 방향으로 발전했으며, 루터파 교회는 국가교회의 형태로 자리 잡았다. 츠빙글리는 교회와 국가를 하나님의 절대 주권 아래 동일한 공동체로 이해하며, 복음과 율법의 조화를 강조하고 국가가 교회의 파트너로서 복음 실현에 적극 기여해야 한다고 주장했다. 칼빈은 '영혼과 육체의 유비'를 통해 국가와 교회를 구별하면서도 국가가 교회의 사명을 지지하고 신앙적 가치를 보호해야 함을 강조했으며, 특히 국가 권력이 하나님의 뜻을 거스를 경우 저항할 권리도 인정했다. 이에 비해 아나뱁티스트는 국가의 신앙적 개입을 철저히 거부하고, 교회와 국가의 철저한 분리를 주장하며 비폭력주의를 고수했다. 이처럼 루터, 츠빙글리, 칼빈, 아나뱁티스트는 국가관의 기본 틀에서는 유사점을 공유했지만, 교회와 국가의 관계 설정과 그 실천 방식에서는 분명한 차이를 보였다. 루터가 교회와 국가를 명확히 구별하고 이중적 질서 속에서 이들의 역할을 분리했으며, 칼빈이 교회의 독립성과 국가의 신앙적 사명을 균형 있게 발전시켰다면, 츠빙글리는 이 둘을 하나님의 절대 주권 아래 있는 동일한 공동체로 파악함으로써 독창적인 모델을 제시했다. 결국, 츠빙글리의 정교통합적 국가관은 루터와 칼빈을 보완하고 심화하는 시각을 제공할 수 있다.

VI. 결론

츠빙글리의 국가관은 종교개혁기의 다양한 정치신학적 논의 가운데에서도 신앙과 공적 질서, 교회와 국가의 관계를 조화롭게 통합하려는 독창적 시도로 주목된다. 그는 국가를 단순한 세속 권력이 아니라, 복음의 질서 아래

조직될 수 있는 하나님의 도구로 이해했으며, 신실한 그리스도인의 공직 참여와 공공선 실현을 통해 신앙이 사회 속에서 구현될 수 있다고 보았다. 또한, 그는 국가의 법과 정치 질서를 복음적 가치에 따라 형성해야 한다고 주장하면서, 복음과 율법의 조화를 전제로 한 정치 공동체의 가능성을 열어두었다. 이러한 그의 국가관은 단순한 신정정치나 국가주의의 형태와는 다른, 교회와 국가의 상호적 책임과 의존 속에서 공적 정의를 실현하려는 복음적 모델로 평가될 수 있다.

이러한 츠빙글리의 국가관은 루터, 칼빈, 아나뱁티스트 등 다른 종교개혁자들의 입장과 비교할 때 그 독자성이 더욱 분명해진다. 루터는 교회와 국가를 '이원적 질서'로 구분하고, 복음은 내면의 신앙과 교회에, 국가는 외적 질서 유지에 맡겼다. 즉, 루터는 신앙과 국가 권력 사이에 일정한 거리를 두어야 한다고 보았다. 반면 츠빙글리는 복음이 사회 전체를 변화시키는 원리라 보고, 국가 역시 복음의 통치를 받아야 할 공동체로 이해했다. 칼빈은 교회와 국가가 각기 다른 사명을 감당하면서도 하나님의 섭리 아래 협력해야 한다고 보았다. 그는 교회의 자율성과 국가의 질서를 중시하며 균형을 강조했지만, 츠빙글리는 국가가 복음 실현의 적극적 협력자가 되어야 하며, 교회의 개혁을 지원할 책임도 있다고 보았다. 아나뱁티스트는 국가와 교회의 철저한 분리를 주장하며, 세속 권력은 본질적으로 타락했다고 여겼다. 산상수훈을 사회 질서에까지 적용해 공직과 군복무를 거부하고 고난을 감수했다. 이에 비해 츠빙글리는 그리스도인이 공직을 통해 복음적 정의를 구현할 수 있으며, 교회와 국가가 공동선을 위해 협력할 수 있다고 보았다.

이러한 츠빙글리의 국가론은 오늘날의 신앙 공동체, 특히 한국교회에도 다음과 같은 중요한 교훈을 제공한다. 첫째, 신앙과 시민적 책임의 통합이다. 츠빙글리는 신앙과 일상의 삶, 그리고 사회적 책임을 분리하지 않았다. 그리스도인은 교회 안에서 뿐 아니라 사회 속에서도 정의, 공의, 공동선을 구현하는 책임 있는 시민으로 살아야 하며, 이는 신앙을 지나치게 개인적이고 사적인 차원에만 국한하려는 경향이 있는 한국교회에 대한 중요한 도전이 된다. 둘째, 국가 권력에 대한 비판적 순종의 자세이다. 츠빙글리는 국가를 하나님의 섭리적 도구로 보았지만, 동시에 국가 권위가 복음의 기준에서 벗어날 경우, 그에 대한 분별과 비판이 필요함을 강조하였다. 이는 오늘날 교회가 국가와의 관계에서 맹목적 순응이나 무조건적 반대를 넘어서, 복음에 기반한 비판적 협력의 자세를 갖추어야 함을 보여준다. 셋째, 공공의 선을 위한 교회와 국가의 협력 모델이다. 츠빙글리는 교회와 국가가 단절된 존재가 아니라, 복음과 하나님의 정의 실현이라는 공통된 목적 아래 상호 보완적 역할을 해야 한다고 주장했다. 이는 오늘날 한국 사회에서도 교회가 사회적 약자 보호, 복지, 교육 등 공공 영역에서 국가와 협력하여 선한 영향력을 발휘하는 방식으로 실천될 수 있다. 넷째, 교회의 공적 책임에 대한 회복적 성찰이다. 츠빙글리는 교회가 단지 내면적 신앙을 지키는 공간에 머무는 것이 아니라, 사회 전체의 도덕적 나침반으로서의 사명을 수행해야 함을 강조하였다. 이는 오늘날 자기중심적 성장에 집중하는 교회가 다시 공공의 진리와 정의를 선포하는 본래의 정체성을 회복할 필요성을 일깨워준다. 다섯째, 신앙과 국가주의 사이의 균형 감각이다. 츠빙글리는 자국 공동체에 대한 애정을 담았지만, 신앙이 정치적 이념이나 민족주의에 종속되지 않도록 경계하였다. 이는 신앙이 정치적 이념이나 국가주의에 종속되지 않도록 경계한 츠빙글리의 태도가 오늘날 한국교회에 중요한 교훈을 준다는 점에서 의미가 크다. 곧, 한국교회는 복음의 보편성과 하나님의 나라에 대한 충성을 무엇보다 우선시해야 한다.

   결론적으로, 츠빙글리의 국가론은 교회와 국가의 관계에서 통합성과 균형, 복음적 책임의식을 강조한 모델로서 중요한 의의를 지닌다. 그는 교회와 국가가 각각의 영역에서 독립성을 유지하면서도, 복음의 질서 아래 상호 협력하며 공동체의 선을 추구할 수 있음을 보여주었다. 그의 국가관은 단지 16세기 스위스의 맥락에 머무는 것이 아니라, 현대 민주사회 속에서 신앙 공동체가 사회적 책임을 어떻게 감당할 수 있는지에 대한 중요한 신학적 자원으로 여전히 유효하다. 오늘날 교회는 이러한 전통 위에서, 신앙과 시민적 책임이 분리되지 않는 통합된 삶을 살아가며, 세상 속에서 진리와 정의의 증인으로 설 소명을 다시금 자각해야 할 것이다.

〈참고문헌〉

Goertz, Hans-Jürgen. *The Anabaptists.* London: Routledge, 1996.

Kreutzer, Jakob. *Zwinglis Lehre von der Obrigkeit.* Stuttgart: F. Enke, 1909.

Major Themes in the Reformed Tradition. Edited by Donald K. McKim. Grand Rapids: Eerdmans, 1992.

McGrath, Alister E. *Reformation Thought: An Introduction.* Oxford: Blackwell Publishers, 1999.

Raath, A. W. G & S. A. de Freitas. "Calling and resistance: Huldrych Zwingli's (1484-1531) political theology and his legacy of resistance to tyranny." *Koers* 66/1 (2002), 45-76.

Schmid, Heinrich. *Zwinglis Lehre von der göttlichen und menschlichen Gerechtigkeit.* Zürich: Zwingli-Verlag, 1959.

The Cambridge Companion to Reformation Theology. Edited by David Bagchi and David C. Steinmetz. Cambridge: Cambridge University Press, 2004.

The Westminster Handbook to Reformed Theology. Edited by Donald K. McKim. Louisville KY: Westminster John Knox Press, 2001.

Williams, George H. *The Radical Reformation.* Philadelphia: Westminster Press, 1962.

Zwingli, Huldrych. *Huldreich Zwinglis Werke.* Edited by M.

Schuler and J. Schulthess. 8 vols. Zürich, 1828-42.

_____. *The Latin works and the correspondence of Huldreich Zwingli*. Vol. 1. Edited by Samuel M. Jackson. Translated by Henry Preble, Walter Lichtenstein, and Lawrence A. McLouth. New York & London: The Knickerbocker Press, 1912.

_____. *The Latin works and the correspondence of Huldreich Zwingli*. Vol. 2. Edited by William John Hinke. Translated by Samuel M. Jackson. Philadelphia, The Heidelberg Press, 1922.

_____. *The Latin works of Huldreich Zwingli*. Vol. 3. Edited by Clarence Nevin Heller. Philadelphia, The Heidelberg Press, 1929.

박찬호. "교회와 국가의 관계에 대한 츠빙글리의 견해."「한국개혁신학」 65 (2020), 80-117.

안명준 외 지음.『교회통찰』. 서울: 세움북스, 2020.

안인섭. "츠빙글리의 사회윤리 사상."「신학지남」 제86권 (2019), 165-191.

_____. "츠빙글리의 국가론에 근거한 통일을 향한 기독교의 책임."「기독교와 통일」 13권 1호 (2022년 4월), 7-36.

우병훈. "츠빙글리의 성화론: 그의 신론, 교회론, 국가론과 연결하여."「한국개혁신학」 64 (2019), 148-192.

정미현. "츠빙글리와 재세례파의 교회와 국가에 대한 이해와 그 현대적 적용."「한국조직신학논총」 62집. (2021년), 117-161.

주도홍. 『개혁신학의 뿌리: 츠빙글리를 읽다』. 서울: 세움북스, 2020.

_____. 『처음 시작하는 루터와 츠빙글리』. 서울: 세움북스, 2019.

주도홍 편. 『종교개혁자 츠빙글리의 삶과 개혁신학』. 경기도: 킹덤북스, 2022.

_____. 『츠빙글리 종교개혁의 확장』. 경기도: 킹덤북스, 2024.

페터 오피츠. 『울리히 츠빙글리: 개혁교회의 예언자, 이단자, 선구자』. 정미현 옮김. 서울: 연세대학교 대학출판 문화원, 2017.

스티븐스, W. P. 『츠빙글리의 생애와 사상』. 박경수 옮김. 서울: 대한기독교서회, 2007.

숄, 한스. 『종교개혁과 정치』. 황정욱 옮김. 서울: 기독교문사, 1993.

츠빙글리, 훌트라이히. 『츠빙글리 저작선집 1-4』. 임걸, 공성철 역. 서울: 연세대 출판문화원, 2017.

_____. 『츠빙글리와 불링거』. 기독교 고전총서 11권. 서원모, 김유준 역. 서울: 두란노 아카데미, 2011.

부써의 정부론과 그리스도의 나라

황대우

Martin Bucer(1491-1551)

고신대학교 신학과(Th. B.)와 신학대학원(M. Div.), 그리고 대학원 신학과(Th. M.)를 거쳐 네덜란드 아뻘도오른(Apeldoorn)에 소재한 기독개혁신학대학교(De Theologische Universiteit van de Christelijke Gereformeerde Kerken)에서 "그리스도의 신비한 몸: 마르틴 부써와 요한 칼빈의 교회론(Het mystieke lichaam van Christus. De ecclesiologie van Martin Bucer en Johannes Calvijn. 2002)"이라는 논문으로 신학박사(Th. D.) 학위를 받았다. 현재 고신대 학부대학 소속 교회사 담당교수로서 개혁주의 학술원 원장 및 책임연구원이고 한국칼빈학회 명예회장이다. 저술로는 『기독교 사용 설명서 1: 종교개혁』, 『교회연합운동의 선구자 부써』, 『종교개혁과 교리』, 『칼빈과 개혁주의』가 있고, 편저로는 『고신교회의 태동:원자료와 논문』, 『삶, 나 아닌 남을 위하여』, 『라틴어: 문법과 구문론』 등이 있고, 번역서로는 『루터: 약속과 경험』, 『문답식 하이델베르크 신앙교육서』, 『기도, 묵상, 시련』 등이 대표적이다.

황대우

I. 서론

오늘날 신약학자들은 하나님의 나라와 교회를 전혀 다른 것으로 정의한다. 하지만 16세기 종교개혁자들은 하나님의 나라와 교회는 서로 다른 무엇이 아닌 동일한 것으로 간주한다. 특히 제네바 종교개혁자 칼빈은 하나님의 나라를 교회와 상호 교환이 가능한 용어로 이해하고 사용한다.1

하나님의 나라와 교회의 관계에 대해서는 스트라스부르 종교개혁자 부써도 칼빈의 생각과 크게 다르지 않다. 하나님의 나라와 교회를 동일한 실체로 간주하는 부써의 사상 속에 매우 중요한 역할을 하는 것이 바로 그리스도의 나라라는 개념이다.2 그리스도의 나라는 신약성경에 자주 등장하는 용어가 아니다. 그럼에도 불구하고 이 용어는 부써 신학을 이해하는데 중요한 개념인데, 사실상 이 개념 때문에 하나님의 나라와 교회의 동일화가 가능하다.

이 논문에서는 부써가 하나님 나라로서의 교회와 세상 나라로서의 국가 혹은 정부의 관계를 어떻게 설정하는지 살필 것이다. 하나님 나라인 교회를 하나님의 도성으로, 이 세상의 국가와 정부를 세속 도성으로 각각

---

* 본 논문은 한국복음주의역사신학회의 「역사신학 논총」 21권(2011)에 "종교개혁가 부써에게 있어서 교회와 국가의 관계"라는 제목으로, 개혁주의학술원의 「갱신과 부흥」 21호(2018)에 "교회와 정부의 관계에 대한 부써의 견해"라는 제목으로 각각 게재된 내용을 조금 수정한 것이며, 부써의 로마서 13장 해석에 대한 분석을 새로운 내용으로 첨가했음을 밝힌다.
1 칼빈의 하나님 나라 개념에 대해서는 다음 참조. 황대우, "깔뱅의 교회론과 선교," 「선교와 신학」 24집(2009), 66-72.
2 스트라스부르 종교개혁자 부써의 "그리스도의 나라" 개념을 시대별로 매우 상세하게 분석한 연구에 대해서는 다음 참조. Andreas Gäumann, *Reich Christi und Obrigkeit. Eine Studie zum reformatorische Denken und Handeln Martin Bucers* (Bern: Verlag Peter Lang, 2001).

구분하는 아우구스티누스(Augustinus)의 두 도성 이론과 이와 유사하면서도 다른 루터의 두 나라 개념은 이미 잘 알려져 있지만 그리스도의 나라로 요약되는 부써의 국가론과 정부론은 잘 알려져 있지 않은데, 이것을 밝히는 것이 본 연구의 목적이다.

II. 그리스도의 나라

"그리스도의 나라"(Regnum Christi)라는 개념은3 부써의 교회론에서 결정적인 의미를 갖는다.4 부활과 승천 이후 그리스도께서는 왕으로서 자신의 통치를 자기 나라의 백성뿐만 아니라 온 세상에 대해서도 수행하신다. 왜냐하면 그리스도께서는 아버지로부터 모든 하늘과 땅의 권세를 받으셨기 때문이다. 하지만 그분께서는 세상의 어떤 수단이나 도구나 무기 없이도 오직 자신의 말씀과 성령만으로 그 권세를 실행하고 관리하시기 때문이다.5 그분 자신의 "고유한 직임"(munus proprium)인

---

3 "그리스도 나라의 특징들"(propria regni Christi)에 관한 부써의 설명에 대해서는 다음 참고. François Wendel, ed., *Martini Bvceri opera latina*, Vol. XV. *De regno Christi* (Gütersloh: C. Bertelsmann Verlag, 1955), 7-14와 34f. 이후로는 '*MBOL* 15, 1(*De regno Christi*. 1550)'로 인용.

4 참조. G. Hammann, *Entre la secte et la cité. Le projet d'Église du Réformateur Martin Bucer (1491-1551)*. Histoire et Société (Genève: Labor et Fides, 1984), 110. 하나님 나라와 교회의 관계에 대해서는 다음 참고. W. Pauck, *Das Reich Gottes auf Erden, Utopia und Wirklichkeit. Eine Untersuchung zu Butzers De regno Christi und zur englischen Staatskirche des 16. Jahrhunderts*, Arbeiten zur Kirchengeschichte 10 (Berlin : de Grryter, 1928), 13-19.

5 MBOL 15, 5-6 (De regno Christi. 1550): "Potestatem acceperat a patre omnem in coelo et terra, Matth. ultimo [18]. Eam autem potestatem exercebat et admi[6]nistrabat uerbo tantum et Spiritu, nullis omnino adminiculis, instrumentis

복음선포를 통해 그리스도께서는 친히 "그리스도인들의 유일한 공화국"(sola Christianorum Respublica)을 건설하시는데,6 이것이 그리스도의 나라 건설이다.

각 지상 교회는 끊임없이 복음의 전달자로서의 기능을 수행해야 하는데, 만일 복음의 소리가 더 이상 나지 않는 교회가 있다면 그 교회는 그분께 속한 것이 아니다.7 이런 점에서 그리스도의 왕 되심 즉 왕직은 무엇보다도 그분의 나라인 교회에 적용되어야 한다. 부써에게 있어서 그리스도의 나라는 교회라는 실체를 의미한다. "따라서 의심의 여지없이 정부는 황제의 말이 들려지고 그의 명령이 지켜지는 황제직에 속한 것이다. 그와 같이 그리스도의 말씀이 그러한 소망으로 들려지고 그러한 열심으로 보존되는 곳은 또한 분명히 그리스도의 나라이며 참된 교회이다."8

그리스도의 나라는 "우리에게, 그리고 우리 속에 실제로"(realiter apud et inter nos) 존재한다.9 이것이 부써의 그리스도의 나라라는

---

aut armis mundi."
6 B. Ev. (1527) I, 127b (= B. Ev. (1536), 93).
7 MBOL 15, 28 (De regno Christi. 1550): "..., quod omnis Christi Ecclesia debet esse euangelizatrix ita, ut in omni sanctorum coetu sonet uox Euangelii assidue, fiducia maxima et studio ardentissimo. In quibus ergo Ecclesiis uox illa silet, hae frustra se Christi Ecclesias uocant."
8 R. Stupperich e.a., ed., Martin Bucers Deutsche Schriften 1. *Frühschriften 1520-1524* (Gütersloh: Gütersloher Verlagshous Gerd Mohn, 1960), 44 (Das ym selbs. 1523): "Dann wie kein zweifel ist die Statt ghor zum keyserthumb, in der des keysers wort gehort und sein gebott gehalten würt. Also ist es gewißlich auch das reich Christi und die wore kirch, wo das wort Christi mit solchem lust gehort und fleiß bewart würt." 이후로는 'MBDS 1, 44 (Das ym selbs. 1523)'로 인용. 참조. MBOL 15, 33 (De regno Christi. 1550): "…, Dominum et regem nostrum Christum omnia haec effecturum propter gloriam nominis sui, atque eo, ut regnum et ciuitatem habeat sanctam in terris, hoc est, Ecclesiam, eamque omni pietate et uirtute exornatam."

개념에 기본적인 것이다.10 그리스도의 나라는 지상적 일시성과 천상적 영원성이라는 이중적 차원의 것이다.11 그리스도의 나라는 이 세상에서 교회로 존재한다.12 왜냐하면 그리스도의 나라는 그분께서 이 세상 속에서 소유하고 계신 자신의 사람들로 구성되어 있기 때문이다.13 그리스도는 지상교회를 통해 자신의 나라의 모습을 실현하신다.

그리스도는 아버지께서 자신에게 자기 나라의 참된 시민으로 주신 자들을 자신의 말씀과 성령을 통해 설복하신다.14 성령의 감동하심과 새롭게 하심 없이는 아무도 그리스도의 나라에 들어오지도 머물지도 못한다.15 그리스도인들은 하나님의 호의를 통해 그리스도의 나라에 첨가된 것이다.16 역사 속에서 그리스도의 나라는 끊임없이 "폭군인 사탄의 나라"(regnum satanae tyranni)와 싸운다. 하지만 하나님의 자녀가 그리스도를 통해 사탄의 폭정으로부터 해방되었기 때문에 비록

---

9 MBOL 15, 3 (De regno Christi. 1550).
10 부써가 "나라"(regnum)라는 용어로 교회를 말할 때 그가 그것으로 통치나 왕의 직분을 의미할 뿐만 아니라 나라도 의미한다. 따라서 필자는 다음과 같은 파우크의 견해에 반대한다. Pauck, *Das Reich Gottes*, 6: "Wir haben das regnum Christi als die Herrschaft Christi zu erklären, die sich nur in den wahren Christen auswirkt, denen Christus den Geist verleiht."
11 B. Ev. (1527) I, 127a-118a와 II, 143a-144a (= B. Ev. (1536), 93와 322). 참고. Koch, *Studium Pietatis: Martin Bucer als Ethiker*. Beiträge zur Geschichte und Lehre der Reformierten Kirche 14 (Neukirchener Verlag, 1962), 51-54.
12 Koch, *Studium Pietatis*, 51.
13 MBOL 15, 3 (De regno Christi. 1550): "… sit regnum Christi eius hominibus, quos habet in hoc saeculo, …"
14 MBOL 15, 5 (De regno Christi. 1550): "Quos enim pater ei donasset ueros regni sui ciues, hos uerbo permouit et Spiritu suo, …"
15 MBOL 15, 26 (De regno Christi. 1550): "…, neminem in regnum uenire Christi et in eo perseuerare, nisi afflatum et innouatum Spiritu eius, …"
16 B. Eph. (1527), 66a[ver]: "… beneuolentiam DEI, qua & ipsi regno Christi adducti fuerant, …"

그들이 사탄에 의해 상처를 입을 수는 있겠지만 그리스도께서 이제 더 이상 그들을 잃어버리도록 내버려 두실 수는 없다.17

그리스도의 나라는 하나님께서 택하신 자들에 대한 "영원한 구원의 관리요 경영"(administratio et procuratio salutis aeternae)이다.18 그래서 그분은 자신의 백성을 "장수하는 씨"(semen longaeuum)라 부르신다.19 부써는 "하나님의 유일한 도성"(sola civitas Dei)을 성령께서 그리스도의 한 몸으로 불러모으시는 선택 받은 자들의 교제 공동체 즉 "성도들의 교회"(Ecclesia Sanctorum)로 정의한다.20 루터(Luther)에게 그러한 것처럼21 부써에게도 "기독교적인 몸"(corpus christianum)은 단지 "신비한 몸"(corpus mysticum)인 교회를 의미한다.

III. 아버지의 나라와 아들의 나라

부써는 지상 교회인 기독교를 하나님 나라뿐만 아니라, 그리스도의 나라와도 동일시한다.22 사탄의 나라는 파괴될 것이다.23 반대로

---

17 B. Eph. (1527), 48b-49a[ver]: "Etenim qui filii Dei sunt, hos agit spiritus Dei Rom. 8. Facessit quidem & his aduersarius negocium, eo quod corpus peccato obnoxium adhuc circumferunt, uerum quoniam eius tyrannide per Christum uindicati sunt, exercere illos potest, perdere non[49a] potest, …"
18 MBOL 15, 54 (De regno Christi. 1550). 참고. Pauck, *Das Reich Gottes*, 13.
19 MBOL 15, 30 (De regno Christi. 1550).
20 MBDS 7, 98 (Von der waren Seelsorge. 1538): "… wir sein reich und leib."
21 K. Holl, *Gesammelte Aussätze* I, 340f.
22 참고. Pauck, *Das Reich Gottes*, 5-19; Koch, *Studium Pietatis*, 50-54; MBDS 7, 98

그리스도의 나라는 영원하다. 왜냐하면 그 나라는 아버지의 나라와 동일하기 때문이다.24 그리스도의 나라는 하나님의 불변하는 맹세로 세워졌으므로 영원한 나라가 될 것이다.25 이런 의미에서 그 나라는 천국으로 불리는데, 그 이유는 그것이 비록 여전히 이 세상에 살고 있는 우리 속에 있지만 이 세상에 속한 것이 아니기 때문이다.

하나님 나라는 하늘 나라이므로 하늘에 속한 것이다. 하늘은 참된 하나님과 창조주이신 우리의 아버지께서 계시고 우리가 그분을 부르는 곳이며 우리의 왕 예수 그리스도께서 하나님의 우편에 좌정하시고 하늘과 땅에 있는 모든 것을 새롭게 하시는 곳이다.26 하나님께서 우리의 아버지가 되시고 예수 그리스도께서 우리의 주님이 되신다면 분명 우리는 이미 믿음으로 삼위 성부와 성자의 은혜뿐만 아니라 성부와 성자와의 평화인 행복에도 참여하고 있는 것이 확실하다.27

---

n.43 (Von der waren Seelsorge. 1538).

23 MBOL 15, 47 (De regno Christi. 1550): "…, Deum semper adfore huic regi nostro ad dexteram, eiusque hostes omnino tandem confecturum, …"

24 B. Ev. (1527) II, 144a (= B. Ev. (1536), 322-323): "…, simpliciter potest aeternum dici regnum Christi, praesertim cum[323] idem et patris sit."

25 MBOL 15, 47 (De regno Christi. 1550): "…, regnum Christi constitutum esse iuramento Dei immutabili, ac proinde fore regnum aeternum."

26 MBOL 15, 6 (De regno Christi. 1550): "Primum enim, cum regnum uocatur coelorum, clare exprimitur, illud non esse de hoc mundo, tametsi sit in nobis, qui in praesenti adhuc mundo uersamur [Ioan. 17, 11; 18, 36]. De coelo enim, ubi patrem nostrum, uerum Deum et conditorem nostrum habemus et inuocamus, ubi rex noster Iesus Christus sedet ad dexteram patris, et *instaurat quae sunt in coelo et in terra omnia*, Ephes. 1 [10], …"

27 B. Eph. (1527), 22b: "…, si enim Deus pater, & IESUS Christus, qui iuxta nomen suum seruator & beator est suorum, Dominus noster existit, certi sumus, ut beneuolentiae eorum, ita & solide felicitatis, quae pax illa Dei & Christi est, nos compotes & iam per fidem esse, …"

그리스도께서 자신의 아버지께 자신의 나라를 이양하실 때 만물은 신성으로 충만할 것이다.28 이런 점에서 아들의 나라는 아버지의 나라로 불린다. "왜냐하면 그리스도께서는 만물 안에서 만물이 되시기 위해 하나님 아버지께 그 나라를 이양하실 것이기 때문이다. 즉 마지막 대적인 죽음이 소멸될 때 [비로소] 그리스도의 나라의 끝이 올 것이며 그 때 중보직과 중재직이 끝나게 될 것이다."29 하나님의 나라와 그리스도의 나라는 둘 다 "구원하는 나라"(regnum saluificum)로써 동일하다.30 하나님 나라 밖에서는 구원도 선함도 없다.31 하늘 나라는 한 몸으로서의 우주적 교회를 의미하는데, 이곳에서 그리스도인들은 상호간의 친밀한 생명의 교제를 나누는 것이다.32

부써가 교회를 "그리스도와 하나님의 나라"(regnum Christi et Dei)로 정의한다는 사실로부터 그의 종말론적 교회론이 유추될 수 있다. 나라들과 권세들을 소멸하시는 유일한 소멸자이시고 모든 자들의 구원자이시며 왕이신 그리스도께서 자신의 백성에게 외적인 나라와 자유로운 공화국 관리를 맡기셨을 때 그들 역시 진정으로 모든 정치적 권력과 모든 외적인 권세를 그분께 맡겨야 하는 것은 그분의 나라와

---

28 B. Eph. (1527), 74a[ver]: "Tandem autem tradet hic noster, regnum Deo & patri, tum plena erunt diuinitate omnia."
29 B. Ev. (1527) II, 143b (= B. Ev. (1536), 322): "Regnum patris uocat, quia tum Christus Deo & patri, regnum tradet, ut sit ipse omnia in omnibus. Finis nanque regni Christi erit, cum mediandi, & intercedendi finis, aderit, quando extinctus ultimus hostis erat [erit (1536)], mors, de quibus 1. Cor. 15."
30 MBOL 15, 44 (De regno Christi, 1550): "..., idem esse Dei et Christi regnum, ..."
31 B. Ps., 25: "..., Aduenias regnum tuum: extra quod nulla salus, nihilque boni est."
32 MBOL 2, 71 (Ioh.): "..., voluit [God] arctissimam vitae inter suos societatem esse ut *alii aliorum membra*, universi ecclesiam velut *corpus unum* constituerent. Hanc *regnum coelorum* in evangelicis Literis vocavit, ..."

그분의 순수하고 참된 종교가 그들에게 번성하고 항상 전진하며 어디서나 가능한 한 풍성하게 유지되도록 하기 위해서이다.33 우리는 복음과 성령을 통해 그 나라에 함께 부름을 받고 영원한 생명으로 인도된다.34

Ⅳ. 두 나라: 교회와 정부

"뮌스터의 영과 가르침"(Münsterische Geist und Lehre)과는 달리 부써는 "그리스도의 나라"(Reich Christi)를 대신하는 임시적인 지상 나라가 세워져서는 안 된다고 가르친다.35 처음부터 부써는 그리스도의 나라로서 교회와 세상 나라로서 정부 사이의 기능적인 차이를 지적한다.36 "왜냐하면 그리스도께서는 기독교의 머리이시며 다른 누구도 아니시기 때문이다. 물리적으로 우리는 세상 정부를 가지고 있지만

---

33 MBOL 15, 296 (De regno Christi. 1550): "…, si unicus regnorum potestatumque distributor et conseruator omnium, rex Christus, dederit eiusmodi suis populis etiam externum regnum liberamque reipublicae administrationem, …, omnem sane et politicam potestatem cunctasque externas opes conferent eo, ut eius regnum puraque et solida eius religio apud se uigeat, semper prouehatur et quam plenissime ubique obtineat."

34 MBOL 15, 6 (De regno Christi. 1550): "…, et in regnum hoc per Euangelium et Spiritum sanctum conuocamur, et ad uitam aeternam regimur."

35 MBDS 17, 141 (Ein summarischer vergriff. 1548).

36 함만(Hammann)에 따르면 부써의 이런 입장은 루터와 일치한다. 두 나라 이론과 관련하여 그는 부써의 신학적 독립성이 루터의 "긴장"(intertensio) 관계와 츠빙글리(Zwingli)의 "협력"(cooperatio) 관계 사이의 "중도"(via media)를 취한 것에 있다고 본다. 참고. Hammann, *Entre la secte et la cité*, 310.

영적으로는 그리스도만이 주님이시고 우리는 그분께만 속해 있다."37 이 세상에서 국가와 교회는 병존한다.38

지상 정부의 직분은, 외적인 일들을 위해 선한 질서와 평화가 유지되도록 하여 경건한 자들을 보호하고, 처벌을 통해 불경건한 자들이 경건한 자들을 핍박하지 못하도록 하는 것이다. 그러므로 정부의 섬김이 온 교회 위에 세워진 것은 공공의 평화와 권위를 유지함으로써 교회의 안녕을 증진하기 위한 것이다.39 이런 점에서 지상 정부의 의무는 영적인 요소를 가지고 있다.40 "그러나 비록 공동체를 책임져야 할 세상 정부의

---

37 MBDS 2, 151 (Handel mit Cunrat Treger, 1523): "Dann Christus ist das haubt der christenheit und nyemant anders. Im leiplichen haben wir die weltliche oberkeit in geistlichen ist Christus der herr, des seid wir auch allein." 부써의 이러한 표현은 "교회와 정부"(ecclesia et magistratus)의 관계를 "영혼과 육체"(animus et corpus)에 비유하는 츠빙글리의 이원론적 관계설정과는 다른 것이다. 참고. Gottfried W. Locher, *Zwingli's Thought: New Perspectives* (Leiden: E.J. Brill, 1981), 210. n.307.

38 Pauck, *Das Reich Gottes*, 55. 츠빙글리와는 달리 부써는 교회를 국가와 동일시하지 않는다. 교회와 국가를 동일시하는 츠빙글리의 견해에 대해서는 다음 참고. Z 14, 424 (Jeremia-Erklärungen. 1531): "... Christianum hominem nihil aliud esse quam fidelem ac bonum civem, urbem Christianam nihil quam ecclesiam Christianam esse."; Brigitte Brockelmann, *Das Corpus Christianum bei Zwingli* (Breslau: Priebatschs Buchhandlung, 1938), 32ff.; Alfred Farner, *Die Lehre von Kirche und Staat bei Zwingli* (Tübingen: J.C.B. Mohr, 1930), 3-9; Bernd Moeller, *Reichsstadt und Reformation* (Berlin: Evangelische Verlagsanstalt, 1987), 35f.; Locher, *Zwingli's Thought*, 228f.; Willem van 't Spijker, "De ambten bij Zwingli," in W. Balke e.a., Zwingli in vierderlei perspectief (Utrecht: B.V. Uitgeveij "de Banier", 1984), 66; Willem van 't Spijker, "Zwingli's staatskerk," in idem e.a., ed., *De kerk. Wezen, weg en werk van de kerk naar reformatorische opvatting* (Kampen: Uitgeverij de Groot Goudriaan, 1990), 122; W.P. Stepnens, *The Theology of Huldrych Zwingli* (Oxford: Clarendon Press, 1986), 282와 286.

39 MBDS 1, 55 (Das ym selbs. 1523): "Der nechst noch der geistlichen standt ist der standt weltlicher oberkeit, welcher ampt, ..., sonder stot darin, das in usserlichem gut ordnung und friden gehalten werd, die frummen beschutzet, die unfrummen von beleydigung der frummen durch straff abgehalten, yedoch so ist ir dyenst uff die gantz gemeyn gericht, deren wolfart zu schaffen mit erhaltung gemeynes fridens und rechtens."

섬김이 하나님의 말씀과 율법을 설교하는 데 있는 것은 아니지만 하나님의 법을 따라 교회를 다스려야 하고 그들의 능력으로 하나님의 말씀을 증진하는 일을 도와야 한다. 만일 어떤 권력도 하나님의 권력 밖에 있지 않고 모든 곳의 권력이 하나님으로부터 규정된 것이라면 분명히 뒤따르는 것은 세상 권력이 하나님의 질서와 뜻에 따라 사용되어야 한다는 것이다. 그래서 결국 정부의 봉사는 사람의 안녕을 추구하는 것이고 이들 위에 권력이 있다. 이렇게 함으로써 하나님의 영광이 자라가고 그분은 모든 통치자들의 주님으로, 만왕의 왕으로 인정되고 찬양되는 것이다."[41]

그러므로 세상 정부는 국가와 그리스도인의 삶을 위해 높은 권세의 적극적인 기능을 가져야 한다. 왜냐하면 "공화국의 고유한 일"(opus

---

[40] MBDS 1, 144 (Summary. 1523); Koch, *Studium Pietatis*, 155. 그리스도인의 삶과 부써의 국가론의 핵심을 이루고 있는 시민들의 영혼구원을 위한 정부의 책임에 대해서는 다음 참고. Pauck, *Das Reich Gottes*, passim. 특히 64와 199. 루터에게 있어서 세상 정부의 사역이 가지는 영적인 성격에 대해서는 다음 참고. LW 1, 369와 373 (= WA 6, 410과 413. An den christlichen Adel. 1520): "... wie wol sie [= weltlich hirschafft] ein leyplich werck hat doch geystlichs stands ist ..." 그리고 ".../ sonderlich die weyl sie [= de keizers] nu auch mitschristen sein / mitpriester / mitgeystlich / mitmechtig / in allen dingen / vnd sol yhre ampt vnd werck das sie von got haben vbir yderman / lassen frey gehen / wo es not vnd nutz ist zugehen." 루터가 여기서 말하는 것은 교회와 정부의 공역에 대한 것이 아니라 하나님께서 교회의 성직자들에게 주신 것과 같이 동일한 권세를 세상 정부에도 주셔서 공적으로 범죄를 저지른 모든 사람들을 처벌하도록 하신다는 사실에 대한 것이다.

[41] MBDS 1, 55-56 (Das ym selbs. 1523): "Wiewol aber weltlicher oberkeit dyenst, die sye der gemeyn schuldig ist, nit in dem stot, das sye das gottlich wort und gesatz predigen zu uffgang gottlichs worts helffen. Dann so kein gewalt ist on von gott und der gewalt, der allenthalben ist, ist von gott geordnet, so folget ye gewißlich, das er nach gottlicher ordnung und willen gebraucht werden soll. also das ir dyenst endtlich die wolfart deren, über die der gewalt ist, also schaffe, das dadurch das lob gottes uffgang, und er der [Herr] aller[56] herrschenden und künig aller künig erkant und geprisen werd."

proprium reipublicae)인 사회적이고 국가적인 안녕이란 특별한 일을 위해 공동체가 세운 몇몇 사람들의 사역보다 훨씬 더 중요하기 때문이다. 이런 점에서 세상 정부의 직무는, 신실하게 공동체를 하나님의 말씀으로 다스리는 성직자들의 직무 다음으로 가장 가치 있다.42 "세상 통치자의 직무"(ampt weltlicher regierer) 역시 백성을 증진시킬 수 있는데, 이것은 그들이 전적으로 자신을 부인하고 어떤 경우에도 자신의 유익을 추구하지 않을 때 그럴 수 있다.43

하지만 이기적인 정부는 공동체 전체를 영광스럽고 기독교적인 다스림으로 섬기는 일을 방해한다.44 국가의 목표는 "종교적이고 도덕적"(ein religiös-sittlicher)인 것이다.45 이 목표를 달성하기 위해 정부는 "신성한 권위"(sacrosancta autoritas)와 "신성한 공권력"(potestas publica sacrosancta)을 갖는다.46 즉 세상 정부도 신적인 기능을

---

42 MBDS 1, 55 (Das ym selbs. 1523): "das dann gar vil mer ist dann in sonderlichen handeln sonderlichen menschen von der gemeyn zu dyenst sein. Deßhalb noch dem ampt der geistlichen, das do ist, die gemeyn treülich mit dem gotswort versehen, ist das ampt weltlicher oberkeit das würdigst." 여기서 부써는 "모든 시민들의 한 몸"(unum corpus civium omnium)을 "이 몸의 한 시민"(unus civis eius)보다 우위에 있는 것으로 본다. 이런 입장은 중세 후기 독일 서쪽과 남쪽의 자유 도시들의 사회적 제도로서의 "기독교의 몸"(corpus christianum)이라는 개념에 상응한다. 묄러(Moeller)는 이 도시 사회 제도를 "집합적 개인"(Kollektivindividuum)과 "종교적 공동체"(sakrale Gemeinschaft)로 정의한다. 참고. Moeller, *Reichsstadt und Reformation*, 11f.
43 MBDS 1, 55 (Das ym selbs. 1523): "Und [das ampt weltlicher oberkeit] erfordert auch leüt, die sich selb gar verleücknen und mitnichten das ir suchen."
44 MBDS 1, 55 (Das ym selbs. 1523): "... vil mer hindert [eygen gesuch] einer gantzen gemeyn, in erbarem und christlichem regiment zu dyenen."
45 Pauck, *Das Reich Gottes*, 21; Marijn de Kroon, "De christelijke overheid in de schriftuitleg van Martin Bucer en Johannes Calvijn," in W. Balke e.a., ed., *Wegen en gestalten in het gereformeerd protestantisme* (Amsterdam: Ton Bolland, 1976), 69f.
46 MBOL 1, 112 (Epistola Apologetica. 1530); B. Rom., 558f.; MBDS 17, 141 (Ein summarischer vergriff. 1548): "Lehren wir von der Oberkeit nach dem wort des

발휘한다는 것이다. 이런 이유 때문에 부써는 지상의 정부가 참으로 기독교적이어야, 즉 "기독교 공화국"(Respublica Christiana)이어야 한다는 점을 적극적으로 주장한다.47 "왜냐하면 하나님께 인정되지 않고 하나님께 대한 순종이 모든 것에 앞서지 않는 곳에는 평화가 평화가 아니며 정의가 정의가 아니며 유익해야만 하는 것이 손해만 끼칠 뿐이기 때문이다."48

부써에게 교회와 국가는 서로 구분될 수는 있으나 분리될 수는 없다. 왜냐하면 정부의 가장 중요한 일이 백성으로 하여금 하나님을 바르게 섬기도록 하고 경건하고 영화로운 삶을 살도록 돌보는 것이기 때문이다.49 교회와 정부 사이에는 상호간의 섬김이 있다.50 왜냐하면 이 두 질서는 공공의 유익을 증진하도록 하나님께서 친히 세우신 것으로

Herren, das ir ampt ein heilig Gottlich ampt ist, …" 참고. Marijn de Kroon, "Bucer und Calvin. Das Obrigkeitsverständis beider Reformatoren nach ihrer Auslegung von Röm 13," in W.H. Neuser, ed., *Calvinus Servus Christi* (Budapest: Presseabteilung des Ráday-Kollegiums, 1988), 214.

47 코흐(Koch)는 이 정부를 "기독교 도성"(Civitas Christiana)이라 부른다. 참고. Koch, *Studium Pietatis*, 154ff.

48 MBDS 1, 56 (Das ym selbs. 1523): "Dann wo nit gott erkant und sein gehorsam vor allem uffgericht würt, ist der frid kein frid, das recht kein recht und bringt schaden alles, das do nutzlich sein solt."

49 MBDS 17, 141 (Ein summarischer vergriff. 1548): "…, und welche [=정부의 직무] das verwalten, das die vor allem helffen sollen, das man Gott recht diene und ein Gottselig erbar leben fure."

50 Koch, *Studium Pietatis*, 166. 이 경우에 부써의 정치론은 분명하게 중세의 두 가지 주요 국가 개념인 "교회의 국가 지배 체제"(Kirchenstaatshoheit)와 "국가의 교회 지배 체제"(Staatskirchenhoheit)와 구분되어야 하는데, 두 체제 모두 교회와 국가의 혼합성을 대표한다. 중세의 교회와 국가 사이의 관계에 대해서는 다음 참고. E. Friedberg, *Lehrbuch des katholischen und evangelischen Kirchenrechts*, 52-62; W.M. Plöchl, *Geschichte des Kirchenrechts* II, 31-36.

이웃의 유익을 극대화하고 이웃의 피해를 극소화하는 가장 기독교적인 질서와 직업이다.51

교회 없이는 참된 국가가 존재할 수 없고 국가 없이는 결코 질서 정연한 교회가 있을 수 없다.52 이 점에서 부써의 두 나라 이론은 어느 정도 아우구스티누스(Augustinus)의 "두 도성"(duae civitates)53 사상과 구별되고 또한 루터의 "두 나라"(dua regna)54 개념과도 구별된다.55

---

51 MBDS 1, 58 (Das ym selbs, 1523): "Noch disen zweyen gemeynen standen zu fürderung gemeynes nutzs von gott eingesetzt, ··· seind die christlichsten stand und handtyerungen, die den nechsten am meysten nutz und am wenigisten beschwarde zufuren."
52 Pauck, *Das Reich Gottes*, 55.
53 CCL 48, 453 (= MPL 41, 437. De civitate Dei 15-1): "Arbitror tamen satis nos iam fecisse magnis et difficillimis quaestionibus de initio uel mundi uel animae uel ipsius generis humani, quod in duo genera distribuimus, unum eorum, qui secundum hominem, alterum eorum, qui secundum Deum uiuunt; quas etiam mystice appellamus ciuitates duas, hoc est duas societates hominum, quarum est una quae praedestinata est in aeternum regnare cum Deo, altera aeternum supplicium subire cum diabolo." 교회와 국가의 관계에 관한 아우구스티누스의 사상에 대해서는 다음 참고. X.P. Duijnstee, *St. Aurelius Augustinus over kerk en staat* (Tilburg: Uitgave van het Nederlandsche Boekhuis, 1930), 236-352; A. Sizoo, *Augustinus over den staat* (Kampen: J.H. Kok, 1947), 10f.와 18ff.; J. van Oort, *Jeruzalem en Babylon* ('s-Gravenhage: Uitgeverij Boekencenrum, 1986), 97-119.
54 LW 2, 364-366 (= WA 11, 249-251. Von weltlicher Obrigkeit, 1523): ".../ Hie mussen wyr Adams kinder vnd alle menschen teylen ynn zwey teyll / die ersten zum reych Gottis / die andern zum reych der welt. Die zum reych Gottis gehoren / das sind alle recht glewbigen ynn Christo vnnd vnter Christo / Denn Christus ist der konig vnnd herr ym reych Gottis / ... [366] [251] ... Zum reych der wellt oder vnter dz gesetz gehren alle / die nicht Christen sind / Denn syntemal wenig glewben vnd das weniger teyl sich hellt nach Christlicher art / das es nicht widderstrebe dem vbel / Ya das es nicht selb vbel thue / hat Gott den selben / ausser dem Christlichen stand vnnd Gottis reych / eyn ander regiment verschafft / vnnd sie vnter das schwerd geworffen /... .../ Darumb hatt Gott die zwey regiment verordnet / das geystliche / wilchs Christen vnnd frum leutt macht durch den heyligen geyst vnter Christo / vnnd das welltlichs / wilchs den vnchristen vnd boßen weret / das sie eußerlich mussen frid hallten vnd still seyn on yhren danck."
55 참고. Koch, *Studium Pietatis*, 153f.

왜냐하면 아우구스티누스, 그리고 루터와 달리56 부써는 두 국가 이론을 결코 변증법적 평행 현상이나 이원론으로 귀결시키지 않기 때문이다.57

비록 루터와 부써 모두 재세례파와는 달리 세상 정부의 필요와 정당성을 지적함에도 불구하고 루터가 마치 아우구스티누스처럼 두 나라의 차이점과 각각의 독립성에 관심을 기울인 반면에58 부써는 두 나라 사이의 공통분모인 집합적 관계를 강조한다.59 교회를 영적이고

---

56 루터의 두 나라 이론과 아우구스티누스의 두 나라 이론에 관한 비교 연구에 대해서는 다음 참고. E. Kinder, "Gottesreich und Weltreich bei Augustin und bei Luther," in H.-H. Schrey, ed., *Reich Gottes und Welt. Die Lehre Luthers von den zwei Reichen* (Darmstadt: Wissenschaftliche Buchgesellschaft, 1969), 40-69; H. Bornkamm, "Luthers Lehre von den zwei Reichen im Zusammenhang seiner Theologie," in H.-H. Schrey, ed., *Reich Gottes und Welt*, 179-188. 두 나라 이론과 관련하여 보른캄(Bornkamm)은 아우구스티누스의 문제가 루터의 "삼차원적"(dreidimensional) 개념과 대조되는 "거의 순수하게 일차원적"(fast rein eindimensional)이라는 자신의 판단을 근거로 루터와 아우구스티누스를 구분한다.

57 비록 루터의 "두 나라" 개념의 이원론이 마니교(Mani)나 재세례파의 이원론과 전혀 다른 성질의 것일지라도 루터가 세운 두 나라의 날카로운 대조적 평행구조를 부인할 사람은 아무도 없다. 이 평행구조는 지상 정부에 의해 통치되는 세상 역사에 대한 루터의 부정적이고 비관주의적인 견해로부터 기인한 것으로 보인다. 참고. Karl Müller, *Kirche, Gemeinde und Obrichkeit nach Luther* (Tübingen: Verlag von J.C.B. Mohr, 1910), 18f.; Paul Althaus, *Die Ethik Martin Luthers* (Gütersloh: Gütersloher Verlagshaus Gerd Mohn, 1965), 136. 알트하우스(Althaus)는 두 종류의 통치에 대한 루터의 교리가 하나님 나라와 세상 나라를 구분하는 "성경적 이원론"(dem biblischen Dualismus)과 밀접하게 연결되어 있다고 주장한다. 그의 책 57쪽 참조.

58 LW 2, 367 (= WA 11, 252. Von weltlicher Obrigkeit. 1523): "Darumb muß man dise beyde regiment mit vleyß scheyden vnd beydes bleyben lassen / Eins das frum macht / Das ander das eußerlich frid schaffe vnd bosen wercken weret / keyns ist on das ander gnug ynn der wellt / ..." 루터가 두 나라 사이의 구분을 강조한 사실에 대해서는 다음 참고. H. Diem, "Luthers Lehre von den zwei Reichen untersucht von seinem Verständnis der Bergpredigt," in J. Haun, ed., *Zur Zwei-Reiche-Lehre Luthers* (Müchen: Kaiser, 1973), 107-131. 디엠(Diem)의 판단에 따르면 로마 가톨릭의 혼합이론이나 재세례파 혹은 영성주의자들의 혼합이론이 루터가 두 나라를 "분리"(Aufteilung)하게 된 원인이다.

59 참고. F. Wendel, *L'Église de Strasbourg, sa constitution et son organisation 1532-1534.* Études d'histoire et de philosophie religieuses 38 (Strasbourg: Presses universitaires de France, 1942), 165ff.; Moeller, *Reichsstadt und Reformation*, 40;

내적인 영역으로 본 루터는 그것을 육적이고 외적인 영역의 정부와 날카롭게 구분하려고 했다.60 이와 반대로 부써는 교회의 왕이실 뿐만 아니라 온 세상의 왕이신 그리스도께서 수행하시는 협의의 통치와 광의의 통치라는 개념으로 그 둘의 상호 협력적 관계를 강조했다.61 부써에 따르면 교회가 그리스도의 나라로서 스스로를 세상 나라와 권세에 예속시킬 때 참된 세상 나라는 모두 각기 그와 같은 방법으로 그리스도의 나라에 스스로를 종속시킨다.62

Koch, *Studium Pietatis*, 153; Hammann, *Entre secte et la cité*, 320ff. Bucers beschouwing van de overheid als medewerker is familair met die van Zwingli. 참조. Moeller, *Reichsstadt und Reformation*, 34-49. 교회와 정부에 관한 츠빙글리의 자세에 대해서는 다음 참고. H. Bavinck, *De Ethiek van Zwingli*, 122-171; Farner, *Die Lehre von Kirche und Staat bei Zwingli*, passim. 특히 85f.; Brockelmann, *Das Corpus Christianum bei Zwingli*, passim. 특히 56-61; Van 't Spijker, "De ambten bij Zwingli", 65-68; Van 't Spijker, "Zwingli's staatskerk", 121f.; Stephens, *The Theology of Huldrych Zwingli*, 282-309.

60 루터에 따르면 그리스도께서는 영적인 나라만을 다스리신다. 참고. WA 11, 202 (Predigten. 1523): "Christus solum spirituale regnum habet, ideo non curat hoc [= regnum Caesaris] nec setzet ein, sed deus hats eingesetzt. Christus non curat tonitrum, sed deus."; Althaus, *Die Ethik Martin Luthers*, 52. n.20. 루터에게 있어서 그리스도의 통치, 즉 세상 나라를 소유하심은 오직 종말론적인 미래 사건일 뿐이다. 그 때 그리스도께서 영원토록 다스리실 그 나라는 "영광의 나라"(regnum gloriae)인데, 하나님께서 친히 그분 안에서 다스리실 나라다. 이런 점에서 분명한 사실은 디엠(Diem)이 이미 지적한 것처럼, 마지막 날에 대한 기대 없이는 루터의 두 나라 이론을 정확히 이해할 수 없다는 것이다. 참고. Diem, "Luthers Lehre von den zwei Reich", 169f.

61 부써의 정치 사상에서 이런 그리스도정치(Christocracy, 그리스도께서 통치하심)는 상대적으로 루터의 정치 사상에서보다 훨씬 더 큰 역할을 한다. 참고. E. Wolf, *Peregrinatio II. Studien zur reformatorischen Theologie, zum Kirchenrecht und zur Sozialethik* (München: Chr. Kaiser Verlag, 1965), 209.

62 MBOL 15, 296 (De regno Christi, 1550): "Porro, sicut se regnum Christi regnis et potestatibus subiicit mundi: sic contra omne uerum mundi regnum (regnum dico, non tyrannidem) subiicit se regno Christi, …"

비텐베르크의 개혁자와[63] 스트라스부르의 개혁자는[64] 모든 지상 권세의 존재와 기능을 "사랑의 법"(lex charitatis)에서 발견한다. 하지만 두 개혁가 사이의 중요한 차이가 있다. 루터에게 황금률로서 사랑의 법은 창조질서에 근거한[65] 자연법의 내용을 의미하는 반면에,[66] 부써는 이웃사랑의 기초 원리를 단지 창조질서뿐만 아니라 재창조질서에서 찾는다.[67] 부써에게 창조의 목적은 재창조의 목적과 다르지 않는데, 하나님께는 영광, 이웃에게는 사랑이 바로 그것이다.[68] 유일하게 "하나님의 형상을 따라"(nach gottlicher bildtnüß) 지음 받은 인간은

---

[63] LW 2, 391과 393 (= WA 11, 277과 279. Von weltlicher Obrigkeit. 1523): "Vnnd hyrynnen mustu nicht ansehen / das deyne / vnd wie du herre bleybst / sondern dein vnterthanen / den du schutz vnd hilff schuldig bist / auff das solch werck ynn der liebe gehe." 그리고 "Synd sie aber beyde vnchristen / odder der eyne nicht will nach der liebe recht richten lassen / die magstu lassen eyn ander richter suchen vnnd yhm ansagenn / das sie widder Gott vnnd naturlich recht thun / ob sie gleych bey menschen recht die strenge scherffe erlangen. Denn die natur leret / wie die liebe thut / das ich thun soll / was ich myr wollt gethan haben." 비교. WA 1, 502 (Decem praecepta. 1518): "Haec enim est lex et prophetae, scilicet lex et prophetae sola charitate implentur. ideo si est lex naturae, est naturae sanae et incorruptae, quae idem est cum charitate."

[64] MBDS 1, 55 (Das ym selbs. 1523): "..., (dann ye on die liebe, welche das ir nit sucht, kein handel christlich oder redlich sein kan) ..."

[65] 창조질서라는 용어는 루터 연구가들 사이에 여전히 논란이 되고 있다. 그들 가운데 몇몇 사람들과는 달리 디엠은 루터가 이 용어를 모른다고 언급한다. 참고. Diem, "Luthers Lehre von den zwei Reichen", 57f.

[66] Johannes Heckel, *Lex charitatis. Eine juristische Untersuchung über das Recht in der Theologie Martin Luthers* (München: C.H. Beck'schen Verlagsbuchhandlung, 1953), 67; Althaus, *Die Ethik Martin Luthers*, 36f.와 40f.; Bornkamm, "Luthers Lehre von den zwei Reichen", 172.

[67] 파우크(Pauck)가 강력하게 주장하기를, 이미 처음부터 부써에게는 "기독교 복지국가"(christlichen Wohlfahrtsstaat)의 기초가 "자연법"(in dem Naturrecht)이 아니라 "하나님의 적극적인 율법"(in dem positiven Gesetz Gottes)에서 찾아져야 한다는 것이다. 참고. Pauck, *Das Reich Gottes*, 55.

[68] MBDS 1, 59 (Das ym selbs. 1523).

"자신의 모든 행위 가운데 아무것도 자기 자신을 위하지 않고, 하나님의 영광을 위해 오직 이웃과 형제의 안녕만을 추구한다."69

하나님의 창조와 질서와 계명에 따라서 모든 사람은 자신의 모든 힘을 다해 자신이 아닌 자신의 이웃을 위해 영적이고 육적인 것으로 살고 섬겨야 하는데, 이것이 곧 하나님 덕분이며 하나님을 위한 것이다.70 "자연법"(lex naturae)으로서 황금률은 그리스도 안에서 중생한 자들이 기독교적인 삶을 진실하게 살아낼 수 있는 모습을 반영한다. 왜냐하면 모든 법의 "완성"(consummatio)인 참된 사랑은 그리스도 안에서 형제를 사랑하는 것을 통해 성취되기 때문이다.71 성령 안에서 모세의 법과 그리스도의 법은 하나가 되는데, 그것은 보혜사 즉 그리스도의 영으로 오신 분이 바로 모세 율법의 제창자이신 영과 동일하시기 때문이다.72

두 나라에 대한 부써의 가르침에는 "사랑의 법"(lex charitatis) 즉 "사랑의 질서"(ordo dilectionis)라는 개념이73 정부의 물질적 통치와 교회의 영적 통치를 묶는 끈과 같다. 사랑은 시민들의 생활을 다스리는

---

69 MBDS 1, 51 (Das ym selbs. 1523): "…, das er in allen seinem thun nichts eygens, aber allein die wolfart seiner nechsten menschen und bruder suche zu der eer gottes."
70 MBDS 1, 59 (Das ym selbs. 1523): "Auß disem allen nun ists klar, das gottlichem geschopf, ordenung und gebott nach im selb niemant, aber yederman seinem nechsten umb gots willen leben und dyenen soll in geistlichem und leiplichem auß allen sein krefften. die aber am fürnemsten so zu fürderung gemeynes nutzs, es sey in geistlichem oder weltlichem berufft und gesetzt seind."
71 MBDS 1, 59 (Das ym selbs. 1523); B. Ev. (1536), 194ff.
72 MBOL 1, 112 (Epistola Apologetica. 1530): "… Spiritus … legis illius [= Mose] conditor."; A. Molnár, "La correspondance", 145 (Bucer aan Augusta. 1541): "Mais les institutions et les gouvernements des cités n'en sont pas moins l'œuvre de ce même esprit qui gouverne les institutions et les ministères ecclésiastiques."
73 사랑의 법과 사랑의 질서에 관한 부써의 개념에 대해서는 다음 참고. Koch, *Studium Pietatis*, 70-73.

정부법의 원리다.74 따라서 기독교 정부는 기독교 사랑공동체여야만 한다.75 하지만 그 사랑은 모든 것을 허용하는 관용주의로 왜곡되지 말아야 한다. 왜냐하면 지상에서 사랑이란 죄와 악마를 대항하여 싸우기 위해서는 항상 왼손에 들린 처벌의 매가 필요하기 때문이다.76 그러므로 "선한 지도자의 목적은 백성을 죄악에서 불러 내어 선한 곳으로 초대하는 것이요, 또한 어떤 불경건한 것도 공적으로 관용하지 않고 참된 예배로 초대하는 것이다."77 이런 점에서 "정당한 처벌"(billiche straf)은 "순수한 사랑과 긍휼과 구원"(lauter liebe, barmhertzigkait und hayl) 이외의 다른 무엇이 아니다.78

---

74 Koch, *Studium Pietatis*, 184. 안타깝게도 파우크는 기독교 사랑에 대한 부써의 폭넓은 개념을 보지 못했다. 그의 책, *Das Reich Gottes*, 49에서 공적 생활을 위해 부써가 관심을 가진 것은 "평등의 원리"(das Prinzip der Billigkeit)이지 "온전한 기독교 사랑의 원리"(das der vollen christlichen Liebe)가 아니라는 파우크의 주장은 증거가 불충분하다. 루터에게 있어서 정부의 "최고법"(prima lex)은 "이성"(ratio)이다. 참고. LW 2, 386 (= WA 11, 272. Von weltlicher Obrigkeit. 1523): "Darumb muß eyn furst das recht ia so fast ynn seyner hand haben als das schwerd / vnnd mitt eygener vernunfft messen wenn vnnd wo das recht der strenge nach zu brauchen odder zu lindern sey. Also das alltzeyt vber alles recht regire vnnd das vberst recht vnnd meyster alles rechten bleybe die vernunfft."

75 Pauck, *Das Reich Gottes*, 49.

76 MBOL 15, 105 (De regno Christi. 1550): "At, quia et gladii potestate, ut cunctis, quas a Domino acceperint, uiribus, sancti principes regnum Christi adserere debent ac propagare, et istud est in eorum officio, non tolerare quemquam sanae Euangelii doctrinae palam aduersari et conuitiari." 부써의 정부 개념에서 종교적 관용의 한계에 대해서는 다음 참조. Marijn de Kroon, *Martin Bucers Obrigkeitsverständnis. Evangelisches Ethos und politisches Engagement* (Gütersloh: Gütersloher Verlagshaus Gerd Mohn, 1984), 8-23; idem, *Martin Bucer en Johannes Calvijn. Reformatorische perspectieven Teksten en inleiding* (Zoetermeer: Meinema, 1991), 150-166.

77 B. Iud., 479: "Sed boni Principis finis est, vt populum auocet a malo, & inuitet ad bonum, ac neminem aperte impium toleret, inuitetque ad religionem veram: …" 참조. MBOL 1, 111-117 (Epistola Apologetica. 1530); B. Ev. (1536), 65, 137과 428f.

V. 기독교 정부

정부사역의 외적 목표는 하나님을 믿는 경건한 백성을 돌보고 보호하는 것이요, 하나님을 공경하도록 하는 것이다.79 이 세상의 왕들이 자신들의 백성인 양떼들을 다스리는 모든 권력을 "하나님으로부터"(a Deo) 받은 것은 "그들의 믿음과 구원을 세우기 위한 것이지, 무너뜨리기 위한 것이 아니다."(ad fidei atque salutis eorum aedificationem, non ad destructionem)80 부써는 구약시대 이스라엘의 신정을 기독교 통치형태의 모델로 간주한다.81 시장이 최고 수장인 공화국이 일종의 몸과 같은 것이기 때문에 모든 시민은 서로를 지체로 간주하는데,82 이것으로부터 그리스도의 나라인 교회와 세상 나라인 정부 사이의

---

78 MBDS 6/2, 127 (Dialogi, 1535).
79 MBDS 7, passim. 특히, 147ff., 156, 158, 188ff., 204 등등. (Von der waren Seelsorge, 1538); MBOL 15, 56 (De regno Christi, 1550). 참고. De Kroon, *Bucers Obrigkeitsverständnis*, 149f.
80 MBOL 15, 7 (De regno Christi, 1550). 참고. W. Trillhaas, "Regnum Christi", 62.
81 MBDS 1, 56f. (Das ym selbs, 1523); MBDS 7, 147과 151 (Von der waren Seelsorge, 1538); MBOL 15, 18과 99f. (De regno Christi, 1550). 참고. Pauck, *Das Reich Gottes*, 62f. 와 66f.; Hammann, *Entre la secte et la cité*, 312.
82 B. Ev. (1536), 142: "…. quandoquidem Respublica uelut corpus est, cuius caput existit princeps, uel magistratus, ciues omnes membra inuicem habentur."; Pauck, *Das Reich Gottes*, 61. 이것을 근거로 파우크는 정부가 재건하는 사회의 실천적 성격이 교회가 재건하는 사회의 성격과 동일한 것이라고 서둘러 결론 내린다. 하지만 부써는 어디에서도 교회와 정부를 한 몸으로 정의하지 않는다. 여기서 "몸"(corpus)이라는 용어는 두 기관인 정부와 교회를 서로 비교하는 적합한 재료로서 기능할 뿐이다. 그러므로 다음과 같은 파우크의 주장은 옳지 않다. Pauck, *Das Reich Gottes*, 65: "Beide [= Staat und Kirche] stellen nebengeordnete Funktionen eines Körpers dar, …"

유사성이 발생한다.[83] "평안하게"(mit heyl) 다스리고 "폭군이 아니"(nit ein tyrann) 될 자는 "하나님에 의해 "하나님의 백성으로부터" 선택 받아야만 하는데, 즉 그는 통치하기 위해, 그리고 통치자로 부름 받기 위해서는 반드시 "바르게 신앙적"(recht glaubig)이어야 한다.[84] 왜냐하면 최선의 그리스도인보다 더 공정하게 그런 직분을 수행할 수 있는 사람은 아무도 없기 때문이다.[85]

경건한 지도자들이 다스리는 곳에서만 참된 신앙이 공적으로 힘을 얻을 수 있고 또한 잘 살 수 있다.[86] 통치자들은 백성이 자신들의 백성이 아니라, 하나님의 양들인 줄 알고 자신들의 판단에 따라서가 아니라 하나님의 율법에 따라 다스려야만 한다.[87] "하나님의 질서와

---

[83] MBOL 15, 6-14 (De regno Christi. 1551). 여기서 부써는 7가지 일치하는 공통점을 지적한다. 즉 모든 사람 위에서 다스리는 한 명의 우두머리(unus administrat omnia), 백성을 경건하고 의로운 삶으로 인도하기(cunctos ciues suos pios et bonos efficiant), 선인들 사이에 숨어 있는 악인들에 대해 인내하기와 동시에 불경건한 자들의 공적 잘못에 대해 처벌하기(palam flagitiosi e ciuitatibus profligandi), 외적인 수단들을 통해 백성을 모으고 다스리기(ciues recipere in regnum sacramentis externis), 백성의 삶에 필요한 것들이 무엇인지 살피기(prouidere ne quis egeat), 적과 같은 악한 자들과 영혼들에 대항하여 지속적으로 싸우기(perpetuo contra hostes pugnare), 두 나라가 서로에게 복종하고 섬기기(mutua subiectio et subministratio) 등이다.

[84] MBDS 1, 56 (Das ym selbs. 1523). 참고. B. Ev. (1536), 141f.

[85] MBDS 17, 141 (Ein summarischer vergriff. 1548): "Lehren wir von der Oberkeit nach dem wort des Herren, das ir ampt ein heilig Gottlich ampt is, das niemand billicher tragen solle dann die allerbesten Christen, ..." 이것을 근거로 부써는 재세례파의 정부 개념을 유해한 날조로 보는데, 이유는 그리스도인이 정부의 직책을 맡을 수 없다는 그들의 주장 때문이다. 참고. MBOL 2, 306 (Ioh.): "... quam perniciosum sit commentum Catabaptistarum qui negant Christianum posse fungi magistratu."

[86] B. Iud., 479: "...: ergo non potest non sub piis Principibus publice vigere vera religio, & bene viui." "경건한 정부지도자"(pius magistratus)에 대해서는 다음 참조. B. Ev. (1536), 429f.; MBOL 15, 18f.와 106 (De regno Christi. 1550); Koch, *Studium Pietatis*, 167ff.

[87] MBDS 1, 56 (Das ym selbs. 1523): "Der dann wie er sich erkennt ein underhyrten gesetzt sein nit über sein eygen, sonder über die schaflin gottes, also gedenckt er

규정"(gotlich ordnung und satzung)이 인간의 모든 규정과 규칙보다 뛰어나기 때문에 기독교 "시장"(magistrat)과 "정부"(oberkeit)의 모든 의무는 "하나님의 법칙에"(auß gottlichen gesatz) 의존적일 수밖에 없다.88 부써에게 국가통치의 시금석인 하나님의 법은 하나님의 말씀인 성경과 다르지 않다.89 그러므로 성경은 가장 중요한, 최고의 법규로서 교회 안에서뿐만 아니라, 국가 안에서도 기능할 수 있어야 한다.90 왜냐하면 "우리의 모든 필요와 안녕"(uns aller nutz und wolfart)은 "영적인 영역과 세상적인 영역 모두에"(in beydem geistlichen und weltlichem) 허용되어야 하기 때문이다.91

모든 기독교 정부가 하나님의 성경을 굳게 붙잡는다면 무엇이 선한 생각이고 아닌지 알 수 있게 될 것이다.92 이런 의미에서 "세상의 군주들"(weltlichen fürsteherren)은 "목자"(hyrten)와 "아버지"(vatter), 즉 "하나님의 대리자"(statthalter gottes)가 되어야 한다.93 하나님께서는

---

auch dieselbigen nit noch seim gutduncken, sonder nach dem gesatz gottes, des sye seind, zu regieren." 루터는 군주란 자신을 백성 아래 있는 자로 세울 수 있는 자여야 한다고 강조한다. 참고. LW 2, 387 (= WA 11, 273): "Vnd nicht also dencke [eyn furst] / land vnd leutt sind meyn / ich wills machen wie myrs gefellet / sondernn also. Ich byn des lands vnd der leutt / ich sols machen / wie es yhn nutz vnd gut ist." 카르다운스(Cardauns)에 따르면 영주 위에 백성을 세운다는 개념은 중세적 유산이다. 참조. L. Cardauns, *Die Lehre vom Widerstandsrecht des Volks gegen die rechtmäßige Obrigkeit im Luthertum und im Calvinismus des 16. Jahrhunderts* (Darmstadt: Wissenschaftliche Buchgesellschaft, 1973²), 22.

88 MBDS 1, 57 (Das ym selbs. 1523).
89 MBDS 2, 158 (Handel mit Cunrat Treger. 1523).
90 참조. Pauck, *Das Reich Gottes*, 64. 자신의 책 『경건에 대한 열심』(*Studium Pietatis*), 160쪽에서 코흐(Koch)는 부써의 정부 통치형태를 "성경적 정치"로 정의하고 싶어 한다.
91 MBDS 1, 58 (Das ym selbs. 1523).
92 MBDS 1, 200 (Grund und ursach. 1524): "..., ein jede Christliche oberkeit würt wol erkennen mogen, so sye die schrifft gottes hat, ob ir ein meinung gemeß oder nit sey." 참조. Hammann, *Entre la secte et la cité*, 313.

세상 통치자들을 주인이 아니라, 종으로 세우셨고, 착취자가 아닌 목자로 세우셨으며 폭군이 아닌 아버지로 세우셨기 때문이다.94 주님께서 "통치자들과 권력자들"(die obren und gewaltigen)을 지상에서 "자기 양떼를 통치하는 목자로"(zu den Obristen hyrten seiner schafflin) 세우셨기 때문에 그들은 무엇보다도 먼저 그들의 모든 능력과 힘을 사용하여 주님의 잃어버린 양과 방황하는 양들을 찾고 그들을 주님께로 모아 들여야만 하는 것이다.95

그와 같은 정부 통치자의 직무가 바로 "하나님과 그리스도의 일"(das werk Gottes und Christi)이라는 점에서 부쎄는 정부 인사들을 "모든 사람들을 위한, 그리고 그들 위에 있는 신들과 그리스도들"이라 부른다.96 "시의원들은 교회에 신실한 일꾼들을 제공해야 하고 학교들과 어린이 교육기관을 감독해야 하며 누구도 그 자신이나 다른 사람들을 건전한 교리 및 그리스도와의 교제로부터 빼내지 못하도록 해야 한다."97 가끔

---

93 MBDS 1, 58 (Das ym selbs. 1523). 참조. MBDS 6/2, 29 (Vom Ampt der oberkeit. 1535): "... sy [= weltlich obren] God selb nennet Gotter, ordliche und gewaltigen, die er wille vatter und hyrten sein seines volcks und seiner schaflin, welche er von der welt erwolet hatt."; MBOL 15, 18 (De regno Christi. 1550): "... pastores populi ..."

94 B. Ps., 서문 2a: "His iam testatur vbique in arcanis Literis suis Deus se Principes non dominos, sed ministros: non exactores, sed pastores: non tyrannes qui eis pro sua libidine imperitent, sed patres qui seipsos pro illorum salute impendant, praeficere: ..." 참조. B. Ev. (1536), 413: "... quod omnino pius magistratus seruiat, non dominentur."

95 MBDS 7, 147 (Von der waren Seelsorge. 1538).

96 MBDS 7, 147 (Von der waren Seelsorge. 1538): "Die obren sind Gotter und Christi vor und ob allen anderen menschen, ...". 참조. B. Ps., 331; MBOL 2, 350과 365 (Ioh.), "... vicarii Dei ... ... Hactenus igitur divinitatis participes sunt et *dii atque filii Altissimi* [Ps. 81, 6] iure vocantur." 그리고 "... *dii* ipsi *filiique excelsi* ..."; B. Ev. (1536), 428: "Dii in scriptura Dei principes & magistratus uocantur, ..."

97 MBDS 7, 147 난외주 (Von der waren Seelsorge. 1538): "Die Obren sollen den

정부는 자신의 능력을 사용하여 악한 교회 직분자들을 직위 해제할 수 있다.98 하지만 교회 일꾼들이 자신들의 일을 잘 수행할 경우, 모든 경건한 왕들과 지도자들은 "그 일꾼들에게서 나오는 그리스도의 음성"(vox Christi a ministris)을 들어야 한다.99 이런 방법으로 경건한 군주들과 시의원들은 잃어버린 양들을 찾는 일에 종사하여 "기독교를 진정으로 확대하고 개선하도록"(die Christenheit warlich zu erweiteren und zu besseren) 해야 한다.100

부써에 따르면 "모든 참된 왕들"(Omnes veri reges)은 "그리스도의 나라를 위해 거룩한 열심"(sancti studii in Christi regnum)을 가진 자들이다.101 따라서 세상의 통치자들은 다양한 종파와 이단들을 처벌할 수 있고 처벌해야 한다.102 그럼에도 불구하고 선한 기독교 정부의 치리는 교회 치리를 대신하지 않는데, 이것은 그리스도께서 "자기 공동체의 영적 치리"를 정부 치리와 나란히 두도록 규정하셨기 때문이다.103 정부들은 타고난 "불경건"(impietas)과 "불의"(iniustitia)

Kirchen getrewe Diener bestellen, die schulen und zucht der juget versehen, Niemend gestatten, sich selb oder andere von gesunder lere und der gemeinschafft Christi abzuziehen." 참조, MBOL 15, 127 (De regno Christi, 1551).

98 MBDS 7, 236 (Von der waren Seelsorge, 1538); MBOL 15, 16 (De regno Christi, 1551): "... pii reges mundi sua interdum authoritate, praesertim cum uitiatum sacerdotium est et deprauatae Ecclesiae, sacerdotes Domini constituunt et restituunt, ..."

99 MBOL 15, 16 (De regno Christi, 1551).

100 MBDS 7, 153 (Von der waren Seelsorge, 1538).

101 MBOL 15, 17 (De regno Christi, 1551).

102 MBDS 7, 148ff. (Von der waren Seelsorge, 1538). 부써와 달리 루터는 이단이란 영적인 문제이므로 세상 정부에 의해 처벌될 수 없다고 주장한다. 참조, LW 2, 383 (= WA 11, 268, Von weltlicher Obrigkeit, 1523): "Ketzerey ist eyn geystlich ding / das kan man mitt keynem eyßen hawen / mitt keynem fewr verbrennen / mitt keynem wasser ertrencken. Es ist aber alleyn das Gottes wortt da / das thutts ..."

속에 있는 인간 영혼을 깨끗하게 할 수 없기 때문에 그들을 "경건"(pietas)과 "의"(iustitia)로 교육할 수 없다.104

"참된 사랑과 관용의 시혜자"(verae charitatis atque patientiae largitor)이신 우리의 왕만이 내적이고 영적인 문제들을 자신의 "말씀과 영"(verbum et Spiritus)으로 푸실 수 있다.105 여기서 부써는 시민적 치리와 교회적 치리를 구분하는 것이 분명하다.106 "외적 처벌"(die eussere straff)인 시민적 치리와 달리,107 교회적 치리는 그리스도께서 오직 자신의 교회들에게 주신 묶고 푸는 열쇠권능으로 실행된다.108 이 "교회 치리와 처벌"(kirchenzucht und straf)은 항상 경건한 정부의 치리와 처벌 위나 아래가 아니라, 나란히 서 있다.109 그리스도께서 이 세상을 다스리시기 위해서는 둘 다 필수적인데, 이것은 왕이신 자신이 영적 검인 하나님의 말씀뿐만 아니라, 정부의 외적 검도 사용하시기 때문이다. 그러므로 치명적인 범죄는 하나님 말씀의 가르침에 의해, 또한 동시에 경건한 왕과 영주의 엄한 법으로서의 종교적 경고를 통해서도 제거될 필요가 있다.110

---

103 MBDS 7, 190 (Von der waren Seelsorge. 1538). 이것을 근거로 우리는 부써의 "기독교 공동체"(Christlichen Gemeinschaften) 운동이 교회 치리의 독립성을 강조했던 그의 강력한 주장의 논리적 결과였다고 이해한다. 부써의 의도는 결코 교회와 정부를 분리시키려는 것도 아니며 시정부의 교회를 둘로 갈라놓으려는 것도 아니었다. 단지 부써는 두 "집단"(corpora)인 교회와 정부를 기능적으로 구분하려고 했을 뿐이다.
104 MBOL 15, 8 (De regno Christi. 1551).
105 MBOL 15, 11 (De regno Christi. 1551). 참조. De Kroon, "De christelijke overheid", 70.
106 MBDS 7, 190-206 (Von der waren Seelsorge. 1538).
107 MBDS 7, 149 kantt. (Von der waren Seelsorge. 1538).
108 MBDS 7, 190 (Von der waren Seelsorge. 1538).
109 MBDS 7, 191 과 206 (Von der waren Seelsorge. 1538). 부써에 따르면 교회와 정부는 서로에게 순종해야 한다. 참고. MBOL 15, 14-17 (De regno Christi. 1551).

교회의 치리와 정부의 치리라는 수단을 통해 모든 그리스도인은 그리스도의 멍에 아래, 그리고 그분의 나라에서 자신들을 보호할 것이다. 또한 교회 일꾼들 가운데 있는 그리스도에 대한 파괴적인 불순종과 경멸에 대항할 뿐만 아니라, 모든 거짓되고 인간적인 독재에 대항할 것이다.111 부써의 정치적 이상은 "참된 기독교 공화국"(vera respublica christiana)을 재건하는 것인데, 이런 공화국에서는 오직 최고의 기독교인만이 정부로서 다스리는 권리를 가질 것이다.112 그렇게 하기 위해서는 기독교 정부가 하나님의 교회와 협력하지 않을 수 없다.113 특히 빈자를 돌보는 구제114와 결혼115, 그리고 교육은116 그 두 기관의 협동 영역에 속한다. 부써에게 종교개혁은 단순히 교회의 일뿐만 아니라, 정부의 사역이기도 하다.117

---

110 MBOL 15, 117 (De regno Christi. 1551).
111 MBDS 7, 238 (Von der waren Seelsorge. 1538): "Durch dise mittel würdt sich eyn jeder Christ vor der so verderblichen ungehorsame und verachtung Christi in seinen dienern under dem joch Christi und in seinem reich wol bewaren und erhalten."
112 MBDS 7, 151 (Von der waren Seelsorge. 1538): "Nachdem dann die Christen die aller Christlichsten leüt zur regierung ordnen sollen, gepuret sich inen auch, das sie in die Oberkeit niemand erwehlen, der nit aller dingen der Kirchen Gemeinschafft halte; ..."
113 참고. De Kroon, *Bucers Obigkeitsverständinis*, 162.
114 MBOL 15, 143-152. 특히 150 (De regno Christi. 1551).
115 MBOL 15, 152 (De regno Christi. 1551): "Cum etenim coniugium res sit politica, homines, ..., non tantum Ecclesiae doctrina et disciplina instituendi et adducendi, uerum reipublicae quoque legibus et iudiciis ad haec expediendi sunt, iuuandi atque compellendi." 여기서 부써가 지적하기를, 결혼과 관련하여 사람들은 교회 교리와 치리 뿐만 아니라, 정부의 법에 의해서도 통제를 받아야 한다. 결혼 문제에 대한 교회와 정부의 관계에 대해서는 다음 참조. H.J. Selderhuis, *Huwelijk en echtscheiding*, 278-287.
116 MBOL 15, 114 와 236-240 (De regno Christi. 1551). 참조. E.-W. Kohls, *Die Schule bei Martin Bucer*, passim. 49-52와 66ff. 여기서 콜스(Kohls)는 부써의 교육 개념을 "공공의 유익"(gemein nutz)이라는 부써의 사상과 연결시킨다.

VI. 정부에 대한 순종

"모든 사람은 정부에 순종해야 한다."118 즉 정부에 순종하지 않아도 되는 사람은 아무도 없다.119 마태복음 17장 24-27절에서 "그리스도의 모범"(exemplum Christi)을 통해 알 수 있는 것은 "하나님의 백성"(populus Dei)인 그리스도인들 역시 "정부"(magistratus)에 순종해야 한다는 점이다.120 로마서 13장 1절에 따르면 바울 역시 "영혼"(anima)은 자신 위에 세워진 "모든 권세"(omnes potestates)에 종속적이라는 사실을 가르친다.121 하지만 이 모든 권력은 오직 하나님을 통해 존재하고 조정되기 때문에122 모든 사람, 즉 백성과 정부 인사들 모두 예외 없이 "유일무이하신 1인자"(unus et solus princeps) 전능하신 하나님께 순종해야 한다.123

---

117 MBOL 15, 106, 120 과 130 (De regno Christi. 1551).
118 B. Ev. (1536), 372: "Omnem hominem parere oportet magistratui." 참조. MBDS 17, 141 (Ein summarischer vergriff. 1548).
119 MBOL 15, 57 (De regno Christi. 1551): "..., tamen omnes ciues eius, omnesque eorum pastores et doctores oportere mundi potestatibus, quibus Dominus gladii administradonem commisit, esse subiectos, ..."; B. Ev. (1536), 372: "Quare qui non fuerit homo imperio magistratus poterit sese subducere, hominum nemo." 참조. De Kroon, "De christelijke overheid", 65.
120 B. Ev. (1536), 372; B. Rom., 569 [sic! 557].
121 B. Ev. (1536), 372와 374; B. Rom., 558: "Omnis anima potestatibus eminentioribus subiecta sit." 복수로서 "권력들"(potestates)이라는 단어 사용을 부써가 선호하고 강조하는 것은 정부의 복수형태에 대한 그의 사상을 반영한다. 참고. De Kroon, *Bucers Obrigkeitsverständnis*, 84f. 와 91f.
122 B. Ev. (1536), 374: "Non enim est potestas nisi a Deo: quae vero sunt potestates, a Deo ordinatae sunt."

정치 지도자들 가운데 아무도 하나님 자신의 일에 맞서 싸울 수는 없는데, 예를 들면 하나님을 믿는 일, 진리를 고백하는 일, 진리를 향한 열심을 내는 일 등이다.124 그러므로 하나님의 영광에 어긋나는 내용은 어떤 것도 정부가 명령하지 말아야 한다.125 정부가 하나님 자신과 그분의 뜻에 반하는 무엇을 요구할 경우, 순종의 의무는 끝나게 될 것이다. 왜냐하면 그리스도인들은 하나님을 인간보다 더 중요하게 생각할 수밖에 없기 때문이다.126 "사람은 인간보다는 하나님께 더 순종해야 한다."(Hand. 5:29)127 하지만 그것으로써 부써는 결코 그리스도인 각자의 능동적 저항과 무력 저항을 의도하지 않는다.128

부써의 작품 어디에서도 정부에 대항하는 저항권에 관한 급진적이고 혁명적인 사상을 발견할 수는 없다.129 악한 정부가 다스릴 때, 그리스도인들은 주님께서 "신실한 왕들"(veri reges)을 공화국에 세워주시도록 지속적으로 기도할 수 있다.130 이것을 흔히 "수동적 항거"(passiver Widerstand)라 부른다.131 왜냐하면 모든 인간적인 힘은

---

123 MBOL 1, 114 (Epistola Apologetica, 1530).
124 B. Ev. (1536), 374.
125 B. Ev. (1536), 374: "At huiusmodi sunt cuncta magistratus edicta, quae nihil pugnans cum gloria Dei imperant."
126 B. Rom., 573: "..., quia non possunt [Christiani] deum posthabere hominibus."
127 B. Rom., 573: "Oportet deo plus obedire quam hominibus." 저항권과 관련하여 "하나님께 더 많은"(plus Deo) 권한을 부여해야 한다는 부써의 강조에 대해서는 다음 참조. De Kroon, "De christelijke overheid", 66f.; idem, Bucers Obrigkeitsverständnis, 145f.
128 De Kroon, "De christelijke overheid", 67; idem, Bucers Obrigkeitsverständnis, 5. n.16과 146.
129 참조. De Kroon, Bucers Obrigkeitsverständnis, 144-163; idem, "Bucer und Calvin über das Recht auf Widerstand", 146-156.
130 MBOL 15, 20 (De regno Christi, 1551).
131 De Kroon, "Bucer und Calvin über das Recht auf Widerstand", 148.

하나님께서 세우신 정부를 해체할 정도로 충분하지는 않기 때문이다.132 다만 하나님께서 세우신 권위를 가진 자들만이 다른 권력자들의 악행에 대항할 수 있는 능동적인 저항권을 가진다. 왜냐하면 모든 세상 정부들, 즉 제황적 권력자들과 군주적 권력자들뿐만 아니라, 시의원들까지도 "제국적 업무"(rerum imperium)에 종사하는 자들이므로 교리와 삶에서 모든 공개적인 악행과 불쾌한 일들 폐기할 수 있고 폐기해야 한다.133

모든 정부는 하나님께서 독립적으로 세워주신 고유한 권한을 가지고 있다. 그러므로 보다 높은 정부가 기독교의 "경건"(pietas)을 위협할 경우 보다 낮은 정부는 무력 저항권을 행사하여 보다 높은 정부에 대항할 수 있다.134 바로 이것이 "종교개혁의 권리"(ius reformationis)라는 부써 원칙의 기초다.135 이것으로부터 부써의 정치적 자유라는 개념이 나온다.

---

132 B. Ev. (1536), 374: "Profecto omnes humanae uires inferiores sunt, quam ut magistratum a Deo constitutum exautorent."

133 B. Rom., 573: "... cum hi principes & magistratus merum imperium habeant, ... Proinde necesse est, vt quique magistratus, quibus merum imperium est, apud eos, qui in ipsorum viuunt Republica, cunctis malis operibus, quae ipsi mala esse non dubirant, terrori sint." "순전한 최고 통치권"(merum imperium)에 대한 부써의 법정적 개념에 대해서는 다음 참조. De Kroon, *Bucers Obrigkeitsverständnis*, passim. 88ff.; De Kroon, *Bucer en Calvijn*, 160.

134 M. de Kroon, "Bucer und Calvin über das Recht auf Widerstand und die Feiheit der Stände," in Willem van 't Spijker, ed., *Calvin: Erbe und Auftrag*. Festschrift für Wilhelm Neuser zu seinem 65. Geburtstag (Kampen: Kok, 1991), 150. 148쪽 이하에서 더 크론(de Kroon)은 지적하기를, 종교개혁자들 가운데 부써가 능동적 저항을 원리적으로 다루었던, 그리고 성경주석으로 근거를 제시한 최초의 사람이다. 더 크론에 따르면 부써에게 "경건"이라는 개념은 일종의 양극 구조, 즉 신앙의 범주와 동시에 윤리의 범주라는 양극 구조로 되어 있다. 참조. De Kroon, *Bucer en Calvijn*, 104.

135 MBDS 6/2, 20. 황제와 군주들과 같은 "보다 상위의 권력들"(potestates superiores)과 영주들과 시의원들과 같은 "보다 하위의 권력들"(potestates inferiores)이라는 정치적 구조에 대한 부써의 개념에 대해서는 다음 참조. De Kroon, *Bucers Obrigkeitsverständnis*, passim. 4와 150-158; MBDS 6/2, 30. n.34 (Von Ampt der oberkait. 1535)와 53 (Dialogi. 1535).

모든 정부는 자신들의 권력을 교회 건설을 위해서만 사용해야만 하는데, 그것은 그들이 자신들의 모든 권력을 하늘의 하나님으로부터 받기 때문이다. 부써의 정치 모토는 우리 모두가 우리 자신뿐만 아니라 이 세상 전부를 하나님께 바쳐야 한다는 것이다. "게바와 바울과 아볼로와 온 세상은 그리스도의 교회들에 속하고, 이 교회들은 우리의 유일하신 왕이요 주님이신 예수 그리스도께만 속하는데, 이것은 마치 그리스도께서도 하나님께 속한 것과 같다."[136]

Ⅶ. 로마서 13장에 대한 이해와 해석

1536년에 부써는 로마서를 상세하게 해설한 엄청난 분량의 주석서를 발간했는데, 13장의 강조점은 1절의 명령과 같이 "왕들과 고위 공직자들에게 보여야 할 복종"(obedientiam praestandam principiubus & magistratibus)의 문제에 있다.[137] 물론 세속적 통치와 영적 통치는 영역이 서로 다를 뿐만 아니라, 권리 역시 동등하지 않다. 교회와 정부는 상호 순종의 의무가 있지만 영적인 교회의 권위는 말씀과 복음의 권위이므로 사실상 육적인 정부의 권위보다 높다. 성령의 검은 정부의 검보다 훨씬 더 막강하다.

---

[136] MBOL 15, 121 (De regno Christi. 1551): "Ecclesiarum Christi sunt Cephas, Paulus et Apollo et mundus uniuersus; illae uero nullius, quam unius regis et Domini nostri Iesu Christi, sicut et ille est Dei. 1. Cor. 3 [22-23]."
[137] B. Rom., 569 [sic! 557].

그리스도인이 "세워진 권력들"(poestates constituae)에게 복종해야 하는 이유는 그 권력이 하나님께로부터 유래한 것이기 때문이다. 따라서 공적 권력에 불순종하는 것은 곧 하나님에 대한 불순종이다.[138] 지상의 통치자들에게 있는 공권력의 목적은 악한 세력을 통제하고 처벌하기 위해서다. "권력은 하나님 자신으로부터 선을 위해 당신에게 세워졌다. 만일 힘이 누군가를 선하게 만들 수 있다면 왕들은 선인들이 아닌 악인들에게 공포스럽다. 왜냐하면 그분은 권력이 최대한 작동하도록 우리에게 위탁하시기 때문이다. 누가 악한 것들이 떨어져 나가고 추방되기를 원하지 않겠는가?"[139] 이것은 로마서 13장에서 바울의 핵심적인 가르침이다.

부써는 자신의 로마서주석에서 다음과 같이 질문한다. "이 땅에서 칼을 가진 권력이 모든 사람들 위에 군림하는 최고 권력이어야 하고, 이 세상에서 살아가는 사람은 모두 그 권력에 복종해야 하는가?"[140] 이 질문에 대한 대답은 다음과 같다. "누구도 한 사람이 많은 사람을 다스려야만 한다는 것에 만족할 수 없기 때문에 주님은 지구에 하나가 아닌 많은 권력을 세우시려고 생각하신다. 하지만 하나의 공화국이

---

[138] B. Rom., 565: "Quæcunque enim potestates sint, & quam late patent, eas certissimum et, esse a Deo ordinatas, & vt sint, & vt valeant tam late: & Dei ordinationi obtemperari, si ei potestati obtemperetur, resisti, si huiusmodi potestati resistatur."

[139] B. Rom. 558: "A deo ipso potestas tibi in bonum constituta est, si quidem uis bona facere, Principes enim non bonis, sed malis tantum formidabiles sunt, quod nobis maxim opere potestatem commendat. Quis enim non cupiat auerti depelique mala?"

[140] B. Rom. 564 : "An potestas que gladium gestat in terra omnium suprema sit, cui quicunque hic uitam degunt subiecti esse debeant."

하나의 원칙으로 통치되는 것이 필수적인 것과 같이, 그리고 한 몸의 지체들이 결합하듯이 그들이 한 머리에 의해 다스려져야 하는 것과 같이 한 공화국에서 군주들이 다스리는 것은 악하다."[141]

부써는 한 사람의 독재체제 자체를 악으로 규정하지 않는다. 오히려 국가나 도시에서 벌어지는 대중적인 폭동과 반란을 효과적으로 대처하기 위해서는, 즉 질서를 유지하기 위해서는 하나의 최고 권력이 필요하다고 본다. "바다에서, 군대에서, 소란한 도시에서처럼 사소한 것보다 더 큰 위기가 닥칠 경우, 최고 권력은 한 사람에게 위임되고, 모든 사람은 바로 그 한 명의 통치자, 황제, 독재 집정관에게 복종하며, 이들에게 모든 일의 최고 [권력]이 위임된다. 그러므로 하나의 공화국에서는 모든 일을 한 사람이 관장하고 최고의 권력이 행사한다는 것은 의심의 여지가 있을 수 없다."[142]

부써는 아래 인용과 같이 당시 전 유럽을 큰 공화국과 작은 공화국으로 구성된 통치영역으로 간주한다.

> 그러므로 첫 번째로, 왕의 권력에 의해 통치되는 보다 큰 공화국들은 유럽에 있는 우리의 왕국들인 프랑스, 영국, 스페인, 나폴리, 시칠리아, 폴란드, 헝가리, 보헤미아와 같은 [나라들]이고, 또한 로마제국으로 불리는 저 공화국인

---

[141] B. Rom. 564 : "..., cùm nemo vnus multis gubernandis satis esse possit, domino visum esse, constituere in orbe potestates multas, non vnam. Vt autem necesse est vnam Rempub. vna ratione administrari, & qui instar membrorum vnius corporis cohærere debent, ab vno capite regi, ita in vna Repub. malam esse principum multitudinem,…"

[142] B. Rom. 564 : "Vbi impendet paulò maius discrimen, vt in mari, in militia, in ciuitate seditiosa, ibi suprema potestas vni creditur, vni se omnes subijciunt Gubernatori, Imperatori, Dictatori, his summa rerum creditur. Dubitari igitur non potest, necessariò in vna Repub. vnum rerum potiri, & prima potestate fungi."

데, 옛날 로마에 속한 제국의 남은 것들 가운데 그 주요 부분은 독일이고 일부는 이탈리아에 남아 있다… 모든 독일 국민은 로마제국의 남은 권력들을 보존하는 자를 군주로 간주한다. 실제로 그는 독일인들의 [왕이] 아닌 로마인들의 왕이라는 명분으로 선출되고 취임 되고 알현 되며, 결국 로마제국의 왕들로부터 특별히 독일에서 권위라 불린다. 그러므로 우리 유럽에서 보다 큰 공화국들은 바로 이 로마제국과 [위에서] 언급된 왕국들이다. [왕국들은] 각각 다른 군주들에게 전혀 종속되지 않는 자신의 군주들과 왕들이 있다. 두 번째로, 그들은 각자 자신의 왕국 속에 도시들이 있고 또한 특정 지역의 왕들과 집정관들이 있지만 이들은 결코 동등한 권위로 종속되는 자들은 아니다. 오늘까지 남아 있는 로마 공화국에서 다른 [공화국들]의 정치를 나는 모른다. 선출된 군주들이 있고, 다른 군주들과 백작들과 집정관들이 있으며 또한 도시들도 있다. 그들은 각자 단순한 명령으로 효력을 발휘하고 자신의 법들을 세울 권리와 범죄자들을 처벌할 권력을 가지는데, 심지어 황제가 그들 옆에 있을지라도 재판권과 처벌권은 그들에게 속한다.143

---

143 B. Rom. 565 : "Sunt itaque primum Respublicæ ampliores, quæ regia potestate gubernantur, vt in Europa nostra regna, Francorum, Britannia, Hispaniarum, Neapolitanum, Sicilia, Polonia, Hungaria, Bohemiae, & illa Respublica, quæ imperium Romanum vocatur, eo quòd ex reliquijs imperij, quod Romanis olim fuit, supersit, cuius praecipua portio est Germania, cum aliqua parte Italiæ… Cuncti nanque populi Germaniæ principem agnoscunt eum, qui sustinet reliquias potestatis imperij Romani. is quoque nomine regis Romanorum, non Germanorum eligitur, inauguratur & salutatur, denique ex legibus Romani imperij praecipue ius in Germania dicitur. Amplissimæ ergo Respublicæ in Europa nostra sunt, hoc ipsum Romanum imperium, et memorata regna, quae singula suos Principes & Reges habent, principibus alijs minime obnoxios. Deinde illi habent quisque in suo regno sub se ciuitates, habent certarum prouinciarum principes, & regulos, sed hos obnoxios sibi non pari iure. In Republica nanque Romana, quæ hodie superest, aliarum enim mihi politia incognita est, sunt principes electores, sunt alij principes, comites et reguli, tum ciuitates, qui omnes mero imperio pollent, qui ius habent apud suos leges condendi, & potestatem animaduertendi in facinorosos, vt etiam præsente apud eos Imperatore, ipsorum tamen sit iurisdictio & animaduersio."

부써에 따르면 "이런 이유 때문에" 16세기 유럽에서는 "황제가 제국 신분들의 동의와 합의 없이 제국의 이름으로 법을 제정할 수도 전쟁을 일으킬 수도 없다."[144] 세상의 모든 권력은 하나님께서 주신 것이다. "어떤 권력도 하나님으로부터 나지 않은 것은 없다."(nulla potestas est nisi à Deo.)[145] 권력의 한계 즉 권한도 하나님께서 정하신다. 권력의 크기에 따라 권한의 크기도 다르지만 모든 권력은 독립적인 성격이 있다.

부써에 따르면 당시 기독교 세상이었던 16세기 유럽에서 권력들은 "백성의 합의에 의해, 법들에 의해, 맹세하는 것으로"(sic populorum consensu, legibus & iureiurando) 제정된다. "최고의 자유로운 권력"(potestas suprema & libera)을 가진 왕들은 황제에게도 다른 왕들에게도 종속되지 않는 반면에 제국의 군주들과 시들에게 있는 권력은 황제에게 종속되지만 황제가 자신의 권한(authoritas)으로 그들의 권리를 보호하고 보살피고 법적 효력이 있는 어떤 계약도 깨뜨리지 않아야 그들이 하나님의 법령(constitutio Dei)에 남아 있게 될 것이다. "그러므로 그들은 각자 칼을 가지고 단순한 명령으로 효력을 발휘하는 자마다 자신에게 있는 신적인 권위를, 하나님의 확실한 법령을, 최고의 권력을 수행한다. 작은 마을의 집정관도 광대한 영토의 군주도, 작은 도시도, 아주 큰 도시도 똑 같이 [그것을 수행한다]."[146]

---

[144] B. Rom. 565 : "Vnde nec legem condere,nec bellum nomine imperij suscipere Imperator potest, sine consilio & assensu statuum imperii."
[145] B. Rom. 565.
[146] B. Rom. 565 : "Iure itaque diuino, & indubitata Dei constitutione, suprema potestate funguntur quisque apud suos, quicunque gladium gestant, meroque imperio pollent, non minus regulus vnius oppiduli, que princeps ditionis ingentis,

부써의 주장에 의하면 하나의 몸에 하나의 머리가 있듯이 하나의 공화국에는 "하나의 권력"(una potestas) 즉 "최고의"(suprema) 권력이 있어야 한다. 바울은 칼의 권세를 가진 자들을 "하나님의 사역자들"(ministri Dei)이라 부른다. 따라서 공화국에서 살아가는 "모든 영은"(omnis anima) 반드시 그들에게 순종해야 한다. 세상 권력자들에게 있는 법들과 처벌(leges et poenae)은 악인들에게(malis) 즉 범죄자들에게는 공포스러운 것이지만 선량한 시민들에게는 위로와 보호(solatium et defensio)가 되는 것이다. 그러므로 그와 같이 권력의 혜택(beneficium potestatis)을 누리는 자는 누구든지 반드시 "그 권력의 정당한 법들과 처벌들에"(iustis legibus & paenis cuiusque potestatis) 복종해야만 한다.147

칼을 가진 모든 세상 권력은 범죄자를 처벌하고 시민을 보호할 의무만 아니라, 또한 "기독교가 바르게 유지되도록, 백성이 그리스도의 복음을 순수하게 배우도록, 예전들이 복음과 조화로울 수 있도록, 어디서도 잘못된 교리나 미신이 없도록 돌볼" 의무도 있다.148 따라서 "종교와 하나님에 대한 예배 없이는 어떤 공화국도 바르게 유지할 수 없다."149 이것이 부써의 공화국 이론이다. 즉 세상의 권력도 그리스도의 나라를 위해 봉사해야 하는 하나님의 종이다. 그러므로 세상 권력과 교회는 상호

---

aeque exiguum municipium, atque ciuitas amplissima."
147 B. Rom. 565.
148 B. Rom. 566: "...procurare, vt religio Christi recte habeat, populum Euangelium Christi pure doceatur, consonae huic ceremoniae habeantur, nullus locus sit falsae doctrinae aut superstitionis."
149 B. Rom. 566: "Nec enim sine religione veroque cultu Dei vlla recte habere Respub. potest,..."

협력 관계다. 부써는 시민사회와 기독교 공동체의 차별성 보다는 통일성을 훨씬 더 강조한다. 왜냐하면 교회와 정부 모두 그리스도에 의해 제정되었고, 따라서 그리스도의 통치가 확장되도록 서로 협력해야만 하는 관계이기 때문이다.

VIII. 결론

부써가 교회와 세상 정부의 관계를 어떻게 보는지 논할 때 놓치지 말아야 할 것은 "그리스도의 나라"라는 개념이다. 스트라스부르 종교개혁자는 교회를 그리스도의 나라와 하나님의 나라로 정의한다. "왕국"(regnum)인 교회 안에서 왕이신 그리스도께서 자신의 백성들을 자신의 말씀과 영으로 다스리신다. 그리스도의 나라는 세상적인 실제이자 동시에 하늘 나라다. 그 나라는 항상 교회를 통해 이 세상에 실현된다. "그리스도의 나라"(regnum Christi)로서 교회와 "세상 나라"(regnum mundi)로서 국가는 서로 혼합될 수도 없고 분리될 수도 없다. 이런 의미에서 부써가 생각하는 교회와 국가의 관계는 아우구스티누스의 두 도시 개념뿐만 아니라, 루터나 츠빙글리가 생각하는 것과도 확실하게 구분된다.

부써에게 교회와 국가는 종말까지 지상에서 상호 독립적으로 병존한다. 교회는 영적인 검인 하나님의 말씀을 가지고서 하나님 나라를 죄인들 앞에서 닫을 수도 있고 열 수도 있다. 반면에 세상 정부는 물리적 검을 가지고서 모든 공개적인 죄들을 처벌한다. 세상 정부는 그리스도의 나라를 세우고 확장하고 개혁하기 위해 반드시 교회와 함께 공역해야 한다. 그러므로 기독교 정부는 이 세상에서 최선의 정부 통치 형태로써 "기독교 공화국"(respublica christiana)이라 불릴 수 있다. 교회와 국가는 각자, 무엇보다도 먼저, 유일한 왕이신 그리스도께 복종해야 하고 그 다음에 서로에게 복종해야 한다는 것이 부써의 주장이다.

〈약어〉

CCL   *Corpus Christianorum*, Series Latina
LW   O. Clemen, ed. *Luthers Werke in Auswahl*
MBDS   *Martin Bucers Deutsche Schriften*
MBOL   *Martini Buceri Opera Latina*
MPL   J.P. Migne, ed. *Patrologiae cursus copletus*. Series Latina
WA   *Martin Luthers Werke*, Kritische Gesamtausgabe. Weimar 1883ff.
Z   *Huldrych Zwinglis sämtlich Werke*. Berlin 1905, Leipzig 1908, Zürich 1961ff.

〈참고문헌〉

1차 자료

1-1. *Martini Buceri Opera Omnia*
1-1-1. Martin Bucers Deutsche Schriften, (Eds.) R. Stupperich e.a. Gütersloh: Gütersloher Verlagshous Gerd Mohn, 1960ff.
 - I. *Frühschriften 1520-1524*. 1960.
 - II. *Schriften der Jahre 1524-1528*. 1962.
 - VI/2. *Zum Ius Reformationis: Obrigkeitsschriften aus dem Jahr 1535; Dokumente zur 2. Strassburger Synode von 1539.*

1984.
- VI/3. *Martin Bucers Katechismen aus den Jahren 1534, 1537, 1543.* 1987.
- VII. *Schriften der Jahre 1538-1539.* 1964.

1-1-2. *Martini Buceri Opera Latina*
- II. I. Backus. (Ed.) *Enarratio in Evangelion Iohannis (1528, 1530, 1536)*, Leiden: E.J. Brill, 1988.
- XV. F. Wendel. F. (Ed.) *De Regno Christi Libri Duo*, Paris/Gütersloh 1955.
- XV- F. Wendel. F. (Ed.) *Du royaume de Jésus-Christ, édition critique de la traduction francaise de 1558*, Paris/Gütersloh 1954.

1-2. 16세기에 출간된 부써 저술들.
- B. Ev. (1527) = *Ennarationum in evangelia Matthæi, Mardi & Lucæ*, 1527 I-II. - (Bibl. No. 14)
- B. Eph. (1527) = *Epistola D. Pauli ad Ephesios*, 1527. - (Bibl. No. 17)
- B. Ps.= *S. Psalmorum libiri quinque*, 1529 (ed. 1554). - (Bibl. No. 25d)
- B. Ev. (1536)= *In sacra quatuor evangelia, Enarrationes perpetuae*, 1536. - (Bibl. No. 28a)
- B. Rom.= *Metaphrases et ennardtiones perpetuae epistolarum*

D. Pauli Apostoli... Tomus primus. Continens metaphrasim et ennarationem in Epistolam ad Romanos, 1536 (ed. 1562). - (Bibl. No. 55a)
- B. Iud. = *Commentarii in librum Iudicum*, 1544. - (Bibl. No. 101)
- B. Eph. (1562) = *Praelectiones doctiss. in Epistolam D. Pauli ad Ephesios*, 1562. - (Bibl. No. 112)

2차 자료

Althaus, Paul. *Die Ethik Martin Luthers*. Gütersloh: Gütersloher Verlagshaus Gerd Mohn, 1965.

Bornkamm, Heinrich. "Luthers Lehre von den zwei Reichen im Zusammenhang seiner Theologie" in *Reich Gottes und Welt. Die Lehre Luthers von den zwei Reichen*, ed. H.-H. Schrey, 165-195. Darmstadt: Wissenschaftliche Buchgesellschaft, 1969.

Brockelmann, Brigitte. *Das Corpus Christianum bei Zwingli*. Breslau: Priebatschs Buchhandlung, 1938.

Cardauns, L. *Die Lehre vom Widerstandsrecht des Volks gegen die rechtmäßige Obrigkeit im Luthertum und im Calvinismus des 16. Jahrhunderts*. Darmstadt: Wissenschaftliche

Buchgesellschaft , 1973².

Diem, H. "Luthers Lehre von den zwei Reichen untersucht von seinem Verständnis der Bergpredigt" in *Zur Zwei-Reiche-Lehre Luthers*, ed. J. Haun, 107-131. Müchen: Kaiser, 1973.

Duijnstee, X.P. *St. Aurelius Augustinus over kerk en staat.* Tilburg: Uitgave van het Nederlandsche Boekhuis, 1930.

Farner, Alfred. *Die Lehre von Kirche und Staat bei Zwingli.* Tübingen: J.C.B. Mohr, 1930.

Gäumann, Andreas. *Reich Christi und Obrigkeit. Eine Studie zum reformatorische Denken und Handeln Martin Bucers.* Bern: Verlag Peter Lang, 2001.

Hammann, G. *Entre la secte et la cité. Le projet d'Église du Réformateur Martin Bucer (1491-1551).* Histoire et Société. Genève: Labor et Fides, 1984. = *Martin Bucer 1491-1551: Zwischen Volkskirche und Bekenntnisgemeinschaft.* Stuttgart: Franz Steiner Verlag Wiesbaden GMBH, 1989.

Heckel, Johannes. *Lex charitatis. Eine juristische Untersuchung über das Recht in der Theologie Martin Luthers.* München: C.H. Beck'schen Verlagsbuchhandlung, 1953.

K. Koch, *Studium Pietatis: Martin Bucer als Ethiker.* Beiträge zur Geschichte und Lehre der Reformierten Kirche 14. Neukirchener Verlag, 1962.

Kinder, E. "Gottesreich und Weltreich bei Augustin und bei

Luther," in *Reich Gottes und Welt. Die Lehre Luthers von den zwei Reichen*, ed. H.-H. Schrey, 40-69. Darmstadt: Wissenschaftliche Buchgesellschaft, 1969.

Kroon, M. de. "Bucer und Calvin. Das Obrigkeitsverständis beider Reformatoren nach ihrer Auslegung von Röm 13" in *Calvinus Servus Christi*, ed. W.H. Neuser, 209-224. Budapest: Presseabteilung des Ráday-Kollegiums, 1988.

Kroon, M. de. "De christelijke overheid in de schriftuitleg van Martin Bucer en Johannes Calvijn" in *Wegen en gestalten in het gereformeerd protestantisme*, ed. W. Balke e.a., 61-74. Amsterdam: Ton Bolland, 1976.

Kroon, Marijn de, "Bucer und Calvin über das Recht auf Widerstand und die Feiheit der Stände" in *Calvin: Erbe und Auftrag*. Festschrift für Wilhelm Neuser zu seinem 65. Geburtstag, ed. Willem van 't Spijker, 146-156. Kampen: Kok, 1991.

Kroon, Marijn de, *Martin Bucer en Johannes Calvijn. Reformatorische perspectieven Teksten en inleiding*. Zoetermeer: Meinema, 1991.

Kroon, Marijn de. *Martin Bucers Obrigkeitsverständnis. Evangelisches Ethos und politisches Engagement*. Gütersloh: Gütersloher Verlagshaus Gerd Mohn, 1984.

Locher, Gottfried W. *Zwingli's Thought: New Perspectives*. Leiden:

E.J. Brill, 1981.

Moeller, Bernd. *Reichsstadt und Reformation*. Berlin: Evangelische Verlagsanstalt, 1987.

Müller, Karl. *Kirche, Gemeinde und Obrichkeit nach Luther*. Tübingen: Verlag von J.C.B. Mohr, 1910.

Oort, J. van. *Jeruzalem en Babylon*. 's-Gravenhage: Uitgeverij Boekencenrum, 1986.

Pauck, W. *Das Reich Gottes auf Erden, Utopia und Wirklichkeit. Eine Untersuchung zu Butzers De regno Christi und zur englischen Staatskirche des 16. Jahrhunderts*. Arbeiten zur Kirchengeschichte 10. Berlin: de Grryter, 1928.

Sizoo, A. *Augustinus over den staat*. Kampen: J.H. Kok, 1947.

Spijker, Willem van 't. "De ambten bij Zwingli" in *Zwingli in vierderlei perspectief*, eds. W. Balke e.a., 41-79. Utrecht: B.V. Uitgeveij de Banier, 1984.

Spijker, Willem van 't. "Zwingli's staatskerk" in *De kerk. Wezen, weg en werk van de kerk naar reformatorische opvatting*, eds. Willem van 't Spiker e.a., 111-125. Kampen: Uitgeverij de Groot Goudriaan, 1990.

Stepnens, W.P. *The Theology of Huldrych Zwingli*. Oxford: Clarendon Press, 1986.

Wendel, F. *L'Église de Strasbourg, sa constitution et son organisation 1532-1534*. Études d'histoire et de philosophie religieuses 38. Strasbourg: Presses universitaires de France, 1942.

Wolf, E. *Peregrinatio* II. *Studien zur reformatorischen Theologie, zum Kirchenrecht und zur Sozialethik*. München: Chr. Kaiser Verlag, 1965.

황대우. "깔뱅의 교회론과 선교," 「선교와 신학」 24집 (2009), 43-84.

멜랑흐톤의 정부론과 국가론
아우크스부르크 신앙고백과 신학총론을 중심으로

류성민

Philip Melanchthon(1497-1560)

서울대 산림자원학과를 졸업하고, 합동신학대학원대학교에서 M.Div 학위를 취득하였고, 독일 Kirchliche Hochschule Wuppertal/Bethel에서 고전어와 Magistergang을 수학하고, 네덜란드 Apeldoorn 신학대학에서 Th.M.과 Th.D. 학위를 취득하였다. 논문의 주제는 멜랑흐톤의 시편, 학개, 스가랴 주석연구였다. 예장 합신의 목사로 성가교회(합신)에 출석 중이며, *Melanchthon Werke* (Bretten)의 편집위원이다. 합동신학대학원대학교 개혁신학사상연구소의 연구원으로서, 18세기 위그노의 이주와 정착을 연구하며, 조직신학과 역사신학의 과목을 가르치고 있다. 역서로는 『종교개혁, 인물과 중심지를 따라 읽다』(이레네 딩엘, 영음사)와 『교리의 기원』(알리스터 맥그래스, 생명의말씀사)가 있고, 저서로는 『멜란히톤, 깔뱅 그리고 위그노』(가르침)가 있다.

류성민

I. 서론

종교개혁(Reformation)은 우리말로 종교개혁이라 불리며 종교적 영역에만 국한된 것으로 생각되곤 한다. 그러나 이는 심각한 오해이다. 오히려 종교개혁은 한 시대를 마감하고 새로운 시대를 여는 사회와 정치와 종교에 엄청난 변혁을 가져온 사건이었다. 공로 신학에 반대하는 전적인 은혜 신학은 개인의 구원에 영향을 주었을 뿐 아니라, 새로운 교회의 신학을 세웠고, 이는 중세 교회와 깊게 연관된 사람들의 일상적 삶에 큰 변화를 가져왔고, 교회가 감당하던 행정적 업무를 위해 국가 시스템이 변경, 발전하게 되었고, 종교적 이유로 많은 사람들이 삶의 자리를 변경하기도 했고, 자유로운 사상적 발전을 통해 새로운 시대를 맞이하게 되었다.

종교적인 면에 집중해서 보더라도, 종교개혁은 단순한 신학적 변화를 가져오는 것이 아니었다. 독일 제국의 법은 기본적으로 종교에 있어 관용이 없는 기독교 국가였기 때문이다. 제국에서 허용되는 유일한 종교는 소위 로마 가톨릭이었고, 루터를 위시한 종교개혁 교회는 이단으로 규정되었다. 1521년 보름스(Worms) 제국회의 이후, 제국의 봉건 영주들은 제국의 법을 따라 루터와 루터의 지지자들을 체포, 구금, 처벌, 추방할 의무를 가졌다.[1] 물론 영주들이 그 법을 시행할 것인가의 문제는 정치적 군사적 능력에 따라 결정되었지만, 최소한 1555년 아우크스부르크 종교평화가 체결될 때까지 종교개혁 교회는 불법이었다는 것은 사실이다. 이런 이유에서 종교개혁의 진행은 정부의 도움이 반드시 필요했다. 종교개혁자들과 정부의 관계는 결코 멀지 않았고, 정부 지도자들을 설득하고, 그들로 하여금 종교개혁을 도입하고 후원하도록 하는 것은

---

[1] 보름스 제국회의에 대한 간략한 내용은 다음을 참고. 이레네 딩엘, 『종교개혁. 인물과 중심지를 따라 읽다』(서울: 영음사 2022), 273-277.

가장 중요한 일 중 하나였다.

종교개혁자들의 정부론은 이런 밀접한 관계를 인식하고, 종교가 단지 종교에 그치지 않고, 정치적 목적과 맞닿아 있기 때문에, 종교적 문서에서도 이런 정치적 의도를 파악하는 것도 필요하다. 멜랑흐톤은 종교개혁자들 가운데 가장 정치와 긴밀한 관계를 가지고 있던 인물들 중 한명이다. 그가 정치가로서 일한 것은 아니지만, 종교와 관련된 모든 문제에서 가장 훌륭한 조언자로 인정받았고, 종교문제를 다룬 비텐베르크의 대부분의 문서는 그의 손을 거쳤다.

본고는 멜랑흐톤이 작성한 신앙고백 문서인 아우크스부르크 신앙고백서(Confessio Augustana, 1530/1540/1542 = CA)2와 아우크스부르크 신앙고백 변증서(Apologia Confessionis Augustanae, 1531 = CAapo)3의 정부론을 살피고, 그의 신학총론 초판4과 1553년의 독일어판 신학총론(Heubtartikel)5의 정부론을 정리하여, 멜랑흐톤의 정부론과 국가론을 확인하려고 한다. 기대하는 바는 이를 통해 종교개혁이 바라보는 관점을 이해하고, 현대의 교회와 국가에 대한 바른 이해에 조금이나마 기여하는 것이다.

---

2 Irene Dingel, Irene Hg. *Die Bekenntnisschriften der Evangelisch-Lutherischen Kirche. Vollständige Neuedition* (Göttingen: V-R, 2014) (=BSELK)와 *Reformierte Bekenntnisschriften* Bd. 1/2 1535-1549 (Neukirchner, 2006) (=RBS 1/2)의 본문을 주로 사용한다. CA 1530 본문은 BSELK, 84-225의 라틴어 본문을 사용하고, CA 1540/1542 본문은 RBS 1/2, 153-221을 사용한다.
3 CAapo 본문은 BSELK, 236-709의 라틴어 본문을 사용한다.
4 Philipp Melanchthon, "신학총론", 『멜란히톤과 부처』, 이은선 역(두란노아카데미: 서울, 2011) (기독교고전총서 17) (= Loci 1521), 213; Philipp Melanchthon, *Melanchthons Werke in Auswahl*, ed. Robert Stupperich (Gütersloher Verlagshaus Gerd Mohn: Gütersloh, 1951-) (= MSA) II/1. 1-163.
5 Philipp Melanchthon, *Heubtartikel Christlicher Lere. Melanchthons deutsche Fassung seiner Loci Theologici, nach dem Autograph und dem Originaldruck von 1553*, eds. Ralf Jenett und Johannes Schilling (Leipzig: Evangelische Verlagsanstalt 2002). (= Heubtartikel) 한역본: 필립 멜란히톤, 이승구 역, 『신학총론』 (일산: 크리스챤다이제스트 2000). (세계기독교고전 39) (= Loci 1553)

II. CA의 정부론

1. CA 16조

1530년 아우크스부르크 제국회의에 제출된 공식 문서인 CA는 개신교 진영을 대표하여 멜랑흐톤이 작성한 문서이고, CA의 16조는 세속 정부에 대한 개신교 진영의 공식적인 입장이다. 우리는 이 문서에서 정부에 대한 멜랑흐톤의 간결하면서 명확한 견해를 잘 볼 수 있다.

세속 정부의 일에 대하여 다음과 같이 가르친다. 합법적 세속 정부는 하나님의 선한 사역이고 다스림이다. 바울이 증거한 바와 같다. "권세는 하나님께서 세우신 것이다."(롬 13:1) 그러므로 그리스도인들이 관직을 수행하고, 재판을 행하고, 제국법을 비롯한 현행법의 문제를 판결하고, 적법한 처벌을 시행하고, 적법한 전쟁을 하고, 군인으로 복무하며, 법적 계약을 하고, 재산을 소유하고, 관료의 요청에 맹세를 하고, 적법한 결혼을 하고, 법적으로 허용된 기술들을 수행하는 것은 허용된다.
그리스도인들에게 정부의 직무를 금지하는 재세례파를 정죄한다.
복음의 완성을 정부의 직무 포기로 여기는 사람들을 정죄한다. (이들이 생각하기에) 복음의 완성은 영적인 것이다. 즉 (복음의 완성은) 마음의 감동, 하나님의 경외, 믿음, 사랑, 순종 안에 이루어진다. 분명 복음은 마음의 영원한 의에 대해 말한다. (그러나 복음은) 임시적인 정치나 경제를 없애지 않는다. 오히려 (복음은) 그런 것들이 이 육적 삶에서 하나님의 제도로서 보존되고, 그러한 제도들 가운데 사랑을 실천하기를 강력하게 요구한다. 그러므로 그리스도인들은 반드시 현재의 관료들과 법에 순종해야 한다. 만약 그들이 범죄를 강요하는 경우가 아니라면 말이다. 물론 그런 (일이 발생한) 때에는 사람

보다 하나님께 순종해야 한다. (행 5:29)6

CA 16조의 내용은 1530년 아우크스부르크 제국회의에 제출되었던 내용과 1540/42년 CA에서도 거의 변경 없이 그대로 사용되었다. 그런 점에서 교회와 세속 정부의 관계에 대한 멜랑흐톤의 입장은 종교개혁의 진행에 따라 발전한 것이 아니라, 이미 초기에 완성되었다고 할 수 있다.

CA 16조를 구체적으로 살펴보면, 우선 구성에 있어, 긍정적 내용을 다룬 첫 부분과 부정적 내용을 다룬 두 번째 부분으로 구성된다. 첫 부분에서 세속 정부에 대하여 그리스도인이 어떤 입장을 가져야 하는가를 긍정적으로 진술한다. 가장 중요한 선언이 여기에서 나온다. "세속 정부는 하나님의 선한 사역이고 다스림이다." 세속 정부에 대한 태도를 결정할 때, 멜랑흐톤에게 가장 중요한 전제는 이 정부를 세우신 분이 하나님이라는 사실이다. 정부의 사역은 하나님의 사역이고, 정부의 다스림은 하나님의 다스림이다. 멜랑흐톤은 이 사실이 성경의 교훈임을 분명히 한다. 그러므로 세속 정부의 신적 기원을 거부하는

---

6 이 본문은 1540/42년 CA XVI (RBS 1/2)에서 가져왔다. "De rebus civilibus docent, quod legitimae ordinationes civiles sint bona opera et ordinationes Dei, sicut Paulus testatur. *Quae sunt potestates, a Deo ordinatae sunt*. Docent igitur, quod Christianis liceat magistratus gerere, exercere iudicia, iudicare res ex Imperatoriis et aliis praesentibus legibus, supplicia iure constituere, iure bellare, militare, lege contrahere, tenere proprium, iusiurandum postulantibus magistratibus dare, contrahere legitima coniugia, artes probatas legibus exercere.
　Damnant Anabaptistas, qui interdicunt haec civilia officia Christianis. Damnant et illos, qui Evangelicam perfectionem collocarunt in desertione civilium officiorum, cum Evangelica perfectio sit spiritualis, hoc est, consistat in motibus cordis, in timore Dei, fide, dilectione, obedientia. Evangelium enim concionatur de quadam aeterna iusticia cordis. Nec abolet interim politiam aut oeconomiam, sed maxime postulat eas in hac vita corporali conservari, tanquam ordinationes Dei, et in talibus ordinationibus exercere caritatem. Itaque Christiani necessario debent obedire praesentibus magistratibus ac legibus, nisi cum iubent peccare, tunc enim *magis debent obedire Deo quam hominibus*, Actorum 5, 29." (해석의 괄호와 괄호 안 문구는 원문에 없는 것으로 본문의 해석을 위해 보충한 것이다.)

것은 성경의 교훈을 거부하는 것이고, 하나님의 뜻을 거스르는 것이다. 이런 이유에서 세속 정부가 정당하게 시행하는 업무들은 하나님께서 허락하신 것이다. 당연히 그리스도인들은 세속 정부의 임무 수행에 동참할 수 있고, 또 동참해야 한다. 세속 정부에서 일하는 관직을 맡는 것은 아무런 문제가 없다. 국가의 구성원들의 여러 문제를 분별하고 판단하는 사법적 역할과 국가 간의 문제들을 해결하기 위한 법적이며 군사적인 역할과 국가의 운영을 위한 사회적 경제적 행정 시스템을 구성하는 역할 또한 그리스도인들에게 허용된다.

둘째 부분에서 멜랑흐톤은 잘못된 견해를 주장하는 두 부류를 언급하며 정죄한다. 첫 부류는 재세례파이다. 그들의 문제는 그리스도인들이 세속 정부의 관직을 맡는 것을 금지하는 것이었다. 세속 정부와 교회를 구분하고, 전자를 악한 것으로 규정한다. 그 결과 세속 정부 시스템을 부정하고 파괴하는 결과를 야기한다. 곧, 사회적 혼란을 야기하고, 정부를 반대하는 봉기를 선동한다. 이런 부류는 세속 정부의 시스템을 악하다고 단정하며, 그것을 부정한다. 그러나 정작 그들은 자신들만의 유사 정부 시스템을 만들어 운영하려는 경향을 드러냈다.[7] 멜랑흐톤은 이런 경향을 보였던 재세례파에 대해 명백한 거절을 드러냈다.

잘못된 견해를 주장하는 두 번째 부류는 복음의 완성을 정부의 직무를 포기하는 것에서 찾으려는 사람들이다. 앞선 재세례파들이 세속 정부의 시스템을 반대하기 위해 유사한 자체 시스템을 만들어 저항하려 했던 것과는 다르게 이런 부류의 사람들은 영적 기능을 중시하며, 세속 정부의 육적 임무에 대해 소홀히 하는 방식으로 대응한다.[8] 그들의 주장은 복음의 완성이 영적인 것이기

---

[7] 재세례파 운동은 토마스 뮌처(Thomas Münzer)가 주도한 1525년 농민전쟁과 연결된다. 재세례파의 유래와 활동과 주요 인물들에 대한 간략한 내용은 다음을 참고. 딩엘, 『종교개혁. 인물과 중심지를 따라 읽다』, 288-294.
[8] 세속적 삶의 포기를 주장하는 사람들로 CA에서는 구체적으로 언급하지 않지만 CAapo를 볼

때문에, 마음의 감동과 하나님의 경외, 믿음, 사랑, 순종에서 복음이 완성되는 것으로 본다. 그렇기 때문에 그들에게 있어 육적 제도, 곧 세속 정부는 복음과 상관없다. 단편적으로 보면, 그들은 매우 경건한 것처럼 보인다. 그러나 멜랑흐톤은 이들의 허점을 지적한다. 그는 복음이 마음의 영원한 의에 대해서 말한다는 것을 인정하며, 영적인 측면을 인정하지만, 그렇다고 이 땅에서 임시적인 정치나 경제를 없애는 것은 잘못이라고 단언한다. 그는 이 땅의 정치와 경제 질서를 임시적(interim)이라고 표현하는데, 이는 지금의 정치 경제 질서들이 영원하거나 완전한 것이 아님을 암시한다. 복음은 분명 영적인 마음의 의에 대한 하나님 나라를 이야기한다. 그러나 그것이 영원하고 완전하게 되기 이전에는, 육적 삶에서 임시적이지만 하나님께서 허락하신 세속 정부의 정치적 경제적 제도가 필요하다는 것이 사실이다. 그리고 임시적이라고 하더라도 하나님께서 세우신 제도이기 때문에, 하나님의 법의 순종, 곧 사랑이 실천되어야 한다는 것을 덧붙인다. 멜랑흐톤은 이 사랑의 실천을 구체적으로 현재의 관료들과 법에 대한 순종으로 설명한다. 물론 이렇게 정부와 법에 순종하는 것은 하나님의 명령에 순종하는 것의 일환이기 때문에, 만약 정부와 법이 하나님을 섬기는 것과 반대되는 범죄를 강요할 경우, 더 이상 순종의 의무는 지워지지 않는다. 우리는 사람보다 하나님께 순종해야 하기 때문이다. 멜랑흐톤에게 세속 정부에 대한 순종은 하나님에 대한 순종의 일환이었고, 하나님의 법의 구현, 곧 사랑의 실천으로 이해되었다. 그리고 그 제약은 당연하게 세속 정부와 법이 하나님의 법을 반대하는 경우에 발생했다.

간략하게 정리하면, 멜랑흐톤은 세속 정부의 사역과 교회의 사역이 기본적으로 충돌하지 않는다고 생각한다. 세속 정부의 목적 또한 인정되어야 함을

때 수도사들을 향한 비판임을 알 수 있다. 멜랑흐톤은 수도사들을 일종의 무정부주의자로 이해한 것 같다.

전제한다. 세속 정부의 다스림은 하나님의 다스림을 대신하는 것으로 하나님께서 그 목적을 위해 세우신 것이기 때문이다. 이 목적을 부정하는 집단들을 멜랑흐톤은 정죄한다. 그들이 사회적 혼란과 봉기를 야기하기 때문이었다. 멜랑흐톤은 정부의 시스템이 정상적으로 작동하면, 그것이 그리스도인들에게 마땅한 것이고, 유익한 것임을 확신하고 있다. 왜냐하면 이런 견해가 성경에 기초한 것이기 때문이다.

CA가 일종의 정치적 문서라는 점을 고려하면, CA 16조를 통해 멜랑흐톤은 세속 정부의 지도자들에게 개신교의 호의와 정당성을 보이고자 했던 것으로 추측된다. 교회의 바른 교리가 국가라는 사회 시스템 안에서 안정적으로 정착하기 위해서는, 세속 정부에 대한 바른 이해가 필요하다. 달리 말하면, 종교개혁의 도입과 진행과 발전에 있어서 세속 정부의 긍정적이며 적극적인 자세는 꼭 필요한 전제였다. 그래서 멜랑흐톤은 정부가 이런 바른 교리의 일을 수동적으로 어쩔 수 없이 수용하지 않고, 오히려 능동적으로 교회의 일을 지원하기를 기대했다. 어떤 의미에서 기독교 정부의 장점을 잘 활용하여 교회가 얻을 수 있는 최고의 유익을 얻어야 한다고 보았다.

2. 아우크스부르스 신앙고백 변증서(CAapo, 1531)

CA 16조는 멜랑흐톤의 정부에 대한 견해를 간략하게 보여주었다고 하면, CAapo 16조는 그에 대한 좀 더 상세한 해설을 담고 있다. 이 해설은 우선 로마 가톨릭 신학자들의 CA에 대한 반박(Confutatio)에 대한 재반박을 포함한다. 다만 세속 정부에 대한 내용을 다루는 16조의 경우 Confutatio에 특별한 언급이 없을 정도로 로마 가톨릭과 개신교 사이의 차이는 없다. CA 자체가 제국 내에서 기독교의 적법성을 주장하기 위한 문서였기 때문에, 둘 사이 견해의 차이가 없는 것은 어색한 것이 아니다. 다만 눈에 띄는 CAapo의 특징은 CA에서는 직접적인 언급이 없는 그리스도인의 완전함에 대한 비판 대상이 구체적으로 수도사라고 언급된다는 점이다. CA는 제국의 공식 문서로 로마 가톨릭 진영의 심기를 건드리지 않기 위함이라면, CAapo는 그 안에 함의된 구체적 의도를 설명하는 것이기 때문에 멜랑흐톤의 정치관에 대한 더 명확한 의도를 파악할 수 있다.

CAapo는 첫 단락에서 CA 16조의 첫 부분을 거의 유사하게 반복한다. 이것의 의미하는 것은 CA 16조의 첫 부분에 해설이 별로 필요 없을 정도로 명확한 부분이고, 로마 가톨릭의 반대자들도 이견이 없다는 것이다.9 이어 CAapo는 둘째 단락에서 그리스도의 나라에 대한 잘못된 이해를 비판하고 바른 견해를 제시한다. 즉 CAapo는 로마 가톨릭과 일치하는 첫 부분은 CA의 반복으로 간략하게 정리하고 이어 차이가 생기는 부분, 곧 CA 16조의 둘째 부분인 부정적인 부분에서 정죄되는 두 번째 부류에 대하여 길게 설명하고 있다. 이를 통해 복음이 세속 국가와 어떤 관계를 갖는지를 설명한다.

우선 그리스도의 나라는 하나님에 대한 지식, 경외, 믿음, 영원한 의, 영생의 시작이다.10 성도는 그리스도의 나라에 속해 있는 것이 명백하지만, 그렇다고 그리스도의 나라가 육적 영역에 제한되지 않기 때문에, 그리스도인들은 이 땅의 합법적 세속 국가의 제도를 사용할 수 있다.11 즉 영적 나라는 세속 국가와 같은 수준에서 경쟁하는 대체제가 아니다. 분명 복음은 그리스도인들에게 귀속력이 있는 규범을 명령한다. 그러나 그 명령이 국가의 법과 충돌하지 않는다.

---

9 BSELK, 543. "Articulum XVI. recipiunt adversarii sine ulla exceptione"
10 BSELK, 543. "quod regnum Christi sit spirituale, hoc est, in corde notitiam Dei, timorem Dei et fidem, iustitiam aeternam et vitam aeternam inchoans."
11 BSELK, 543. "Interim foris sinat nos uti politicis ordinationibus legitimis"

멜랑흐톤은 개신교가 주장하는 바른 복음이 자신의 국가, 즉 독일 제국의 법에 부합한다는 사실을 강조하고 있다.12 그러므로 제국은 개신교를 사회적 혼란을 야기하는 종교 집단으로 간주할 필요가 없다.

멜랑흐톤은 개신교가 국가에 해로운 집단이 아니라는 것을 밝힘과 동시에 국가의 법 제도에 해로운 견해를 가진 집단이 있다고 고발한다. 그들은 바로 로마 가톨릭의 수도사들이다.13 그들은 사유재산을 금지하고, 복수의 금지를 주장한다. 그러나 그들의 견해는 바르지 않다. 오히려 복음과 그리스도의 영적 나라를 흐리게 하고 더하여, 세속 국가에도 위협적이다.14 이에 반하여 개신교가 가르치는 복음은 국가와 경제를 파괴하지 않고, 인정하고, 순종한다. 그 이유는 국가의 처벌 때문이 아니라, 이 제도가 하나님의 질서이기 때문이다. 역사를 돌이켜 보면, 복음이 국가를 파괴한다고 주장하는 지도자들이 과거에도 있었는데, 그들의 이해는 잘못되었다.15 복음은 신자들의 죄 용서와 마음에서 영원한 생명의 시작이다. 복음은 이에 그치지 않고 더하여 외적 국가도 인정한다. 이런 질서는 마치 계절의 변화와 같은 당연한 것으로 하나님의 질서이고, 우리는 필연적으로 이 질서에 복종한다.16

멜랑흐톤은 이런 복음적 복종의 대표적인 예로 사적 복수를 금지한다. 사적 복수의 금지는 하나님께서 세속 정부에게 맡기신 공적 임무를 통해 시행되는 공적 복수를 인정한다는 의미이다. 법정의 판결, 처형, 전쟁, 군 복무는 이런

---

12 참고. BSELK, 543. "sed praecipit, ut praesentibus legibus obtemperemus, sive ab ethnicis sive ab aliis conditae sint, et hac oboedientia caritatem iubet exercere."
13 BSELK, 543. "quia Monachi multas perniciosas opiniones sparserunt in Ecclesiam."
14 BSELK, 543f. "Hae opiniones valde obscurant Evangelium et regnum spirituale et sunt periculosae rebus publicis."
15 BSELK, 545. "Iulianus Apostata, Celsus et plerique alii obiecerunt Christianis, quod Evangelium dissiparet res publicas."
16 BSELK, 545.

공적 복수의 한 종류이다. 그러므로 개신교가 교훈하는 복음은 국가 시스템의 정당한 실행을 인정하고 지지한다. 그것은 하나님께서 이 땅에서 자신의 공의를 실천하시는 방식이다.17

멜랑흐톤은 수도사들의 사유재산의 금지에 대해 설명한다. 우선 그리스도인의 완전함이 소유를 갖지 않는 것이라고 생각하는 것은 큰 오류라고 지적한다. 재산의 소유를 인정하는 것은 개인의 재물 축적을 용인하는 것을 넘어 그와 관련된 사회 질서를 인정하는 것이기 때문이다.18 수도사들의 생각과 달리 그리스도인의 완전함은 사유 재산의 부정, 곧 세상 질서에 대한 경멸에 기초하지 않고, 마음의 감동, 하나님에 대한 큰 경외, 큰 믿음에 기초한다. 아브라함, 다윗, 다니엘이 큰 나라에서 활동했고, 세상의 큰 권력을 사용했지만, 그들이 어떤 은둔자들보다 덜 완전하지 않은 것과 마찬가지이다.19 그러므로 가장 경건한 사람은 수도사가 아니다. 세상에서 일해도 충분히 경건할 수 있다는 것이 멜랑흐톤의 견해였다. 그런 점에서 수도사들의 입장은 외적 위선일 뿐이다. 그들은 참된 완전함이 어디에 있는지 알지 못했다. 성경의 교훈에 따라 사유재산은 인정되어야 한다. 이 주장은 로마 가톨릭이 이단으로 정죄하는 위클리프의 입장이기도 하다.20 멜랑흐톤은 100여 년 전 콘스탄츠 공의회에서

---

17 BSELK, 545.
18 BSELK, 547.
19 BSELK, 547. "Nam perfectio Christiana est sita non in contemptu civilium ordinationum, sed in motibus cordis, in magno timore Dei, in magna fide, sicut Abraham, David, Daniel etiam in magnis opibus atque imperiis non minus perfecti erant quam ulli eremitae."
20 BSELK, 547. "Plane furebat Vuiglefus, qui negabat licere sacerdotibus tenere proprium." 참고. 후스와 함께 콘스탄츠 공의회에서 정죄되었던 위클리프가 옳고, 로마 가톨릭의 수도사들이 틀렸다는 주장은 매우 흥미롭다. 당시 교회가 이단이라고 정죄한 사람의 견해가 성경적이고, 교회의 견해는 오류라는 주장이기 때문이다. 교회는 오류를 범하지 않는다는 교회의 결정과 달리 멜랑흐톤은 오직 성경의 권리만을 인정하고 있다. 그 기준에서 위클리프는 정통이고, 수도사들은 오류이다.

정죄된 위클리프가 오히려 성경의 교훈을 따른 것이라고 언급하여, CAapo를 보는 정치 지도자들에게 로마 가톨릭과 수도사들의 교훈과 결정이 오류가 있다는 것을, 특히 그들이 이단이라고 단죄하는 것 자체에 심각한 오류가 있다는 것을 보임으로 루터를 이단으로 정죄하는 그들의 태도도 함께 정확한 성경의 교훈의 입장에서 보아야할 것을 암시하고 있다.

더하여 멜랑흐톤은 개신교의 성경적 교훈이 그리스도인들에게 필요한 세속 질서와 법을 필요로 하기 때문에, 세속 계약의 정당성을 보장한다는 것을 분명하게 해설한다. 개신교의 교훈은 수도사들의 망상과 달리, 복음의 세속적 의무와 봉사를 허용하고, 정부의 권위와 모든 세속적 질서들을 존중한다. 이를 통해 정치와 상업에 종사하는 사람들에게 도움을 준다. 그러므로 개신교 교훈은 현재 정치적 사회적 경제적 시스템을 반대하지 않고, 오히려 지지하고, 세우며, 동참하여 발전시킨다.[21]

멜랑흐톤은 CA와 CAapo를 작성함에 있어, 그 문서들의 독자가 될 정치 지도자들을 의식하기 때문에, 당연히 이 문서들은 개신교의 정치적 목적을 담고 있다. 개신교의 교훈이 국가를 반대하거나, 정부 체제에 반기를 드는 것을 선동하는 것이 아니라, 오히려 현 체제에 동의하고, 지지를 보내고, 바로 세우는 것에 적극적으로 동참한다는 입장이다. 이를 위해 우선 로마 가톨릭의 일반적 입장과 다르지 않음을 먼저 설명한다. 그리고 이제 개신교의 교훈이 성경의 가르침을 따르는 것임과 동시에 수도사들의 사유 재산에 대한 견해를 들어 로마 가톨릭의 수도사들의 견해가 사회에 끼치는 해악을 지적하고, 오히

---

[21] BSELK, 549. 참고. 개혁파의 예정 교리가 자본주의 발전과 깊은 관계가 있다는 막스 베버의 주장이 있다. 그러나 개혁파 교리만 그런 것이 아니라. 초기 비텐베르크의 종교개혁 신학 자체가 국가의 정치 경제 시스템을 옹호하고 적극적인 참여로 인한 발전과 정당한 질서 행위에 대한 순종을 약속하고 있다. 성경의 바른 교훈을 따른다면, 적극적인 경제 활동과 긍정적인 사회적 역할을 함께 감당하는 것이 그리스도인의 마땅한 일이었다. 멜랑흐톤은 개신교가 국가의 사회적 경제적 발전에 매우 긍정적인 역할을 한다는 점을 분명하게 믿고 있었다.

려 개신교의 견해가 현 정치적 사회적 경제적 시스템에 도움이 된다는 것을 변증한다. 이를 통해 멜랑흐톤은 독일 제국의 정치 지도자들을 설득하고자 했다.

이상의 내용들을 간략하게 정리하면, 첫째, 현재 정치 시스템에 대한 긍정은 하나님께서 세우신 제도이기 때문에 그렇다. 그리스도인 지도자인지, 비그리스도인 지도자이든지 상관없이 정치 사회 경제 시스템 자체가 사람에게 꼭 필요한 것이다. 당연히 그리스도인은 이 질서에 순종해야 한다. 둘째, 로마 가톨릭의 수도사들은 그리스도인의 완전함을 사유 재산의 금지와 같은 잘못된 견해에 기초하여 주장한다. 이는 위선이고, 큰 잘못이다. 복음은 세속에서 분리를 주장하지 않고, 국가 질서를 허용한다. 셋째, 그리스도인은 세속적 의무와 봉사들을 하나님의 명령으로 받아 수행해야 한다.

III. 신학총론(1521, 1553)의 정부론

1. 초기 신학총론의 정부론(Loci, 1521)

멜랑흐톤은 신학적 주제들을 다루는 신학총론(1521)에서 교리에 대한 해설을 마치고 마지막 부분에서 신자의 삶의 한 부분인 사회적 삶을 다루고 있다. 관료는 이 주제 중 하나였다. 멜랑흐톤은 사회 구성 시스템이 행정 관료와 교회 관료로 구분된다는 일반적 견해에 동의하면서, 행정 관료에 대해 간략하게 설명하고, 이어 교회 관료에 대한 설명을 이어간다. 행정 관료는 칼을 가지고 세속의 평화를 감독하는 사람들이다. 칼의 지배력은 세속적 권리들, 공적

법의 규정들, 범죄에 대한 처벌을 맡는다. 멜랑흐톤은 되도록 세속 권력의 행정 관료에 대해서는 간단히 다루기를 원했고, 관료의 권력이 가진 종교적 특징에 집중하고 있다.22

첫째, 우리는 세속 관료보다 하나님께 더 순종해야 한다. 만약 하나님을 거스르는 것을 관료가 명령한다면, 그것은 순종할 수 없다. 둘째, 관료들이 공공의 선을 위해 명령한다면 우리는 그들에게 순종해야 한다. 셋째, 관료들의 명령이 어느 정도 적절하지 않다고 하더라도, 사랑으로 그들을 인내해야 한다.23

멜랑흐톤은 교회 관료에 대한 설명에서는 좀 더 상세하게 설명한다. 원리는 간단하게 네 가지로 제시된다. 첫째, 성경이 가르치는 수준에서 관료가 행하고 명령한다면, 그의 말을 듣고, 순종해야 한다.24 둘째, 교회 관료의 행위와 교훈이 성경에 어긋나거나, 성경을 넘어서는 것이라면 순종해서는 안 된다.25 셋째, 관료들이 성경을 넘어서는 것을 양심을 속박하려 공표한다면, 그것을 들어서는 안 된다.26 넷째, 외적 의무의 경우 성경을 넘어가는 명령을 하는 독재가 있기도 한다.27

멜랑흐톤은 기본적으로 세속 관료와 교회 관료에게 순종할 의무가 우리에게 있음을 인정한다. 그러나 순종의 조건에 있어 차이가 있다. 세속 관료가 명시적으로 하나님의 뜻에 어긋나지 않고, 그것을 반대할 방법이 폭동 정도 밖에 없다면, 폭동은 수용될 수 없기 때문에, 인내해야 한다는 입장이다. 반면 교회

---

22 Loci 1521, 213; MSA II/1, 158f.
23 Loci 1521, 213f.; MSA II/1, 159.
24 Loci 1521, 214; MSA II/1, 159f.
25 Loci 1521, 214; MSA II/1, 160.
26 Loci 1521, 215; MSA II/1, 160.
27 Loci 1521, 215; MSA II/1, 160f.

관료는 성경의 기준에 따르지 않는다면 단호하게 거절해야 한다. 심지어 교회 관료가 세속 관료처럼 억압하는 것도 잘못이라고 지적하고 있다.[28]

멜랑흐톤은 세속 관료에 대해 더 완화된 잣대를 대고 있다. 그것은 그들의 권세가 더 강력하거나, 더 합법적이어서 그런 것이 아니다. 세속 사회가 성경이라는 완전한 진리에 기반하는 교회가 아니고, 아무래도 성경의 교훈에 부적합한 일이 발생할 수밖에 없는 한계가 존재하기 때문이다. 이런 점에서 멜랑흐톤은 교회와 사회를 명확하게 구분하고 있고, 순종의 의무 또한 상대적인 차이를 보이고 있다. 세속 정부는 온전한 진리로 이끌기 어려운, 인내해야 하는 기관이다.

교회와 세상을 구분하는 것이 멜랑흐톤의 기본적 사상이다. 물론 성도의 삶에서 사회적 영역이 없지는 않지만, 교회의 원리를 세상에 그대로 적용하지 못하는 것은 명백한 현실이기 때문에, 세속과 교회의 구분이 있어야 하고, 그에 따른 신자의 순종의 수준도 상대적이 될 수밖에 없다. 신학총론이 작성된 1521년은 종교개혁의 적용이 본격적으로 시작하던 시기였다. 이 시기에 이미 국가와 교회의 구분에 대한 명백한 입장은 세워져 있었고, 또한 교회와 국가 문제에서 가장 난감할 수 있는 폭군에 대한 내용도 고려 대상에 들어가 있었다는 것도 짐작할 수 있다. 다만 현실에서 종교개혁이 어떻게 확장될 것인지에 대한 구체적인 그림이 나오기 시작하던 시기라는 점에서 세속 관료에 대한 견해는 짧고, 원론적일 수밖에 없었다. 분명한 것은 세속 권력이 하나님을 거스르려고 한다면, 이것에 찬성할 수는 없다는 것이다. 물론 폭동이나 선동은 바른 수단이 아니라는 점 또한 분명하게 밝히고 있다. 이런 모순점에 멜랑흐톤은 인내라는 애매한 방식을 해답으로 조심스럽게 제시하고 있었다.

---

[28] Loci 1521, 215; MSA II/1, 161.

2. 성숙한 시기의 신학총론의 정부론(loci, 1553)

　신학총론(1553)의 마지막 장에서 세속 권위에 대해 다루고 있다. 그는 정부가 하나님의 질서라는 원리를 설명한 이후 그리스도인들에게 주어지는 5개의 규범으로 그 내용을 설명한다. 우선 원리에 대한 내용이다. 멜랑흐톤은 우선 하나님은 인류를 지속하시기 위한 수단으로 질서와 사역을 정하여 주셨다고 지적하면서, 그런 질서 가운데 첫 번째는 결혼이라고 말하고 있다. 참된 신앙과 순종 가운데 가정을 이루고, 자녀를 하나님의 지식과 덕 가운데 키워나가는 아름다운 교제가 기대되고, 이것은 하나님의 교회가 된다. 그런데 이슬람교는 하나님께서 정하신 결혼을 파괴하고, 로마 가톨릭은 결혼을 금하는데, 이것은 하나님의 명령에 반하는 악한 것이다.[29]

　멜랑흐톤은 이렇게 사회의 가장 작은 단위의 질서를 하나님께서 주셨다는 것에서 시작하여, 이제 더 큰 사회의 삶을 보호하고 유지하기 위해 제정된 질서와 사역에 대해 언급한다. 정부가 행하는 행정권, 정당한 군사력, 재산의 소유와 분배, 경제 행위, 그리고 다양한 학문 분야의 질서와 사역이 우리 삶의 질서이다. 이런 질서를 지키는 사람을 통치자라고 표현하면서, 그들이 하나님께서 그들에게 맡긴 임무를 따라 백성들을 보호하고, 그들의 유익을 증진시키며, 공정하게 재판하고, 상행위를 정직하게 하도록 하면, 사회의 불만이 거의 사라질 것이라고 기대한다.[30]

　이와 같이 멜랑흐톤은 사회 유지의 큰 사역의 책임은 정부 지도자들에게 있다는 것을 기본적으로 인정한다. 당시는 민주주의 사회가 아니라, 귀족 출신

---

[29] Loci 1553, 548f.; Heubtartikel, 450.
[30] Loci 1553, 549; Heubtartikel, 451.

의 영주들이 다스리던 봉건 사회였다는 점에서 멜랑흐톤의 정부에 대한 입장은 흥미롭다. 멜랑흐톤의 견해에 따르면, 지도자들은 자신의 소유와 권리를 주장하며 임의로 정부를 이끌어서는 안된다. 이것은 하나님께서 그들에게 맡긴 질서 유지의 임무를 어긴 것이기 때문이다. 이렇게 멜랑흐톤은 하나님의 궁극적인 권위의 기초 위에서 모든 백성들의 만족과 안녕을 위해 노력할 정부의 기능의 마땅한 바에 대해 분명한 인식을 가지고 있다.

멜랑흐톤은 정부가 이런 선한 역할을 했는가에 대해 역사적 사례를 들어 부정적인 결론을 내린다. 칼리굴라와 네로의 예를 들며 폭군들이 존재했으며 결국 정부가 하나님께서 세우신 정당한 권위인가에 대한 의심도 갖게 한다고 지적한다. 그런 이유로 마르시온, 마니교, 재세례파 등은 세속 정부를 부정하기도 했다.31 이런 일들은 현실에서 발견되는 실제적인 모습이다.

그러나 멜랑흐톤은 하나님께서 정부를 주신 것은 하나님의 뜻과 계명을 보이고, 하나님께 순종하도록 하기 위한 것이라고 말하며, 우선은 정부의 질서 유지의 사역에 대한 존중이 필요하다고 주장한다.32

주의할 것이 있는데, 첫째, 질서가 옳다고 해도, 사람이 오용할 가능성이 있다는 점이다. 그러므로 질서와 그것을 행하는 사람은 구별해야 한다. 질서는 하나님께서 창조하신 것이지만, 그것을 운용하는 사람, 곧 정부는 악할 수 있기 때문이다.33 둘째, 이 질서는 자연 질서와 마찬가지로 하나님께서 전 인류를 위해 만드신 것이다. 하나님은 정부를 만들고, 질서를 지켜야 한다는 규범을 자연법으로 주셨다. 그러므로 비록 폭군이 있다고 하더라도, 하나님은 그릇된 정부를 고치기 위해 다시 제대로 된 지도자를 세워 고치셨다. 하나님은 놀라운

---

31 Loci 1553, 549; Heubtartikel, 451.
32 Loci 1553, 550; Heubtartikel, 452.
33 Loci 1553, 550f.; Heubtartikel, 452.

섭리를 통해 폭군들을 처벌하시고, 현명한 지도자들을 세우심으로 정부라는 제도를 지키신다.34

멜랑흐톤은 정부가 하나님께서 세우신 제도라는 것을 분명하게 주장한다. 하나님의 나라라는 이스라엘의 지도자만 하나님께서 세운 것이 아니라, 하나님을 대적하는 나라들의 정부 또한 하나님께서 정하신 명령에 따라 그들의 임무를 시행하는 것이다. 세속 국가의 다양한 양상에도 불구하고 모두가 다 파멸로 이르지 않은 것은 하나님께서 인류를 유지하시겠다는 계획이 실패하지 않고, 지켜지고 있기 때문이다. 그래서 어떤 국가들은 매우 현명한 지도자들이 나타나 나라를 상당한 기간 동안 중흥하게 만들기도 하고, 많은 사람들의 칭찬을 받는 위대한 지도자들이 등장하기도 한다.35 다만 하나님께서 이렇게 세속 정부를 바로 세우셔서 질서가 유지되도록 하시고, 마귀가 이 세계를 단번에 파괴하지 못하도록 하신 것은 세상을 위한 목적이 아니다. 하나님께서 그렇게 하신 것은 선택하신 교회를 위하여 이 세상을 잠시 동안 유지하도록 하기 위함이었다.36

멜랑흐톤은 하나님의 질서가 단지 기독교 국가에만 적용되는 것이 아니라, 모든 민족들의 나라에 적용되는 일반적 질서임을 주장한다. 인류를 유지하기 위함이지만 그것이 궁극적인 목적도 아니다. 마지막 날에 완성하실 교회를 위해 임시적으로 유지하신 것이기 때문에, 하나님의 질서의 목적은 궁극적으로 교회를 위한 것이었다.

---

34 Loci 1553, 551f.; Heubtartikel, 453. 멜랑흐톤은 이런 긍정적 지도자로서, 느브갓네살, 고레스, 솔론, 테미스토클레스, 파비우스, 스키피오, 아우구스투스, 콘스탄티누스, 테오도시우스 등을 언급한다.
35 다만 이것은 하나님께서 인류를 유지하시기 위한 일반적 방식의 일하심이지, 그들을 향한 특별한 계획, 곧 구원하시기 위한 일하심과는 다른 것임을 기억해야 한다.
36 Loci 1553, 553; Heubtartikel, 454.

하나님께서 정부에 권세를 주셨다는 주장은 하나님께서 직접 죄의 발생에 책임이 있다거나, 그것을 방지해야 하는 의무를 가진다는 의미는 아니다. 하나님께서 질서, 특히 세속 권세의 직무를 위임하셨다. 세속 권세를 지닌 사람들은 하나님께서 맡기신 일을 한다는 말이다.37 그러므로 정부는 하나님의 질서를 유지하는 대리자이다. 비록 정부의 일이 하나님의 일인 것을 인정하지 않는 사람들은 약육강식의 원리가 세상을 지배한다고 주장하며, 하나님의 정의는 질서 있는 다스림과 상관없다고 생각할지라도 그렇다.38 그러나 성경은 질서가 하나님에게서 나온 것임을 분명하게 가르친다. 그러므로 우리의 눈에 보이는 무질서와 부도덕, 살인, 압제는 하나님께서 하신 일이 아니고, 마귀와 폭군의 일이고, 그들은 하나님의 질서를 파괴하려는 것이다.39 칭찬받을 만한 통치자들의 행위는 오히려 하나님께서 정부에게 질서를 유지하도록 하신 것을 보여준다.40

다만 세속 질서가 하나님을 따르지 않아 혼란이 크다고 해도, 임의로 그 질서를 무시하며, 사적으로 원수를 갚으려는 것은 불순종이다. 이런 행위는 그리스도께서 책망하시는 것이다. 궁극적으로 원수를 갚는 것은 하나님의 일이고, 하나님께서 세워 권위를 위임받은 사람은 하나님의 손으로서 공정하게 재판하고, 의롭게 전쟁을 치러야 한다.41

다시 주의해야 할 점으로 돌아가, 셋째, 이러한 논의에 기초하여 정부와 통치자들은 하나님께서 계획하시고 명령하시고 세우시는 선한 일을 해야 한다.

멜랑흐톤은 이 원리를 기초로 5가지 규범들을 제안한다. 첫째 규범으로,

---

37 Loci 1553, 553; Heubtartikel, 454f.
38 Loci 1553, 555; Heubtartikel, 456.
39 Loci 1553, 555; Heubtartikel, 456.
40 Loci 1553, 557; Heubtartikel, 457.
41 Loci 1553, 557f.; Heubtartikel, 458.

그리스도의 지체인 성도들은 삶의 다양한 질서에서 하나님께 순종해야 한다. 그들은 정부의 통치와 법 등이 하나님께 반하는 것이라고 생각할 필요 없이 그것을 누릴 수 있다. 그런 이유에서 성도는 군주, 재판관의 임무를 맡을 수 있다. 또한 법에 호소하거나, 재판을 청구하고, 답할 수도 있고, 정당한 전쟁에 참여할 수도 있다.42 성경은 만약 군주들이 바르게 하나님을 인정하고 섬기면 상당한 선을 얻을 것을 말하기도 한다. 군주들의 경건으로 백성들은 하나님에 대한 지식을 갖고, 군주들로 인한 유익을 누리게 된다.43

여기에서 흥미로운 주제를 언급한다. 하나님께서 정하신 질서의 일, 곧 정부와 법정과 전쟁을 수행하는 사람이 그리스도에 대한 지식과 믿음이 있다면, 그 행위는 참으로 하나님을 섬기는 일이 될 수 있다는 점이다. 그리스도를 믿고 의지하는 성도가 자신이 부름 받은 질서의 자리에서 그 소명을 수행한다면, 그것은 분명히 하나님을 섬기는 일이다.44 흔히 세상과 분리된 경건을 추구하는 수도사적인 종교성이 더 하나님을 섬기는 것으로 생각하는 경향이 있는데, 이것은 오류이다. 이는 성경의 선지자들이 지적하는 오류이기도 하다. 이스라엘 사람들이 제사의 거룩을 주장하지만, 그들은 삶의 공의와 공정의 마땅한 일을 무시했다. 그러나 하나님은 오히려 제사보다는 바르게 사는 것, 곧 질서를 따라 사는 것을 원하셨다.45

멜랑흐톤에게 종교란 성도의 삶 전체를 포괄하는 것이다. 하나님의 질서는

---

42 Loci 1553, 558; Heubtartikel, 458.
43 Loci 1553, 559; Heubtartikel, 459. 멜랑흐톤은 시편 102:21f과 시편 47:9을 그 예로 언급하고, 여호사밧, 히스기야, 요시야 통치시에 백성들이 평안했다는 것을 언급한다. 이런 예를 이방 나라에서도 찾을 수 있다. 이집트의 요셉, 바벨론의 다니엘과 그 친구들, 마 8장의 백부장, 사도행전의 고넬료가 언급된다. 특히 군인들 가운데 성경의 이적을 경험한 사람들을 예로 언급한다. 세베루스 황제 시기의 아탈루스, 발레리안 황제 시기의 로마 귀족 아스테리우스, 막시미안 황제 시기의 마우리키우스가 긍정적인 예로 언급된다.
44 Loci 1553, 560; Heubtartikel, 460.
45 Loci 1553, 560; Heubtartikel, 460.

종교적 행위에만 국한되는 것이 아니라, 성도의 일상적인 삶을 포함하는 모든 사회적 경제적 법적 행위들을 포함한다. 기존 성도들이 오해한 것은 종교적 행위만 중요하게 여겼고, 그래서 상대적으로 사회적 경제적 법적 불의에 무관심했다. 이는 선지자들이 이스라엘 백성들을 비판한 것과 일치하고 있다. 그러나 하나님은 모든 만물과 질서의 창조자이시기 때문에, 성도들의 사회적 경제적 법적 질서의 활약은 하나님께서 요구하시는 것이고, 자신의 경건을 드러내는 중요한 장이다. 하나님의 말씀에 따라 살고 참된 순종 가운데 머물기를 노력해야 한다. 이것은 하나님을 경외하는 것이고, 수고하는 것이기 때문에 종교적 행위와 비교해도 결코 덜 중요한 일이 아니다. 멜랑흐톤은 군인들의 예를 들어 설명한다. 군인들은 바른 교리와 지식을 유지하려고 애쓰는 것을 통해 자신의 신앙을 드러내야 할 뿐 아니라, 더하여 정부와 평화와 덕과 백성들을 보호하기 위해 목숨을 내놓기까지 사랑을 나타내 보여야 한다. 이러한 고귀한 직업적 소명에서 이웃 사랑을 실천하여 자신의 신앙 고백과 하나님을 향한 기도와 사랑과 믿음이 빛이 나야 한다.[46]

둘째 규범으로, 그리스도인들은 더 이상 모세의 법에 매여 있지 않다. 개인은 자신이 속한 합법적 정부의 법을 지켜야 한다. 여름에 로마의 낮이 덴마크보다 긴 것처럼 각 나라마다 법의 차이가 있다. 그러나 그런 외적인 것은 영적인 영원한 본질과 섞이거나 혼동되어서는 안 된다. 이것을 잘못 이해해서 모세의 법을 재판에 다시 도입하려고 소동을 일으키는 사람들이 있다. 그것은 잘못이다.[47] 하나님은 사람 안에 자연법을 만드셨고, 그것은 합리적으로 따르는 법이다. 각 나라는 상황에 따라 처벌이 강하기도, 약하기도 하지만 권위를 위임받은

---

[46] Loci 1553, 561; Heubtartikel, 460f.
[47] Loci 1553, 563; Heubtartikel, 462. 멜랑흐톤은 이런 혼동을 하는 예로 Strauß와 Müntzer 의 이자에 대한 견해를 제시한다.

사람에게 복종해야하는 의무는 사라지지 않는다.

주의할 것은 이렇게 다양한 법이 복음과 차이가 있다는 점이다. 복음은 세상의 새로운 정치적 국가를 세우는 것이 아니다. 오히려 복음은 하나님으로부터 자비와 새로운 빛을 신자의 마음에 가져온다. 그래서 영으로 새로운 순종과 영원한 생명과 하나님을 경외함과 하나님에 대한 신뢰와 인내 등을 갖도록 한다. 복음은 육신이 외적이고 시민적 삶에서 공공의 유익을 위해 힘써 봉사하도록 한다. 그러므로 정부에서 부름을 받은 모든 사람들은 밤, 낮으로 최선을 다해 자신이 살아가는 나라를 섬겨야 한다.[48] 멜랑흐톤은 국가가 교회와 분명히 다른 정치적 공동체이지만, 그 존재 자체가 하나님에게 기인하기 때문에, 성도가 국가의 직임을 맡은 경우 최선을 다해 국가의 모든 구성원들의 유익을 위해 수고해야 함을 분명히 밝히고 있다.

셋째 규범으로, 그리스도인은 합법적 정부에 순종해야 한다. 불순종에는 처벌이 뒤따른다. 하나님의 교훈에 따르면 정부는 가장 높은 존중을 받고, 유지된다. 이것은 이교들과 다른 점이다. 그리고 정부를 말할 때, 그 대상은 사람이 아니라 직임을 말한다. 하나님의 도덕법에서 나오는 합당한 법들은 하나님의 질서이고, 세속 정부의 직임이 바로 그런 예이다. 물론 세상에는 이런 직임을 흔들고, 하나님의 질서를 무시하는 사람들도 있다. 그들은 혼돈과 무질서를 만들어낸다. 이런 상황에서는 사람의 말을 듣는 것보다 하나님의 말씀을 듣는 것이 더 옳다는 중요한 원리가 적용된다. 권세자가 하나님을 반대하는 명령을 내린다면, 우리는 순종해서는 안 된다.[49]

넷째 규범으로, 정부는 하나님께서 세우신 것이고, 우리의 순종을 요구한다.

---

[48] Loci 1553, 564; Heubtartikel, 462f.
[49] Loci 1553, 565; Heubtartikel, 463f. 멜랑흐톤은 다니엘의 세 친구가 느부갓네살의 명령을 어긴 것을 그 예로 언급한다.

그렇다면, 바른 정부는 무엇일까? 멜랑흐톤은 그 대답으로 아리스토텔레스의 문구를 라틴어로 번역하여 가져온다. "Magistratus est custos legis"(통치자는 법의 수호자이다). 세속 정부의 직임은 하나님의 계명과 합당한 국가 법에 따라 외적 교육과 재판과 평화를 신체적 처벌을 수단으로 지키는 것이다.50

여기에서 멜랑흐톤은 세속 정부의 임무에 대한 두 가지 질문을 한다. 첫째, 세속 권세는 하나님의 뜻을 따라 잘못된 종교를 금해야 하고, 처벌하며, 바른 교리를 세울 의무가 있는가? 세속 정부는 무엇보다 도덕성과 평화를 유지하기 위해 계명을 강요하는 일을 해야 한다. 세속 정부는 외적 질서를 유지할 의무가 있다. 외적 우상숭배, 신성모독, 거짓 맹세, 잘못된 교리와 이단들은 십계명의 첫 돌판에 반대되는 것이기 때문에 세속 정부가 이들을 처벌할 의무를 가진다.51 세속 정부는 복음을 받아들이고, 믿고, 신앙을 고백하고, 다른 사람들도 참된 하나님에 대한 예배로 이끄는 의무가 있다. 그들의 직임은 무엇보다도 하나님을 섬기는 것이고, 모든 것을 하나님의 영광을 위해 규제하고 통제하는 것이다.52 비록 적은 수의 지도자들만이 하나님을 생각하지만, 하나님은 복음의 진전을 위해 크고 작은 사람들을 대리자로 임명하여 주신다. 하나님께서 이 질서를 만드셨기 때문에, 이 질서가 영원한 정죄로 완전히 떨어지도록 허용하지는 않으실 것이다.53 이렇게 세속 정부가 교회를 보호하는 것은 마땅한 임무임을 멜랑흐톤은 밝히고 있다. 다만 모든 세속 정부가 이 마땅한 의무를

---

50 Loci 1553, 566; Heubtartikel, 465.
51 Loci 1553, 567; Heubtartikel, 465. 근거 구절로 시편 2:10; 24:7; 마 10:33; 마 17:5을 인용한다.
52 Loci 1553, 568; Heubtartikel, 466.
53 Loci 1553, 568; Heubtartikel, 466. 이 문구는 멜랑흐톤의 실제적 경험에서 나온 것이었다. 멜랑흐톤이 Heubtartikel을 작성하던 시기는 1546년 슈말칼덴 전쟁이 패배하고 나서, 개신교 진영이 1548년 아우크스부르크 임시령으로 인해 큰 어려움을 겪은 이후, 1552년 제후전쟁으로 다시금 개신교 진영에 밝은 빛이 찾아온 1553년이었다. 그는 자신의 편이었던 개신교 정치 지도자들이 완전히 망하지 않았음을 비로소 경험하고 있었다.

잘 시행하고 있지 않은 현실을 실제로 경험하고 있다. 그런 점에서 이 입장은 당위적 주장이라고 할 수 있다. 실제로 참 교회를 돕는 통치자는 이스라엘 민족 중에도 있고, 이방 나라에도 있었지만, 그 수는 많지 않았다. 그리고 멜랑흐톤 당시의 정치 지도자들 또한 이런 원리를 따라 참 교회를 지지하는 바른 행동을 했음을 확인할 수 있다고 말한다.54 구체적인 예를 들면, 세속 정부는 재세례파와 같은 잘못된 교리를 금해야 한다. 통치자들도 거짓된 교리에 대한 판단과 처벌의 의무를 지니고 있다. 이를 위해 잘 훈련된 그리스도인들이 정부에 있어야 한다.55 그래서 하나님을 경외하는 지도자들은 교회의 유익을 위해, 구체적으로 교회의 직원, 목사, 학교, 예배당, 법정, 병원들을 제공하여 도움을 주어야 한다. 하나님은 이렇게 교회를 돕는 사람들에게 풍성한 보상을 약속하셨다.56

멜랑흐톤은 교회의 사역에 정부가 아주 적극적으로 참여하는 것이 원칙적으로 옳다고 말하고 있다. 심지어 이단을 분별하고 처리하는 데 있어 정부의 역할을 매우 핵심적이라고 생각한다. 당시 사회가 기독교 사회이고, 영주의 역할이 매우 중요하다는 전제가 있음에도, 최소한 사회가 기독교적인 것이 더 낫다는 생각이 있었던 것으로 보인다. 멜랑흐톤은 교회를 위해 정부를 적극적으로 사용하려고 했다. 더하여 이는 그리스도인들이 정부에서 행해야 하는 주요한 임무이기도 했다. 교회가 감당하는 것이 아니라, 정부에 속한 그리스도인인 직원이 해야 하는 일이었다. 물론 멜랑흐톤의 이런 정부에 대한 입장은

---

54 Loci 1553, 569; Heubtartikel, 466f. 이런 예로서 다윗, 여호사밧, 히스기야, 요시야, 마카비 등이 이스라엘의 칭찬받을 군주로 언급되었다. 더하여 이방 나라에도 교회를 도운 지도자들이 있었다. 느브갓네살, 그의 아들 에벨메로닥, 다리오, 고레스, 롱기마누스, 콘스탄티누스, 테오도시우스, 샤를마뉴, 튀링기아의 경건자 루드비히가 언급된다.
55 Loci 1553, 570; Heubtartikel, 467.
56 Loci 1553, 570; Heubtartikel, 467.

기독교가 국교로 인정된 사회적 현실에 기반한 입장이기 때문에, 다종교를 인정하는 현대의 사회적 현실과 다르다는 점에서 주의할 필요는 있다. 다만 그가 주장하는 정부에서 그리스도인의 역할이 종교적으로 중요하다는 사실은 변하지 않는다.

이제 세속 정부의 임무에 대한 두 번째 질문이다. 피지배인들은 재산을 소유할 수 있는가 아니면 모든 재화가 지배자에게 속하는가? 하나님의 계명과 이 땅의 자연법을 따라 피지배인들도 재산을 가질 수 있다. 지배자들은 이 질서를 파괴해서는 안 된다. 불법적으로 재산을 빼앗거나 과도한 세금의 부담을 지우는 것은 옳지 않다.[57] 물론 공공의 필요를 위해 피지배인들의 권리를 제한하고, 희생을 요구할 경우도 있다. 그러나 그것이 지배인의 필요 이상의 탐욕을 정당화하지 않는다.[58] 멜랑흐톤은 통치자의 탐욕과 만용은 하나님의 질서에 반하는 것임을 분명하게 주장한다.

다섯째 규범으로, 정부에 대한 순종은 마땅한 것이다. 이 존중은 외적 표현에만 머물지 않고, 마음으로도 참된 존중을 가져야 한다. 마음의 존중은 세 가지를 포함하는데, 첫째 존중은 정부 제도의 질서가 교회를 보호할 수 있다는 것이다. 그래서 질서를 만드신 하나님 때문에 마음으로 존중한다.[59] 둘째 존중은 정부의 지도자들도 하나님의 도움이 필요하기 때문에 그들을 위해 기도하는 것이다. 사람의 능력만으로 바르게 통치하는 것이 불가능하다. 그래서 지도자들의 보존과 보호를 위해 간구해야 한다. 물론 하나님께서 주신 질서를 존중하는 정부 지도자는 별로 없다. 악행과 부도덕과 독재로 질서를 망가뜨린다. 그러나 하나님은 그들을 벌하실 것이고, 성경은 그런 예들을 많이 제공한다.[60]

---

[57] Loci 1553, 571; Heubtartikel, 468. 이에 대한 끔찍한 예로 왕상 21장의 나봇의 포도원 사건이 언급된다.
[58] Loci 1553, 572; Heubtartikel, 469.
[59] Loci 1553, 572f.; Heubtartikel, 469.

셋째 존중은 세속 정부 지도자들이 때로 실수하고 결함을 드러내더라도 그것을 참고 인내하는 것이다. 마귀와 사람의 약점은 지도자들의 바른 통치를 방해한다. 그러므로 사람의 통치가 모든 것을 이룬다고 생각해서는 안 된다. 오히려 "복된 정부는 하나님 자신의 일이다."[61] 그러므로 합법적 지도자들의 결점도 참아야 한다. 정당한 이유가 없는 반역이나 전쟁이 일어나지 않아야 한다. 물론 이 인내는 폭군에 대한 것이 아니라, 적합한 지도자에 대한 것이다. 적합한 지도자들은 옳은 일에 헌신적이다. 그러나 그들도 때로 실수하고, 잊어버린다. 그런 지도자들은 용서해 주어야 한다.[62] 그러나 부도덕과 살인을 자행하는 폭군들에게는 존경과 용서가 있을 수 없다.[63]

그런 의미에서 멜랑흐톤에게 폭군은 존중의 대상이 아니다. 물론 누가 적합하고, 누가 폭군인지를 판단하는 것은 상당히 난감한 문제이기는 하다. 이런 난제에 대해 멜랑흐톤은 구체적으로 다루지 않는다. 다만 그의 설명을 보면, 역사적으로 사람들이 폭군이라고 인정하는 일반적 기준이 있음을 가정하고, 자신의 직임이 가진 바른 목적을 잃어버리고, 자신의 개인적 이익을 위해 자신의 사회적 직임을 사용하고, 보호해야 할 피지배층을 억압하고 착취하는 지도자는 하나님의 질서를 파괴하는 자이고, 실수가 아닌 고의로 행한 것이기 때문에 폭군으로 규정하고, 그를 정당한 방법으로 끌어내리는 것이 옳은 것이라고

---

60 Loci 1553, 573; Heubtartikel, 470. 예로 이사야 10:1f. 고린도전서 6:9f.가 인용된다.
61 Loci 1553, 574; Heubtartikel, 471. "Sondern glückliche, selige Regierung ist eigentlich Gottes werck." 멜랑흐톤은 이어 잠언 20:12을 인용하고, 아우구스투스를 현명하지만 때로 잘못된 일을 행한 세속 지도자로 예를 든다.
62 Loci 1553, 575; Heubtartikel, 472. 다윗, 여호사밧, 요시야가 예로 언급된다.
63 Loci 1553, 576; Heubtartikel, 472. 네로가 예로 언급되며, 강력한 표현으로 폭군에 대한 대응을 밝히고 있다. "미친 개를 다루듯이, 다른 지도자들이 질서 있는 방식으로 이들을 억제해야 한다." "Dagegen sin Tyrannen, als Nero, die sich vleissen, unrecht zu thun, un gesuchten mutwillen uben mit unzucht und mord. Diesen Bluthnden und schandflecken gebürt nicht Ehrerbietung oder vergebung, sondern andere Regenten sollen inen ordenlicher weis als tollen Hunden wehren."

여긴다는 것을 알 수 있다.

멜랑흐톤은 세속 정부에 대한 몇 가지 구별을 할 필요가 있다는 언급을 한다. 하나님은 유대인의 나라를 하나님의 영광과 말씀과 지식을 유지하기 위해 사용하셨다. 그래서 그들은 특별하다. 그러나 로마와 같은 나라는 평화를 유지하고 좋은 법과 재판을 시행하고 유지하기 위해 세워졌다. 일반적 세속 국가이다. 우리는 우리의 기도 중에서 로마와 같은 나라들을 위해서도 기도해야 한다. 그 나라들이 하나님의 사역이고, 선물이며, 그 나라들을 통해서 하나님께서 유익을 주시기 때문이다. 반면 하나님을 반대하고, 말씀을 핍박하는 이슬람의 나라들도 있다. 그 나라들은 신성모독과 살인 위에 세워진 잔인하고 무자비한 독재 국가이다.[64] 이런 나라들은 존중하지 말고, 대항하며 기도해야 한다.[65] 여기에서 이슬람이라는 종교적 국가 세력에 대해 가진 멜랑흐톤의 혐오가 드러난다. 그는 이슬람 세력을 하나님의 말씀과 교회와 질서를 억압하고 무너뜨리려 하는 저 악당들이라고 보았다. 그래서 그들 가운데 선한 제도를 찾기보다 독재 국가로 지정한다. 그들에게 인내란 필요 없다는 의미이다. 그들이 단순한 정치 세력이 아니라, 기독교 자체를 말살하려는 종교적 성격이 있기 때문에, 하나님의 질서, 곧 기독교적 질서를 명백하게 반대하는 폭군적 성격을 드러낸다는 것이다. 멜랑흐톤은 기독교 국가의 일원으로 자신의 국가와 종교를 함께 위협하는 이슬람을 용인할 수 없었다는 역사적 맥락이 있다. 소위 민주주의 국가에서는 종교에 따른 차별이 금지되는 상황에서 기독교적 질서가 절대적으로 인정받지 못한다는 것이 멜랑흐톤의 시절과 구분된다. 지금의 용어로 이해하면, 멜랑흐톤은 세속 정부가 건전한 종교를 억압해서는 안 된다는 것이

---

[64] Loci 1553, 576f.; Heubtartikel, 474f. 멜랑흐톤은 다니엘의 네 번째 왕국인 로마가 망한 후에, 신성을 모독하고 성도들에 대항하여 승리하나 결국 벌을 받을 강한 나라가 이슬람교의 국가라고 단언한다. 이후 튀르키예에 대한 아주 낯선 비판을 하고 있다.

[65] Loci 1553, 577; Heubtartikel, 475.

고, 그런 종교를 말살하려는 세력을 막아 주어야 한다는 것이다.

멜랑흐톤은 이 주제를 짧게 다루는 것이 너무 어렵기 때문에 일반적 규칙을 제시하는 것으로 논의를 마무리한다. "그리스도의 나라는 사람의 마음에 영원한 유익과 은혜와 하나님의 사역을 가져다주며, 그의 나라는 외적 정부와 법정과 상행위에서 합리적이고 적절한 법을 바꾸지 않으며, 오히려 밤낮으로 이런 질서를 우리가 사용할 수 있도록 한다."66

하나님을 경외하는 사람들은 하나님께서 우리가 이 질서로부터 빛의 비췸을 받고, 또 빛내도록 참된 신앙과 사랑을 가지기 원하신다는 것을 알아야 한다. 그런 이유에서 하나님은 인류를 다양한 관계로 엮어 놓으셨고, 우리로 하여금 합리적이고 적절한 법에 따라 이런 평등을 유지하기를 원하셨다. 그래서 속임수와 고리대금과 다른 부적절한 일을 금하신다.

이런 것이 우리의 일반적 규범이다. 이 규범을 가지고 있으면 하나님을 경외하는 사람들은 이런 문제에 적절하게 대응할 수 있다. 국가에 순종하는 가운데 영원하신 하나님께 종속되어 있으려 하고, 하나님께서 엮어 놓으신 이웃과 관계에서 평등을 추구하면 된다. 이렇게 멜랑흐톤은 일반적 관계의 원리로 이 글을 마무리한다.67

정리하면, 멜랑흐톤은 세속 정부가 하나님의 질서라는 원리를 분명하게 선언한다. 하나님께서 행하시는 일이기 때문에 그 질서 자체는 옳은 것이고, 정당한 것이다. 다만 문제가 있다면, 그것을 행하는 사람의 오용 때문이다. 이런 세속 정부의 질서는 기독교 국가에만 적용되는 것이 아니라, 모든 세속

---

66 Loci 1553, 578; Heubtartikel, 475. "Das reich Christi bringet ewige güter und Gottes gnade und wirckung im hertzen Und endert nicht vernünfftige, billiche Gesetze in eusserlicher regierung, gericht, kauffen oder verkauffen etc. Sondern lesset uns solche Ordnung brauchen wie tag und nacht."
67 Loci 1553, 579; Heubtartikel, 475.

국가에 적용된다. 그러므로 모든 정부와 통치자들은 하나님께서 명령하시는 선한 일을 할 의무가 있다. 이 원리에서 그리스도인들의 행해야 할 규범이 있다. 첫째, 성도는 다양한 질서에서 하나님께 순종해야 한다. 질서를 세우신 분이 하나님이시기 때문에 그 질서를 섬기는 일은 하나님을 섬기는 일이다. 둘째, 각 세속 정부는 다양한 법을 가지고 있고, 성도는 자신이 속한 정부의 법에 복종할 의무가 있다. 셋째, 그리스도인들의 순종의 의무는 불순종에 처벌이 있다는 것을 의미한다. 넷째, 정당한 정부는 법의 수호자이다. 구체적으로 세속 정부는 복음의 수호자가 되어야 한다. 다섯째, 정부에 대한 순종은 외적 순종이 아니라 마음의 순종에서 나와야 한다. 세속 정부의 일이 하나님의 일이기 때문이다. 그 이유에서 정부를 위해 기도하는 것은 마땅하다. 그리고 정부가 실수할 때가 있다고 하더라도, 인내해야 한다. 물론 폭군은 존중의 대상이 아니다.

IV. 결론

멜랑흐톤은 세속 정부가 하나님께서 세운 질서라는 것을 인정한다. 이 원리에서 시작하여 성도들의 순종의 규범이 발생한다. 정부 또한 하나님께서 세운 질서이기 때문에, 하나님께서 정하신 규범을 준수할 의무가 있다. 세속 정부의 의무에 참된 하나님의 종교인 기독교를 보호하고, 돌볼 의무가 있다. 폭군은 이런 질서의 원리를 벗어난 부류이기 때문에, 그들에게 순종할 의무는 없다. 더하여 하나님께서 세우신 세속 정부의 질서를 파괴하는 이교 집단의 정부는 정당하지 못한 악한 무리들이다. 이들로부터 국가와 교회를 보호하는 것은 정부의 의무이기도 하다. 멜랑흐톤이 가진 정부론의 가진 핵심이다.

한편 멜랑흐톤의 세속 정부에 대한 입장에서 중요한 것은 이런 정부는 그리스도께서 다시 오셔서 하나님 나라를 완성할 때까지 임시적으로 존재한다는 것이다. 그러므로 세속 정부는 완전하지 않다. 어떤 의미에서 온전한 것을 기대하고, 그것을 위해 노력해야겠지만, 그 노력이 항상 성공하는 것도 아니다. 오히려 성공한 사람들이 소수임을 멜랑흐톤은 분명히 알고 있었다. 그러나 그리스도께서 재림하시는 그 날까지 성도들은 하나님 나라의 온전함을 기대하며, 세속 정부에서 정당한 역할을 감당하여, 세상을 파멸로 이끌지 않고, 유지하시는 하나님의 사역에 동참해야한다.

교회에 속한 복음의 원리는 외적 영역의 세속 정부의 원리와는 분명 다르다. 성도로서 정부에 대한 순종은 하나님을 섬기는 것이기 때문에, 외적일 뿐 아니라, 내적으로도 행하는 것이 마땅하지만, 교회는 외적 수단으로 다스려지지 않는다. 이 수단은 정부에게 위임된 것이다. 멜랑흐톤이 본문에서 자세하게 다루지 않았지만, 이 원리는 동일하게 외적 영역의 세속 정부가 내적 영역의 교회의 복음에 개입하는 것도 옳지 않다는 것을 내포한다. 세속 정부는 위임받은 외적 수단에 머물러 외적인 요소로 판단해야 한다. 복음이 외적 정부의 법을 요구하지 않듯, 세속 정부도 교회의 내적 교훈에 개입할 수 없기 때문이다. 그러므로 성경이 가르치는 양심의 교훈을 외적인 것의 위임을 받은 세속 정부가 간섭하는 것은 하나님께서 징하신 원리를 벗어나는 일이고, 교회는 이에 저항할 수밖에 없다.

우리가 살아가는 21세기에 기독교를 허용하는 대부분의 국가들은 정부와 종교의 분리를 주장한다. 이런 현실에서 멜랑흐톤의 정부론은 적절하게 상황에 맞추어 응용될 필요가 있다. 기독교가 절대적인 유일한 종교이자 진리로 인식되지 않는 현실은 안타깝게도 사실이기 때문이다. 그렇다고 하더라도 세속 정부에 대한 근본적 원리는 예전이나 지금이나 동일하다. 세속 정부는 하나님께서 세우신 질서이다. 순종해야하고, 그리스도인은 정부의 일에 적극적으로 동참하여, 정부가 바른 방향으로 나아가도록 최선을 다해야 한다. 그러나 국가가 더 이상 기독교 국가가 아님을 알고 하나님께서 세우신 질서를 세워 가는 일에 성경의 원리를 지혜롭게 적용해야 한다. 이는 멜랑흐톤이 자신의 국가가 기독교 국가임에도 불구하고 그 정부의 정책에 억지로 교회에 속한 복음의 내적 원리를 그대로 사용하려 하지 않았다는 점에서 잘 볼 수 있다. 세속 정부는 하나님 나라의 완성을 위해 존재하는 것이 아니라, 임시적으로 그리스도께서 오시는 날까지 하나님의 백성들을 교회로 모으기 위해 인류를 보존하기 위한 목적으로 존재하기 때문이다. 세속 정부는 외적 영역에서 하나님께 위임받은 권력을 지혜롭게 수행해야하고, 이를 위해 그리스도인들은 자신이 사회에서 맡은 영역과 지위에서 최선을 다해 그 원리를 실천해야 한다. 또한 세속 정부는 기독교를 건전한 종교로 존중하고, 기독교의 교리적 이해와 특성을 인정해야 한다. 이것은 신앙의 양심에 따른 내적인 종교의 영역이지, 외적 정부의 영역이 아니기 때문이다.

〈참고문헌〉

Dingel, Irene Hg. *Die Bekenntnisschriften der Evangelisch-Lutherischen Kirche. Vollständige Neueedition.* Göttingen: V-R, 2014 (=BSELK)

Dingel, Irene. 류성민 역.『종교개혁. 인물과 중심지를 따라 읽다』. 서울: 영음사, 2022.

Melanchthon, Philipp. Ed. Stupperich, Robert. *Melanchthons Werke in Auswahl.* Gütersloher Verlagshaus Gerd Mohn: Gütersloh, 1951-. (= MSA)

_____. "신학총론".『멜란히톤과 부처』. 이은선 역. 두란노아카데미: 서울, 2011 (기독교고전총서 17), 34-218. (= Loci 1521)

_____. Eds. Ralf Jenett und Johannes Schilling. *Heubtartikel Christlicher Lere. Melanchthons deutsche Fassung seiner Loci Theologici, nach dem Autograph und dem Originaldruck von 1553.* Leipzig: Evangelische Verlagsanstalt 2002. (= Heubtartikel) 한역본: 필립 멜란히톤. 이승구 역.『신학총론』. 일산: 크리스챤다이제스트 2000. (세계기독교고전 39) (= Loci 1553)

Reformierte Bekenntnisschriften Bd. 1/2 1535-1549, Neukirchner, 2006 (=RBS 1/2)

버미글리의 개혁주의 정치관:
교회와 국가의 관계를 중심으로

김진흥

Peter Martyr Vermigli (1499–1562)

서울대학교(B.A.)와 대학원(수료)에서 서양사학을 6년간 공부하였고, 고려신학대학원에서 신학을 전공하였다(M.Div.). 그후 네덜란드 개혁교회(GKV) 캄펜신학교에서 종교개혁사를 전공으로 신학석사(Drs.) 및 신학박사(Th.D) 학위를 취득하였다. 시드니신학대학(Sydney College of Divinity) 직영 한국신학부(Korean School of Theology)의 senior lecturer로서, 교회사와 조직신학을 가르쳤다. 주요 저서로는 『피터 마터 버미글리:신학적 평전』(고신대 개혁주의학술원, 2018), Jin Heung Kim, *Scripturae et patrum testimoniis* (Apeldoorn: Instituut voor Reformatieonderzoek, 2009), 『오직 하나님의 메시지만 전파하라』(팜트리, 2011), 『교리문답으로 배우는 장로교신앙』(생명의 양식, 2017), 『마르틴 루터의 95개 논제와 하이델베르크 명제』(성약, 2017)가 있고, 주요 역서로는 얀 판 브뤼헌, 『네덜란드 신앙고백서 해설』(성약, 2021), 프란시스 쉐퍼, 『그리스도인의 선언』(생명의 말씀사, 1995), 『환경오염과 인간의 죽음』(생명의 말씀사, 1995), 『예술과 성경』(생명의 말씀사, 1995), 데이빗 베빙톤, 『역사관의 유형들』(조호연 공역, IVP, 1990), 『거룩한 기도들:버미글리의 시편 기도문』(고신대 개혁주의학술원, 2022)등이 있으며, 다수의 신학 논문이 있다.

김진흥

I. 들어가는 말

　16세기 종교개혁자 버미글리는 '오직 성경'의 원리에 입각하여 소위 '신앙적 영역'뿐 아니라 당대 기독교 세계에서의 '삶 전반에 걸친 개혁'을 추구하였던 개혁주의 전통을 확립한 대표적 신학자들 가운데 한 사람이었다. 연구자들의 평가에 따르면, 칼빈의 『기독교강요』(*Institutio*, 1559)와 멜랑흐톤의 『신학총론』(*Loci communes*, 1559)에서 다루어진 정치론과 비교할 때 버미글리는 그보다 대 여섯 배나 많은 분량을 기울여 이와 관련된 주제들을 다루었다."[1] 16세기 유럽에서 일어난 종교개혁은 단순히 교회의 갱신에 그치는 것이 아니라, 유럽의 정치 경제 사회 문화 전체를 뒤흔들고 재구성하게 만든 엄청난 운동이었는데, 그 가운데서도 로마 가톨릭 교회가 중세 이래로 주장해온 그릇된 교권 우위 사상을 성경적으로 바로잡는 일은 종교개혁의 진행에서 대단히 중요한 신학적 과제였다. 교회와 국가의 관계에 관련된 여러 주제들에 관한 버미글리의 논의 역시 당대 다른 어떤 개혁자들의 논의와 비교할 수 없을 정도로 그 양과 질에서 단연 뛰어나며 또한 지속적인 영향력을 발휘하였다.
　버미글리의 정치관은 주로 구약 역사서들에 관한 주석들(*scholia*)에서 그가 '개혁주의 정치사상'과 관련하여 다룬 신학적 논의들을 통하여 알 수 있다.[2] 그 주석들에서 두드러지는 중요한 세 가지 정치적 토픽들은

---

[1] Torrance Kirby, "Political Theology: The Godly Prince" in *Cambridge Companion to Peter Martyr Vermigli* (Leiden, London: Brill, 2009), 401.
[2] 버미글리의 정치관을 연구하는 데 있어서도, 그의 『신학총론』(*Loci communes*)이 가장 중요한 참조 자료가 된다. 버미글리의 여러 성경주석들에 산재해 있는 관련 자료들, 특히 '시민 통치'(civil magistrate)에 관한 그의 주석들(*scholia*)이 그의 사후 마송(Robert Macon)이 편집하고 나중에 마르텐(Anthony Marten)이 수정 증보한 방대한 '신학총론'(*The Common Places*, 1583)의 제4권에 망라되어 있다. 관련 주석들은 구약에서는 사사기, 사무엘서, 열왕기

'권위에 대한 태도'와 '폭군들에 대한 저항의 문제' 그리고 '교회와 국가의 관계'이다.3 본고에서는 특히 '교회와 국가의 관계'를 중심으로 버미글리의 정치 사상을 그의 작품들 및 관련 연구서들을 통하여 살펴보려고 한다. 본고에서 필자는 교회와 국가의 관계에 관한 버미글리의 견해를 정리하고 소개함으로써, 정치와 종교, 국가와 교회에 관한 버미글리의 관점이 '유일한' 개혁주의 정치관은 아니라고 하더라도, '오직 성경'의 원칙에 따라 교회와 국가의 올바른 관계를 규명하려고 한 주요한 개혁주의적 논의로서, 초기 중세 이래 로마 가톨릭 교회에서 제기된 비성경적인 입장을 계시의 정신에 따라 바로잡는 의미심장한 개혁주의 종교개혁의 신학적 업적이라는 점을 보여주려 한다.

본론에서는 다음과 같은 순서로 논의를 전개할 것이다.

첫째, 버미글리의 개혁주의 정치관을 이해하기 위한 기본적인 전제들을 소개한다. 교회와 국가의 관계에 관하여 그가 재세례파적인 대립적 시각을 배척하고 루터, 츠빙글리, 칼빈과 같은 주류 종교개혁자들(Magisterial Reformers)과 같은 시각을 공유하고 있다는 사실, 그리고 그의 정치관에 대한 상이한 평가를 소개한다.

둘째, 역사적 접근을 통하여 '교회와 국가 사이의 올바른 관계'를 정립하기 위하여, 버미글리가 로마 가톨릭 교회의 잘못된 견해를 반박한 논의를 소개한다. 특히, 속권에 대한 교권의 우위를 선포한 교황 보니파키우스 8세의 '우남 상탐'(*unam sanctam*, 1302)에 대한 버미글리의 분석과

서 등 역사서를 중심으로 이루어져 있으며, 신약에서는 로마서 13장에 관한 주석이 단연 두드러진다. Cf. T. Kirby, Political Theology", 402. 또한 Gary Jenkins, "Citizen Vermigli: the political animal in Vermigli's commonwealth" in *Reformation & Renaissance Review*, vol. 15, April, 2013, 84.
3 김진흥, 『피터 마터 버미글리: 신학적 평전』 (부산: 개혁주의학술원, 2018), 107-112.

비판을 중심으로 소개한다.

셋째, 국가와 정치의 본질 및 그 권한과 역할에 대한 버미글리의 신학적 논의를 소개한다. 모든 권위의 유일하신 근원이신 하나님, 하나님의 형상 개념과 정치의 관계, 국가 권력의 신적인 기원과 그 책무, 교회와 국가가 서로 협력하고 서로 복종하면서 하나님의 뜻을 이루는 목적에 손을 맞잡고 가야 한다는 주장 등을 살펴본다.

넷째, 버미글리의 개혁주의 정치 사상이 엘리자베스 1세 치하의 영국에서 어떤 영향력을 끼쳤는지, 그리고 오늘날 한국의 그리스도인들과 교회에 어떤 의의가 있는지 살펴본다.

II. 버미글리의 정치관에 관한 기본적인 고려 사항

1. 종교개혁의 주류에 속한 관점

이탈리아에 도입된 종교재판소의 위협을 피하여 42세에 알프스를 넘어 종교개혁의 진영으로 넘어온 버미글리는 그 이래로 스트라스부르, 옥스포드, 취리히 등지에서 사역하였다. 이런 그의 주요 활동 영역들을 그의 정치관과 관련하여 평가할 때, 버미글리는 국가와 교회, 정치와 종교 사이의 긴밀한 관계를 인정하는 '주류 종교개혁자들'(Magisterial Reformers) 가운데 한 사람으로 평가된다.[4] 급진적 종교개혁 운동으로 분류되는 재세

---

[4] 교회와 국가, 신앙과 정치의 관점에서 종교개혁을 크게 두 부류로 분류한 조지 윌리암스에 따르면, 루터파, 개혁파, 그리고 영국교회는 '주류 종교개혁자들'(Magisterial Reformers)로, 그리고 다양한 재세례파 그룹은 '급진적 종교개혁자들'(Radical Reformers)로 구분된다. George H. Williams and Angel Mergal eds, *Spiritual and Anabaptist Writers*

례파에 관하여 버미글리가 모르지 않았지만, '순전한 교회'를 '국가 질서와 분리된 신앙적 공동체'로 규정하는 재세례파의 교회관 혹은 정치관을 그는 성경적인 입장으로 인정하지 않았다. 버미글리는 교회와 국가 둘 다 하나님께서 인간 사회에 내려주신, 따라서 '신적 기원'을 가진 권세들이라고 인정하는 기독교의 전통적인 견해를 받아들인다. 이런 점에서 루터, 츠빙글리, 칼빈을 비롯한 주류 종교개혁자들의 성경적 이해를 공유한다. 반대로, 국가 권세를 본질적으로 인간적이고 세속적인 기원을 가진 것으로 보고 그 둘 사이를 분리할 뿐만 아니라, 심지어 세속 권력을 본질적으로 교회 및 신앙과 적대적인 것으로 평가하는 급진적 종교개혁자들의 견해에 동의하지 않는다. 따라서 성경적 정치관과 관련하여 버미글리는 재세례파에 관한 언급을 그다지 많이 하지 않으며, 반대로 교회와 국가 또는 신앙과 정치 사이의 긴밀한 연관 관계를 받아들이는 터 위에서 자신의 개혁주의적 정치관을 제시한다.

버미글리는 '오직 그리스도'(*solus Christus*) 원리를 주장하면서 보편 교회에 대한 영적 권위를 오직 그리스도에게만 돌리려는 재세례파의 주장을 인정하지 않는다. 그것은 성경에서 분명히 인정하고 있는 바, 하나님께서 세속의 통치자들에게 주신 권한을 무시하는 입장이다. 시대와 장소에 따라 통치 제도들의 형태는 다양할 수 있지만, 그러나 국가 공동체에 부여된 다스리는 권세는 명백히 하나님께서 제정하신 것이다. 교부 아우구스티누스의 충실한 제자로서, 버미글리는 세상의 국가정체(constitution)는 하나님께서 재가하신 것이라는 주장에 동의한다.[5]

(Philadelphia: Westminster Press, 1957), 19-30. 티모디 조지, 『개혁자들의 신학』(서울: 요단출판사, 1994, 2000), 307-308. 편의상 '주류'라고 번역된 'magisterial'(권위 있는, 주교의)라는 단어는 종교개혁자들이 국가 권력과 긴밀하여 협력하여 종교개혁을 진행하였다는 역사적 사실을 표현한다.

이와 관련하여, 버미글리는 국가와 교회의 관계에 관한 두 가지 극단적인 견해들을 모두 비판한다. 한편으로는 그리스도인들이 통치자들을 지지하는 것은 무가치한 일이라고 외치는 재세례파와 반율법주의자들, 그리고 다른 한편으로는 세속의 통치자들의 합당한 관할권에서 특권적으로 면제를 받으려고 하는 교황주의자들과 성직자들은 모두 사도들의 성경적 교훈을 어기고 있다. 종교개혁 당대에, 버미글리에 따르면, 세속 통치자들에게 권세를 주신 하나님의 뜻을 받들어 합당한 순종을 하도록 가르친 사도들의 교훈에 거슬러, 급진적 재세례파는 세속통치자들에게 순종해서는 안 된다고 말하며 폭력적으로 항거하였고, 교황주의자들은 교활한 장치를 통하여 통치자들의 권세를 우회하고 무력화하려고 시도하였다.6 그의 정치관에 있어서도 버미글리는 종교개혁의 '오직 성경으로써'(sola scriptura) 원리에 입각하여, 교회와 국가의 관계에 관하여 좌우로 치우지지 않고 균형 잡힌 개혁주의적 견해를 제시한다.

2. 버미글리 정치관에 대한 두 가지 상이한 평가

버미글리의 정치관에 관한 기존의 연구들은 크게 두 가지 입장으로 정리되는데, 그가 고향인 이탈리아 베네치아의 공화정의 영향을 받아 공화주의적 견해를 보인다는 입장과 옥스포드 대학의 왕립석좌신학교수(regius professor of Divinity)로 봉사한 이래로 영국의 종교개혁과 관

---

5 Torrance Kirby, "Political Theology: The Godly Prince" in Kirby, Campi, James III eds., *Cambridge Companion to Peter Martyr Vermigli* (Leiden, London: Brill, 2009), 419.
6 Peter Martyr Vermigli, "Of a Magistrate, and of the difference between Civill and Ecclesiaticall power" in Torrance Kirby, *The Zurich Connection and Tudor Political Theology* (Leiden: Brill, 2007), 111.

련하여 왕정을 옹호하는 견해를 가졌다는 주장으로 나누어진다.7

브라비(Bravi)는 버미글리를 종교개혁 이후에 나타난 좀더 자유로운 공화정주의의 원천으로 평가한다. 그는 휴고 그로티우스(Hugo Grotius, 1583-1645)를 비롯한 공화정 사상의 다른 원천들 이전에 이미 종교개혁에서도 그런 사상의 원천을 찾을 수 있다는 관점에서 버미글리의 정치관에 주목한다. 브라비에 따르면, 사사 시대를 이스라엘의 정치적 삶에서 황금기로 보는 견해를 가진 버미글리는 왕정을 강력하게 지지한 종교개혁자로 평가될 수 없다. 브라비의 해석에 따르면, 버미글리는 사사시대를 은사를 받은 리더들과 통치자들이 그들의 평생에 이스라엘을 지도하고 참된 신앙으로 그들을 목양한 시대로 평가한다. 오히려 왕들의 등장으로 이스라엘의 정치는 최하점에 도달하였으며, 그 왕들은 배교의 원천으로 드러났다. 한편 브라비는 버미글리가 마키아벨리(N. Machiavelli, 1469-1527)의 『리비우스 강론』(*Discourses on Livy*)이라는 책을 이용한 사실 역시 이 종교개혁자가 좀더 공화정에 경도되었다는 증거로 제시한다.8

킹돈(Robert Kingdon)과 커비(Torrance Kirby)는 버미글리의 옥스포드 시절 이래로 그의 정치관을 군주론 옹호론자로 파악한다. 군주, 곧 세속 통치자에게 종교에 대한 적절한 감독권을 인정하며, 특히 영국 국왕이

---

7 Gary Jenkins, "Citizen Vermigli: the political animal in Vermigli's commonwealth" in *Reformation & Renaissance Review*, vol. 15, April, 2013, 84. 버미글리를 공화정주의자로 보는 대표적인 연구는 Giulio Orazi Bravi, "Über die intellektuellen Wurzeln des Republikanismus von Petrus Martyr Vermigli' in E. Campi ed., *Peter Martyr Vermigli. Humanism, Republicanism, Reformation* (Geneva: Droz: 2002), 119-142이며, 왕정지지자로 보는 학자들은 Rober Kingdon과 T. Kirby가 대표적이다.
8 Gary Jenkins, "Citizen Vermigli", 86-87. 그러나 젠킨스는 이렇게 해명한다: 마키아벨리와의 연관성에 관하여, 버미글리의 국가관은 근본적으로 경건을 모든 덕목들 가운데 최상의 덕목으로 여기는 관점이며, 정치 체제는 시민들의 선을 위한 것이며, 정치 행위의 첫번째 좌소(locus)이며, 하나님의 구속 행위들의 근본적인 목적이므로, 버미글리는 마키아벨리와 관련된 명예 훼손과는 아무런 관련이 없다. Jenkins, 96.

영국교회의 머리임을 선포한 '수장령'(Act of Supremacy, 1534, 1558)을 일관되게 옹호한 것은 버미글리의 정치관에서 뚜렷하게 나타나는 특징이라는 것이 이들의 주요한 논거이다.9 본고에서 주요한 원전으로 살펴본 버미글리의 논문 '통치자에 관하여, 그리고 세속 권력과 교회 권력이 차이에 관하여'(Of a Magistrate, and of the difference between Civill and Ecclesiaticall power)10에서는 킹돈과 커비의 평가를 뒷받침하는 근거들이 뚜렷하게 발견된다. 물론 버미글리는 플라톤 이래의 여섯 가지 정치 체제들 가운데 특별히 왕정만을 옹호하거나 강조하는 입장은 아니지만, 영국교회와의 밀접한 관계에서 그의 정치관이 왕정을 옹호하는 입장을 뚜렷하게 드러내는 것은 사실이다. 버미글리의 정치 사상의 내용과 일반적 구성을 고려할 때11, 그의 정치 관련 저작들은 여러모로 영국의 군주적 정치제도에 대한 버미글리의 학문적, 교회적, 정치적 체험에

---

9 Gary Jenkins, "Citizen Vermigli", 84.
10 이 논문은 버미글리의 제2차 스트라스부르 시절 행한 사사기 강의들을 증보한 주석(extended scholium)이다. '통치자에 관하여'(De Magistratu)라는 제목으로 사사기 주석의 결론 부분에 배치되어 있다. 사사기 주석은 1561년에 취리히의 출판업자 프로샤우어(Froschauer)에 의하여 라틴어로 처음 출판되었고, 3년 후에 영문판(1564)이 런던에서 존 데이(John Day)에 의해 출판되었다. 이 영문판의 최근 버전은 Robert Kingdon, Political Writings에 수록되어 있으며, 필자는 T. Kirby, The Zurich Connection and Tudor Political Theology에 수록된 영문판을 사용하였다.
11 이와 관련하여 젠킨스는 버미글리의 정치 사상의 주요한 원천들을 다음 네 가지로 소개한다: (1) 반교황주의(Anti-clericalism)로서, 사사기 8장에 대한 버미글리의 주석에서 두드러지게 나타나는 그의 개신교적 특징이다; (2) 공화주의(republicanism)로서, 고전 고대의 공화정을 지지하는 저자들, 특히 아리스토텔레스와 키케로에 대한 버미글리의 인문주의적 친밀함에서, 그리고 그의 고향인 이탈리아 플로렌스의 시민적 인문주의의 영향에서 엿볼 수 있다. (3) 교부 아우구스티누스주의(Augustinianism)의 뚜렷한 영향력으로서, 죄와 은혜에 관한 이 교부의 견해가 버미글리의 사상의 거의 전반에 걸쳐 시금석의 역할을 하였는데, 인간을 정치적 동물로 보는 관점에서도 그 유사성이 뚜렷이 나타나며, 특히 '우남 상탐'의 신학적 기초가 된 '계서제적 사고방식'을 배격하는 것에서도 찾아볼 수 있다; (4) 버미글리의 프로테스탄티즘(Protestantism)으로서, 교회 안에서 통치자의 직분에 대한 긍정적인 평가에서 드러난다. 교회와 국가의 관계에 관하여, 버미글리는 취리히 교회의 입장에 동의하여 에라스투스주의(Erastiansm)에 가깝다는 평가를 받을 수도 있다. cf. Jenkins, "Citizen Vermigli", 87-88.

크게 빚지고 있다고 평가된다. 버미글리의 정치 관련 저술들이 집중적으로 나타나는 시기는 1553년 영국에서 탈출한 이래 10년후 취리히에서 소천하기까지의 시기이다. 따라서, 그 저작 시점으로 볼 때, 영국에서의 체험이 버미글리의 정치관에 영향을 주었다고 추측할 근거가 있으며, 스트라스부르와 취리히 시절에도 여전히 영국교회의 여러 지도적 인물들과 교제한 사실도 그것을 뒷받침해 준다. 또한 엘리자베스 1세 여왕 시절, 버미글리의 신학에 영향을 받은 영국의 개혁주의 신학자들이 발전시킨 영국의 정치 신학은 그의 정치 사상의 영향을 뚜렷하게 보여준다고 평가된다.12 16세기 정치 신학의 핵심에 있는 질문은 무엇보다도 군주들과 통치자들의 종교적 권위에 관한 것이었는데, 이것은 왕정 제도를 따르는 영국뿐만 아니라 공화국 형태의 취리히에서도 동일하게 중요한 주제였다.

한편, 정치체제에 관한 버미글리의 견해가 그의 '로마서 주석'(1558)에서 '사사기 주석'(1561) 사이에서 변화되었다는 스킨너(Quentin Skinner)의 포괄주의적 관점은 일견 흥미롭지만, 그러나 그 두 주석의 기초가 된 버미글리의 성경 강의가 제2차 스트라스부르 시절에 동시에 진행되었다는 사실을 고려할 때, 설득력 있는 주장은 아니다.13

III. 교회와 국가의 관계에 관한 버미글리의 교회사적 접근

---

12 Torrance Kirby, "Political Theology: The Godly Prince", 403.
13 Gary Jenkins, "Citizen Vermigli: the political animal in Vermigli's commonwealth", 86. Quentin Skinner, *The Foundations of Modern Political Thought*, vol. 2, *The Age of the Reformation* (Cambridge: Cambridge University Press, 1978), 213-238, especially 213-216.

1. 교회와 국가의 관계에 대한 (종교개혁 이전) 로마 가톨릭의 신학적 입장

버미글리는 교회사적 접근을 통하여 '하나님의 종들의 종'(servus servi Dei)이라고 스스로 겸비한 자세를 취하였던 교황 그레고리우스 1세(Gregory the Great, 재위 560-604)로부터 '구원을 받으려면 교황에게 순종해야 한다'고 오만하게 주장하였던 보니파키우스 8세(Boniface VIII, 재위 1294-1303)에 이르기까지 로마 가톨릭 교회에서 교황의 권위 주장에 관한 엄청난 변화를 추적한다.

버미글리에 따르면, 그레고리우스 1세를 위시한 초기 기독교 주교들은 교회 공동체에 은혜를 끼친 자들로서, 사사 기드온의 성경적 모범을 따라 권력의 '신적인 기원'과 '인간적인 기원'을 올바르게 구별하였다. 그 교황들은 '기드온처럼 대단한 정신과 탁월한 겸양으로' 교회의 수위권을 주장하는 것을 거부하였다. 대표적으로 그레고리우스 1세 교황은 비잔틴 황제의 권한에 호소하여 '보편적 총대주교'(universal Patriarch)의 칭호를 주장한 콘스탄티노플 대주교 요한의 행태를 개탄하였다. 심지어 칼세돈 공의회(410)가 로마 주교의 탁월성(우위)을 인정하였지만, 버미글리는 "우리의 장로들은 가장 거룩한 사람들이었지만, 오직 그리스도께서 그 교회의 보편적 머리이기 때문에 어떤 죽을 인간도 그런 명칭에 걸맞지 않으므로 그런 칭호를 아무도 사용하지 않았다"는 그레고리우스 1세의 발언을 소개한다.[14]

---

[14] Kirby, "Political Theology", 411-412. Cf. Gregory the Great, *Epistles*, lib. V; PL 77.740, 747, 771.

초대 기독교회의 이러한 겸비하고 순전한 관습과 비교할 때, 중세 말기 로마 교황청이 내세운 교회의 보편적 수위권 주장은 엄청난 변화이며, '의심할 여지없이 모든 악덕과 미신들의 원천이자 샘이자 시작'이었다.15 버미글리에 따르면, 중세 이래 로마 교황청의 수위권은 하나님의 임명과 성경적 재가에 의한 것이 아니라, 인간적 야망의 작용과 축적된 전통을 통하여 생겨난 것이다. 로마의 주교가 다른 주교들보다 우선된 것은 제국 내에서 로마가 가지고 있는 탁월한 세속적 위엄에 근거한 것이었다. 그 결과 교회에 대한 하나님의 통치와 그 영적인 성격이 오히려 방해 받게 되었다.

겸비한 그레고리우스 1세에서 오만한 보니파키우스 8세로의 불길한 전환은 어떻게 일어났는가? 이 질문과 관련하여, 버미글리가 주목한 역사적인 문서는 8세기 중반의 악명 높은 '위-디오니시우스'(Pseudo-Dyonisius)의 '가짜 교령집'(False Decretals)이다. 그 교령집은 세비야의 이시도루스(Isidore of Sevilla, c.560-636)라는 존경 받는 주교의 작품으로 알려졌지만, 그 속에는 로마의 속사도 주교였던 클레멘스 1세(Clement I, 88-97)의 서한인 것처럼 위조된 9세기 중엽의 가짜 서한들이 포함되어 있었다. 초기 르네상스 때 그 진위가 뚜렷이 밝혀지기까지 중세 로마의 여러 교황들은 교황의 영적 및 세속적 권위를 주장하기 위하여 이 가짜 교령집의 권위에 반복적으로 호소하였다.16 이러한 중세 교황

---

15 Kirby, "Political Theology", 413.
16 Kirby, "Political Theology", 414-415. 이 가짜 교령집을 적극적으로 활용하여 유럽 각 지역의 대주교들의 세력을 억누르고 로마 교황권을 강력하게 확장시킨 대표적인 교황이 니콜라스 1세(Nicolas I, 858-867)였다. '두 번째 엘리야'(the Second Elijah)라고 칭송을 받았던 이 교황은 그 교령집의 진위 여부가 불확실한 것을 알고 있었으면서도 교황의 수위권을 확립하기 위하여 적극적으로 이 가짜 교령집을 활용하였다. 르네상스 시절에 이탈리아 인문주의자 발라(Laurentius Valla)가 이 교령집에 수록된 '콘스탄티누스 황제의 기증장'이 위조문서인

청의 보편적 수위권 주장은 보니파키우스 8세의 교서 '우남 상탐'(*Unam Sanctam*, 1302)에서 그 절정에 달하였다.

2. '우남 상탐' 비판

중세 로마 교황의 권세가 그 절정에 도달한 13세기에 교황청은 전통적인 '두 칼 이론'(Two Sword Theory)을 극단적으로 해석하였는데, 곧 하나님께서 이 세상에 부여하신 영적 권세와 세속 권세가 모두 교회의 뜻에 따라 행사되어야 한다고 노골적으로 주장하였다. 영적 권세는 교회에 '의하여'(by the Church) 발휘되어야 하며, 세속 권세는 교회를 '위하여'(for the Church) 행사되어야 한다는 로마 교황청의 입장을 교황의 교서를 통하여 선언한 것이 바로 보니파키우스 8세의 '우남 상탐'이다. 이 교서에서 교황은 두 개의 칼 가운데 베드로를 위하여 사용되어야 하는 세속 권력은 베드로에 의하여 사용되는 영적 권력에 복속되며, '로마의 교황에게 복종하는 것은 모든 사람들이 구원을 받기 위하여 절대적으로 필요한 일이다'라고 선언하였다.[17]

교황의 바벨론(아비뇽) 유수(1309-1377)와 서방 교회의 대분열(1378-1417)을 거친 이후에 다시 그 권위를 회복한 종교개혁 당대의 로마 가톨릭 교회는 여전히 '우남 상탐'에서 선언한 원리를 고수하며 세속

사실을 밝힐 때까지, (9세기의 Hincmar외에는) 이 문서의 진위에 대하여 의심을 제기한 사람은 아무도 없었다. Cf. Louis Praamsma, *De kerk van alle tijden* deel 1. (Franeker: Uitgeverij T. Wever,1979), 234-236.

[17] 프랑스 왕 필립 미남왕(Philip the Handsome, 1478-1506)이 자국 영토의 1/3가량에 해당하는 종교 영지에 무거운 세금을 부과하자, 교황 보니파키우스 8세는 파문으로 위협하였다. 이런 정치적 갈등의 와중에서 교황이 발표한 교서가 '우남 상탐'(*Unam Sanctam*)이었다. 이 교서의 역사적 배경에 관해서는, L. Praamsam, 314-316을 참조하라.

권력(국가)에 대한 영적 권력(교회)의 우위를 강조하였다. 단적인 예로, 교황이 루터파에 대항하여 무력을 사용하도록 승인하였을 때, 그는 신성로마제국의 황제가 교황의 명령을 즉각 순종할 것을 기대하였다. 또한 어떤 군주가 교황에게 충분히 순종하지 않으면 곧 교회의 대사들이 파견되어 왕과 군주가 교황의 뜻에 순응하도록 강력히 촉구하였다. 그런 순응을 거절하는 군주들은 교회로부터 배격되고 그 위치가 흔들리는 위기에 처하였다. 루터가 '독일 그리스도인 귀족들에게 보내는 편지'(1520)에서 밝혔듯이, 그 당시 로마 가톨릭의 입장에 따르면, 평신도(laymen)에 불과한 황제들과 국왕들이 지니고 있는 세속적인 권한은 교회의 성직자들에 의하여 판단되어야 하며, 영적인 권세를 가진 성직자들이 세속 통치자들을 판단해야 한다.18

버미글리가 '우남 상탐'에 주목하고 그 교서가 주장하는 교황권의 보편적 수위권을 논박하게 된 직접적인 계기는 영국의 종교개혁과 관련된 헨리 8세의 수장령(1534)에 대한 로마 가톨릭의 비판 때문이었다. 헨리 8세의 사촌으로서 1536년에 추기경이 된 포울(Reginald Pole, 1550-1558)은 수장령에 의하여 영국교회의 수장이 된 헨리 8세에게 보낸 편지에서 '영적 권세가 세속적 권세보다 본래적으로 더 높기' 때문에, 헨리 8세가 영국교회의 수장이라는 주장을 거부하였다: '하늘과 땅의 차이만큼이나 교회의 권한과 세속 통치자의 권한 사이는 거리가 멀다. 그리스도의 몸인 교회와 '단지 인간적인 정치 체제 사이의 차이는 너무나 엄청나다.'19

---

18 Vermigli, "Of a Magisterates", 84-85. 루터는 이미 1520년의 이 종교개혁 논문에서 '세 개의 담'이라는 표현으로 속권에 대한 영적 권위의 압도적 우위를 주장한 로마주의자들의 논리를 날카롭게 비판하였다.
19 Torrance Kirby, "Peter Martyr Vermigli and Pope Boniface VIII: The Difference between Civil and Ecclesiastical Power" in Frank A. James III ed., *Peter Martyr Vermigli and the European Reforms, semper reformanda* (Leiden, Boston: Brill,

버미글리는 포울의 주장을 직접적으로 논박하는 대신 그의 주장의 근거인 교황의 수위권을 주장하는 역사적 선례들을 검토하는데, 그 핵심적인 문서로 특히 '우남 상탐'을 주목한다. 버미글리가 보기에, 이 교서는 세속적 권력이 영적 권력에 복속된다는 로마 가톨릭의 주장을 스콜라주의적 논리로 요약하는데 가장 유용하다. '우남 상탐'은 교황 젤라시우스 1세 (Gelasius I, 재위 492-496)의 '두 칼 이론'에 따른 교회론을 유수한 중세 신학자들(생 빅토르의 휴, 클레르보의 베르나르, 알베르투스 마그누스, 보나벤투라, 토마스 아퀴나스 등)에 의하여 잘 다음어진 스콜라주의적 해석을 요약하는데, 그 신학자들은 모두 위-디오니시우스(Pseudo-Dionysius the Areopagite)의 영적인 신학적 영향을 깊이 받은 사람들이다.[20]

'우남 상탐'은 그 문서가 직접 인정하고 있듯이 6세기 기독교 신플라톤주의자 위-디오니시우스의 '신법'(*Lex Divinitatis*)의 계서제적 논리에 호소하여 '정치적 형이상학'을 구성하고 있다.[21] (구원론적 관점으로 말하

2004), 295-296. 레지날드 포울은 1520년대 버미글리와 함께 이탈리아의 파두아 대학에서 수학한 동문이었으며, 인문주의자로 알려졌다. 그는 로마 교황청과 종교개혁자들과의 마지막 대화로 알려진 1541년 레겐스부르크 회담에도 참석하였다. 1556년에는 영국의 메리 여왕의 치세에 캔터베리 대주교가 되었다.

20 T. Kirby, "The Godly Pince: The Union of Civil and Ecclesiastical Jurisdiction", in Torrance Kirby, *The Zurich Connection and the Tudor Political Theology* (Leiden, Boston: Brill, 2007), 67.

21 T. Kirby, "The Godly Pince: The Union of Civil and Ecclesiastical Jurisdiction", 67. "하나의 칼은 다른 칼에 복속되어야 마땅하며, 세속적 권위는 영적 권력에 복속되어야 마땅하다. 왜냐하면, 사도가 말하기를 '하나님으로부터 나오지 않은 권세는 전혀 없으며, 그 권세들은 하나님께서 정하신 것이다'(롬 13:1-2)고 말하기 때문이다… 복된 디오니시우스 (Blessed Dionysius)에 따르면, 가장 낮은 것들이 매개자들에 의하여 가장 높은 것으로 인도함을 받는 것은 바로 신법(*lex divinitas*)이다. 그렇다면, 우주의 질서에 따라서, 모든 것이 동등하거나 직접적으로 이끌림을 받는 것이 아니라, 가장 낮은 것들이 매개자에 의하여, 그리고 열등한 것이 우등한 것에 의하여 [인도된다]… 그러므로 만일 지상의 권력이 실수를 범하면 그것은 영적인 권한에 의하여 판단될 것이다… 하위의 영적 권력이 실수를 범하면, 상위의 영적 권력에 의하여 판단 받을 것이다. 그러나 가장 높은 영적 권위가 실수를 범하면, 그는 사람이 아니라

자면) 중재의 점진적 과정을 통하여 영혼이 하나님에게 다가가는, 연속적으로 상승하는 계서제(hierarchy)가 위-디오니시우스적 영성의 핵심적 특징인데, 이러한 관점에 일치하여, 구원의 변혁적인 과정에서 특정한 '공동적이고 예전적이며 성례전적인 기능들의 계서제적인 중재'가 필요하다. 로마 가톨릭 교회는 그런 계서제적 위계질서를 지상에서 구현한 공동체이며, 그 수장은 바로 교황이다. 따라서, 이런 계서제적 논리에 따르면, 교황의 권위와 권세는 이 세상의 다른 어떤 권세보다 더 우위에 있다. 보니파키우스 8세는 이런 신학적 기초에 의지하여 교황의 충만한 권한(*plenitudo potestatis*)의 교리를 제시하였고, 결과적으로 세속 관할권은 무엇보다도 영적 관할권에 복종되어야 함을 주장하였다.22

다른 종교개혁자들과 마찬가지로, 버미글리는 하나님과 사람 사이의 유일하신 중보자 예수 그리스도의 대속의 은혜에 근거하여 하나님에게 직접 나아가는 칭의와 성화의 교리를 옹호하였으므로, 이런 계서제적인 구원론 및 그로부터 파생된 '교권과 속권에 관한 로마 가톨릭적 이론'에 동의하지 않는다. 특히 '위에 있는 권세'에 관한 로마서 13장의 말씀에 대한 이해에서 로마 가톨릭의 정치관이 성경의 분명한 가르침에서 멀어졌다는 사실을 버미글리는 바르게 지적한다. 또한 위-디오니시우스의 계서제적 교회 이해에서 나온 교황의 보편적 수위권 주장에 근거하여, 교황의 권위는 세속 통치자의 '공적이고 일반적인 권한의 관할에서 면제된다'고 주장하는 로마 가톨릭 신학자들에 대하여, 버미글리는 '사도 바울은 그러한 예외를

오직 하나님에 의하여 판단 받을 것이다… 이 권한은 인간적인 것이 아니라 오히려 신적인 것으로, 하나님의 말씀으로 베드로에게 수여되었고 그와 그의 후계자들에게 다시 확인되었다… 그러므로 누구든지 하나님께서 규정하신 이 권력에 저항하는 자들은 하나님의 규례에 저항하는 것이다(롬 13:2)…"

22 Torrance Kirby, "Peter Martyr Vermigli and Pope Boniface VIII", 298.

인정하지 않았다'고 간명하게 반박한다. 사도 바울은 '모든 사람이 더 높은 권세에 굴복하라'고 말했을 뿐이다.23

버미글리는 로마서 13장에 대한 해석을 요약하면서, '우남 상탐'의 교회론이 단일하고 직선적인 삼단논법이라는 사실을 보여준다: 모든 권력은 하나님에 의하여 주어진다; 모든 권력들은 그 신법(*lex divinitatis*)에 따라 한 권력에서 다른 권력으로 계서제적으로 정돈되어 있다; 그러므로 그리스도께서 복음서에서 두 칼의 충족성에 대하여 확인해주신 것을 고려할 때 영적인 칼은 반드시 세속적 칼을 규율해야 한다.' 그러므로 로마 가톨릭의 이런 삼단논법은 '더 높은 권세들이 정확히 어떻게 하나님으로부터 임명되었는가' 여부에 달려 있다. '우남 상탐'은 '하위의 것들이 똑같은 방식으로 중재자에 의하여 가장 높은 것으로 이끌려 간다면, 우주에 올바른 질서는 전혀 없을 것이다'라는 주장으로, '통치자의 권력 역시 중재에 의하여 가능한 것이며, 곧바로 하나님으로부터 그 권력을 받는 것이 아니'라고 주장한다. 즉, 세속 권력이 하나님으로부터 직접 유래한다고 주장한다면, 그것은 신법에 따라 계서제적으로 조직된 우주적 질서를 위반하는 것이라고 비판한다. 그러나 점진적이고 계서제적인 중재의 구조가 성경에서 나온 사상이 아니라 신플라톤적 기원에서 나온 것임을 잘 알고 있었던 버미글리는 '우남 상탐'에서 주장하는 바 세속적 권력이 '신법에 따라' 영적 권력에 복속해야 한다는 주장을 배격한다. 두 종류의 권력은 계서제적으로 서열화될 수 없으며, 단지 두 종류의 동등한 복종, 곧 시민적 복종과 영적 복종이 있을 뿐이라고 주장한다.24

---

23 Robert M. Kingdon, *The political thought of Peter Martyr Vermigli : selected texts and commentary* (Geneve: Droz, 1980), 30.
24 Torrance Kirby, "Peter Martyr Vermigli and Pope Boniface VIII", 299-300.

한편, 로마 가톨릭이 주장하는 바 소위 베드로에게 주신 '매고 푸는 권세'와 관련하여, 버미글리는 보니파키우스 8세의 잘못된 주장을 신랄하게 비판한다: 그 권세는 설교하고 가르치는 일을 통하여 발휘되는 영적 권세이다. 그런데 이 교황은 가르치지도 설교하지도 않으며, 따라서 매고 푸는 권세를 사용하지 않는다. 믿음과 순종에 근거를 두고 있는 그 권세는 영적인 성격의 권력이지 세속 권력이나 물리적 지배력이 아니다. 따라서 교회 권력이 세속 권력을 판단할 뿐만 아니라 박탈하고 추방할 수 있다는 보니파키우스 8세의 주장은 아무런 성경적 기초가 없다. '신령한 자는 아무에게도 판단 받지 않는다'는 골로새서의 말씀을 교황에게 적용하는 것도 사도 바울의 취지를 곡해한 것이다. 바울은 이 구절에서 구원에 관련된 신적인 문제들을 이해하는데 있어서의 신령한 지식에 관하여 말하는 것이지, 공적인 판단들, 곧 사람들이 참수되거나 지위를 박탈당하는 그런 판단들에 관하여 말하는 것이 아니다. 사도 바울은 자신의 이 교훈이 세속적 사안에 관한 지식에 적용될 것이라고는 꿈에도 상상하지 못했을 것이다! 그리고 사도 바울 자신은 세속 권력에 의하여 심판을 받았으며, 사도 베드로 역시 마찬가지였다![25]

'우남 상탐'의 교만한 주장, 곧 교황을 최고의 권력이자 교회의 머리로 인정하지 않는 사람들은 구원의 소망에서 배제된다는 선언에 대하여, 버미글리는 (거의 60년 동안 지속된) 중세 말기의 서방교회의 대분열 기간에 두세 명의 교황들이 동시에 존재하였으며, 그로 말미암아 어느 교황을 따르는 것이 구원의 확실성을 보장하는 것인지 여부에 관하여 교회에 큰 혼란을 가져다 주었다는 사실을 지적한다. (이와 관련하여, 계서제적인 교

---

[25] Vermigli, "Of a Magistrates", 102-103.

회론에 따라 교황의 유일한 보편적 수위권을 부정하는 자들은 그 단일한 신적 기원을 부정하므로 마치 마니교(Manichaeism)와 같다고 정죄하는 '우남 상탐'의 주장에 대하여, 버미글리는 대분열 당시의 '교황들'이 스스로 마니교와 같은 오류를 저질렀다고 신랄하게 비판한다.) 또한 교황의 보편적 수위권을 인정하지 않는 그리스와 페르시아와 동방의 그리스도인들은 구원에서 제외된 것인가 하는 질문을 제기한다.26

'우남 상탐'에 대한 비판적 검토를 통하여 버미글리는 하나님께서 세상에 주신 '두 칼'에 대한 올바른 성경적 이해를 바르게 세우려 하였다. 두 가지 권위 혹은 권세는 각각 '영적 복종'과 '정치적 복종'을 요청하며, 그 둘 사이의 올바른 구분을 유지되어야 한다. 이와 관련하여 버미글리는 교회에 주신 영적 권위가 '외부적 권징과 관련된 법률'에 포함되어 있는 한에서는 세속 통치권의 지배에 복속되는 것이 적절하다고 강조한다. 그와 동시에 세속 통치자는 '내적인 생각의 영역'에 관한 사안에서 행사되는 교회의 영적 권력의 측면에서는 마땅히 교회의 권한에 복종해야 한다. 하나님 나라의 비가시적이고 내적인 영역에서, 영적인 권력은 세속 통치자의 중재가 없이 직접적으로 신적인 원천에서 유래된다. 다른 한편으로 세상 나라의 가시적이고 외적인 영역에서, 세속적 관할권과 교회의 영적 관할권은 군주 혹은 통치자 안에서 통합되어 있다. 이로써 버미글리는 중세 교황권의 보편적 관할권을 배격하고, 정치적 복종이라는 외적 영역에서 영국의 국왕이 영국의 교회의 수장이 되어 그 적절한 권위를 발휘할 수 있다는 사상을 지지하였다: '정치적 복종'이라는 외적인 영역에서, 다윗, 요아스, 히스기야 그리고 요시아와 같은 구약의 왕들이 예전과 경건을 올

---

26 Vermigli, "Of a Magistrates", 104.

바르게 개혁하였을 때 레위인과 제사장들이 마땅히 순종하였듯이, 통치자들이 그 주권적 권세에 따라 교회를 올바르게 개혁할 때, 성직자들은 마땅히 그 교정에 복종해야 한다. 이렇게, 버미글리는 영국교회의 수장령을 반대한 포울의 주장, 곧 '세속적이고 교회적인 권한은 서로 하늘과 땅만큼이나 구별되는 것'이라는 주장을 뒤집어 놓는다. 그리고 사무엘서 주석에서 버미글리는 영국교회의 수위권에 대한 헨리 8세의 주장은 정당하다고 인정한다. 영국교회의 수장령은 사실상 로마의 교황이 찬탈해간 권리를 되찾은 것이다.27

IV. 버미글리의 개혁주의 정치관: 교회와 국가의 관계를 중심으로

1. 왕이신 하나님: 모든 권위의 참되고 유일한 원천

사사기 8장에 관한 주석에서 버미글리는 왕이 되어 달라는 이스라엘 백성들의 요청을 거절한 사사 기드온에 관하여 주목한다. 버미글리가 보기에, 기드온은 '하나님의 법에 대한 뛰어난 분별력'을 가지고 있었기 때문에 그 백성들의 제안을 거부하였다. 기드온은 신명기 17장 15절을 회고하는데, 버미글리의 해석에 따르면, 그 사안의 핵심은 '하나님의 법이 통치할 것인가 아니면 인간의 법이 통치할 것인가' 여부였다. 그것은 '하나님의 주권'을 인정할 것인가 하는 문제였다. 기드온이 이해하기에, 이스라엘에게 있어서 '왕을 지명하는 일은 사람이 아니라 하나님께 속한 권

---

27 Kirby, "The Godly Prince", 69-71.

한'이다. 그것이 이스라엘이 주변 열방과 구별된 특징이다. 한걸음 더 나아가, 버미글리는 기드온의 왕위 거절을 예수님의 왕위 거부와 연결시킨다. 오병이어 기적을 체험한 무리가 예수님을 억지로 왕으로 삼고자 했을 때, 예수님도 (기드온처럼) 자신의 소명에 대한 올바른 이해에 따라 '자신의 나라는 이 세상에 속한 것이 아니다'라고 판단하였다. 구약과 신약에 기록된 이 두 가지 거절의 사례에서, 권력의 '인간적 원천'과 '신적 원천' 사이의 분명한 구분이 제시되었다. (이런 점에서 기드온은 예수님의 '모형'(type)이라고 버미글리는 해설한다). 그리고 그 성경적 사례들과 관련하여 종교개혁 당대의 교황제에 관하여 다음과 같이 지적한다: '기드온이 왕직을 거절한 것은 그것이 합법적인 소명이 아니라고 이해했기 때문이다. 교황들도 마땅히 그것을 고려해야 한다… 교황들은 또한 다음과 같은 그리스도의 말씀을 상고해야 한다: 열방의 왕들은 자신들의 신민들을 통치한다. 그러나 너희들은 그렇게 해서는 안된다… 교회를 다스리는 것은 명령하는 것이 아니라 섬기는 것이다.'[28]

교회와 국가, 신앙과 정치의 관계에 있어서, 버미글리는 각각의 영역에 고유한 권위 혹은 권력이 있다는 것을 인정하며, 그 두 가지 권력은 모두 하나님에게서 나오는 것이라는 성경의 기본적인 교훈을 상기시킨다. 신정체제였던 구약의 이스라엘 시대에도 기드온과 같은 경건한 지도자들은 언약의 하나님께서 모든 권위의 유일하고 참된 원천임을 바르게 이해하고 있었다. 신약의 사도들도 '모든 권세는 위로부터 났다'고 가르치며, 세속 통치자가 비록 그리스도인이 아니라고 하더라도 하나님에게서 나온 그 권위를 인정하라고 교훈하였다. 그러나 동시에 '주 안에서 순종할 것'을 덧

---

[28] Kirby, "Political Theology: The Godly Prince", 409-410.

붙여 말씀함으로써, 그 권위의 참된 원천이 어디에 있는지 분별하도록 깨우쳐 주었다.

2. 하나님의 형상 개념과 정치

'하나님의 형상'에 관한 버미글리의 사상은 '정치적 본성'을 가진 인간에 관한 그의 사상과 밀접한 관련이 있다. 버미글리는 인간의 이중적 목적을 '다른 피조물들에 대한 통치력의 발휘'와 더불어 '행복'을 위하여 창조된 것으로 설명한다. 죄와 타락으로 인하여 하나님의 선한 창조의 질서가 왜곡되었고, 따라서 통치와 행복이라는 목적도 달성할 수 없게 되었지만, 그럼에도 불구하고 인간에게는 여전히 하나님께서 주신 덕목들이 남아 있어서 그 궁극적인 목적에 접근하려는 흉내라도 낼 수 있다. 버미글리는 '하나님의 형상' 개념의 물질적, 효과적, 형식적 원인들에서 그 덕목들을 설명한다. (이와 관련하여 버미글리는 아리스토텔레스의 인과론을 활용하여 명료한 논의를 제시한다.) 하나님의 형상의 물질적인 원인(material cause)은 (에베소서와 골로새서에서 말하는 바) 의와 지식인데, 이것은 인간의 창조시에 하나님께서 인간에게 형성시키신 것이다. 이것이 인류를 위한 하나님의 목적들과 뜻을 아는 지식과 관련된다. 하나님의 법을 아는 지식은 인간에게 타고난 것이며 실로 창조된 인간 본성의 자연적 부분이다. 인간의 영혼 안에 심겨진 하나님의 법은 각 사람이 하나님의 형상으로서 어떤 존재인지를 알려준다. 하나님의 형상의 효과적인 원인(effectual cause)은 덕목들인데, 인간 존재의 목적 혹은 최종적 원인인 행복이 바로 그 덕목들 안에서 활력을 찾는다. 사람들이 덕목을 원하는 것은 그 자체로서 좋은 것일 뿐만 아니라 그것이 궁극적으로 행복을 가져다 주기 때문이다. 버미글리에 따르면, 덕목들은 본성적이거나 혹은 타고난 것이 아니라, 다만 수단들 혹은 효과적인 원인들이므로 인간이 어떤 존재인지 실제로 구성하는 것이 아니라, 단지 잠재적인 가능성들에 불과하다. 하나님의 형상의 형식적 원인(formal cause)은 각 사람 안에 하나님께서 심어 주신 신적 본성을 표현하는 법률이다. 그런데, 이해력과 힘, 정의, 지혜, 긍휼, 중용, 그리고 사랑과 더불어 부여된 탁월하고 천상적인 여러 자질들은, 우리 인간의 개인적인 목적을 위하여 존재하는 것이 아니라 '정치적이고 사회적인 목적'을 위하여 존재하는 것이다.29

3. 세속 권력의 신적 기원과 그 의무

'우남 상탐'에 대한 비판적 논의에서 이미 밝혔듯이, 버미글리는 세속 통치자의 권한은 성직자를 통해서 주어진 것이 아니라 하나님한테서 직접 수여 받은 것이라고 주장한다. 겔라시우스나 보니파키우스와 같은 교황들이 내세우는 바 '황제를 축성하는 권한이 교황에게 있으므로, 교황이 황제보다 더 높다'는 주장은 논리적으로나 역사적으로 쉽사리 논박되는 '만들어낸 주장'이라고 버미글리는 일축한다. 실제로는 오히려 성직자들이 세속 통치자들에 의하여 축성된 경우도 종종 있으며, 구약 성경에서 모세가 아론을 대제사장으로 축성하였을 때, 그는 일종의 세속 통치자의 위치에 있었다고 지적한다.30

---

29 Gary Jenkins, "Citizen Vermigli: the political animal in Vermigli's commonwealth" in *Reformation & Renaissance Review*, vol. 15, April, 2013, 89-93.
30 Vermigli, "Of a Maigstrates", 101.

한걸음 더 나아가, 버미글리는 '사무엘서 주석'(Commentary on the Two Books of Samuel)에서 '종교에 대한 책임과 권한이 군주들에게도 있다'라는 명제를 확신 있게 주장한다. 아리스토텔레스에 따르면, 국가의 궁극적인 목적은 '백성들이 덕스럽게 잘 살 수 있도록 돌아보는 것'인데, 거기에 버미글리는 '종교(Religion)보다 더 큰 덕은 없다'고 덧붙인다.[31] 따라서 통치자들의 의무에는 반드시 '종교에 대한 돌봄'(*cura religionis*)이 포함되며, 통치자는 그 백성들을 참으로 덕스러운 삶을 향하여 갈 수 있도록 주권적인 권력을 발휘하여야 한다. 그것은 통치자에게 주신 하나님의 권세에 포함된 것이며, 따라서 '통치자를 정죄하는 자는 하나님을 대항하는 것이며 그들 자신에게 상당한 해악을 끼치는 것'이다. 버미글리는 플라톤과 아리스토텔레스의 여섯 가지 통치 형태들을 소개하며, 다양한 정치 제체들은 모두 '하나님께로부터 나온 권세'라는 사도 바울의 교훈을 상기시킨다.[32] 달리 말하자면, 국가 공동체는 인간적인 산물이 아니라 신적인 기원을 가지고 있다.

통치자의 '영적' 권세에 관하여, 버미글리는 교회의 영적 권세와 비교하여 그 적절한 영역을 신중하게 구별하여 가르친다: 그 백성들에게 덕스럽게 처신해야 하며 그들의 으뜸가는 덕목은 경건한 사람이 되도록 돌보는 것이 통치자가 관심을 기울여야 할 사안이다. 그러므로 선한 통치자의 책

---

[31] 국가공동체의 목적에 관한 정의에서 버미글리의 다양한 지적 배경 가운데 그의 아리스토텔레스적 혹은 스콜라주의적 배경을 뚜렷하게 발견한다. 그러나 그와 동시에, '종교 혹은 경건이야말로 가장 큰 덕'이라는 버미글리의 주장을 통하여, '오직 성경'(*sola scriptura*)이라는 최상의 원리에 입각하여 그 하위의 다양한 권위들을 폭넓게 받아들이고 활용하는 이 개혁주의 신학자의 사고방식을 다시 한번 확인할 수 있다. '오직 성경' 원리에 관한 버미글리의 포괄적인 이해와 활용에 관해서는, 특히 그의 성찬론 관련 논문들을 참조하라. Cf. 김진흥, 『피터 마터 버미글리: 신학적 평전』, (부산: 개혁주의 학술원, 2018), 288-295.
[32] Kirby, "Vermigli & Boniface VIII", 291.

임은 자신의 통치 영역 안에서 순수하고 진정한 종교(religion)가 널리 보급되도록 할 수 있는 모든 일을 다해야 한다. 그렇게 하지 않는 관리는 국가를 통치하는 올바른 방식을 지키지 못하는 것이다.33 통치자가 의사와 약사의 일을 직접 수행하지는 않지만 그들의 잘못된 진료와 처방에 대하여 적절한 교정을 가하는 것처럼, 종교의 영역에서도 통치자는 그와 동일한 교정의 역할을 하지 않을 이유가 없다.34 통치자는 참된 예배가 유지되도록 그의 권한을 발휘하여, 그 예배로부터 우러나오는 시민적 덕목을 함양해야 하며, 시민들로 하여금 그리스도 안에서 구속된 영혼의 덕을 이루도록 지도해야 한다. 그러나 그 참된 덕목을 이루는 일은 오직 하나님의 말씀의 능력에 의한 것으로서, 통치자의 권한으로 이룰 수 있는 것이 아니다.35

버미글리가 세속 통치자의 권력의 신적인 기원을 인정하는 것은 군주가 오직 육신에 대한 돌봄의 책임과 권한이 있을 뿐 영혼에 대한 관할권은 없다고 주장한 당대 로마 가톨릭의 입장을 반박하는 의미가 있다. 버미글리는 구약 이스라엘의 국왕이 율법서를 복사하여 늘 하나님의 말씀을 상고하도록 명하신 신명기의 교훈을 들어, 통치자의 영적 돌봄의 권한과 책무를 강조한다. 그 구약의 율법서에는 민사에 관한 사항뿐 아니라, 경건과 예배와 관련된 일도 포함되어 있었다. 구약의 이스라엘 나라에서는 십계명의 두 돌판 모두 통치자의 권한에 맡겨졌다.36 통치자 혹은 군주의

---

[33] W. Bradford Littlejohn, "'More than a swineherd': Hooker, Vermigli, and an Aristotelian defence of the royal supremacy" in *Reformation & Renaissance Review*, Vol. 15 No. 1, April, 2013, 77.

[34] Kirby, "The Godly Prince", 60.

[35] W.B. Littlejohn, "More than a swineherd", 78. 리틀존의 이 논문 제목은 세속 통치자가 세속적 영역뿐 아니라 종교적 영역에서도 특정한 권한을 발휘할 수 있다는 버미글리의 견해를 잘 표현하고 있다.

역할은 '돼지치기나 소를 모는 목동'과 같은 것이 아니다. 즉 육신의 필요와 이 세상에서의 유익을 돌보는 일에 한정된 것이 아니라, 백성들의 덕스럽고 좋은 삶을 위한 영적 필요를 채우기 위하여 필요한 영적인 돌봄을 베푸는 것을 포함한다. 군주는 최고의 권력자(Supreme Hierarch)라는 직분에 임명된 자로서, 버미글리에 따르면, 참된 종교(경건)의 증진이야말로 통치자의 최고의 책임이다.

버미글리는 로마서 13장 주석에서 통치자는 '법과 평화를 수호하기 위하여' 하나님으로부터 세움을 받은 인물이며, 그의 소명은 악을 형벌과 칼로써 억제하며, 덕은 갖가지 수단들로써 증진되도록 하는 것이라고 정의한다.37 통치자에게 주신 하나님의 권세를 인정한다면, 교회 역시 그에 합당한 순응을 해야 마땅하다. 특히, 성직자(목사)들이 세속적 혹은 교회적 사안들에서 잘못 처신할 때, 교회적 권력은 세속적 권력의 교정에 순응하여야 한다.38 루터가 독일의 경건한 제후들에게 교회 개혁의 과업을 부탁하였던 것처럼, 종교개혁 당대의 현실에 직면하여 버미글리 역시 통치자들에게 타락한 교회의 현실을 개혁할 책임을 일깨운다. 특히 1558년 즉위한 영국의 엘리자베스 여왕에게 보낸 편지에서 버미글리는 '교회와 국가의 역할 분담을 핑계로 삼아 신앙적 사안에 통치자가 관여해서는 안 된다'는 로마 가톨릭 성직자들의 조언에 결코 귀 기울이지 말도록 충고한다. '십계명의 두 돌판을 수호하는 것'이 경건한 군주의 의무이기 때문에, 여왕은 영국교회의 개혁을 명령해야 한다고 버미글리는 촉구하였다.39

---

36 W.B. Littlejohn, "More than a swineherd", 79.
37 Kirby, "Vermigli & Boniface VIII", 293.
38 Vermigli, "Of a magistrate", 89.
39 Vermigli, "'A Holy Deborah for Our Times': Vermigli's Panegyric to Elizabeth" in Torrance Kirby, *The Zurich Connection and the Tudor Political Theology* (Leiden, Boston: Brill, 2007), 183.

통치자의 권력의 기원이 하나님임을 분명하게 인정하지만, 그러나 버미글리는 그 세속 권력의 행사의 적절한 영역을 아주 주의 깊게 한정한다. 신앙적 사안에 있어서 통치자의 권력은 사람들의 '외적 권징과 관련된 법률'(lawes touching outward discipline)에 한정된다. 교회의 영적 권력이 고유하게 다루는 '마음의 내적인 움직임'(the inward motions of the minde)과 관련된 사항은 통치자의 권한 밖의 일이다. 이 두 영역은 모두 시민들의 가장 덕스러운 삶을 위한 종교 혹은 신앙과 관련된 것이지만, 그 고유한 영역에 따라 서로 다른 방식으로 권한이 행사되어야 한다.40

4. 세속 권력과 영적 권력의 상호적 복종과 섬김

이와 관련하여 버미글리는 세속 관할권과 영적 관할권의 '상호적인 복종'을 강조한다. 교회와 국가는 하나님께서 원하시는 도덕적 공동체의 구현을 위하여 서로 밀접하게 연결되어야 한다. 교회와 국가는 동일한 몸의 두 기관으로서 모두 성경적 원리들에 의하여 구성되어야 한다. 두 기관은 각각 고유한 과업을 가지고 있으나, 서로 도움을 주고받는 관계로서 불가분리하게 연결되어 있다. 교회 편에서는 시민 정부가 정의롭게 다스릴 수 있도록, 즉 십계명의 두 번째 돌판의 교훈을 잘 이행하고 수호할 수 있도록, 세속적인 일들을 감시하고 또 온갖 부정의에 항변할 책임을 지고 있다. 반대로 국가는 교회가 올바른 예배를 잘 유지하여 십계명의 왼쪽 돌판이 명하는 바를 잘 감당할 수 있도록 교회를 보호하고 도울 의무가 있

---

40 Kirby, "Vermigli & Boniface VIII", 294.

다. 목사의 직무는 하나님의 말씀을 통하여 '마음의 내적 움직임'까지도 꿰뚫는 것이며, 통치자(관리)의 임무는 법을 위반한 자들에 대한 처벌과 '외적인 규율'을 행사하는 것이다… 목사는 회개하지 않는 자들과 죄책을 진 자들을 하나님의 이름으로 결박하며, 그들이 계속 회개하지 않은 채로 있을 때, 하나님의 이름으로 그들을 하나님 나라에서 배제한다. 반면에 통치자는 외적인 처벌 수단들을 통하여 처벌하며, 필요할 경우 칼의 권세를 사용한다.[41]

교회적 권력은 영적인 복종에 의해서가 아니라 정치적인 복종에 따라 통치자에게 순종한다. 성례들과 설교에 관한 한, 교회적 권한은 정치적 권한에 복속하지 않는다. 통치자는 목사들이 시행하는 성례들에 관해서는 하나님의 말씀을 좌지우지할 수 없다. 또한 통치자는 목사들이나 신학 교수들을 소집하여 하나님의 말씀이 규정한 것과 다른 방식으로 설교하거나 혹은 성례를 집행하도록 명령할 수 없다. 다른 한편, 목사들도 국가 공동체의 시민으로서 통치자의 합당한 감찰에 순종해야 한다. 이와 관련하여 버미글리는 그리스도와 사도들은 조세를 바쳤으며, 전반적으로 고대 교회도 아주 거룩하게 살았던 그 초창기시절에 그렇게 하였다고 지적한다. 또한 목회자들은 '세속적인 사안들'에서 통치자에게 복종해야 할 뿐만 아니라, 그들의 '영적인 기능'에 관해서도 통치자들의 합당한 교정을 받아들여야 한다. 목회자들이 잘못 가르치거나 혹은 성례를 올바르게 집행하지 않을 경우에, 통치자는 그들을 불러모아 그들의 부적절한 가르침이나 성례의 남용 혹은 기타 하나님의 질서를 위반한 사항들에 관하여 살펴보아야 한다. 만일 목회자들이 악하고 사치스럽게 살아갈 때, 통치자들은 그들을

---

[41] Kirby, "The Godly Prince", 63.

거룩한 직분에서 면직시켜야 한다. 이와 관련하여 버미글리는 솔로몬이 제사장 아비아달을 내쫓고 사독으로 그 직무를 대신하게 한 일을 상기시키며, 경건한 황제 유스티니아누스가 실베리우스와 비길리우스를 추방한 교회사의 일화도 언급한다.42 반대로 세속 통치자들은 그리스도인으로서 하나님의 말씀에 의심할 여지없이 복종해야 한다. 권력을 행사하는 사람으로서 그는 바로 그 하나님의 말씀으로 다스림을 받아야 하며, 그 통치와 행정의 가이드라인들을 성경에서 찾아야 한다. 영적 권세를 가진 목사들은 판결을 선고하는 통치자가 성경의 가르침에 따라 올바르게 판결하도록 가르친다.43

버미글리는 '경건한 예배의 형식을 결정하는 것'도 국가 혹은 통치자에게 위임된 종교적 권한에 포함된다고 말한다. 통치자 혹은 관리들은 영적인 사안에 관하여 단순히 목사들로부터 지시를 받는 것에 그치지 않고 그들 스스로 성경을 연구할 수 있으며, 그렇게 함으로써 성직자주의(clericalism)라는 로마 가톨릭의 망령을 추방하여야 한다.44 이런 관점에서 버미글리는 영국교회의 수장령을 강력하게 지지하였으며, 엘리자베스 여왕에게 교회 개혁이라는 통치자의 소명을 다하도록 권면하였다. '베레스웃사' 사건에서 배울 수 있듯이, 성직자(제사장)들이 하나님께 올바른 예배를 드리지 못하였을 때 다윗이 바로잡았던 사례를 언급하면서, 버미글리는 엘리자베스 여왕의 영국이 로마 가톨릭 성직자들의 헛된 예전에 대한 집착 때문에 잘못된 예배에 빠지지 않도록 다윗 왕의 모범에 따라 교회 개혁에 관심을 기울일 것을 충언하였다. 당대 영국의 종교적 형편을

---

42 Vermigli, "Of a Magisterate", 93.
43 Vermigli, "Of a Magisterate", 90.
44 Littlejohn, "More than a swineherd", 78.

고려할 때, 경건한 군주가 자신의 영적인 권한을 활용하여 예배와 경건을 올바르게 개혁하는 일은 대단히 중요한 책무였다: "주교들과 교회의 목사들이 그들의 의무를 제대로 수행하지 않을 때, 교의를 제시하고 성례를 집행하는 일에 있어서 그들이 성경의 정당한 규율을 저버릴 때, 경건한 군주가 아니면 누가 그들을 올바른 길로 돌아오게 할 수 있는가?… 특히 이렇게 무너져버린 하나님의 전을 재건해야 할 시기에, 성직자들이 스스로 그렇게 하리라고는 기대할 수 없다… 왕의 역할이 필요하다…"45

V. 버미글리의 개혁주의 정치관의 영향

1. 엘리자베스 1세 치하의 영국교회에 끼친 영향

리틀존은 엘리자베스 1세 치하의 영국교회에 가장 큰 영향력을 발휘한 종교개혁자로서 버미글리를 언급한다: '만일 엘리자베스 시절 영국교회의 신학적 무게의 중심을 대표하는 한 권의 신학 저서를 선정하자면, 그것은 칼빈의 '기독교강요'가 아니라 버미글리의 '신학총론'이다.'46 특히 소위 '취리히 학파'로 일컬어지는 버미글리와 불링거의 사상이 16세기 영국교회의 '지속적이고 일관된 정치 신학의 전통'의 기초를 제공하였다고 평가된다.47 메리 여왕 시절 스트라스부르와 취리히의 망명 시절을 버미글리의 집에서 보낸 주얼(John Jewel)과 버미글리의 저서를 통하여 개혁주의

---

45 Vermigli, "Holy Deborah", 189-190.
46 Littlejohn, "More than a swineherd", 71.
47 Kirby, "Introduction" in *Zurich Connection*, 4.

신학의 세례를 받은 후커(Richard Hooker, 1554-1600)를 비롯한 영국 교회의 개혁파 신학자들은 통치자와 관리들의 종교적 책무와 권한(*cura religionis*)에 관한 논의에서 버미글리의 견해를 뚜렷하게 반영하고 있다. 예를 들어, 영국국왕의 수위권을 옹호하는 표준적이고 기본적인 요소들, 특히 구약의 역사적 내러티브에 호소하는 방법 및 특별한 성경의 증거구절들과 석의 방법 등에서 이들 신학자들의 논증은 거의 모두 불링거와 버미글리의 논의에 다 포함되어 있었다. 교회 및 종교에 통치자의 책임과 권한을 교회법적 전통(divine law)이 아니라 자연법(natural and human law)에 근거하여 정당화하는 방식 역시 버미글리의 정치관의 영향을 뚜렷하게 보여준다.48 또한 후커의 '교회법'(Of the Lawes of Ecclesiasticall Polite) 논문의 핵심적 주장 역시 버미글리의 사사기 8장 주석의 내용과 일맥상통한다.49 한편, '실락원'(*Paradise Lost*, 1667)의 저자 밀턴(John Milton, 1608-1674)은 폭군에 관하여 다루는 자신의 논문 '국왕들과 관리들의 직위'(*The Tenure of Kings and Magistrates*, 1649)에서 버미글리의 저항권 사상을 인용하였다.50

2. 기독교 국가의 전통이 없는 한국 교회에 주는 교훈

---

48 Littlejohn, "More than a swineherd", 68. 후커는 '통치자의 종교에 관한 감독'(*cura religionis*)의 궁극적인 기초는 변하지 않는 신법의 규정에 있는 것이 아니라, 변화 가능한 인간의 법의 매개를 통한 자연법에 있다'고 주장하여, 영국교회의 국왕의 수위권을 뒷받침하는 종래의 방식에서 근본적인 변화를 보여주었다. Littlejohn, 69.
49 Kirby, *Political Theology*, 421.
50 John Milton, *The Complete Prose Works*, vol.3 (New Haven, Conn: Yale Univ. Press, 1962), 221, 247.

기독교 세계로서 천오백 년 가까이 존속하였던 종교개혁 당대의 유럽과는 달리 한국의 교회는 기독교적 전통과 유산을 그다지 많이 받아 누리지 못하였다. 특히, 정치와 종교의 관계, 교회와 국가의 관계에 관해 살펴볼 때, 한국의 개신교회와 그리스도인들이 성경의 교훈과 기독교적 전통에 근거한 균형 잡힌 정치관을 가르치고 배워왔는지 여부에 대하여 다소 부정적인 평가를 내리게 된다. 세상의 창조주이자 공의와 사랑으로 섭리하시는 하나님에 대한 신앙고백이 정치의 영역에서도 올바르게 이해되고 실천되고 있다고 평가하기란 더욱 쉽지 않다. 상당수의 그리스도인들이 부지불식간에 정치 권력이 인간적인 세력에서 나온다고 생각하고 있다. 그것이 총으로 표현되는 물리적인 힘이든, 다수결로 제시되는 대중의 동의이든, 권력을 차지하려는 인간의 욕구에서 출발하여 갖가지 수단들을 통하여 그 권력을 획득하고, 또 그렇게 권력을 장악한 사람들의 목적에 따라 임의로 사용할 수 있는 것으로 여기는 인본주의적이고 물질주의적인 관점을 마치 당연한 것으로 받아들이는 모습이 한국의 교회들과 그리스도인들에게서 자주 발견된다. 정치의 영역에서는 많은 그리스도인들이 사실상 비 그리스도인들의 사고방식을 그대로 답습하고 있는 것이다. 그러나, 성경은 정치의 영역에서도 그리스도인들은 참되고 유일하신 주권자 하나님의 뜻을 분명히 식별하여야 한다고 분명히 가르친다. 그리고 그 권력은 정치의 합당한 기능을 통하여 하나님의 뜻을 실천하는 책무를 가진 위임된 권력이며, 위정자들은 사람의 뜻이 아니라 하나님의 뜻을 받들어 섬기는 자로 간주되어야 한다고 가르친다.

이와 관련하여, 버미글리의 개혁주의적 정치관은 한국의 그리스도인들에게 소중한 성경적 관점을 재고하게 해줄 뿐만 아니라 성경적 정치관에 관련된 풍성한 교훈들을 제공해 준다. 본고에서 간략하게 소개한 것처럼, 버미글리는 교회와 국가의 관계를 성경의 계시의 정신에 따른 개혁주의 관점에서 잘 설명해 주었다. 하나님의 말씀의 빛에 따라, 국가와 정치의 올바른 목적을 소개하고 교회와 국가 사이의 건전한 관계와 상호협력을 가르쳤다. 당대 유럽의 정치 상황에서 하나님 나라 건설을 위하여 실제로 필요한 교훈이 무엇인지 개혁주의 신학의 관점에서 잘 정리하여 제시하였다. 물론, 버미글리 역시 어느 정도는 그 자신의 시대와 문화의 영향을 완전히 벗어날 수 없으며, 따라서 그의 개혁주의 정치관이 유일무이하게 올바른 성경적 관점이라고 단언할 수 없다. 그러나 일관되고 깊은 계시 의존적 사색을 통하여 종래의 로마 가톨릭의 잘못된 정치관을 성경적으로 바로잡은 점, 그리고 정치라는 중요한 영역에서도 성경이 가르치는 하나님의 뜻을 올바르고 풍성하게 제시한 그의 노력은 오늘날 우리나라의 그리스도인들과 교회들에게도 여전히 큰 도움이 된다. 무엇보다도 버미글리는 (다른 개혁파 신학자들과 마찬가지로) 국가의 권세는 하나님으로부터 왔으며, 국가 공동체를 세우신 하나님의 뜻은 (즉, 국가의 목적은) 국민들의 덕스럽고 좋은 삶을 도모하기 위한 것이라는 긍정적인 정치관을 확실하게 제시한다. 그리고 국민들의 가장 중요하고 고상한 덕은 올바른 예배를 통하여 함양되는 참된 경건(religion)이며, 위정자와 교역자는 각자 하나님께로부터 부여 받은 권한을 통하여 그런 목적을 이루는데 합력하여 선을 이루어야 한다고 가르친다. 이러한 버미글리의 개혁주의 정치관은 비단 당대 종교개혁의 교회들뿐만 아니라, 민주주의 정치체제와 더불어 다양한 종교들을 허용하는 오늘날 한국의 교회에서도 여전히 의미심장한 통찰력을 제시한다. 교권을 지나치게 주장하여 성경의 참된 교훈을 왜곡한 당대 로마 가톨릭 교회의 견해를 논박하면서, 하나님께서 교회에 주신 영적 권력은 정작 바르게 활용하지 않았던 로마 가톨릭 교회의 실상을 버미글리가 예리하게 지적한 것은 오늘 우리도 의미심장하게 새겨보아야 할 교훈이다. 16세기에 이르기까지 로마 가톨릭은 교회의 참된 영적 무기인 하나님 말씀은 제쳐두고, 자신에게 주어지지 않은 세속 권력을 탐하였다. 버미글리는 당대의 교황들이 설교하지도 가르치지도 않고 또 바른 길에서 탈선한 세속의 통치자들을 책망하여 돌이키려고 말씀의 검을 사용하지도 않는다고 개탄하였다. 그런 현실을 꼬집으면서, 버미글리는 영적인 돌봄을 실천하는 주교들이나 사제들이 오히려 교황보다 훨씬 가치 있는 존재로 평가 받아야 한다고 말한다.51 교회의 영적 권한과 책임에 관한 이런 비판적인 인식은 오늘날에도 여전히 귀 기울여 들어야 할 소중한 성경적 통찰력이다. 교회와 목사는 하나님의 말씀을 올바르게 선포하고 가르치고 또 그 말씀으로써 위정자들이 그 권위와 책임을 올바르게 발휘하고 감당하도록 바로잡는 노력을 경주하여야 한다. 한마디로 정치와 관련하여 교회에 주신 영적 권한과 책임은 무엇보다도 '성령의 검인 말씀'을 통하여 발휘되어야 한다.

VI. 나가는 말

16세기 개혁주의 신학자 버미글리의 정치관을 간략하게 소개하면서, 필자는 무엇보다도 '삶의 전 영역을 하나님의 계시의 정신에 따라' 올바

---

51 Vermigli, "Of a Magistrates", 98.

르게 세워가려고 헌신하였던 종교개혁자들의 경건과 학식을 다시 한번 묵상할 수 있었다. 역사를 주관하시는 유일하고 참된 주권자이신 하나님에 대한 신앙고백이 현실 사회의 아주 중요한 삶의 영역인 정치에 관해서도 철저하게 적용되었다는 사실을 새삼 돌아보면서, 오늘날 한국 사회에서 교회와 그리스도인들이 과연 얼마나 하나님의 말씀에 충실한지 반성하게 되었다. 성경의 가르침을 깊이 묵상하고, 한 걸음 더 나아가 그 계시의 정신으로 포괄할 수 있는 전통들을 활용하여, 그 당대의 정치 현실에서 하나님의 뜻을 실천하려고 하였던 버미글리의 개혁주의 정치사상을 통하여, 오늘 여기에서 우리도 참된 성경적 신앙고백을 공적인 영역에서도 실천하고 적용해야 한다는 격려를 받고, 이 개혁주의 신학의 선구자가 그 자신의 묵상과 실천을 통하여 남겨준 풍성한 교훈들을 활용할 수 있기를 기대한다.

〈참고문헌〉

1차 자료

Vermigli, Peter Martyr. *The Common Places of the most famous and renowned Divine Doctor Peter Martyr, divided into four principal parts, with a large addition of many theologicall and necessary discourses, some never extant before. Translated and partly gathered by Anthony Marten, one of the Sewer of her Majesty's most Honorable Chamber.* London: H. Denham and H. Middleton, 1583.

_____. "Of a Magistrate, and of the difference between Civill and Ecclesiaticall power" (1561) in Kirby, Torrance. *The Zurich Connection and Tudor Political Theology.* Leiden: Brill, 2007: 75-119.

_____. "An Epistle to the Most Renowned Princess Elizabet by the grace of God Queene of England, France and Ireland, Grace and everlasting happinesse from God the Father through Jesus Christ our Saviour" (1558) in Kirby, Torrance. *The Zurich Connection and Tudor Political Theology.* Leiden: Brill, 2007: 193-202.

이차 자료

James III, Frank A. *Peter Martyr Vermigli: Humanism,*

Republicanism, Reformation. Geneve: Droz, 2002.

Jenkins, Gary. "Citizen Vermigli: the political animal in Vermigli's commonwealth" in *Reformation & Renaissance Review.* vol. 15. April. 2013: 84-98.

Kingdon, Robert. *The Political Thought of Peter Martyr Vermigli : Selected Texts and Commentary*. Geneve: Droz, 1980.

Kirby, T. Campi, E. James III. F.A. eds. *A Companion to Peter Martyr Vermigli*. Leiden: Brill, 2009.

Kirby, Torrance. *The Zurich Connection and Tudor Political Theolgy*. Leiden: Brill, 2007.

_____. "The Zurich Connection and Tudor Political Theology" in Torrance Kirby, *The Zurich Connection and the Tudor Political Theology*. Leiden, Boston: Brill, 2007: 59-73.

_____. "Peter Martyr Vermigli and Pope Boniface VIII: The Difference between Civil and Ecclesiastical Power" in Frank A. James III ed., *Peter Martyr Vermigli and the European Reforms, semper reformanda*. Leiden: Brill. 2004: 291-304.

_____. "Political Theology: The Godly Prince" in *Cambridge Companion to Peter Martyr Vermigli* . Leiden: Brill, 2004: 401-422.

_____. "'A Holy Deborah for Our Times': Vermigli's

Panegyric to Elizabeth in Torrance Kirby." in *The Zurich Connection and the Tudor Political Theology*. Leiden: Brill, 2007: 181-192.

Littlejohn, W. Bradford. "'More than a swineherd': Hooker, Vermigli, and an Aristotelian defence of the royal supremacy" in *Reformation & Renaissance Review*. vol. 15 No. 1. April (2013), 68-83.

Praamsma, Louis. *De kerk van alle tijden: verkenningen in het landschap van de kerkgeschiedenis* deel. I. Franeker: Uitgeverij T. Wever. 1979.

김진홍. 『피터 마터 버미글리: 신학적 평전』. 부산: 개혁주의 학술원. 2018.

하인리히 불링거의 교회와 국가의 관계

박상봉

Heinrich Bullinger(1504-1575)

스위스 취리히 대학교 신학부에서 종교개혁사를 전공했는데, 취리히 종교개혁자인 하인리히 불링거(Heinrich Bullinger)의 신앙교육서에 대한 연구로 박사학위(Dr. Theol.)를 받았다. 현재 수원에 있는 합동신학대학원대학교에서 역사신학 교수로 재직 중이다. 16세기 스위스 종교개혁, 하인리히 불링거, 종교개혁의 다양한 주제 등에 관한 연구와 번역에 집중하고 있다. 최근 저서로 에미디오 캄피 공저, 『하인리히 불링거의 교회와 신앙고백』(수원:합신대원출판부, 2021), 『불링거』(서울: 익투스, 2021) 등이 있으며, 역서로 강승완 공저, 『하인리히 불링거의 교회론』(수원:합신대원출판부, 2019) 등이 있다.

박상봉

I. 들어가며

하인리히 불링거가 제시한 교회와 국가(정부)의 관계 설정, 소위 기독교 공화국(Respublica Christiana)에 대한 입장은 일반적으로 츠빙글리가 처음 제안한 원리에 근거하고 있다.1 그럼에도 불구하고 교회와 국가 간의 이론적이고 실천적인 결과에 대해 취리히 대학교 역사신학 교수였던 에미디오 캄피(Emido Campi)는 다음과 같은 평가를 내렸다:

"목사들과 세속 정부 간에 협력적인 사역들을 문제가 될 수 있는 혼합의 위험성으로부터 보호한 것은 불링거가 츠빙글리보다 이론과 실천에서 훨씬 성공적인 성과를 거두었다."2

물론, 이 언급은 글 자체가 내포하고 있듯이 츠빙글리 사후에 취리히 교회의 대표 목사(Antistes)로서 불링거가 더욱 발전적으로 추구했던 교회와 국가의 관계 설정에 전혀 문제가 없었다는 것을 의미하지는 않는다. 이미 불링거 사후로 취리히 교회의 역사에서 지속적으로 숙고되었을 뿐만 아니라, 지금까지도 개혁주의 교회 내에서 한 쟁점으로 남아있는 그의 신학적 인식에 근거하여 추구되었던 교회와 국가에 관한 관계의 이론적 이해는 실제로 악용될 수 있는 위험을 가지고 있었으며 또 개선의 여지도 남아있었다.3 특별

---

1 Dollfus Zodel, *Bullingers Einfluss auf das zürcherische Staatswesen von 1531-1575*, (Zürich, 1931). 17.
2 Emidio Campi, "Bullingers Rechts- und Staatsdenken", in *Evangelische Theologie*, 64 Jahrgang, Deutschland 2004, 126: "Es ist Bullinger in Theorie und Praxis besser als Zwingli gelungen, das Ineinanderwirken von Pfarrern und Politischer Obrigkeit vor der Gefahr einer problematischen Vermischung zu bewahren."
3 Campi, "Bullingers Rechts- und Staatsdenken", 123.

히, 츠빙글리의 매우 각별한 동료였던 레오 유드(Leo Jud)로부터 처음 강하게 비판을 받았던 불링거의 교회 정치에 대한 입장은 존 칼빈(John Calvin)이 추구했던 교회와 국가를 이론적으로 완전히 분리했던 "장로-총회적인 유형"(der presbyterial-synodale Modell)과 관련해 비교될 수 있다.4 츠빙글리 사후에 교회와 국가의 관계 문제로 불링거와 논쟁했던 유드는 칼빈의 입장과 동일한 선에 서 있기보다는, 오히려 카스퍼 폰 슈벤크펠트(Kasper von Schwenckfeld, 1489-1561) 아래서 강하게 영향을 받은 재세례파적인 공감 속에서 교회와 국가의 분리를 강하게 주장했다. 레오의 문제 제기는 단순히 불링거에 대한 불만이 아닌, 츠빙글리를 죽음에 이르게 했던 교회와 국가의 밀접한 관계 속에서 수행된 카펠(Kappel) 전쟁 같은 비극이 다시는 일어나지 않도록 하기 위한 고민에 대한 반응으로 볼 수 있다. 칼빈과는 그 성격이 조금 다르지만 유드 역시도 교회와 국가의 관계가 완전히 분리되는 것이 옳다고 생각한 것이다.

  이 연구는 불링거가 취리히 교회의 대표 목사로서 사역했을 때 종교적, 정치적, 사회적, 경제적 상황 속에서 교회와 국가의 관계가 어떻게 이론적이고 또 실천적으로 이루어졌는지를 살피는 데 관심을 둔 것이다. 그렇지만 이때 잊지 않아야 할 것은, 불링거의 교회와 국가의 관계에 대한 이해는 오늘 시대의 현실 속에서 우리의 신학적 시각으로 평가되기 전에, 더 앞서는 종교개혁 당시 취리히의 현실 속에서 그가 추구했던 고유한 입장을 통해서 평가되어야 한다는 점이다. 이는 오직 불링거가 자신의 시대 속에서 신학적으로 숙

---

4 Campi, "Bullingers Rechts- und Staatsdenken", 119; Andreas Mühling, "Bullingers Bedeutung für die europische Reformationsgeschichte", in *Evangelische Theologie*, 64 Jahrgang, Deutschland 2004, 100. (참고, Ulrich Gbler, "Heirich Bullinger", in *Gestalten der Kirchengeschichte, hg., Die Refromationszeit II* (Stuttgart·Berlin·Köln·Mainz, 1981), 204.)

고하며 드러낸 결과이기 때문이다. 당연히, 이 사실은 우리가 추구하는 신학을 통해서 불링거의 입장을 평가하는데 신중함이 필요하다는 것을 욕구한다. 최근 한국에서 계엄 문제로 인한 대통령 탄핵 때 발생된 일련의 사건들과 관련하여 교회와 국가의 관계에 대한 물음은 결코 피할 수 없는 주제이다. 우리 역시도 이에 대한 신학적 정리가 시급히 요청되고 있다. 이때 불링거의 교회와 국가의 관계에 대한 이해는 우리가 참고할 수 있는 한 유형(Modell)이 될 것이다.

II. 불링거 – 츠빙글리와 함께, 그리고 츠빙글리를 넘어서

취리히 시내 중심을 흐르고 있는 림마트(Limmat) 강이 취리히 호수로부터 시작되는 관문의 오른편에 바써교회(Wasserkirche)가 있다. 그 교회의 뒤편에 거대한 청동으로 만든 양손에 검과 성경이 쥐어져 있는 츠빙글리 동상이 우뚝 서 있다. 이 동상을 볼 때 한 가지 인상적인 의문이 떠오른다: "왜 츠빙글리는 검을 쥐고 있을까?" 츠빙글리가 검을 든 것과 관련하여 어떤 사람들은 취리히 종교개혁자를 비난하거나 군목으로 이해하는 경우도 있다. 하지만 그의 검을 든 모습은 전쟁을 추종하는 군인의 모습이 아니다. 츠빙글리가 추구했던 취리히 종교개혁과 목회적 삶의 특징이 어떠한가를 단적으로 말해 주는 상징이다. 그의 동상은 이 질문에 대한 직접적인 답변이라고 할 수 있다. 츠빙글리는 자신의 설교를 듣고 전쟁에 참여한 사람들과 운명을 함께 한 것이다. 그 비극적인 전쟁에 참여하지 않았어도 어느 누구도 그에게 책임을 물을 수 없음에도 불구하고, 그들을 품기 위해 함께 참여한 것이다.

목자의 설교를 듣고 따르는 양들에 대한 목회적 고려를 하지 않았다고 하면, 그는 굳이 취리히 군사들과 함께 하지 않았을 것이다. 츠빙글리가 비극적으로 죽은 이후에 바젤의 종교개혁자 요한네스 외콜람파디우스(Johannes Oecolampadius)가 스트라스부르의 부써에게 보낸 서신을 주목할 필요가 있다:

"우리의 형제(츠빙글리)는 장수로서 참여했던 것이 아니라, 오히려 훌륭한 시민으로서, 자신의 사람들과 함께 죽기를 원하는 충성스러운 목자로서 참여했던 것이다 … 그리고 그는 자신의 욕망 때문에 전쟁터에 가지도 않았다."[5]

1531년 11월 11일에 발생한 카펠 전쟁은 한 시간 내에 끝난 것으로 알려져 있다. 취리히 진영에서는 25명의 목사들을 포함한 400여명의 사람들이 목숨을 잃었다. 이 사람들 가운데 츠빙글리도 속해 있었다. 그 반대 진영에서는 100여명의 병사들이 사망했다. 이 전쟁 때 목숨을 잃은 취리히 목사들은 전쟁에 참전한 군종 목사들이 아니다. 카펠 전쟁이 발생하게 된 책임을 직접 감당하며 자신들의 설교를 듣는 취리히 군인들을 목양적으로 돌보기 위해 함께 참여한 것이다.

카펠 전쟁에서 취리히 군대의 패배는 하인리히 불링거가 사역하고 있었던 브렘가르텐도 위급한 상황으로 몰아갔다. 그곳 교회가 로마 가톨릭교회로 회귀되었기 때문이다. 1531년 11월 21일에 불링거는 다른 세 명의 목사들과 함께 고향 브렘가르텐에서 쫓겨나 취리히로 피신할 수밖에 없었다. 그리

---

[5] Jaques Courvoisier, "Zwinglis Tod im Urteil der Zeitgenossen", in *Zwingliana XV/8*, Zürich 1982, 609에서 재인용: "… Unser Bruder ist nicht als Heerführer ausgezogen, sondern als guter Bürger, als getreuer Hirt, der mit den Seinen sterben wollte … Auch ist er nicht aus eigenem Trieb ins Feld gezogen …"

고 이틀 후인 11월 23일에 불링거는 처음으로 그로스뮌스터(Grossmünster) 교회에서 설교하도록 초청을 받았다. 그는 모든 청중에게 무덤에 있는 츠빙글리가 불사조가 되어 다시 살아나서 설교하는 것처럼 생각이 들 정도로 감명 깊은 설교를 담대하게 선포했다.6

  1531년 12월 9일에 불링거의 인생에 있어서 가장 결정적인 사건이 발생했다. 27세 나이에 츠빙글리의 후계자로 취리히 상•하 의회의 결의를 통해 많은 현실적인 어려움을 가진 취리히 교회의 대표 목사로 선출된 것이다. 100여개의 교회와 130여명의 목사를 대표하는 취리히 교회의 의장(Antistes)이 되었다. 그러면 젊은 불링거가 취리히 교회의 대표 목사로 뽑힌 이유는 무엇일까? 정확한 이유는 확인되지 않는다. 다만, 모두가 공통적으로 확신하는 점은 츠빙글리의 의중이 반영되었다는 사실이다. 츠빙글리가 2차 카펠 전쟁에 참여하기 전에, 만약 자신의 신상에 문제가 있을 경우에, 불링거를 자신의 후계자로 임명해 줄 것을 요청한 것으로 추측하고 있다. 이미 앞서 불링거는 베른(Bern), 바젤(Basel) 그리고 아펜젤(Appenzell)로부터 청빙을 받았지만, 츠빙글리의 동역자로서 취리히 교회에 깊은 의무감을 가졌다. 그곳 예언회에서 신학교육을 받고, 그곳 총회에서 목사 안수를 받은 책임을 외면할 수 없었다.

  젊은 나이에 취리히 교회를 대표하게 된 불링거는 처음 종교개혁의 지속성을 유지하기 위해 교회의 새로운 재편과 사회적 안정에 관심을 두어야 했다. 카펠 전쟁 이후에 로마 가톨릭교회를 지지하는 다섯 삼림 주들과 패배한 취리히 사이에 마일렌 협정(Meilener Vorkommnisses)7이 체결되었다. 그

---

6 Patrik Müller, *Heinrich Bullinger: Reformator, Kirchenpolitiker, Historiker* (Zürich: TVZ, 2004), 9.
7 Heinrich Bullinger, *Heinrich Bullingers Reformationsgeschichte*, nach dem Autographon hrsg. v. Johann Jakop Hottinger und Hans Heinrich Voegeli, 3 Bde.,

핵심 내용은 츄리히 교회의 목사들에게 정부를 향하여 권리를 행사하는 세속적 용무들을 전면적으로 금지 시키는 것이었다. 물론, 이미 츠빙글리에 의해 추구되어왔던 교회와 정부의 협력 속에서 진행된 종교개혁의 근본 구조가 완전히 바뀌지는 않았다. 여러 어려운 상황들이 전개되었음에도 불구하고 츄리히 정치인들이나 시민들에게서 교회와 사회의 개혁에 대한 요구는 전쟁의 패배와 상관없이 열망되었기 때문이다. 더욱이, 카펠 전쟁이 끝나고 위기에 처한 교회를 정부의 도움 없이 회복시킬 수 없었기 때문에, 불링거 역시도 교회와 정부 사이의 협력을 지속적으로 유지하기 위해 노력해야만 했다. 종교개혁의 지속성과 그것을 통한 교회와 사회의 개혁을 위해 불링거는 두 기관의 관계를 신학적이고 제도적으로 합법화해 나간 것이다.

물론, 불링거에 의해 이해된 교회와 정부의 협력 사역은 츠빙글리와 구별되는 분명한 차이가 있었다. 불링거는 하나님으로부터 위임된 두 기관이 서로 혼합되거나 영역에 대한 침범 없이 각자에게 주어진 역할과 책임 아래서 종교적이고 사회적인 중요한 일들을 서로 협력하여 해결하는 데 초점을 두었다. 교회와 국가 사이에서 분명하게 구별되는 질서와 역할을 상호 존중하면서 하나님으로부터 위임받은 각자의 일들을 서로의 후원과 도움 속에서 수행해 간 것이다. 교회의 사역들과 정부의 관리들은 자신에게 위임된 일들을 임의적인 생각과 판단에 따라서 처리하지 않았다. 오히려, 하나님의 말씀과 믿음 아래서 그 일들의 극대화를 위해 상호협력을 도모했다.『스위스 제2 신앙고백서』30항, 행정관리(De Magistratu) 조항에 언급된 내용을 통해 불링거가 이러한 입장을 추구했던 이유를 분명하게 확인할 수 있다:

Frauenfeld 1838-1840, den vierten Artikel, 287.

"만일 행정관리가 교회를 적대시하면 그는 교회를 심히 괴롭힐 수 있을 뿐만 아니라 또한 방해할 수도 있다. 그러나 행정관리가 교회와 가깝거나 교인일 경우 그는 가장 유용하고 뛰어난 교회의 성도로서 교회에 매우 많은 유익을 제공할 수 있으며 또한 결정적으로 가장 크게 교회를 도울 수 있다."[8]

불링거의 입장은 당시 모든 정치인이 교회를 출석하는 교인들이었고, 정부가 개혁주의 교회를 국교로 표명한 시대적이고 지역적인 상황과 관련되어 있었다. 츠리히 목사들과 정치인들의 협력 속에서 교회와 정부 사이에 문제가 될 수 있는 혼합의 위험성으로부터 실제적인 보호는 츠빙글리보다도 불링거가 이론과 실천 가운데 훨씬 나은 성과를 거두었다.[9] 이렇게 볼 때, 불링거는 한편으로 츠빙글리의 종교개혁의 과제를 죽는 날까지 유지했을 뿐만 아니라, 다른 한편으로 더욱 발전적으로 수행해 나간 것으로 볼 수 있다.

좀 더 구체적으로, 불링거는 카펠 전쟁에서 불행하게 죽은 츠빙글리가 남겨 놓은 종교개혁의 유산을 계승했다. 그렇다고 해도 불링거의 고유성이 발견되지 않는다는 의미는 아니다. 불링거는 한편으로 츠빙글리를 계승하면서도, 다른 한편으로 츠빙글리를 넘어섰다. 특징적으로 츠빙글리는 종교개혁을 처음 시작할 당시 상황 속에서 로마가톨릭교회의 문제들을 반박하는 신학적 내용에 온 마음을 쓸 수밖에 없었다. 종교개혁의 안정적인 정착을 위해 정치적인 면에도 많은 신경을 써야 했다. 이 때문에 츠빙글리의 관심은 츠리히 종교개혁의 시작과 정착에 그 초점이 모여 있었다. 하지만 불링거는 츠빙

---

[8] *Confessio Helvetica Posterior*, Art. 30, De Magistratu: "Si hic sit adversaries ecclesiae, et impedire et obturbare potest plurimmum. Si autem sit amicus, adeoque membrum ecclesiae, utilissimum exellentissimumque membrum est ecclesiae, quod ei permultum prodesse, eam denique peroptime juvare potest."
[9] Campi, "Bullingers Rechts- und Staatsdenken", 126.

글리의 종교개혁 사상의 기반 위에서 취리히 종교개혁의 안정과 유지에 힘을 쏟았다. 취리히 종교개혁이 그 교회와 사회에 제도적으로 정착될 수 있도록 역량을 발휘한 것이다. 취리히와 스위스를 넘어서 유럽 전역에 종교개혁을 확산시키는데 열심을 냈을 뿐만 아니라, 취리히 종교개혁의 대외적 역할에도 관심을 가졌다. 불링거는 취리히와 스위스를 넘어서 온 유럽 교회를 상대하여 공적인 책임을 다했다.

III. 교회와 국가의 관계에 대한 불링거의 이해

츠빙글리 사후에 하인리히 불링거는 취리히 교회의 대표 목사로 사역할 때 그리스도의 몸(corpus christianum)의 중세적 표상 위에 기초하고 있는 두 권세(Kirche und Staat)의 관계와 관련해 세속 권세와 동행하는 취리히 교회의 방향성을 명확히 표명했다. 그리고 이때 두 가지 분명한 명제가 강조되었다. 하나는 하나님의 말씀과 그것의 순수성에 대한 신학적 집중과 관련된 것이었고, 다른 하나는 모든 사회적 관심들 속에 있는 교회의 선지자적이고 공적인 역할과 관련된 것이었다.[10] 이 교회와 국가의 관계에 대한 신학적 입장은 불링거의 다음과 같은 초기 저술들 안에서 이미 확인되고 있다: 『의로움을 위한 친절한 권면』(Freundliche Ermahnung zur Gerechtigkeit, 1526)[11], 『하나님의 고소와 진지한 경고』(Anklage und ernstliches Ermahnen Gottes, 1528)[12], 『예언자의 직무』(De Prophetae Officio,

---

[10] Campi, "Bullingers Rechts- und Staatsdenken", 119-120.
[11] Heinrich Bullinger, *Freundliche Ermahnung zur Gerechtigkeit* (Zürich: Christoph Froschauer, 1526).
[12] Heinrich Bullinger, *Anklage und ernstliches Ermahnen Gottes an die jetzige Welt*

1532)¹³. 이뿐만 아니라, 이러한 이해는 불링거가 취리히 교회 의장이 된 이후로 저술한 『50편 설교집』(*Decaden*), 『기독교 신앙요해』(*Summa christlicher Religion*), 『박해받는 사람들이 어떻게 대답해야 하는지에 대한 보고서』(*Bericht, wie die Verfolgten antwortenn sollen*), 『스위스 제2 신앙고백서』(*Confessio Helvetica Posterior*) 등에서도 확인할 수 있다.¹⁴

근본적으로, 다른 종교개혁자들처럼 불링거에게 있어서 국가는 하나님의 명령으로부터 소급된 것이며, 신적인 섭리의 목적에 맞는 기관으로 이해되었다. 즉, 국가는 교회와 같은 영적인 권세와 관련된 것이 아니라, 오히려 하나님 앞에서 독립적이고 자율적인 책임을 가진 오직 자신만의 인류 평화와 안정을 위한 고유한 직무를 수행하는 것과 관련되어 있다.

첫째로, 불링거는 로마서 13장1-7절에 근거하여 그 고유한 직무와 함께 위임된 정부 관리들을 하나님의 봉사자들로 인식하였다.¹⁵ 그들의 권위는 이미 고대 시대에 종종 사용된 가정 공동체의 삶을 보호하고 또 그 구성원들을 돌보는 한 집의 가장(Hausvater)의 역할을 하는 것과 비교하여 매우 명백하게 드러난다고 밝혔다.¹⁶

둘째로, 불링거는, 이미 언급한 것처럼, 세속 정부가 신적인 기원을 가지

(Zürich: Christoph Froschauer, 1528).
13 Heinrich Bullinger, *De prophetae officio* (Zürich: Christoph Froschauer, 1532).
14 Heinrich Bullinger, *Decaden II*, Das gttliche Gesetz, Predigten 5-8, 289-389; *Compendium Christianae Religionis*, XVI. Quid de ministris ecclesiarum & de magistratu sentiendu sit, (Zürich, 1556), 87-91; *Bericht, wie die Verfolgten antwortenn sollen*, XVII. Von der Oberkeit vnnd rechter Gehorsame (Zürich, 1549), 201-208; *Confessio Helvetica Posterior*, 30. De Magistratu.
15 Bullinger, *Anklage und ernstliches Ermahnen Gottes an die jetzige Welt*, 14.
16 E. J. Kobelt, *Die Bedeutung der Eidigenossenschaft für Huldrych Zwingli* (Zürich, 1970), 51-50.

고 있기 때문에, 그 정부에 위탁된 국민은 순종할 의무가 있다고 했다. 물론, 그는 정부가 인정해야 할 한계에 대해서도 잊지 않았다. 즉, 정부는 모든 인간과 같은 동일한 척도 안에서 신적이고 영원한 법에 순종해야 하며, 그곳에서 일하는 행정관리들은 오직 하나님으로부터 위임된 그들의 권한 안에서 자신들의 행위가 정당화될 수 있다는 점을 강조한 것이다. 만약, 그 정부가 자신의 권한을 넘어섰을 때, 불링거는 츠빙글리와 동일하면서도 다른 종교개혁자과는 조금 구별되게, 합법적이지 않거나 바르지 않은 세속 권력에 반대하는 저항을 위한 시민 모임을 인정했다. 그는 학정을 행하는 정부, 즉 실제로 악행을 저지르는 위정자들에 반대하는 능동적 저항(aktiver Widerstand)을 담대하고 날카롭게 표현한 것이다.17 물론, 불링거의 저항은 무기를 드는 물리적 반대나 혁명은 아니다. 다만 정부가 잘못한 것을 명확히 드러내고 개혁을 요구하는 파수꾼적이고 선지자적인 저항이다.

셋째로, 불링거는 세속 정부의 역할에 대해 가장 먼저 종교의 보호(Cura Religionis), 평화 유지, 공공복지를 위해 봉사하는 것뿐만 아니라, 시민의 자유와 사회의 보호를 위해 헌신하는 것임을 밝혔다.18 그리고 이와 함께 그는 정치적 권력자들로 하여금 신적인 공의와 일치하여 일을 행할 수 있도록 요청하고 이끄는 것이 쉽지 않음도 밝혔다. 그럼 이 역할을 누가 감당해야 하는가? 목회자들을 통하여 입법적이며 또한 사법적인 업무를 가진 정부를 성경적인 계명의 정신 안에서 후원하는 교회가 공적으로 이 역할을 감당해야 함을 지적하고 있다.

넷째로, 불링거는 몇 가지 변화들과 함께 이미 취리히 안에서 준비되고 또한 특별히 종교개혁 이후에 한 역사적인 실체로 드러난, 일치된 종교와 정치

---

17 Bullinger, *Anklage und ernstliches Ermahnen Gottes an die jetzige Welt*, 14.
18 Bullinger, *Ermahnung*, 13.

구조적 공동체의 이상을 고수하였다. 교회와 국가는 실제로 구별이 되는 기관들로 이 둘은 서로 비교되지 않는 질서들이 아니라, 오히려 한 동일한 몸체의 두 조직으로 이해할 수 있다. 즉, 이 둘은 서로 명백하게 구별이 되는 업무를 수행해야 하지만, 그럼에도 불구하고 이 두 기관들은 완전히 분리되지 않는다는 것이다. 두 기관의 공동규범은 불링거에게 있어서 교회적이며 시민적인 질서 뒤에 존재하고 있을 뿐만 아니라, 항상 성경적인 정신에 근거하고 있는 사람들의 공동체의 한 일치된 이상으로 존재하고 있다. 특별히, 신적인 공의가 내부적인 확신으로부터 온 믿음을 통하여 실제화 된 교회 공동체는 이러한 입장에 근거하여 국가적인 공동체의 모범이 될 수 있다. 이와 함께, 불링거는 세속 정부를 지배정치적인 강요질서(die herrschaftspolitische Zwangsordnung)로 이해했다. 그리고 이와 동시에 그는 세속 정부를 인간과 관련된 신적인 정의를 국민에게 적용하는 합법적 기관으로서 국가를 이루고 있는 자유로운 구성원들을 섬기고 감독하는 도덕적 공동체로 이해하였다.[19]

끝으로, 교회와 국가의 깊은 관계 안에서 교회는 그 시대의 파수꾼으로서 세속적인 일들에 관하여 깨어 있어야 하며 또 국가가 악을 행할 때 그 시대의 선지자로서 그 국가가 영향을 받도록 말씀을 선포해야 한다. 이 말씀 선포는 내부적인 일(res interna)뿐만 아니라, 외부적인 일(res externa)과도 관련되어 있기 때문이다. 즉, 교회는 외적으로 사회에 유익을 주어야 하고 또 국가 기관이 새로워질 수 있도록 효과를 주어야 한다. 이와 함께, 국가 기관처럼 교회 역시도 동일한 신적인 기원에 기초되어 있기 때문에, 교회의 자치권이 상실되는 것 없이, 교회는 자신(종교)의 보호를 국가에 맡길 수 있

---

[19] Campi, "Bullingers Rechts- und Staatsdenken", 123.

다. 분명히, 불링거의 이해에 의하면 신적인 권위에 기초를 두고 있는 국가는 이웃에 대한 인간의 의무를 포함하고 있는 십계명의 두 번째 돌판의 보증을 위임받았다. 그리고 교회의 동료로서 국가도 첫 번째 돌판과 관련된 하나님의 합법적인 공경의 의무(cultus Dei legitimus)를 수행해야 한다.20

여기에서 살핀 이 내용들은 교회와 국가의 관계에 대한 취리히 유형을 이해할 수 있는 사상적인 배경을 형성하고 있다. 이와 관련하여 고려되어야 할 것은, 불링거에 의해 이해된 교회와 정부의 협력은 서로가 혼합됨이 없이 상호적 관계를 형성하면서 주어진 책임을 감당한다는 점이다. 그에게 있어서 교회와 정부의 협력은 질서나 역할에 대한 구별이 없이 이루어지는 것이 아니라, 오히려 교회와 국가 사이에서 분명하게 구별되는 질서와 역할을 상호 존중하고, 하나님으로부터 위임받은 각자의 고유한 업무들을 수행해 나간다. 소위, 각 영역의 직무가 서로의 후원과 도움 속에서 수행된다는 사실이다. 그러므로 교회의 봉사자들이나 정부의 관리들은 자신들의 일들을 각기 임의적인 판단이나 뜻으로 행하는 것이 아니다. 하나님의 말씀과 믿음을 전제로 서로가 완전히 구별된 각 영역의 직무가 침해받지 않으면서도, 특별히 그 직무의 극대화를 위해 상호 협력하는 것이다. 당연히, 불링거는 교회와 국가의 협력을 일방적이거나 강제적으로 추구하지 않고, 취리히 공동체의 논의, 선택, 합의를 통해 이끌어 간 것이다.

취리히에서 정부가 교회에 대해 호의적이지 않거나 그 정부에 속한 관리들이 하나님을 두려워하는 사람들이 아니었다면, 이러한 협력은 불가능했을지도 모른다. 분명한 것은, 제2차 카펠 전쟁에서 패전한 이후 로마가톨릭교회를 지지하는 다섯 지역들과 굴복 당한 취리히 사이에 맺어진 계약인 『마

---

20 Heinrich Bullinger, *Gegensatz und kurzer Begriff der evangelischen und der päpstlichen Lehre* (HBBibl, 234), Thesen 13-15.

일렌 협정들』(*Meilener Verkommnisses*)에 의해 직접적으로 목사들이 국가에 대해 권리를 행사하는 세속적인 용무들에 참여하는 것이 허락되지 않는다는 가시적인 변화가 있었다.[21] 그럼에도 불구하고 한편으로 이미 취리히에서 츠빙글리의 종교개혁 자체가 교회와 정부의 협력 속에서 진행 되어왔던 근본 구조가 완전히 바뀌지는 않았기 때문에, 다른 한편으로 제2차 카펠 전쟁 이후 위기에 처한 교회를 국가의 도움 없이 회복시킬 수 없었기 때문에[22], 결과적으로 불링거는 교회와 국가 사이의 협력을 지속적으로 유지하면서 그 관계를 신학적이고 제도적으로 합법화 시켜나갔다고 볼 수 있다.

IV. 불링거의 실천적 이상

그럼 불링거가 이해했던 교회와 국가 관계의 사상이 역사 속에서 어떻게 실천되었을까? 교회와 국가의 관계에 대한 현실화된 실체의 내용은 무엇보다도 불링거가 새로운 취리히 교회 의장으로 선출된 다음 해인 1532년 10월 22일에 작성하여 공포한 『취리히의 설교자와 총회 규범』(*Züricher Prediger-und Synodalordnung*)을 통해서 확인할 수 있다.

이 『취리히의 설교자와 총회 규범』은 독립적인 교회의 규범이 아니라, 많은 부분의 교회법이 정부에 넘겨진 정부 참여적인 교회의 규범이다. 즉, 교회의 업무에 정부의 참여를 인정했다는 것을 의미한다. 이 『취리히의 설교자와 총회 규범』은 세 가지 조항으로 구성되어 있다: 1. 설교자들의 선택, 파

---

[21] Emidio Campi, "Heinrich Bullinger und seine Zeit", in *Zwingliana 31*, hg. E. Campi, Zürich 2004, 8.
[22] Zodel, *Bullingers Einflus auf das züricherische Staatswesen von 1531-1575*, 16.

송 그리고 부양에 관하여, 2. 설교자들의 가르침과 삶에 관하여, 3. 총회와 목사의 직무와 사역을 바꾸거나 교회와 정부에 대한 그의 책임을 확정하는 각 결정들이 가장 중요한 위치를 차지한다는 내용에 관하여.23 이는 불링거의 사역 기간뿐만 아니라, 프랑스 혁명(1789) 이전의 나폴레옹이 집권한 구체제(Ancien regime)에까지 유지되었으며, 그 결정의 몇 가지들은 지금까지도 효력을 가지고 있다.24 불링거는 이 『취리히의 설교자와 총회 규범』을 단독으로 작성하지는 않았다. 1532년 여름에 정점에 달했던 교회와 국가의 분리를 주장했던 레오 유드(Leo Jud)와 함께 작성했다.25 참고로, 레오의 비판은 이후 정부의 중재와 불링거가 비록 교회와 국가의 일치를 주장하면서도 설교의 철저한 독립성과 그 설교를 통해 국가의 잘못을 비판할 수 있다는 입장을 견지한 것과 관련하여 철회되었다. 특별히, 이 『취리히의 설교자와 총회 규범』을 작성할 때 두 사람은 이미 츠빙글리가 1528년에 공포한 총회 규범을 참고했다. 츠빙글리는 취리히 정부와 직접적인 협력과 지도 아래서 종교개혁을 진행시켜갔다. 1525년에 수도원과 미사를 폐지시키고, 가난한 사람들을 위한 법적 제도와 가정법원을 도입했다. 1528년에 총회를 개최했으며, 1530년에 가정법원은 풍기단속법원으로 발전되었다.26 불링거의 규범은 전혀 새로운 것이 아닌 이렇게 츠빙글리가 이미 계획했던 것을 정비하고 강화시키는 것이었다.

불링거의 교회와 국가의 관계에 대한 이해와 관련하여 여기에서 매우 중

---

23 Campi, "Bullingers Rechts- und Staatsdenken", 124.
24 Campi, "Heinrich Bullinger und seine Zeit", 22.
25 Zodel, *Bullingers Einflus auf das züricherische Staatswesen von 1531-1575*, 18. 이 문제로 불링거가 유드와 첨예하게 논쟁을 하였음에도 불구하고, 두 사람은 서로를 가장 신뢰하는 평생의 동역자 관계를 유지했다.
26 Müller, *Heinrich Bullinger*, 36.

요하게 관심을 가져야 할 사안은, 이 『취리히의 설교자와 총회 규범』의 효력과 관계된 교회적인 일들에 대한 정부의 권한이다. 취리히 총회의 협의 아래서 정부에게 주어진 권한은 교회의 규율에 속한 혼인문제(간통이나 이혼), 이단논쟁, 국유화된 교회재산의 관리, 기독교 공동체와 스위스 연방의 국가 공동체의 독특한 연합 안에 있는 목사들에 대한 정부 협력적인 총회의 교훈(가르침)과 규율적 감독 등에까지 이르고 있다.27 그리고 정부의 이러한 권한과 함께 일 년에 두 번 실시된 총회는 취리히 교회의 대표 목사(Antistes)와 취리히 의회를 대표하는 시장의 협의 아래서 이루어졌다.28 이뿐만 아니라, 교회 재정이 정부의 관리 아래 놓여 있었기 때문에 많은 예산이 소요되는 교회 업무나 새로운 목회자 청빙 같은 사안에 대해서도 정부가 직접적으로 관여했다. 이와 관련하여 취리히에서 목사는 정부의 명령을 강단에서 선포하여 모든 신자에게 알려야 할 의무를 져야 했는데, 때로 국가의 공무원처럼 간주되었다.29

사실, 정부의 이러한 참여는 취리히 교회와 관련하여 긍정적인 면과 부정적인 면을 동시에 가지고 있었다. 이는 취리히 교회 안에서 발생한 다양한 일들과 관련이 되어있다. 많은 것을 이야기할 수 있겠으나, 굳이 한 긍정적인 실례를 든다면, 재세례파와 관련하여 생각할 수 있다. 엄격한 도덕적인 이상을 주장하고, 교회에서 국가 조직이 불필요하다고 외치며 종교개혁 자체를 위협으로 몰아간 재세례파나 다른 반대자들의 강력한 저항과 비판에도

---

27 Heirich Assel, *Bund souvernes Leben mit Gott im Gebot und Gesetz*, in *Evangelische Theologie*, 151.
28 취리히 총회는 대략 130여 명의 목사들과 신학교수들, 그리고 8명의 정부 책임자들(상원에서 4명 의원들, 하원에서 3명 의원들 그리고 시장)과 정부서기관이 참여했다. (Emidio Campi, "Heinrich Bullinger und seine Zeit", in *Zwingliana 31*, hg. E. Campi, Zürich 2004. 21.)
29 Zodel, *Bullingers Einflu auf das züricherische Staatswesen von 1531-1575*, 19.

불구하고, 취리히 교회는 종교개혁을 정부의 보호 아래서 흔들림 없이 수행하고 유지해 갈 수 있었다는 점이다. 이미 알고 있는 것처럼 현상적으로 당시의 시대적 특성상 종교개혁의 실행은 각 지역들 안에서 그곳 정부들의 후원과 밀접하게 연결되어 있었다. 실제로, 모두가 인정하고 있는 것처럼 재세례파가 전 유럽 안에서 많은 지지자가 있었음에도 불구하고 뿌리를 내리지 못한 가장 큰 이유는 그들과 세속 권력 사이의 관계 단절이었다. 그들의 신학적 입장이 필연적으로 야기할 수밖에 없었던 세속 정부에 대한 부정적인 시각은 결과적으로 정치적 불충성의 의심을 자아냈고, 따라서 박해의 대상이 되었다.30 취리히 지역도 예외가 될 수 없었다.

이와 반대로, 한 부정적인 실례는 국유화된 교회재산의 사용과 관련된 것이다. 사실, 취리히에서 교회의 재산은 종교개혁 이후에 모든 목사들이 결혼을 하고 또 자녀를 갖는 것과 관련하여, 이 모든 목사 가정을 부양하기 위한 충분한 수익을 가져오지 못했다. 불링거는 이미 1536년에 얼마의 급료가 부족한가에 대해 철저하게 조사했다. 물론, 이의 의무로 취리히 정부가 목사의 급료에 대해 보증을 하였으나, 이와 동시에 그 정부는, 구체적인 실례들로, 국유화된 교회재산을 제2차 카펠 전쟁 후부터 1540년까지 전쟁차관으로 지출하거나 1550년에 정부 청사를 구입하는 일들로 허비했다.31 더욱이, 교회재산은 지속적으로 교회와 관련되지 않은 다른 일들을 위해서도 사용되었다. 한 가지 주목할 만한 것은, 1546년에 취리히 정부가 의원의 봉급을 도입하면서 그 비용을 수도원의 수익에서 지불했을 때, 불링거는 교회재산을 목적에 위배되게 사용하는 정부를 강하게 비난했던 사건이다. 취리히의 정

---

30 윌리엄 C. 플래처, 『기독교 신학사 입문』 (서울: 크리스챤 다이제스트, 1994), 257-262.
31 Hans U. Bchtold, *Bullinger und die Obrigkeit*, in Vortrge, gehalten aus Anlass von Heinrich Bullingers 400. Todestag, hg. Ulrich Grbler & Endre Zsindely (Zürich, 1977), 79.

부관리들은 교회재산 안에서 뒹굴기 위해 오직 복음을 받아들인다고 외치면서 각성을 촉구한 것이다.32 그 후로 많은 부분들이 개선되었고 또 교회재산에 관한 불링거의 제안들이 존중되었음에도 불구하고, 여전히 정부의 교회재산 관리와 관련하여 교회와 정부 사이에는 분쟁이 될 수 있는 잠재적인 문제들은 여전히 남아있었다.

이제는 이러한 긍정적이고 부정적인 면들로 평가하는 직접적인 이해를 배제한 채로, 여기에서 더욱 중요하게 생각해야 할 것은, 이미 당시 취리히에서 사회적인 문제들에 대한 관심들이 구체적인 열매들로 나타났다는 점이다. 이는 앞서 교회의 재산사용 문제로 인하여 교회와 정부 사이에 갈등 상황이 표면화되기도 하였지만, 그렇다고 해도 근본적으로 두 기관의 협력관계에 대한 심각한 문제가 발생하지 않았기 때문에 가능하였다. 대표적으로, 가난한 학생들에 대한 무상 교육, 병자들과 가난한 사람들을 돌보는 일, 다른 여러 증가한 사회적 위급한 문제 해결을 위한 노력 등은 교회와 국가의 협력 속에서 더 효율적으로 감당되었다. 그리고 이 일들은 16세기 중반부터 취리히에서 실효성 있는 성과를 거두기 시작하였다. 이러한 이해들과 함께 한 가지 더 흥미롭게 참조할 만한 것은, 불링거가 사회적 문제들과 관련하여 쓴 글들이다. 대표적으로 『새로운 이자법』(eine neue Zinsordnung, 1534)33, 『빈민구제에 관하여』(Zur Armenfürsorge, 1558)34, 『고리대금에

---

32 Bchtold, *Bullinger und die Obrigkeit*, 82: 수도원 재산은 이미 츠빙글리 당시 1524년 병자들과 가난한 이들을 돕는 것에 활용된다고 결정되면서, 다음 해에 정부는 이와 관련하여 『자선에 관한 규범』을 공포했다. 그리고 불링거에 의해 그 밖의 교회 재산은 교회 유지, 목회자 부양, 학교 그리고 가난한 이들을 위해 쓰여져야 한다고 결정되었다. 이러한 입장은 『50편 설교집』(*Decaden*), 『스위스 제2 신앙고백서』(*Confessio Helvetica Posterior*) 등에서 확인할 수 있다.

33 Autographe Reinschrift. Zürich, Staatsarchiv, E II 102, 335-341. Februar. 1534; *Bullingers Schriften VI*, Zürich 2006, 171-181.

34 Autographe Reinschrift mit eigenhndigen Unterschriften von Heinrich Bullinger,

대한 조치』(Maßnahme gegen den Wucher, 1568)35, 『검은 예술에 반대하여』(Gegen die schwarzen Knste, 1571)36, 『빈곤 퇴치를 위한 제안』 (Vorschlag zur Bekmpfung von Armut, 1572)37 등이다. 불링거가 취리히에서 사회 전반의 문제들에 대해 얼마나 큰 관심을 가지고 있었는지를 짐작하게 하는 글들이다.

앞서 모든 논의를 종합하면, 불링거에게 있어서 교회활동은 결코 비정치적이지 않았다는 사실이다. 그는 국민의 삶과 관련된 교회의 공적인 일들이 교회 밖인 사회 안에서 적용되고 실천되도록 노력하였다. 이를 위해 불링거는 이미 교회에 많은 유익을 줄 수 있고, 더욱이 교회를 돕거나 그 이상의 일을 할 수 있는 하나님으로부터 인류의 평화와 안정을 위해 세움을 받았고, 하나님을 두려워하는 정부 관리들과 함께 하나님으로부터 명령되고 위임된 직무들을 해나가길 원했던 것이다. 결론적으로, 취리히 그로스뮌스터교회에서 설교와 목회를 위한 책임을 가진 대표 목사, 취리히 총회의 의장, 약 7만 여명의 인구를 가진 도시국가에서 100여 개가 넘는 교회와 함께 130여명의 목사들의 지도자였던 불링거의 궁극적 관심은 취리히 기독교 공화국(Respublica Christiana)에서 실천적으로 교회와 국가의 협력을 통하여 새로운 종말론적인 규범(eine neue endzeitliche Ordnung)을 실현하려고 한 것에 있었다.38

Rudolf Gwalther, Hans Wolf, Ludwig Lavater. Zürich, Staatsarchiv, E I 5. Ia, Nr. 13. 23. Mrz 1558; Bullingers Schriften VI. 343-355.

35 Autographe Reinschrift. Zürich, Staatsarchiv, E II 102, 14. Februar. 1568; Bullingers Schriften VI. 435-442.

36 Abschrift von Johann Jakob Wick, Zürich, Zentralbibliothek, Ms. F 63, Bl. 356-363, 1571; Bullingers Schriften VI. 483-501.

37 Autographe Reinschrift. Zürich, Staatsarchiv, E II 102, 299-315. August 1572; Bullingers Schriften VI, 519-540.

38 Müller, Heinrich Bullinger, 36.

V. 정리하며

불링거의 긍정적 풍경은 단순히 신학을 이론으로만 남겨두지 않고, 삶의 실천적 내용으로 끌어 올린 사실에 있다. 개혁주의 신학 안에서 오늘날까지도 논쟁의 여지로 남아있는 교회와 국가의 관계에 대한 불링거의 유형(Modell)과 여기에서는 살피지 않았지만 칼빈의 유형이 사뭇 다르다고 해도, 이 두 사람은 자신들이 추구하는 그 신학적 입장을 가지고, 그들 시대, 지역 그리고 현실적 상황에 놓여 있는 문제들을 해결하기 위해 신학적으로 숙고했을 뿐만 아니라, 비록 모든 것이 그대로 펼쳐지지는 않았을지라도, 그 내용의 실행을 위해 평생 헌신했다는 점에 우리의 생각과 시각을 잠시 고정할 필요가 있다. 그리고 우리는 이미 서론에서 언급한 것처럼 불링거의 교회와 국가의 관계에 대한 이해가 고유한 특징을 가지고 있음에도 불구하고, 그것이 분명하게 조망하고 있는 것이 무엇인지 확인할 필요가 있다. 즉, 교회의 파수꾼적인 직무(Wchteramt)와 공적인 역할은 오직 종교(기독교)와 교회의 유지를 위해서만 반드시 필요한 것은 아니라는 점이다. 그리고 이와 함께 사회를 구성하는 사람들의 인권적이고 또 그들 삶의 유효적인 발전을 위해서도 반드시 필요하다는 점이다.[39] 당연히, 교회와 국가의 관계에 대한 신학적 내용에 따른 서로의 이해관계를 따지지 않고 볼 때, 어느 누구도 이 조망에 대해 비판적 칼날을 세우지는 못할 것이다.

---

[39] Campi, "Bullingers Rechts- und Staatsdenken", 123: "das `Wchteramt` und die füfentlichen Stellungnahmen der Kirche nicht nur für die Erhaltung von Religion und Kirche, sondern für die menschengerechte, lebensdienliche Zukunftsentwicklung der Gesellschaft notwendig sind."

불링거의 입장은 단순히 신학적으로 교회와 국가의 관계에 대한 문제에만 국한되어 있지 않다는 것도 주목되어야 한다. 즉, 종교개혁이 공론화되면서 발생한 교회와 신앙의 산적한 문제와도 관련되어 있다. 불링거의 교회와 국가의 관계에 대한 이해는 당시 험난한 상황 속에서 종교개혁과 관련된 다양한 문제들을 그 신앙고백과 실천에 맞게 해결하기 위한 숙고의 과정에 따른 취리히 공동체의 논의, 선택 그리고 합의의 결정이다. 이미 앞서 밝힌 것처럼, 불링거의 사상을 이해할 때 주의해야 할 점이 있다면, 우리의 시대와 그의 시대는 시간적으로, 공간적으로 그리고 상황적으로 전혀 다르기 때문에, 오늘날의 교회와 국가에 대한 시각과 종교개혁 이후 지속적으로 발전된 교회와 국가의 관계에 대한 후기적 사고에 근거하여 일방적이고 직선적으로 불링거의 사상을 평가할 수 없다는 사실이다. 불링거가 추구했던 신학적 입장과 함께 그가 살았던 시대와 지역에 주어진 현실의 문제들을 해결하고자 애썼던 사실을 고려해야 한다. 이렇게 볼 때, 불링거의 교회와 국가의 관계에 대한 이해는 지금 우리가 긴 시간이 흐른 현실 속에서 마주하는 현실과 차이가 있다. 당연히, 우리는 지금 우리에게 당면해 있는 교회와 국가의 관계 문제와 관련하여 불링거의 입장을 한 유형으로 참고할 수 있다. 그가 강조했던 교회의 파수꾼적이고 선지자적인 역할은 지금도 유효하기 때문이다. 즉, 이 직무가 우리의 현실 속에서 어떻게 펼쳐져야 하는지 참고할 수 있는 것이다.

지금 우리는 한국 교회의 현실을 생각하지 않을 수 없다. 다양한 교파와 이익 관계로 복잡하게 얽혀있는 한국 교회의 현주소는 크게 신학교, 총회, 이단문제, 북한 문제, 사학법, 차별금지법 같은 현안들에 대해 대내외적으로 설득력 있는 대안이나 합의를 이루어 내지 못하고 있다. 오히려, 더 큰 혼란

속으로 빠져들고 있는 느낌이다. 그리고 기복적이고 현실 기득권적인 신앙의 강조는 이웃과 사회를 향한 희생과 헌신이 신앙의 덕으로 강조되지 않은 결과를 낳게 하여 교회와 신자들이 줄 수 있는 윤리적이고 공적인 유익을 현 사회에서 잃어가도록 만들고 있다. 이뿐만 아니라, 최근 계엄 사태 속에서 노골화된 일부 교회들의 정치적 참여는 교회를 이념화된 정치 집단으로 보는 오해를 낳게 했다. 그 결과로, 교회의 권위와 신뢰는 과거보다 훨씬 떨어졌으며, 더욱 날카로운 비판들이 교회를 향해 쏟아지고 있다. 당연히, 이러한 세태는 한국 교회가 추구하는 신학의 내용이나 신앙적 입장과 무관하지 않다. 그리고 신학적으로도 교회와 국가에 대한 관계 문제가 정립되어 있지 않을 뿐만 아니라, 그 실천에 있어서도 교회는 파꾼적이고 선지자적인 사명을 감당하고 있지 못하는 것처럼 보인다.

결론적으로, 교회의 바른 신학적 정체성을 회복하고, 교회의 신자들과 동시대를 살아가는 사람들에게 권위와 신뢰를 회복하기 위해 한국 교회는 이미 다원적 종교 토양을 가진 땅 위에서 불링거의 교회와 국가의 관계에 대한 이상이 요원(遙遠)할 뿐만 아니라, 결코 적용될 수 없는 것이라고 해도, 오직 불링거의 사상이 결과적으로 제시해 주고 있는 그 조망 위에서 우리가 추구하는 이 주제에 대한 신학적 입장을 통하여 오늘의 시대와 상황에 맞는 선한 열매를, 비록 완전한 것이 아닐지라도, 맺기 위한 실천적 숙고와 적용이 더욱 구체적으로 이루어져야 할 것이다.

〈참고문헌〉

1차문헌

Bullinger, Heinrich. *Freundliche Ermahnung zur Gerechtigkeit.* Zürich: Christoph Froschauer, 1526.

_____. *Anklage und ernstliches Ermahnen Gottes an die jetzige Welt.* Zürich: Christoph Froschauer, 1528.

_____. *De prophetae officio.* Zürich: Christoph Froschauer, 1532.

_____. *Gegensatz und kurzer Begriff der evangelischen und der päpstlichen Lehre.* HBBibl, 234.

_____. *Heinrich Bullingers Reformationsgeschichte.* nach dem Autographon hrsg. v. Johann Jakop Hottinger und Hans Heinrich Voegeli, 3 Bde., Frauenfeld 1838-1840.

_____. *Decaden II. Das gttliche Gesetz, Predigten 5-8,* Zürich, 1549: 289-389.

_____. *Compendium Christianae Religionis, XVI. Quid de ministris ecclesiarum & de magistratu sentiendu sit.* Zürich, 1556: 87-91.

_____. *Bericht, wie die Verfolgten antwortenn sollen, XVII. Von der Oberkeit vnnd rechter Gehorsame.* Zürich, 1549.

_____. *Autographe Reinschrift.* Zürich, Staatsarchiv,

E II 102, 335-341. Februar. 1534; *Bullingers Schriften VI.* Zürich, 2006.

2차문헌

Bchtold, Hans U. *Bullinger und die Obrigkeit.* in Vortrge, gehalten aus Anlass von Heinrich Bullingers 400. Todestag, hg. Ulrich Grbler & Endre Zsindely. Zürich, 1977.

Campi, Emidio. "Bullingers Rechts- und Staatsdenken". in *Evangelische Theologie*, 64 Jahrgang, Deutschland 2004.

_____. "Heinrich Bullinger und seine Zeit". in *Zwingliana 31*, hg. E. Campi, Zürich 2004.

Courvoisier, Jaques. "Zwinglis Tod im Urteil der Zeitgenossen". in *Zwingliana XV/8.* Zürich, 1982,

Gbler, Ulrich. "Heirich Bullinger". in *Gestalten der Kirchengeschichte*, hg., Die Refromationszeit II. Stuttgart·Berlin·Köln·Mainz, 1981.

Kobelt, E. J. *Die Bedeutung der Eidigenossenschaft für Huldrych Zwingli.* Zürich, 1970.

Mühling, Andreas. "Bullingers Bedeutung für die europische Reformationsgeschichte". in *Evangelische Theologie*, 64 Jahrgang, Deutschland 2004.

Müller, Patrik. *Heinrich Bullinger: Reformator, Kirchenpolitiker, Historiker.* Zürich: TVZ, 2004.

Zodel, Dollfus. *Bullingers Einfluss auf das zürcherische Staatswesen von 1531-1575*. Zürich, 1931.

플래처, 윌리엄 C. 『기독교 신학사 입문』. 서울: 크리스챤 다이제스트, 1994.

존 낙스의 정부론과 국가론

박재은

John Knox (1513-1572)

총신대학교(B.A. 신학과)와 총신대학교 신학대학원(M.Div.)을 졸업하고, 미국 Calvin Theological Seminary에서 조직신학 전공으로 신학석사(기독론, Th.M.)와 철학박사(구원론, Ph.D.) 학위를 취득했다. 박사논문 출판본은 네덜란드 개혁신학 전통의 칭의론과 성화론을 논구한 *Driven by God: Active Justification and Definitive Sanctification in the Soteriology of Bavinck, Comrie, Witsius, and Kuyper* (Vandenhoeck & Ruprecht, 2018)이다. 지은 책으로는 『쉬운 교리』(생명의말씀사, 2025), 『삼위일체가 알고 싶다』(넥서스CROSS, 2018), 『질문하는 성도, 대답하는 신학자』(디다스코, 2018), 『성화, 균형 있게 이해하기』(부흥과개혁사, 2017), 『칭의, 균형 있게 이해하기』(부흥과개혁사, 2016)가 있으며, 헤르만 바빙크의 『계시 철학』(다함, 2019), 『찬송의 제사』(다함, 2020), 제임스 에글린턴의 『바빙크: 비평적 전기』(다함, 2022), 존 볼트의 『헤르만 바빙크의 성도다운 성도』(다함, 2023), 웨인 그루뎀의 『성경 핵심 교리』(솔로몬, 2018) 등을 번역했다. 한국복음주의신학회 신진학자상(2018년)을 수상한 바 있으며, 국내외 주요 저널에 다양한 신학 주제로 다수의 소논문을 게재했다. 출판된 소논문들은 https://calvinseminary.academia.edu/JaeEunPark에서 전문을 읽을 수 있다. 현재는 총신대학교 신학과 교수로 재직 중이며, 동시에 교목실장 및 섬김리더 교육원장을 겸하며 학교와 학생들을 사랑으로 섬기고 있다.

박재은

I. 들어가는 글

'정치'는 모든 사안을 흡수해 버리고 재구성해 버리는 블랙홀과 같은 파급력 높은 주제다. 특히 대한민국의 정치 상황 속에서는 더 그렇다. 대한민국은 전 세계를 통틀어 몇 남지 않은 '분단국가'이며, 그 결과 여전히 이념 전쟁 및 체제 전쟁이 한반도 곳곳에서 치열한 전투가 벌어지고 있는 특수한 국가여서 더 그렇다.

'은혜가 자연을 회복한다'라는 신학적 명제가 실로 진실된 명제라면 은혜는 '정치'라는 자연도 반드시 회복시켜야 한다. 하지만 '정치 회복'이라는 담론은 실로 어려운 담론이고 거의 불가능에 가까워 보이는 담론처럼 보이기도 한다.

사안이 이렇게 복잡하고 어려워 보일수록 사인의 '본질'을 먼저 파악하고 그 본질부터 겸비하게 시작해 문제의 실타래를 천천히 풀어가는 지혜가 필요하다. 특별히 본 연구는 이 작업을 스코틀랜드의 종교 개혁자 존 낙스 (John Knox, ca.1514-1572)[1]를 통해 해보려고 한다. 낙스는 신학을 신학이라는 제한된 테두리 안에서만 건조하게 다루지 않았고,[2] 오히려 신학을 신

---

[1] 낙스의 신학과 생애에 대한 개괄적인 연구 자료들은 다음을 참고하라. W. Stanford Reid, *Trumpeter of God: A Biography of John Knox* (New York: Scribner, 1974), 『하나님의 나팔수: 존 낙스의 생애와 사상』, 서영일 역 (서울: 기독교문서선교회, 1984); Richard G. Kyle & Dale Walden Johnson, *John Knox: An Introduction to His Life and Works* (Eugene: Wipf & Stock, 2009); Richard G. Kyle, *The Ministry of John Knox: Pastor, Preacher, and Prophet* (Lewiston: E. Mellen Press, 2002); Jane E. A. Dawson, *John Knox* (New Haven : Yale University Press, 2015); 김요섭, 『존 녹스: 하나님과 역사 앞에 살았던 진리의 나팔수』 (서울: 익투스, 2019); 황봉환, 『스코틀랜드 종교개혁과 존 낙스의 신학』 (서울: 예영커뮤니케이션, 2001); 김중락, 『스코틀랜드 종교개혁사』 (안산: 흑곰북스, 2017); 마틴 로이드 존스·이안 머리, 『존 녹스와 종교개혁』, 조계광 역 (서울: 지평서원, 2011); 데이비드 캠벨, 『존 녹스와 떠나는 여행』, 이용중 역 (서울: 부흥과개혁사, 2006); G. 바넷트 스미스·도로시 마틴, 『존 녹스와 종교개혁: 스코틀랜드의 위대한 종교 개혁자』, 편집부 역 (서울: 보이스사, 1988).
[2] 낙스가 신학을 신학이라는 제한된 테두리 안에서만 하지 않고 결혼 및 가정이라는 영역까지

학 외의 영역에까지 역동적으로 확장시켜 신학적 담론을 확대시켜 나갔던 종교 개혁자였다. 이런 '신학의 확장성'이야말로 신학의 본질 그 자체인데 그 이유는 신학이 진리를 다루는 것이라면 진리는 그 본연의 특성이 '보편적 적용성'을 가지고 있기 때문이다.3 신학이 진리를 담고 있다면 그 신학은 정치라는 사안에도 보편적인 적용성을 가져야 한다. 이 지점을 낙스는 잘 드러냈다.4

본 연구의 진행 순서는 다음과 같다. 먼저 낙스의 정치관을 크게 세 가지의 자료를 통해 살펴볼 텐데 첫째는 『낙스의 전집』(*The Works of John Knox*, 1864, 이후부터는 *Works*로 표기)5에 나타난 저항권 사상,6 둘째는 낙스가 주도적으로 작성했다고 평가받는7 『스코틀랜드 신앙고백서』(*the Scottish Confession*, 1560)8에 나타난 정부와 국가에 대한 신본주의적 관

확대 시킨 모습에 대해 논구한 다음의 연구를 살펴보라. 박재은, "존 낙스가 가르친 결혼과 가정," 『종교개혁과 결혼 및 가정』, 개혁주의 신학과 신앙 총서 18권 (부산: 개혁주의학술원, 2024), 211-246.

3 구원론에서도 낙스의 확장성이 돋보인다. 이에 대한 고찰로는 박재은, "존 낙스의 신앙론," 『종교개혁과 신앙』, 개혁주의 신학과 신앙 총서 17권 (부산: 개혁주의학술원, 2023), 165-195; 박재은, "존 낙스의 칭의론," 『종교개혁과 칭의』, 개혁주의 신학과 신앙 총서 16권 (부산: 개혁주의학술원, 2022), 197-234를 참고하라.

4 Richard G. Kyle, "The Christian Commonwealth: John Knox's Vision for Scotland," *The Journal of Religious History*, 16.3 (June 1991), 247-259.

5 John Knox, *The Works of John Knox*, ed. David Laing, 6 vols. (Edinburgh: Thomas George Stevenson, 1864). 이후부터 낙스의 전집을 인용할 때는 Laing판을 인용할 것이며 철자는 현대 영어 표기법으로 수정하지 않고 1864년판 그대로를 인용할 것이다.

6 Cf. 김요섭, "정치적 판단과 신앙적 결단: 저항권 사상에 나타난 녹스의 종교개혁 이해," 『성경과신학』 88 (2018), 85-119.

7 Ian Hazlett, "The Scots Confession 1560: Context, Complexion and Critique," *Archiv für Reformationsgeschichte*, 78 (1987), 287-288.

8 『스코틀랜드 신앙고백서』를 현대적 영어 표현으로 전문을 확인하려면 https://www.apuritansmind.com/creeds-and-confessions/the-scottish-confession-by-john-knox/을 참고하라. 앞으로 인용되는 『스코틀랜드 신앙고백서』 문장 및 문구들은 이 사이트로부터 참고해 인용했음을 밝힌다. 다만 후속 연구자의 추후 연구를 위해 『스코틀랜드 신앙고백서』가 수록되어 있는 낙스의 *Works* 2:93-182의 페이지도 동시에 각주 처리하도록 하겠다.

점, 셋째는 낙스의 제자였던 앤드류 멜빌(Andrew Melville, 1545-1622)[9]을 중심으로 작성된 개혁 문서였던 『제2치리서』(*The Second Book of Discipline*, 1578)[10]에 나타난 국가관과 교회관의 구별성을 중심으로 살펴보겠다.[11] 그 후 논의한 내용을 중심으로 실천적 고찰 및 적용 지점을 도출한 후 글을 최종적으로 요약·정리하며 마무리 짓도록 하겠다.

존 낙스의 정부론과 국가론을 유심히 살피다 보면 대한민국이라는 국가와 정부 안에 존재하는 한국교회가 나가야 할 바른 방향성이 어느 정도까지는 잡힐 수 있다. 바로 이 지점이 본 연구의 궁극적인 존재 이유이다.

II. 존 낙스의 정부론과 국가론

낙스의 정부론과 국가론을 살펴보는 앵글은 다양할 수 있다. 본고는 다양한 앵글들 가운데서 크게 세 가지 앵글로 정치에 대한 낙스의 관점을 살펴보도록 하겠다. 첫째는 『낙스의 전집』에 나타난 저항권 관점, 둘째는 『스코틀랜드 신앙고백서』에 드러난 정치에 대한 신본주의적 기원성, 셋째는 『제2치

---

9 Cf. Roger A. Mason, ed. *Andrew Melville (1545-1622): Writings, Reception, and Reputation* (Farnham: Ashgate, 2014).

10 『제2치리서』를 현대적 영어 표현으로 전문을 확인하려면 https://www.truecovenanter.com/kirkgovt/scotland_kirk_books_of_discipline_1621.phtml#scotland_kirk_books_of_discipline_1621_book2_chapter01을 참고하라. 한글 번역은 박경수, 『스코틀랜드 교회치리서: 장로교 최초의 교회헌법 본문 및 해설』 (서울: 장로회신학대학교출판부, 2021)을 참고했으며, 필요에 따라서는 필자의 수정된 번역으로 표기할 텐데 그 경우 따로 명기하겠다.

11 『제2치리서』에 대한 핵심적인 연구물로는 다음을 참고하라. James Kirk, *The Second Book of Discipline* (Edinburgh: Saint Andrew Press, 1980); W. Stanford Reid, "The Book of Discipline: Church and State in the Scottish Reformation," *Westminster Theological Journal*, 35 (1972), 35-44; Alexander F. Mitchell, *The Scottish Reformation* (Edinburgh: William Blackwood and Sons, 1900).

리서』에 나타난 국가와 교회의 구별성이다. 이를 통해 정부와 국가를 대하는 낙스의 관점이 선명하게 드러날 것이며, 이런 낙스의 관점을 통해 한국교회에 바른 방향성 정립이 가능하게 될 것이다.

1. 『낙스의 전집』에 나타난 관점: 저항권

(1) "형제들과 스코틀랜드에서 진리를 고백하는 영주들에게 보내는 편지"(LETTERS TO HIS BRETHREN, AND THE LORDS PROFESSING THE TRUTH IN SCOTLAND)[12]

낙스는 "형제들과 스코틀랜드에서 진리를 고백하는 영주들에게 보내는 편지"라는 제하에 총 세 편의 편지를 기록했는데 첫째는 "스코틀랜드의 일부 귀족들에게"(TO SOME OF THE NOBILITY IN SCOTLAND),[13] 둘째는 "스코틀랜드의 형제들에게"(TO HIS BRETHREN IN SCOTLAND),[14] 셋째는 "스코틀랜드에서 진리를 고백하는 영주들과 다른 사람들에게"(TO THE LORDS AND OTHERS PROFESSING THE TRUTH IN SCOTLAND)[15] 의 제목을 가지고 있는 편지다.

이 편지 중 세 번째 편지에서 국가와 정부를 대하는 낙스의 생각을 여실히 읽을 수 있다. 크게 세 가지 정도로 요약·정리해 보겠다.

첫째, 낙스는 한 정부나 국가의 바름과 그름을 판단하는 기준을 '하나님을 두려워하는 양심'으로 보았다. 이 지점은 매우 중요한 지점이다. 그 이유는

---

12 Knox, *Works*, 4:254-286.
13 Knox, *Works*, 4:261.
14 Knox, *Works*, 4:261-275.
15 Knox, *Works*, 4:276-286.

그 당시 스코틀랜드 분위기는 세속 국가나 세속 위정자를 두려워함으로 신앙적 양심을 저버렸던 사람들이 존재했던 분위기였기 때문이다.[16] 낙스는 진리를 고백하는 스코틀랜드 영주들에게 "저는 하나님의 두려움 안에서 여러분과 소통합니다"(I communicat with yow in Godis feir)[17]라고 언급하며 신앙의 본연적 감정, 즉 하나님을 향한 '경외'로 편지의 전반적인 논조를 이끌어갔다. 낙스는 하나님을 향한 두려움과 경외심이 있는 사람들은 양심이 변화된다고 생각했다. 이런 차원에서 낙스는 "제 양심이 저로 하여금 제 의견과 판단과 명령을 저버리지 못하게 할 것입니다"(in whilk poynt my conscience will not suffer me to keip back fra yow my consall, yea, my judgement and commandement)[18]라는 결기 어린 내용이 담긴 서신을 영주들에게 보냈다. 아무리 박해와 고난이 심해도 하나님을 두려워하는 마음으로부터 비롯된 양심이 있는 사람들은 그 양심의 목소리에 귀를 기울여야 한다는 낙스의 가슴 절절한 권면이었다.[19]

둘째, 낙스는 '합법적인 권위'를 가진 세속 정부나 국가에는 하나님을 두려워하는 양심을 가지고 마땅히 순종해야 함을 강조했다. 낙스는 "그리스도의 영광이 높아지길 원하는 그 어떤 사람도 합법적인 권위에 갑자기 불복종하거나 불만족스러워하지 않지 않습니다"(that nane of yow that seik to promote the glorie of Chryst do suddanlie disobey or displeas the establissit Autoritie in thingis lawfull)[20]라고 말하며 참된 그리스도인이

---

[16] Knox, *Works*, 4:261-275.
[17] Knox, *Works*, 4:284.
[18] Knox, *Works*, 4:284.
[19] 종교개혁 신학과 양심의 관계성에 대한 연구는 다음을 참고하라. Richard A. Muller, "Covenant and Conscience in English Reformed theology: Three Variations on a 17th Century Theme," *The Westminster Theological Journal* (Spring 1980), 308-334.
[20] Knox, *Works*, 4:284.

라면 합법적인 권위를 가진 국가에게 순종할 필요가 있음을 역설했다. 낙스는 같은 논조로 신실한 영주들에게 다음과 같이 간곡히 부탁했다.

> 그리스도 예수의 마음으로 여러분에게 권면합니다. 모든 단순함과 합법적인 순종으로, 하나님 안에서의 담대함과 여러분의 믿음을 공개적으로 고백함으로써 *권위의 은총을 구하십시오* [ye seik the favours of the Autoritie]. 그리하여 (만약 가능하다면) 여러분이 수고하는 목적이 이루어지고, 최소한 박해받지 않도록 하십시오.[21]

낙스는 세속 정부와 국가가 '합법적'이라면 그들에게 권위의 은총(the favours of the Autoritie)을 구하는 것도 가능하다고 생각했다. 낙스에게 한 국가가 합법적인지 합법적이지 않은지를 판단하는 기준은 앞서 살펴봤던 '하나님을 두려워하는 양심'이었다.

셋째, 낙스는 만약 세속 국가와 정부가 '선을 넘는 경우' 그리스도인들은 엄숙하게 저항권을 발동해야 함을 역설했다. 낙스가 생각하는 선을 넘는 경우는 국가 및 정부가 교회의 설교권과 성례권을 침해하거나 왜곡시키는 경우이다.[22] 낙스는 다음과 같이 결의에 찬 채 저항권을 선포했다.

> 그러나 모든 겸손을 다한 후에도, 만일 여러분이 참을 수 없다면, 모든 일에 권위자에게 순종하겠다는 여러분의 순종을 확고하고 엄숙하게 항의하며, 하

---

[21] Knox, *Works*, 4:284(강조는 첨가). "in the bowellis of Chryst Jesus I exhort yow, that with all simplicitie and lawfull obedience, joynit with boldnes in God, and with open confessioun of your faith, ye seik the favours of the Autoritie, that by it (yf possibill be) the cause in whilk ye labour may be promotit, or at the leist not persecuted."

[22] Knox, *Works*, 4:285. "… that Chrystis Evangell may be trewlie preachit, and his halie Sacramentis rychtlie ministerit unto yow."

나님께 명백히 반항하지 않는다면, *여러분은 합법적으로 극단적인 행동을 시도할 수 있습니다*[ye lawfullie may attempt the extreamitie, whilk is, to provyd].23

이 지점에서 낙스는 다소 모순되는 단어를 동시에 사용하고 있는데, '합법적으로'(lawfullie)라는 표현과 '극단적인 행동'(the extreamitie)이라는 표현이 바로 그것이다.24 사실 저항을 극단적으로 하다 보면 불법이 될 확률이 높아진다. 그러나 낙스가 생각하는 극단적인 행동은 이미 서신 앞부분에 등장하는 '하나님을 두려워하는 양심'(conscience in Godis feir)에 묶이는 행동이므로 여기서 말하는 극단적인 행동이 법을 파괴하는 극단까지 치우쳐 가지는 않을 것이라는 낙스의 안전 어린 생각을 충분히 가늠해 볼 수 있다.

지금까지의 내용을 요약해 보겠다. 낙스는 세속 정부나 세속 국가의 옳고 그름을 판단하는 기준은 '하나님을 두려워하는 양심'이라고 생각했고, 그 양심에 입각해 합법적인 권세를 행사하는 국가에게는 마땅히 순종해야 함을 주장했다. 하지만 교회의 설교권 및 성례권을 침해하거나 왜곡하는 세속 국가에게는 합법적인 방식으로 저항권을 발동해야 함을 동시에 역설했다.

(2) "여성들의 괴물 같은 통치에 반대하는 첫 번째 나팔 소리"(THE FIRST BLAST OF THE TRUMPET AGAINST THE MONSTROUS REGIMENT OF WOMEN)25

---

23 Knox, *Works*, 4:285(강조는 첨가). "whilk thing, efter all humill requeist yf ye can not atteane, then, with oppin and solempn protestatioun of your obedience to be gevin to the Autoritie in all thingis not planelie repugnyng to God, ye lawfullie may attempt the extreamitie, whilk is, to provyd."
24 Knox, *Works*, 4:285.
25 Knox, *Works*, 4:348-422.

낙스는 "여성들의 괴물 같은 통치에 반대하는 첫 번째 나팔 소리"에서 참된 그리스도인이라면 왕비들이 잘못 통치하고 있는 국가를 향해 어떤 관점을 품어야 하는지에 대해서도 잘 피력했다.26 세 측면으로 고찰해 보도록 하겠다.

첫째, 낙스는 하나님의 뜻을 거스르는 세속 통치자들은 '하나님께서 심판'하실 것이라는 사실을 강조하고 있다. 즉 하나님의 주권을 가장 드높이는 종교 개혁자답게 국가와 정부의 마지막 심판을 향한 하나님의 '절대 주권'을 강조하고 있는 것이다. 낙스의 주장을 들어보자.

> 억압받는 불쌍한 자들의 흐느낌과 눈물, 주님의 파수꾼인 천사들의 탄식, 그리고 그들의 폭정에 학대받는 모든 지상의 피조물들이 끊임없이 울부짖으며 그들의 속죄를 촉구하고 있다. 영국의 저 무시무시한 괴물 이사벨과 그녀의 그 흉측한 잔혹함을 고수하는 자들을 체포할 복수의 날은 *이미 영원하신 분의 계획에 따라 정해졌다*[is alredie apointed in the counsel of the Eternall]고 나는 확신한다. 그리고 나는 그날이 매우 가까웠기에 그녀가 지금까지 그랬던 것처럼 오랫동안 폭정을 휘두르지는 않을 것이라고 확신한다. 그때가 되면 하나님께서 자기를 그녀의 적으로 선언하시고, 그녀의 잔혹함에 따라 더 심한 경멸을 퍼부으시고, 때때로 그녀에게 치명적인 증오를 품었던 자들의 마음에 불을 붙여 그분의 심판을 집행하게 하실 것이다. 그러므로 그녀를 돕는 자들은 자신이 하는 일을 조심해야 한다. 그녀의 제국과 통치는 확실히 기초 없는 벽이기 때문이다.27

---

26 혹자는 낙스가 왕비들을 비판할 때 지나치게 남녀차별적 시각으로 접근해 비판했다고 하는데, 사실 낙스는 혹자가 주장하듯이 남녀차별주의자 혹은 여성혐오자로 낙인찍을 수 없다. 오히려 낙스는 여성을 존중하고 배려했다. 이 사안에 대해서는 박재은, "존 낙스가 가르친 결혼과 가정," 211-246을 참고하라.

27 Knox, *Works*, 4:420(강조는 첨가). "… the sobbes and teares of the poore oppressed, the groninges of the Angeles the watchmen of the Lord, yea, and everie earthlie

낙스는 악한 정부와 국가의 심판 날은 "이미 영원하신 분의 계획에 따라 정해졌다"(…is alredie apointed in the counsel of the Eternall)라고 선언함을 통해 하나님의 절대주권에 근거한 하나님의 공의가 굳건히 세워질 것을 확신하고 있다. 낙스의 이런 확신은 대단히 적실한 확신인데, 그 이유는 정치판 가운데서 감정이 너무 격해지다 보면 악한 권세자들을 향한 심판의 칼날을 인간 스스로가 직접 대고자 하고, 인간 스스로가 직접 복수하고자 하고, 인간 스스로가 직접 처리하고자 하는 경향이 짙어지는데 그보다 앞서 '영원하신 분의 계획'을 겸비하게 묵상하게끔 만드는 계기가 될 수 있는 확신이기 때문이다.

둘째, 낙스는 "여성들의 괴물 같은 통치에 반대하는 첫 번째 나팔 소리"에서 잘못된 국가를 가르는 기준을 '우상 숭배'라고 보았다. 낙스는 "하나님의 말씀이 명백히 정죄한 것"(his Word hath manifestlie condemned)[28]을 찬양하는 그 어떤 행위도 우상 숭배라고 생각했다. 낙스의 주장을 들어보자.

> 나는 그들에게 대답한다. 군주들의 폭정도, 백성들의 어리석음도, 하나님께 대적하며 만든 사악한 법도, 이 세상에서 영웅이 지켜낼 행복도, *하나님께서*

---

creature abused by their tyrannie, do continuallie crie and call for the hastie execution of the same. I feare not to say, that the day of vengeance, whiche shall apprehend that horrible monstre Jesabel of England, and such as maintein her monstruous crueltie, is alredie apointed in the counsel of the Eternall: and I verelie beleve, that it is so nigh, that she shall not reigne so long in tyrannie as hitherto she hath done, when God shall declare him selfe to be her ennemie, when he shall poure furth contempt upon her according to her crueltie, and shal kindle the hartes of such as somtimes did favor her with deadly hatred against her, that they may execute his judgementes. And therefore let such as assist her, take hede what they do; for assuredlie her empire and reigne is a wall without foundation."

28 Knox, *Works*, 4:413.

자신의 말씀으로 명백히 정죄한 것을 찬양하게 만들 수 없다[nether … make that thing laufull which he by his Word hath manifestlie condemned]. 만약 군주와 백성의 승인, 사람들이 만든 법, 또는 제후들의 동의가 하나님과 그의 말씀에 반하는 어떤 것을 세울 수 있다면, 우상 숭배가 참 종교보다 더 우선되어야 한다. 왜냐하면 왕들이 그들의 조언에 대한 공통된 동의를 얻어 발표한 더 많은 제후와 국가, 더 많은 법률과 법령이 하나를 확립한 다음 다른 하나를 승인했기 때문이다. *그러나 나는 건전한 판단력을 가진 사람은 우상 숭배를 정당화하고 옹호하지 않을 것이라고 생각한다*[yet I thinke that no man of sounde judgement will therfore justifie and defend idolatrie]. 비록 이는 모든 사람이 그들의 법에 의해 승인한 것이긴 하지만, 이 혐오스러운 여성 제국을 유지할 사람은 더 이상 없다.29

낙스는 하나님과 그의 말씀에 반하는 그 어떤 것이라도 세워지는 순간 우상 숭배라고 생각했고, 이런 우상 숭배는 건전한 판단력을 가진 사람은 감히 적극적으로 옹호할 수 없는 성질의 것이라고 못 박았다. 낙스는 우상 숭배를 지칭할 때 다소 강한 어감을 가진 용어들을 사용했는데 예를 들면 '혐오스러운'(odious), '사악한'(wicked), '어리석음'(foolishnes) 등이 바로 그런 용어들이다. 이런 용어들을 사용한 이유는 우상 숭배는 절대 타협 불가한 것이

---

29 Knox, *Works*, 4:413(강조는 첨가). "to whome I answer, that nether may the tyrannie of princes, nether the foolishnes of people, nether wicked lawes made against God, nether yet the felicitie that in this earthe may herof insue, make that thing laufull which he by his Word hath manifestlie condemned. For if the approbation of princes and people, and lawes made by men, or the consent of realmes, may establishe any thing against God and his Word, then shuld idolatrie be preferred to the true religion; for mo realmes and nations, mo lawes and decrees published by Emperours with common consent of their counsels, have established the one then have approved the other: And yet I thinke that no man of sounde judgement will therfore justifie and defend idolatrie; no more oght any man to mainteine this odious empire of Women, althogh that it were approved of all men by their lawes."

라는 점을 명확히 하기 위함이 아닐까 가늠해 본다.

셋째, 낙스는 국가와 정부가 하나님의 말씀에 반하는 우상 숭배를 강요할 경우 반드시 그들에게 회개로 향하는 '선지자적 선포'를 해야 한다고 선언하고 있다. 낙스의 선지자적 선포를 들어보자.

> 그러나 이와 같은 불경건함과 가증함을 말하는 것은, 진리를 대신 계시하는 *모든 참된 하나님의 사자의 의무*[the dutie of everie true messenger of God]라고 말씀드린다. 하나님의 사자의 특별한 의무는 회개를 설교하고, 범죄자들에게 그들의 잘못을 훈계하며, 악한 자들에게 '회개하지 않으면 죽을 것이다'라고 말하는 것이다. 이것이 모든 하나님의 사자의 고유한 임무, 곧 (이미 말했듯이) 회개와 죄 사함을 전파하는 것임을 아무도 부인하지 않기를 바란다. 그러나 범죄자의 양심이 범죄를 고발하고 유죄 판결을 받지 않고서는 둘 다 이루어질 수 없다. 그러나 어디서 잘못을 저질렀는지 알지 못한 채 어떻게 회개할 수 있겠는가? 회개가 없으면 은혜에 들어갈 수 없다.[30]

낙스는 "여성들의 괴물 같은 통치에 반대하는 첫 번째 나팔 소리" 서문 (THE PREFACE)[31]에서 담대하게 하나님의 뜻을 거스른 채 통치하는 왕비들에게 회개를 선포하는 "참된 하나님의 사자의 의무"를 다한다. 잘못된 국

---

[30] Knox, *Works*, 4:368(강조는 첨가). "But to utter the impietie and abomination of the same, I say, it is the dutie of everie true messenger of God to whome the truth is reveled in that behalfe. For the especial dutie of Goddes messengers is to preache repentance, to admonishe the offenders of their offenses, and to say to the wicked, "Thou shalt die the death, except thou repent." This I trust will no man denie to be the propre office of all Goddes messengers, to preache (as I have said) repentance and remission of synnes. But neither of both can be done, except the conscience of the offenders be accused and convicted of transgression. But howe shall any man repent, not knowing wherin he hath offended? And where no repentance is founde, there can be no entrie to grace"

[31] Knox, *Works*, 4:365-371.

가를 향한 교회의 선지자적 선포는 '회개'이다. 물론 이 회개의 칼날은 먼저 교회에 날카롭게 대어져야 함이 응당 마땅하며 옳다.

지금까지의 논의를 요약해 보자. 낙스는 "여성들의 괴물 같은 통치에 반대하는 첫 번째 나팔 소리"에서 우상 숭배에 빠진 국가나 정부를 궁극적으로 심판하는 주체를 하나님으로 인식함을 통해 공의로운 하나님의 절대 주권을 한없이 드높이고 있으며, 참된 그리스도인은 우상 숭배에 빠진 국가나 정부를 향해 회개로 요청하는 선지자적 선포를 마땅히 해야 함을 응당 강조하고 있다.

(3) "스코틀랜드 일반 대중에게 보내는 편지"(A LETTER ADDRESSED TO THE COMMONALTY OF SCOTLAND)32

"스코틀랜드 일반 대중에게 보내는 편지" 마지막에 "존 낙스가 독자에게 보내는 편지"(JOHN KNOXE TO THE READER)33라는 제목으로 짧은 내용이 수록되어 있다. 이 부분에서 총 네 가지의 명제가 짧게 제시되는데 낙스의 정치관에 대해 엿볼 수 있는 명제들이다.

첫째, 낙스는 예수 그리스도와 영원한 진리를 고백하는 사람들을 다스리는 합법적인 왕이 될 수 있는 조건은 단순히 왕족으로서의 "출생"(birth)이나 혹은 "혈통"(propinquitie of blood) 정도가 아니라 "하나님께서 하급 재판관들을 세우실 때 세우신 규례가 지켜지는 것"(in his election must the ordenance, which God hath established in the election of inferiour judges, be observed)34이 반드시 필요한 조건이라는 점을 명확

---

32 Knox, *Works*, 4:521-540.
33 Knox, *Works*, 4:539-540.
34 Knox, *Works*, 4:539.

히 했다.35 즉 이를 하나님의 관점에서 다르게 표현하자면, 하나님께서 참된 그리스도인을 다스리는 왕을 선정하실 때는 자신의 규례대로 선정하시는 것이지 인간적인 출생이나 혈통대로 선정하시는 것이 아니라는 것이다. 낙스는 이 지점을 늘 명확히 했기 때문에 기본적으로 왕의 권세 속에서 하나님의 권세를 엿보고 왕의 권세에 순종하는 태도와 자세를 지녔던 것이다.

둘째, 낙스는 정치인이 되는 조건도 명확히 규정했다. 만약 어떤 사람이 "명백한 우상 숭배자"(manifest idolater)라든지 "하나님의 거룩한 계명을 악명 높게 범한 자"(notoriouse transgressor of God's holie preceptes)36라면 참된 그리스도인이 있는 지역의 높은 정치인으로 임명돼서는 안 된다고 주장했다.37 이는 아마도 그 당시 우상 숭배자 및 하나님의 계명을 어기는 자들이 세속 권력을 쥠을 통해 스코틀랜드 교회가 고난을 겪었던 상황을 염두에 둔 낙스의 경계성 명제가 아닐까 생각해 본다.38

셋째, 낙스는 그 어떤 백성도 "하나님과 하나님의 드러난 진리에 반하는 폭군"(Tyrantes against God and against his trueth knowen)39에게 복종하도록 강요 받으면 안된다고(nor … to obey) 주장했다.40 낙스는 그 어

---

35 Knox, *Works*, 4:539. "1. It is not birth onely, nor propinquitie of blood, that maketh a Kinge lawfully to reign above a people professing Christe Jesus and his eternall veritie; but in his election must the ordenance, which God hath established in the election of inferiour judges, be observed."

36 Knox, *Works*, 4:539.

37 Knox, *Works*, 4:539. "2. No manifest idolater, nor notoriouse transgressor of God's holie preceptes, oght to be promoted to any publike regiment,honour, or dignitie, in any realme, province, or citie, that hath subjected the self to Christe Jesus and to his blessed Evangil."

38 Cf. Knox, *Works*, 4:348-422("THE FIRST BLAST OF THE TRUMPET AGAINST THE MONSTROUS REGIMENT OF WOMEN"를 살펴보라).

39 Knox, *Works*, 4:540.

40 Knox, *Works*, 4:540. "3. Neither can othe nor promesse bynd any such people to obey and maintain Tyrantes against God and against his trueth knowen."

떤 맥락 속에서도 '강요'에 대해서는 부정적인 시각을 가지고 있었다. 그 이유는 낙스는 하나님의 드러난 진리가 우리에게 주는 것은 강요가 아닌 '자유'라고 생각했기 때문이다(요 8:32).[41]

넷째, 낙스는 마지막 명제로 저항권 사상을 꺼내 든다. 앞서 살펴보았던 내용들과 일맥상통한 내용이다.

> 그러나 만약 그들이 성급하게 명백히 사악한 인물을 지지했거나, 자기 스스로는 하나님의 사람들을 통치할 가치가 없다고 스스로 선언한 후에 무지하게 그런 사람을 택한다면(그리고 그런 사람은 모두 우상 숭배자와 잔인한 박해자이다), 그들이 경솔하게 그런 사람을 지명하고 임명하고 선출하기 전에 그를 해임하고 처벌하는 것이 가장 정당할 것이다.[42]

낙스는 "명백히 사악한 인물"(manifest wicked personne)이라거나 "우상 숭배자"(idolater) 혹은 "잔인한 박해자"(cruel persecuter)가 세속 권력자로 세워지기 전에 미리 그런 사람은 선제적으로 "해임하고 처벌"(depose and punishe)할 필요가 있음을 분명히 주장하고 있다.[43] 이 부분에서 특징적인 부분은 악한 권세자를 단순히 소극적으로 '해임'하는 것 이상으로 적극적인 '처벌'까지도 언급하고 있다는 점이다. 이는 적극적이고도 능동적인 저

---

[41] 종교개혁 신학과 자유의 관계성에 대한 고찰로는 다음을 참고하라. H. van den Belt, "Spiritual and Bodily Freedom: Christian Liberty in Early Modern Reformed Theology," *Journal of Reformed Theology*, 9 (2015), 148-165.

[42] Knox, *Works*, 4:540. "4. But if either rashely they have promoted any manifest wicked personne, or yet ignorantly have chosen such a one, as after declareth himself unworthie of regiment above the people of God, (and suche be all idolaters and cruel persecuters,) moste justely may the same men depose and punishe him, that unadvysedly before they did nominate, appoint, and electe."

[43] Knox, *Works*, 4:540.

항권 발동 사상으로 앞서 "스코틀랜드에서 진리를 고백하는 영주들과 다른 사람들에게"(TO THE LORDS AND OTHERS PROFESSING THE TRUTH IN SCOTLAND)⁴⁴ 편지에서 살펴봤던 '합법적으로'(lawfullie) '극단적인 행동'(the extreamitie)⁴⁵이 필요하다는 낙스의 입장과 일맥상통하다.⁴⁶

지금까지의 논의를 요약해 보겠다. 낙스는 독자에게 보내는 편지에서 네 가지의 짧은 명제를 제시하면서 세속 권세자를 세우시는 분은 인간적인 출생과 혈통이 아닌 하나님 자신이라는 점, 우상 숭배자는 참된 그리스도인이 있는 지역에서 권력을 잡으면 안 된다는 점, 그 어떤 백성도 폭군에게 자유를 빼앗길 의무는 없다는 점, 잔인한 박해자는 미리 해임하고 처벌할 필요가 있다는 점을 강조했다. 이런 낙스의 명제는 앞서 살펴본 『낙스의 전집』에 나타난 낙스의 '저항권' 사상과 여러모로 일맥상통하다는 사실이 명확해졌다.⁴⁷

2. 『스코틀랜드 신앙고백서』에 나타난 관점: 신본주의적 기원

『스코틀랜드 신앙고백서』는 총 25장으로 구성되는데 그중 24장이 "국가권세"(The Civil Magistrate)⁴⁸에 대한 고백이다.⁴⁹ 아래는 전문이다.

---

44 Knox, *Works*, 4:276-286.
45 Knox, *Works*, 4:285.
46 Cf. Knox, *Works*, 4:254-286.
47 Cf. Knox, *Works*, 4:254-286.
48 Knox, *Works*, 2:118-119.
49 『스코틀랜드 신앙고백서』에 대한 개괄적인 이해로는 David B. Calhoun, "The Scots Confession: 'Craggy, Irregular, Powerful, and Unforgettable,'" *Presbyterion*, 43.2 (Fall 2017), 3-14를 참고하라.

우리는 제국과 왕국과 자치령과 도시는 하나님에 의해 임명되며 정해진다고 고백하며 인정한다. 그 안의 권력과 권위, 즉 제국의 황제와 왕국의 왕과 자치령 내의 군주와 제후들과 도시의 행정 장관들은 하나님 자신의 영광을 나타내시기 위해 그리고 모든 사람들의 이익과 복지를 위해 하나님의 거룩한 칙령에 의해서 정해진 것이다. 누구든지 정당하게 수립된 정권에 반항하거나 그것을 전복시키려 음모하는 사람들은 인류의 적일 뿐만 아니라, 하나님의 뜻에 반항하는 사람들이다. 나아가 우리는 권세의 자리에 있는 사람들을 사랑하고 존중하며 두려워하고 최고로 존대해야 한다고 고백하며 인정한다. 왜냐하면 그들은 하나님의 대리자로서 그들의 공의회 가운데 하나님이 친히 앉으셔서 판단하시기 때문이다. 그들은 선한 사람들을 칭찬하고 변호해 주며 드러난 모든 행악자들을 벌하기 위하여 하나님으로부터 칼을 받은 재판장과 제후들이다. 나아가서, 우리는 종교를 보존하고 정화시키는 것이 왕과 제후들과 통치자와 행정 장관들의 특별한 의무라고 주장한다. 그들은 시민 정부를 위해서뿐만 아니라, 참된 종교를 유지하고 모든 우상 숭배와 미신을 제지하기 위하여 임명되었다. 우리는 이러한 예를 다윗과 여호사밧과 히스기야와 요시야와 그 외에 그런 일을 위한 열정을 지닌 자로 높이 평가 받는 여러 사람들에게서 찾아볼 수 있다. 그러므로, 우리는 최고 권세자들이 자신들의 역할을 감당하고 있는 한 그들에게 반항하는 자들은 하나님의 칙령에 항거하는 것이고 죄 없다 할 수 없다는 사실을 고백하고 공언한다. 우리는 또한 제후나 통치자들이 주의를 다하여 그들의 직무를 수행하고 있는 한 그들에게 도움이나 조언이나 봉사를 제공하기를 거부하는 것은 곧 당신의 대리인들을 통하여 사람들로부터 이러한 것들을 바라시는 하나님을 거부하는 것이라고 주장한다.[50]

---

[50] Knox, *Works*, 2:118-119(The Scottish Confession, Chap.24). "We confess and acknowledge that empires, kingdoms, dominions, and cities are appointed and

『스코틀랜드 신앙고백서』는 국가와 정부에 대해 크게 네 가지 핵심 관점을 고백하고 있다. 하나씩 살펴보도록 하겠다.

첫째, 국가와 정부를 세우는 주체는 하나님이시다. "우리는 제국과 왕국과 자치령과 도시는 하나님에 의해 임명되며 정해진다고 고백하며 인정한다"(We confess and acknowledge that empires, kingdoms, dominions, and cities are appointed and ordained by God)[51]라는 『스코틀랜드 신앙고백서』 24장 고백의 첫 문장은 대단히 선언적이고 선포적이다. 여기서 고백하는 제국, 왕국, 자치령, 도시는 악한 제국, 악한 왕국, 악한 자치령, 악한 도시도 당연히 포함된다. 물론 유한한 인간의 생각으로는 불가해한 일이지만 악한 제국 및 왕국도 "하나님에 의해 임명되며 정해진

---

ordained by God; the powers and authorities in them, emperors in empires, kings in their realms, dukes and princes in their dominions, and magistrates in cities, are ordained by God's holy ordinance for the manifestation of his own glory and for the good and well being of all men. We hold that any men who conspire to rebel or to overturn the civil powers, as duly established, are not merely enemies to humanity but rebels against God's will. Further, we confess and acknowledge that such persons as are set in authority are to be loved, honored, feared, and held in the highest respect, because they are the lieutenants of God, and in their councils God himself doth sit and judge. They are the judges and princes to whom God has given the sword for the praise and defense of good men and the punishment of all open evil doers. Moreover, we state the preservation and purification of religion is particularly the duty of kings, princes, rulers, and magistrates. They are not only appointed for civil government but also to maintain true religion and to suppress all idolatry and superstition. This may be seen in David, Jehosaphat, Hezekiah, Josiah, and others highly commended for their zeal in that cause. Therefore we confess and avow that those who resist the supreme powers, so long as they are acting in their own spheres, are resisting God's ordinance and cannot be held guiltless. We further state that so long as princes and rulers vigilantly fulfill their office, anyone who denies them aid, counsel, or service, denies it to God, who by his lieutenant craves it of them."

51 Knox, *Works*, 2:118.

다"(appointed and ordained by God). 사실 국가의 시작에 대한 이런 신본주의적 고백이야말로 하나님의 절대 주권을 가장 인정하는 고백이다. 그 이유는 낙스 당시의 교회와 그리스도인들은 악한 권세자들에 의해 핍박과 박해를 받았기 때문에 그럼에도 악한 권세에 대한 신본주의적 고백을 한다는 것은 결코 쉽지 않은 일이었기 때문이다.

둘째, 하나님께서 국가와 정부를 세우시는 이유는 "하나님 자신의 영광을 나타내시기 위해 그리고 모든 사람들의 이익과 복지를 위해"(for the manifestation of his own glory and for the good and well being of all men)[52]서이다. 이 고백에서 꼭 기억해야 할 지점은 심지어 세속 국가와 정부의 존재 이유도 "하나님 자신의 영광을 나타내시기 위함"이라는 점이다. 물론 썩을 대로 썩은 정치판과 더러워질 대로 더러워진 정치권력의 암투의 장에서 어떻게 하나님의 영광이 드러날 수 있을지에 대한 논의는 실로 불가해의 영역에 위치한 논의가 아닐 수 없다. 그럼에도 불구하고 『스코틀랜드 신앙고백서』는 세속 국가와 정부의 궁극적인 존재 이유를 '하나님의 영광'에서 찾고 있다. 이런 고백은 우리에게 미묘한 기대감을 한껏 증폭시키는데, 그 이유는 국가와 정부를 세운 주체이신 하나님께서 우리의 예상을 압도적으로 뛰어넘는 방식으로 국가와 정부를 통해서 자신의 영광을 한없이 찬란하게 드러내실 것이기 때문이다. 그러므로 잿더미 가운데서 남는 것은 기대뿐이다.

셋째, 세속 권세자들은 하나님으로부터 칼을 받은 "하나님의 대리자"(the lieutenants of God)[53]이기 때문에 참된 그리스도인이라면 그들을 응당 존중할 필요가 있다. 사실 세속 권세자들을 사랑하고 존중하고 두려워하고 최

---

[52] Knox, *Works*, 2:118.
[53] Knox, *Works*, 2:118.

고로 존대해야 하는 이유는 그들이 응당 사랑받을 만하고 존중받을 만하며 두려워할 만하고 존대할 만하기 때문이 아니다. 오히려 『스코틀랜드 신앙고백서』가 정확히 고백하고 있는 것처럼 "그들은 하나님의 대리자로서 그들의 공의회 가운데 하나님이 친히 앉으셔서 판단하시기 때문"(because they are the lieutenants of God, and in their councils God himself doth sit and judge)[54]에 그들을 존중하고 존대하는 것이다. 즉 궁극적인 사랑과 존중의 대상은 인간이 아니라 대리자를 직접 세우신 하나님이심을 정확히 고백하고 있다.

넷째, 국가 통치자들이 가지고 있는 "특별한 의무"(particularly the duty)는 "종교를 보존하고 정화시키는 것"(the preservation and purification of religion)이며, 그 임무의 존재 이유는 "참된 종교를 유지하고 모든 우상 숭배와 미신을 제지하기 위함"(to maintain true religion and to suppress all idolatry and superstition)이다.[55] 이 고백은 21세기 현대사회의 관점에 바라볼 때 특징적인데, 그 이유는 세속 국가 통치자들의 의무 중 하나를 '종교적 의무'로 두고 있기 때문이다. 이런 시각으로 봤을 때 여전히 종교의 자유가 없는 국가들의 통치자들은 통치자로서의 특별한 의무인 종교적 의무를 다하고 있지 않는 것이므로 비판받아 마땅하다. 『스코틀랜드 신앙고백서』가 잘 지적하듯이, 국가는 종교를 보존하고 정화시켜야 할 의무를 다해야지, 특정 종교만 보존하고 그 외의 종교는 배격·박해·핍박·거세하고 국가가 특정 종교와 결탁해 종교를 정화시키기는커녕 오히려 종교를 더 타락시키고 왜곡시키는 것은 국가로서의 의무를 다하지 않는 것이다. 이런 측면에서 국가 통치자들에게 특별한 종교적 의무를 지우고 있는 『스코

---

[54] Knox, *Works*, 2:118.
[55] Knox, *Works*, 2:119.

틀랜드 신앙고백서』의 고백은 참으로 의미가 충만하다.

지금까지의 논의를 요약해 보자. 『스코틀랜드 신앙고백서』 24장의 고백은 국가의 기원, 국가의 존재 이유, 국가 권력자의 정체성, 국가 권력자들의 종교적 의무를 '신본주의적으로' 잘 전개하고 있다. 하나님께서는 자신의 영광을 드러내시기 위해 국가와 정부를 세우시고, 신적 대리인인 세속 통치자들을 통해 종교를 보존하고 정화시키는 일을 하게 만드신다.

3. 『제2치리서』에 나타난 관점: 국가와 교회의 구별성

『제2치리서』는 총 13장으로 구성되는데, 그 중 1장 내용이 "교회와 그 정치체제 일반"(Kirk Policy in General)이다. 이 부분에서 교회와 국가의 차이점에 대해서도 구체적으로 언급하고 있다. 핵심적인 내용을 크게 네 가지로 요약·정리해 보도록 하겠다.

첫째, 『제2치리서』 1장에서 국가와 교회의 연속성과 불연속성을 동시에 지적하고 있는데 연속성은 둘 다 "하나님께 속한 것"(they be both of God)이라는 점이고 불연속성은 "그 본성에 있어서 다르고 구별된다"(…is different and distinct in the own nature)는 점이다.56 아래는 이 부분에 대한 전문이다.

> 이러한 교회의 권한과 정치체제는 세속 권력이라 불리는, 국가의 시민 정부에 속하는 권한과 정치체제와는 그 본성에 있어서 다르고 구별된다. *비록 그 둘 다 하나님께 속한 것이고, 바르게 사용된다면 하나의 동일한 목표, 즉 하나님의 영광을 증진시키고 경건하고 선량한 백성을 만든다는 목표를 지향하*

---

56 박경수, 『스코틀랜드 교회치리서』, 238.

고 있지만 말이다[albeit they be both of God, and tend to one end, if they be rightly used, viz. to advance the glory of God, and to have godly and good subjects].57

교회와 국가 사이의 연속성과 불연속성을 정확히 인식하는 일은 매우 중요하다. 그렇게 될 때야 비로소 교회와 국가가 서로 왜곡되게 섞이거나 혼합되지 않고 그 본연의 본성을 유지해 이윽고 서로가 서로를 존중하고 배려할 수 있기 때문이다.

둘째, 『제2치리서』는 교회와 국가 사이의 '구별'이 반드시 지켜져야 함을 누차 강조하고 있다. 구별의 핵심은 다음과 같다.

일반적으로 한 사람이 양측의 사법권 행사를 맡을 수는 없다. 세속 권력은 칼의 권세라 불리고, 다른 권력은 열쇠의 권세라 불린다[the exercise of both these jurisdictions cannot stand in one person ordinarie. The civill power is called the power of the sword, and the other the power of the keyes]. 세속 권력은 영적인 사람들에게 하나님의 말씀에 따라 그 직무를 행하라고 명해야 한다. 영적인 지도자들은 그리스도교인 행정관에게 정의롭게 다스리고 악을 벌하며 관할 지역 안에서 교회의 자유와 안녕을 지켜달라고 요구해야 한다.58

---

57 "This power and policie Ecclesiasticall, is different and distinct in the own nature from that power and policie, which is called civill power, and appertaineth to the civill government of the commonwealth: albeit they be both of God, and tend to one end, if they be rightly used, viz. to advance the glory of God, and to have godly and good subjects." 박경수, 『스코틀랜드 교회치리서』, 238(강조는 첨가).

58 "And the exercise of both these jurisdictions cannot stand in one person ordinarie. The civil power is called the power of the sword, and the other the power of the keyes. The civil power should command the spiritual to exercise, and to doe their office according to the word of God; The spirituall rulers should require the

『제2치리서』는 세속 권력과 영적 권력의 구별을 강조하면서, 세속 권력은 칼의 권세를 쥐어야 하고 영적 권력은 교회 열쇠의 권세를 쥐어야 하며, 한 사람이 이 두 권세를 동시에 쥐어서는 안 된다는 사실에 방점을 찍고 있다. 이는 교회 역사가 증명하는 바인데, 교회와 국가의 타락은 교회의 권세가 국가의 권력도 쥐거나, 혹은 반대로 국가의 권세가 교회의 권력도 쥐거나 할 때 발생되었기 때문이다.

셋째, 『제2치리서』는 국가 권력이 교회의 그 어떤 영적 행위도 침범하거나 규제할 수 없음을 명확히 하고 있다. 핵심은 다음과 같다.

> 행정관은 설교하거나 성례를 거행해서는 안 되고, 교회의 치리를 실행해서도 안 되며, 어떤 규정을 정해서 지키도록 명해서도 안 된다[The magistrate neither ought to preach, minister the sacraments, nor execute the censures of the kirk, nor yet prescribe any rule, how it should be done]. 단지 그들은 목회자들에게 말씀에 명해진 규정을 지키라고 명하고, 위반자들을 세속적인 방식으로 처벌해야 한다. 목회자들은 세속 사법권을 행사하는 것이 아니라, 행정관들에게 그 사법권을 말씀에 따라 어떻게 행사해야 하는지를 가르쳐야 한다.59

Christian magistrate to minister justice, and punish vice, and to maintaine the libertie and quietnes of the kirk within their bounds." 박경수, 『스코틀랜드 교회치리서』, 239(강조는 첨가).

59 "The magistrate neither ought to preach, minister the sacraments, nor execute the censures of the kirk, nor yet prescribe any rule, how it should be done, but command the ministers to observe the rule commanded in the word, and punish the transgressors by civill meanes. The ministers exerce not the civill iurisdiction, but teach the magistrate, how it should be exercised according to the word." 박경수, 『스코틀랜드 교회치리서』, 240(강조는 첨가).

말씀 선포인 설교와 성례의 집례, 교회의 치리권은 교회 고유의 권한이며 영적인 권세이다. 그 어떤 국가 권력도 교회 고유의 영적인 권세인 이런 권한들을 제한하거나 침해할 수 없다. 앞서 살펴본 대로, 낙스는 만약 국가 권세가 교회의 이런 권한들을 불법적으로 침해하면 '하나님을 두려워하는 양심'을 가지고 '합법적으로' 저항권을 적극적으로 행사해야 함을 역설했다.60

넷째, 『제2치리서』는 세속 국가 속에서 살아가는 목회자들에게도 명확한 일침을 가하고 있다.

> 행정관은 교회의 사법권을 보조하고, 유지하고, 강화해야 한다. 목회자들은 세속적인 일에 관여함으로써 *자신들의 고유한 직무를 등한시하지 않는다는 전제 하에*[providing they neglect not their own charge], 말씀에 합하는 모든 일에서 영주들을 도와야 한다.61

물론 목회자들도 세속적인 일에 관여해야 한다. 그 이유는 목회자들도 여전히 세속 국가와 세속 정부 속에서 시민의 자격으로 살아가는 사람들이기 때문이다. 하지만 목회자들의 "고유한 직무"(own charge)는 영적인 일을 증진 시키는 것이지 세속적인 일을 증진 시키는 것이 아니다. 목회자들이 자신의 고유한 직무를 등한시한 채 세속 권력에 빌붙어 자신의 영적인 직무를 저버린다면 이는 이미 교회와 국가의 구별성을 강조하는 『제2치리서』의 전반적 논조와도 상충되므로 경계를 표해야 한다.

---

60 Knox, *Works*, 4:285.

61 "The magistrate ought to assist, maintaine and fortifie the iurisdiction of the kirk. The ministers should assist their princes in all things agreeable to the word, providing they neglect not their own charge by involving themselves in civill affaires." 박경수, 『스코틀랜드 교회치리서』, 240-241(강조는 첨가).

지금까지의 논의를 요약해 보겠다. 『제2치리서』는 교회와 국가의 구별성을 강조하며 서로가 서로의 본성을 유지하고 서로가 서로를 배려하고 존중할 때 비로소 교회와 국가의 관계가 바르게 정립된다고 보았다. 교회는 교회고 국가는 국가이지, 교회와 국가가 서로 섞이기 시작할 때 타락과 왜곡은 슬며시 그 싹을 틔운다.

III. 실천적 고찰 및 적용

대한민국 사회가 참으로 아프다. 정치, 경제, 사회, 문화 그 어떤 곳도 아프지 않은 곳이 없다. 하지만 그중에서도 '정치'가 가장 아프다. 정치적 수준과 질이 격하될 대로 격하되어 이미 바닥을 친지 오래다. 하지만 오히려 잘 되었다. 바닥을 쳤다면 그 바닥을 발판 삼아 이제 올라갈 일만 남았기 때문이다.

세속 국가와 정부를 바라보는 낙스의 관점은 이미 바닥을 찍을 대로 찍은 대한민국 상황 속에서 한 줌의 선명한 빛과 같은 역할을 감당할 수 있다. 앞에서 논의한 내용을 중심으로 크게 세 가지로 실천적 고찰 및 적용을 해보도록 하겠다.

첫째, 낙스가 줄곧 지적하고 있는 것처럼 '그럼에도 불구하고' 국가와 정부는 '하나님'께서 세우심을 굳건히 믿어야 한다.[62] 이 지점이 모든 왜곡된 것들을 제자리로 돌려놓을 수 있는 시작점이다. 심지어 악한 국가, 악한 권세자, 악한 위정자조차도 하나님께서 세우셨다는 생각은 모든 것을 다 바꿀

---

[62] Knox, *Works*, 2:118-119(The Scottish Confession, Chap.24).

수 있는 강력한 힘을 가진 생각이다. 이런 생각을 가질 때 비로소 잠잠히 앉아 하나님의 그 크신 생각을 겸비하게 헤아려 볼 수는 공간이 창출되게 된다. 이런 공간 안에 나를 내어놓지 않는 한, 남는 것은 분노에 가득 찬 저항권 사상이요 저주로 점철된 권력 투쟁 욕구뿐이다. 물론 저항하지 말라는 것이 아니다. 물론 권력 투쟁하지 말라는 것이 아니다. 오히려 바르게 저항하고 바르게 투쟁하자는 것이다. 하나님의 절대 주권이 빠진 정치 영역은 그야말로 인본주의적 군웅할거의 장이요 인간의 욕심과 아집으로 가득 찬 죄성의 축제 장소로 한낱 전락하게 될 뿐이기 때문에 그렇다.

둘째, 『낙스의 전집』이나 『스코틀랜드 신앙고백서』 면면에 잘 드러난 것처럼, 세속 통치자는 '하나님의 대리인'으로서 대리인의 직무는 '참된 종교를 유지하고 보존'하기 위함이라는 사실을 명확히 할 필요가 있다.[63] 물론 세속 권력은 일차적으로 국가의 안녕과 유지를 위해 국민으로부터 권력을 위임받아 그 권력을 행사한다. 여기서 주목할 부분은 국가의 안녕과 유지가 단순히 물질적인 부분만 포함되는 것이 아니라는 점이다. 국가의 안녕과 유지 가운데는 반드시 비물질적인 부분, 즉 영적인 부분도 포함된다. 물론 이 말이 국가가 영적인 부분을 임의대로 통치하고 다스려야 한다는 뜻은 절대 아니다. 절대 그렇게 되면 안 된다. 오히려 국가는 사회 속에서 종교가 순기능을 여실히 잘할 수 있도록 제반 기틀과 인프라를 닦아주어야 하며, 사회의 질서를 무너뜨리는 잘못된 종교를 합법적으로 제어하고 통제해야 한다는 의미이다. 교회 역사가 증명하듯, 한 사회의 부흥은 참된 종교의 부흥이 이끌고 견인한다는 사실을 모든 세속 통치자들이 반드시 염두에 두어야 할 것이다.

---

[63] Knox, *Works*, 2:118.

셋째, 『제2치리서』가 잘 설명하듯이, 교회와 국가의 시작은 하나님으로 동일하지만, 그 본성은 반드시 각각 '구별'되어야 함을 직시해야 한다. 이는 마치 예수 그리스도의 두 본성, 즉 신성과 인성의 관계와도 같다.64 예수 그리스도의 신성과 인성은 서로 분리돼서는 안 되며, 그렇다고 혼합돼서도 안 된다. 예수 그리스도의 신성과 인성은 각각의 본성 그대로 그의 '위격'으로 연합해 구별된 상태로 존재해야 한다. 그래야 중보자시다. 교회와 국가도 마찬가지이다. 교회와 국가는 서로 분리돼서는 안 되며, 동시에 혼합돼서도 안 된다. 교회는 교회답게, 국가는 국가답게 그 고유한 본성 그대로를 유지할 때 비로소 정교(政敎) 관계에 바른 시너지가 나게 될 것이다. 목회자는 '교회의 열쇠'를 쥔 영적 지도자답게, 정치인은 '칼의 권세'를 쥔 세속 지도자답게 그 고유한 본성과 속성을 올바르게 사용할 때 나라는 나라다운 나라가 되고 교회는 교회다운 교회가 될 줄 믿는다.

물론 이 모든 실천적 고찰 및 적용이 현실 정치 속에 제대로 적용되기 위해서는 하나님의 전폭적인 '은혜'가 너무나도 필요하다. 이는 혼탁했던 스코틀랜드 정교 관계를 바라보면서 낙스가 느꼈던 소회가 아니었을까 가늠해본다. 하지만 그럼에도 기대가 되는 것은 국가와 정부를 세우신 분도 하나님이시요 대리인을 삼아 국가와 정부를 운영하시는 분도 하나님이시요 앞으로 모든 정치를 온전히 회복시키고 완성 시키실 분도 하나님이라는 굳건한 믿음이 있기 때문이다. 낙스도 이런 믿음을 가지고 정치에 관련된 글을 남겼다고 감히 확신에 찬 상상을 해본다.

---

64 Cf. 박재은, 『쉬운 교리: 보통 사람들을 위해 성경으로 풀어가는 조직신학』 (서울: 생명의말씀사, 2025), 159-164.

IV. 나가는 글

낙스는 정치적·신앙적 소용돌이 가운데 빠져 있는 스코틀랜드 영주들에게 편지를 보내며 '하나님을 두려워하는 양심'(conscience in Godis feir)[65]에 대해 많이 언급했다. 국가다운 국가가 되기 위해서는, 정부다운 정부가 되기 위해서는, 교회다운 교회가 되기 위해서는 그 국가, 정부, 교회 안에 있는 구성원의 변화가 무엇보다 시급하다. '하나님을 두려워하는 양심'을 가진 사람이 누군지 바울 사도는 디도서 1장 5-9절에서 잘 설명하고 있다.

> 내가 너를 그레데에 남겨 둔 이유는 남은 일을 정리하고 내가 명한 대로 각 성에 장로들을 세우게 하려 함이니 책망할 것이 없고 한 아내의 남편이며 방탕하다는 비난을 받거나 불순종하는 일이 없는 믿는 자녀를 둔 자라야 할지라 감독은 하나님의 청지기로서 책망할 것이 없고 제 고집대로 하지 아니하며 급히 분내지 아니하며 술을 즐기지 아니하며 구타하지 아니하며 더러운 이득을 탐하지 아니하며 오직 나그네를 대접하며 선행을 좋아하며 신중하며 의로우며 거룩하며 절제하며 미쁜 말씀의 가르침을 그대로 지켜야 하리니 이는 능히 바른 교훈으로 권면하고 거슬러 말하는 자들을 책망하게 하려 함이라

물론 이 본문은 장로 및 감독의 기본적인 자질에 대해 말하고 있는 본문이지만, 이를 확장 지으면 국가와 정부를 다스리는 통치자들에게까지도 적용 가능하다. 국가 통치자나 교회 목회자나 '책망받을 것 없는 사람' 혹은 '더러운 이득을 탐하지 않는 사람' 혹은 '신중하고 의로우며 절제하는 사람'

---

[65] Knox, *Works*, 4:284.

이라면 국가와 교회는 그 본연의 모습이 한껏 드러나며 이전보다는 더 아름다워질 것이다. 이런 사람들은 기본적으로 '하나님을 두려워하는 양심'을 가진 사람일 줄 믿는다.

하나님을 두려워하는 양심을 가졌던 낙스는 하나님을 두려워하지 않는 양심을 가지고 통치하는 세속 권력자들에게 회개하라는 '선지자적 선포'를 의연하게 외쳤다.66 한국교회는 과연 세속 정부와 국가를 향해 이런 회개로의 촉구 및 선지자적 선포를 의연하게 외칠 수 있을까? '똥 묻은 개가 겨 묻은 개 나무란다'라는 속담이 현실화되지 않기 위해서 한국교회가 다시금 자성의 목소리를 드높여 먼저 회개해야 할 필요가 있다. 자신은 회개하지 않은 채 남에게만 회개하라고 소리 높이는 외침만큼 공허한 외침은 없다.

정부론과 국가론에 대한 낙스의 관점을 살피는 본 연구가 한국교회의 자성의 움직임에 작으나마 일조하길 간절히 바라며 하나님께서 세우신 나라를 하나님께서 친히 회복시키실 기대감을 한껏 품은 채 글을 마친다.

---

66 Knox, *Works*, 4:368.

〈참고문헌〉

Calhoun, David B. "The Scots Confession: 'Craggy, Irregular, Powerful, and Unforgettable.'" *Presbyterion*, 43.2 (Fall 2017), 3-14.

Dawson, Jane E. A. *John Knox*. New Haven: Yale University Press, 2015.

Hazlett, Ian. "The Scots Confession 1560: Context, Complexion and Critique." *Archiv für Reformationsgeschichte*, 78 (1987), 287-288.

Knox, John. *The Works of John Knox*. Edited by David Laing. 6 Vols. Edinburgh: J. Thin, 1854.

Kirk, James. *The Second Book of Discipline*. Edinburgh: Saint Andrew Press, 1980.

Kyle, Richard G. & Dale Walden Johnson. *John Knox: An Introduction to His Life and Works*. Eugene: Wipf & Stock, 2009.

_____. *The Ministry of John Knox: Pastor, Preacher, and Prophet*. Lewiston: E. Mellen Press, 2002.

_____. "The Christian Commonwealth: John Knox's Vision for Scotland." *The Journal of Religious History*, 16.3 (June 1991), 247-259.

Lloyd-Jones, David Martyn & Iain H. Murray. 『존 녹스와 종교개혁』. 조계광 역. 서울: 지평서원, 2011.

Mason, Roger A. ed. *Andrew Melville (1545-1622): Writings, Reception, and Reputation.* Farnham: Ashgate, 2014.

Mitchell, Alexander F. *The Scottish Reformation.* Edinburgh: William Blackwood and Sons, 1900.

Muller, Richard A. "Covenant and Conscience in English Reformed theology: Three Variations on a 17th Century Theme." *The Westminster Theological Journal* (Spring 1980), 308-334.

Reid, W. Stanford. 『하나님의 나팔수: 존 낙스의 생애와 사상』. 서영일 역. 서울: 기독교문서선교회, 1984.

_____. "The Book of Discipline: Church and State in the Scottish Reformation." *Fides et historia*, 18.3 (October 1986), 35-44.

_____. "French Influence on the First Scots Confession and Book of Discipline." *The Westminster Theological Journal*, 35.1 (Fall 1972), 1-14.

Van den Belt, H. "Spiritual and Bodily Freedom: Christian Liberty in Early Modern Reformed Theology." *Journal of Reformed Theology*, 9 (2015), 148-165.

김요섭. 『존 녹스: 하나님과 역사 앞에 살았던 진리의 나팔수』. 서울: 익투스, 2019.

김중락. 『스코틀랜드 종교개혁사』. 안산: 흑곰북스, 2017.

박경수. 『스코틀랜드 교회치리서: 장로교 최초의 교회헌법 본문 및 해설』. 서울: 장로회신학대학교출판부, 2021.

박재은. 『쉬운 교리: 보통 사람들을 위해 성경으로 풀어가는 조직신학』. 서울: 생명의말씀사, 2025.

_____. "존 낙스가 가르친 결혼과 가정."『종교개혁과 결혼 및 가정』. 개혁주의 신학과 신앙 총서 18권. 부산: 개혁주의학술원, 2024.

_____. "존 낙스의 신앙론."『종교개혁과 신앙』. 개혁주의 신학과 신앙 총서 17권. 부산: 개혁주의학술원, 2023.

_____. "존 낙스의 칭의론."『종교개혁과 칭의』. 개혁주의 신학과 신앙 총서 16권. 부산: 개혁주의학술원, 2022.

황봉환. 『스코틀랜드 종교개혁과 존 낙스의 신학』. 서울: 예영커뮤니케이션, 2001.

테오도르 베자의 국가관과 통치권 사상
칼빈주의가 헌정주의로 이행하는 과정

양신혜

Theodore de Beze(1519-1605)

총신대학에서 신학을 공부하고, 서강대에서 종교학(M.A)을 전공하였다. 이후 독일 베를린에 있는 훔볼트 대학에서 공부하였다. 대신대학교와 안양대학교에서 조교수로 가르쳤고, 지금은 교리학교와 장지교회를 섬기고 있다. 저서로 『베자, 교회를 위해 길 위에 서다』, 『유일한 위로-참된 나를 찾아가는 하이델베르크 신앙교육서 1-21문』, 『언더우드와 함께 걷는 정동』, 『아담스와 함께 걷는 청라언덕』 그리고 다수의 논문이 있다.

양신혜

Ⅰ. 들어가는 말

개혁교회의 신학적 기초를 놓은 칼빈(John Calvin, 1509-1564)의 후계자로서 테오도르 베자(Theodore Beza, 1519-1605)는 칼빈의 입장을 충실하게 계승하였다. 칼빈은 하나님의 대리자로서 국왕의 권위를 인정하면서도, 그리스도인의 양심이라는 기준 아래 복종의 한계를 설정하였다. 일반적으로 국가 권력에 복종할 것을 요구했지만, 그 복종은 하나님의 뜻과 충돌하지 않는 한에서만 가능하다고 보았다. 만일 정치권력이 교회에 대해 억압적이고 비신앙적인 조치를 취할 경우, 그리스도인은 인내와 경건을 유지하며 하나님 앞에서 부끄럽지 않게 자신의 양심을 지켜야 한다. 이 원칙에 따라서 하위 관료(inferior magistrates)는 폭군을 견제하고 그 권력을 제한할 책임을 진다.[1] 하위 관료는 그리스도인으로서의 신앙과 공동선 수호를 위해 폭군을 견제할 책임이 있는 법적 권한을 가진 공직자이기 때문이다. 이처럼 칼빈은 내면적 양심에 근거한 '제도화된, 제한적 저항'을 정당화하며 무정부적 폭력은 배제하면서, 공적 권위를 통해 폭정을 억누를 길을 열어 두었다.[2] 칼빈의 국가 통치에 대한 입장을 베자는 보다 체계적인 국가 이론으로 발전시켰다.

---

[1] John Calvin, *Johannis Calvini Opera Selecta* V (Monachii in Aedibus: Chr. Kaiser, 1974), 4.20.31. 이하 OS로 표기한다.
[2] 칼빈의 국가와 관련된 논문과 저서는 번역되어 널리 알려져 있다. Fred Grahm, 『건설적인 혁명가 칼빈: 사회와 경제에 끼친 영향』, 김영배 옮김 (서울: 생명의 말씀사, 1995); Christoph Jungen, 『칼빈이 말하는 그리스도인의 사회참여: 존 칼빈의 저항신학』, 김형익, 이승미 옮김 (서울: 실로암, 1989); Francois Wendel, 『칼빈: 그의 신학사상의 근원과 발전』, 김재성 옮김 (고양: 크리스챤다이제스트, 1999); David W Hall, 『존 칼빈의 유산: 현대사회에 미친 칼빈의 영향』, 김현수 옮김 (서울: 개혁주의신학사, 2012); 에밀 두메르그, 『칼빈 사상의 성격과 구조: 인간.체계.교회.국가』, 이오갑 옮김 (서울: 대한기독교서회, 1995); 신복윤, "칼빈의 국가관," 「신학지남사」 40(1973), 8-22; 안인섭, "어거스틴과 칼빈의 국가관," 「신학지남」 72(2005), 228-266.

하지만 바시학살(Massacre of Vassy, 1562.3.1.)의 발발로 일어난 프랑스 종교전쟁(French Wars of Religion, 1562~1563)이 장기화(1562-1598)되면서, 베자는 국가의 정치적 폭력에 정당한 저항의 이론을 내세워야 하는 과제를 맡게 되었다.3 그래서 본글은 베자가 칼빈이 주장한 '하위 관료 저항론'을 헌정주의로 재구성하는 과정을 추적하고자 한다. 개혁교회의 신학적 틀을 세운 칼빈의 국가통치 이론을 계승한 베자가 어떻게 '헌정주의 정치'원리로 넘어갔는지, 그 역사적 과정을 추적하고자 한다.

이 과정을 규명하기 위해서 우선, 베자가 1558년에 출판한 『신앙고백서』(*Confession de foi du Chrétien*)를 분석하여 국가 통치론을 정리하여, 베자가 칼빈의 국가 통치권을 계승하고 있음을 보이고자 한다. 둘째, 바시학살 이후 프랑스의 종교전쟁이 장기화되는 과정에서 개혁교회의 지도자 사이에 등장하는 새로운 정치적 논제를 살펴보고자 한다. 프랑수아 2세(Francis II, 1544-1560, 재위 1559-1560)가 앙리 2세(Heri II, 1519-1559)의 왕위를 계승하면서 앙부아즈의 음모(Conspiracy of Amoise, 1560)로 정치적 갈등이 발화되었다. 이 갈등은 샤를 9세(Charles IX, 1550, 재위 1560-1574)가 등극하면서, 바시학살로 표면화되었고, 이 갈등은 종교전쟁으로 쟁점화되었다.4 군주의 권위가 하나님으로부터 부여된 신적 권위를 가졌기에 백성은 군주의 폭정에도 인내해야 한다고 주장하였다. 하지만 종교

---

3 성 바돌로매 축일의 학살의 원인에 대한 연구는 한편으로, 에스테브(Janine Estèbe)는 경제적 결핍을 채우기 위한 민중의 약탈과 부유한 부르주아였던 위그노에 대한 민중적 적대감으로 해석한다. 다른 한편으로 데이비스(Natalie Zemon Davis)는 종교적 관점에서 공동체의 안위를 깨뜨리는 오염의 근원을 정화한다는 목적 아래에 수행된 행동임을 지적하였다. 이러한 해석을 한 걸음 더 발전시켜 쿠르제는 왕권의 신성함을 지키고자 하는 '국왕의 폭력'과 파리의 가톨릭 교도들이 이단을 학살함으로써 신과의 연결을 회복하고자 하는 '신성한 폭력'의 결합에서 발생한 사건이었다고 해석한다. 박효근, "생 바르텔르미 대학살과 폭력의 재구성," 「서양사론」 123(2014), 173-74.
4 양신혜, "베자의 국가 저항권에 대한 이해," 「갱신과 부흥」 24(2019), 85-114 참조.

전쟁이 진행되면서 군주의 폭정에 저항할 종교적 교리화의 과정을 거치게 된다. 이 과정에서 두 가지 교리, 즉 군주와 백성이 상호 동의로 맺는 계약으로서의 '정치적 언약'과 인간 이성에 새겨졌다고 여겨지는 보편적 도덕질서로서 '자연법'이 부각 된다.5 이 두 교리에 근거한 정치적 저항의 정당성을 주장하는 출판물이 1572년 성 바돌로매 축일 대학살(St. Bartholomew's Day Massacre) 이후 공식적으로 발표되었다. 베자를 비롯하여 프랑수아 오트망(François Hotman), 필리프 뒤플레시-모르네(Philippe Duplessis-Mornay) 등은 익명으로 약 10편에 달하는 정치 팜플렛을 출간하였다: 『세속 권력자의 권리』(*Du droit des magistrats sur leurs sujets*, 1574), 『프랑코갈리아』(*Francogallia*, 1573), 『세속 권력자의 권리』(*Du droit des magistrats sur leurs sujets*, 1574), 『프랑스인들과 그 이웃들을 위한 경고의 종소리』(*Le Réveille-Matin des François et de leurs voisins*, 1574), 그리고 『폭군에 대한 변론』(*Vindiciae contra tyrannos*, 1579). 이 문헌들은 군주의 통치 권력의 정당성을 백성의 동의에 기반해야 한다는 헌정주의적 정치 원리에 토대를 마련하였다. 이 칼빈주의 저항 이론은 서구 민주주의와 입헌정부 사상의 형성에 지대한 영향을 끼쳤다.6 베자가

---

5 베자를 비롯한 프랑스의 개혁교회가 제시한 저항 이론이 단순히 신앙 공동체를 넘어, 국가 전체와의 관계를 재조정하는 정치적 과정에 영향을 끼쳤다. 여기에서 국가 저항의 정당성을 담보한 신앙체계로서의 교리가 어떻게 형성되었는지가 주요 관심사로 등장한다. 실제 교리는 종교 공동체의 독자적 정체성이 외부로부터 위협을 받을 때," 교회가 대응체계로서 교리를 형성하여 공동체의 통합을 조율한다. 교리는 교회 공동체가 신앙의 정체성을 보존하고 외부 질서와 조율하는 과정에서 등장하는 자기 성찰적 체계이기 때문이다. 니클라스 루만(Niklas Luhmann, 1927-1998)이 주장한 이 이론적 논제는 프랑스 개혁교회가 종교전쟁이라는 정치적 혼돈 시대를 지나면서 새로운 교리를 통해서 사회 통합의 기반을 제시하는 역사적 과정에 그대로 적용된다. Alister E. McGrath, 『장 칼뱅의 생애와 사상』, 이은진 옮김 (서울: 비아토르, 2019), 359.

6 지금까지 나온 논문과 문헌을 토대로 이 주장에 대해서 이론의 여지가 없다. 다음의 글을 참조하라. Fred Grahm, 『건설적인 혁명가 칼빈: 사회와 경제에 끼친 영향』, 김영배 옮김 (서울: 생명의 말씀사, 1995); Doumergue, 『존 칼빈의 유산: 현대사회에 미친 칼빈의 영향』, 김현수

개혁교회의 지도자로서 저술한 『세속 권력자의 권리』를 분석하여, 종교전쟁을 거치면서 논의된 정치적 언약과 자연법을 어떻게 체계화하는지 설명하고자 한다.

II. 『신앙고백서』(1558)에 나타난 초기 정치신학

베자는 『신앙고백서』에서 개혁교회가 국가와 세속 권력을 어떻게 이해했는지를 서술한다. 그에게 세속 권력자는 단순한 정치적 지배자가 아니라, 하나님의 법을 역사의 장(場)에 적용하도록 세워진 대표자였다. 그는 로마서 13장 1절을 근거로 세속 권력자가 교회 공동체의 일원이면서도 동시에 자기 관할 영역에서 모든 사람 위에 세워진 최고 권위자라고 보았다. 세속 권력자의 주된 임무는 사회적 평화와 공공의 복지, 그리고 무엇보다 하나님께 드리는 참된 예배를 회복하는 데 있다(딤전 2:2). 이러한 관점은 진정한 행복과 질서가 하나님으로부터 유래한다는 신학적 전제에 기초한다.7 이와 같은 배경에서 베자는 세속 권력자를 "십계명 두 부분, 즉 하나님 사랑과 이웃 사랑의 규범을 수호하는 자"로 규정하였다.

> 우리는 하나님이 무질서한 욕망을 제한하기 위해 이 세상을 법과 세속 권력자가 통치하기를 원한다고 믿는다. 그리고 하나님은 세습에 의한 것이든 그렇지 않든, 왕국과 공화국 및 모든 종류의 군주 국가를 설립했고, 정의로운

옮김 (서울: 개혁주의신학사, 2012); 에밀 두메르그, 『칼빈 사상의 성격과 구조: 인간.체계.교회.국가』, 이오갑 옮김 (서울: 대한기독교서회, 1995).
7 Theodore Beza, trans. James Clark, *The Christian Faith* (2016), 103.

정부에 속하는 모든 것 또한 설립했으며, 그것들의 창조주가 되길 원함에 따라 십계명의 전반부와 후반부를 위반하는 범죄를 억압하기 위해 세속 권력자의 손에 검을 쥐어 주었다.[8]

베자는 세속 권력자에게 종교적 진리를 수호할 의무를 부여하였다. 그는 십계명 전반부, 곧 하나님의 경외와 정당한 예배에 관한 사안에서 세속 권력자가 "거짓된 온유함을 가장하며 헛되고 부적절할 뿐만 아니라 심각한 불경과 신성모독적인 대담함이 묻어나는 주장"을 내세우는 거짓 선지자와 이단자를 분별하고 억제해야 한다고 보았다.[9] 이러한 분별은 반드시 성경에 근거한 정당한 법 절차를 통해 이루어져야 한다. 무지나 실수에서 비롯한 행위와 악의적 범죄를 구별하기 위해 결과뿐 아니라 행위자의 동기까지 면밀히 살펴야 한다.[10] 베자는 죄의 동기를 중시하여 통치자가 정의를 집행할 때 신중을 기하고, 의도하지 않은 실수에 대한 과도한 처벌은 피해야 한다고 강조하였다. 그는 판결 과정에서 무지와 오해에서 비롯한 잘못과 악의, 오만으로 저지른 범죄를 엄격히 구별함으로써 "한 마리의 어린 양이라도 잃지 않으려" 하였다.[11] 이러한 구별은 사소한 과오에 대해 지나치게 엄격한 법 집행이 무고한 자에게 피해를 줄 수 있음을 경계하기 위한 조치였다.

또한, 십계명의 후반부에 해당하는 영역에서 세속 권력자는 인간 상호 관계에서 발생하는 분쟁, 소송을 해결하고, 공공질서를 유지하며, 폭력을 억제할 특별한 책임을 지닌다. 이러한 과제는 시대와 지역에 따라 다양하게 표출되기에, 세속 권력자는 하나님의 말씀에 부합하는 공정한 법률을 제정하고

---

[8] Theodore Beza, *Tractationes Theologicae*, vol. 1: 53-54.
[9] Beza, *Christian Faith*, 104.
[10] Beza, *Christian Faith*, 104.
[11] Beza, *Christian Faith*, 104.

이를 정의롭게 집행해야 한다. 베자는 이러한 권세를 행사하는 통치자를 "하나님에 의한, 하나님을 위한 권세를 지닌 자", 곧 '이 세상의 신'(*quasi dei in terris*)으로 규정하였다.12 베자는 세속 권력자가 추구해야 할 최종 목적은 단순한 질서 유지가 아니라, 그 질서가 하나님께 영광을 돌리는 데 기여해야 한다고 강조한다.13 따라서 세속 권력자는 백성의 외적 도덕성뿐 아니라 경건과 참된 예배를 증진하며, 교회가 하나님의 말씀에 따라 거룩하고 질서 있게 유지되도록 보장할 의무를 지닌다.14 나아가 베자는, 하나님의 말씀에 기초한 질서를 따라 세워진 교회를 보존하고, 그 권위를 훼손하거나 혼란에 빠뜨리려는 모든 시도로부터 교회를 수호하는 것이 세속 권력자에게 주어지는 최고의 찬사라고 역설한다.15

이 같은 정치신학적 인식은 베자의 『신앙고백서』가 출판된 다음 해에 프랑스 개혁교회가 총회(1559)에서 채택한 『프랑스 신앙고백서』(*Confessio Fidei Gallicana*)에도 그대로 반영된다. 이 신앙고백서 제39조는 세속 권력자를 "하나님께서 세상의 무질서와 정욕을 억제하기 위해 제정하신 법과 정부의 집행자"로 규정하고, 백성에게 그 권위에 순복할 의무를 명시한다.16 제40조는 나아가 세속 권력자가 불신자라 하더라도, 하나님의 주권을 침해하지 않는 한 자발적 복종이 요구된다고 천명한다.17 이러한 규정은 베자가 『신앙고백서』에서 다윗, 솔로몬, 요시야 같은 구약의 경건한 왕, 또는 콘스

---

12 Beza, *Christian Faith*, 104.
13 Beza, *Christian Faith*, 104.
14 Beza, *Christian Faith*, 105.
15 Beza, *Christian Faith*, 103-104.
16 James T. Dennison, "The French Confession(1559)," *Reformed Confessions of the 16th and 17th Centuries in English Translation*, vol. 2, 1552-1566 (Grand Rapids, Mich.: Reformation Heritage Books, 2010), 153-154.
17 Dennison, "The French Confession(1559)," 154.

탄티누스, 테오도시우스, 유스티니아누스와 같은 기독교 로마 황제를 모범 삼아, 세속 권력자는 교회의 제도와 재산을 보호하고, 예배와 규율을 증진해야 한다고 주장한 내용과 동일한 맥락에 놓여 있다.18 결국 베자와 동시대 프랑스 개혁교회는 세속법과 교회법을 상호 경쟁적 질서로 보지 않고, 각기 고유한 사명을 통해 하나님의 뜻을 실현하는 상호보완적 질서로 이해하였다.

III. 정치 사상의 전개와 변화: 왕권·저항권·정치적 계약[19]

프랑스 위그노의 정치사상은 1559년 앙리 2세가 급작스럽게 사망함으로써 새로운 전환점을 맞았다. 앙리 2세가 사망한 후, 어린 프랑수아 2세가 즉위했지만, 실권은 기즈 가문(Guise)이 장악하였다. 시유드 라 르노디(Sieur de la Renaudie, c. 1515-1560)는 '국왕이 억류 중'이라는 구호 아래 앙부아즈 음모(1560.3.15-19)를 일으켰다. 하지만 라 르노디는 사실이 아닌 "정치적 허구"에 기반했다.20 그의 행동은 '개인적 야망'에 근거한 시도라는 비판을 받았다. 칼빈은 라 르노디를 "허영과 자만으로 가득 찬 인물"이라 평

---

18 Beza, *Christian Faith*, 104.
19 프랑스 위그노의 정치사상의 변화에 대해서는 다음 논문에 빚진 바가 크다. Daussy, "Huguenot Political Thought and Activities," in Raymond A. Mentzer and Bertrand van Ruymbeke, *A Companion to the Huguenots* (Boston: Brill, 2016).
20 Daussy, "Huguenot Political Thought and Activities," 71. 개혁교회의 앙부아즈 음모, 프랑스의 위그노가 로마 가톨릭에 대항하여 정치적 세력을 구축할 수 있었던 역사적 배경과 이유, 그리고 이후의 정치회담인 푸아시 회담과 종교전쟁의 발발에 대한 역사적 과정은 다음의 논문을 참조하라. 양신혜, "베자의 국가 저항권에 대한 이해," 「갱신과 부흥」 24(2019), 85-114. 프랑스의 개혁교회의 확산과 관련해서는 Alister McGrath, 『장 칼뱅의 생애와 사상』, 이은진 옮김 (서울: 비아토르, 2019), 305-334을 참조하라.

가하며, 그의 계획에 반대하였다.21 라 르노디의 프랑수아 2세 구출 작전은 실패로 끝났다(1560.3.15.-19). 이 작전은 단순한 쿠데타가 아닌, 국왕의 정치적 자유를 회복하려는 명분 아래 무력 사용을 정당화하는 위그노 정치 선전의 시발점이 되었다.

왕비 카트린 드 메디시스(Catherine de Médicis, 1519-1589)는 어린 왕 프랑수아 2세를 보호하기 위해 기즈 가문에 맞서서 정치적 세력을 구축하고자 했다. 1560년 3월 국왕이 위그노의 청원을 공식적으로 허용하는 칙령을 내렸다. 왕비 카트린은 1560년 10월 삼부회(Estates-General) 소집을 명령하였다. 이 삼부회에 위그노 귀족을 대의원으로 참여시키고자 했다. 그녀는 삼부회를 통해 왕권의 정통성을 재확인하는 동시에, 위그노 귀족 지도자를 대의원으로 선출하여 정치적 발언권을 부여하고자 하였다.22 하지만 프랑수아 2세가 사망하자, 오를레앙 삼부회에 이어 1561년 8월 또 한 차례의 삼부회가 퐁텐블로에서 열렸다. 이 회의에 가스파르 드 콜리니(Gaspard II de Coligny, 1519-1572)가 참석해, 위그노 청원 절차가 실제로 이행되었다. 콜리니는 노르망디(Normandie)와 피카르디(Picardie)의 위그노가 제출한 청원서를 국왕과 왕비에게 전달함으로써, 프랑스 제독으로서 처음으로 위그노의 입장을 공적으로 지지하였다.23 위그노는 종교적 요구와 정치적

---

21 1561년 4월 16일, 칼빈은 콜리니 제독에게 장문의 편지를 써서 자신의 입장을 밝혔다. 앙부아즈 음모에 가담하지 않았기 때문이라 여겨진다. J. Calvin, *Johannes Calvini Opera quae supersunt omnia*. XVII ed. G. Baum, E. Kunitz, E. Reuss (Frankfurt am Main: Minerva, 1863ff), 425.

22 Daussy, "Huguenot Political Thought and Activities," 69. 1560년 3월 16일, 국왕은 개혁 신앙을 가진 신민에게 청원권을 공식 허용하는 칙령을 발령했다. 그러나 이 절차는 1560년 8월 23일 퐁텐블로 고위급 회합에서 콜리니가 나서면서 처음 실행에 옮겨졌다. 그는 노르망디와 피카르디의 개혁파 신도들이 제출한 두 개의 청원서를 프랑수아 2세와 카트린 드 메디치에게 전달하였다. 이 주도는 큰 반향을 불러일으켰는데, 프랑스 제독이 공식적으로 처음으로 개혁파의 편에 선 사건이었기 때문이다.

23 Daussy, "Huguenot Political Thought and Activities," 69.

참여를 결합한 전략으로, 시의원이 컨시스토리(Consistory)의 구성원으로 활동하게 함으로써 종교와 시정 간의 이해를 조율하는 기반을 마련하였다.24 칼빈은 콩데 공(Bourbon-Condé, 1530-1569)에게 삼부회 대표로 나서 달라고 권했다. 이는 위그노가 '정통 왕권의 회복'과 '국가의 질서 유지'를 동시에 모도하려 한 전략의 일환이었다.

이 시기 위그노는 '왕의 두 몸' 이론을 전략적으로 차용했다.25 이 이론은 국왕의 자연적 몸은 육체적 한계를 지닌 인간인 반면, 정치적 몸은 국가의 영속성과 정의를 상징한다. 왕은 죽음으로 사라지나, 그 권력은 후계자에게 계승되어 왕권은 끊기지 않는다. "국왕이 자신의 뜻에 반하여 행동하도록 강요하는 세력들로부터 그를 해방시키려는 결의는 무력 사용의 정당한 근거로 제시되었다." 이런 사유는 "기즈 가문이 본래 왕국 외부 지역인 로렌 출신으로 외국인이라는 점을 부각해, 그들을 축출한 명분으로" 삼았다. 따라서 내전이 발발하기 전부터 이미 개혁파 정치 체계의 토대를 견고히 구축하였다. 위그노는 "하나님이 세운 국왕에게 충성을 다하며, 왕국의 법을 깊이 존중하고 준수하되, 폭정에는 맞서 싸울 준비가 된 애국자였으며, 국왕이 자신의 자유 의지에 따라 권력을 행사할 수 있도록 목숨을 바쳐 싸울 준비가 된 자로 자신을 그렸다."26 그들은 기즈 가문이 국왕의 자연적 몸을 억압한다고 규정하고, 국왕의 정치적 자유를 회복하기 위한 무장 개입이 정당하다고 주장했다. 기즈 가문이 로렌 출신의 외세로 간주된 점도 이를 정당화하는 근거가 되었다.27

---

24 Daussy, "Huguenot Political Thought and Activities," 73.
25 Daussy, "Huguenot Political Thought and Activities," 72.
26 Daussy, "Huguenot Political Thought and Activities," 72.
27 Daussy, "Huguenot Political Thought and Activities," 73.

위그노는 샤를 9세가 삼두정치 아래 억압받고 있으나, 자신들은 국왕의 정치적 몸을 보호한다고 주장했다. 이것이 위그노의 무력 저항을 정당화하는 동시에 국왕에 대한 충성을 유지하는 논리적 장치가 되었다. 위그노는 단지 종교적 권리를 수호하려는 집단이 아니라, 국왕의 권위를 회복하고 국가의 복리를 위한 싸움을 전개하는 애국적 존재로 스스로를 형상화하였다. 샤를 9세에 대한 충성을 표하면서도, 그가 무력한 군주를 상징하는 형식적 통치자임을 강조해 실권을 휘두른 기즈 가문에 비판을 집중했다. 위그노의 귀족 지도자 콜리니는 "전국적 차원에서 위그노 교회의 수를 파악하여 왕비에게 위그노 당의 세력 규모와 국왕을 지원할 수 있는 능력을 입증하고자 했다. 1561년 말 그는 전쟁이 발생할 때, 즉시 동원할 수 있는 병력 목록을 작성하라고 지시했다."[28] 이 요구는 카트린 드 메디시스 왕비와의 협상에서 정치적 무게를 확보하려는 시도였다. 이로써 정치적 요구와 맞아 떨어져 화합과 종교적 관용의 자리를 마련할 수 있었다. 그러나 1562년 3월 1일 바시 학살이 발생하면서 협력 노선은 급격히 무너졌다. 위그노는 '신앙 수호'와 더불어 '국가 회복'이라는 이중 과제를 안고 종교전쟁에 돌입해야만 했다. 이에 따라 위그노 사상은 단순한 종교적 인내를 넘어, 폭군에 대한 무력 저항을 정당시하는 방향으로 급진화되었다. 당시 위그노는 "콩데 공의 지휘 아래 단지 신앙을 위해서 무기를 든 것이 아니라, 국왕을 섬기고 국가의 복리를 수호하기 위한 전쟁임을 내세웠다."[29]

바시 학살로 인해 종교전쟁(1562.4.2.)이 발발하고 난 다음 해(1563년)부터 군주제 폐지를 주장하였다. 리옹의 위그노 공동체는 정치적 언약론에 근거한 팜플렛을 출간하였으며, 특히 1563년『그리스도의 교회와 무고한 자

---

[28] Daussy, "Huguenot Political Thought and Activities," 73.
[29] Daussy, "Huguenot Political Thought and Activities," 72.

들의 시민적 및 군사적 방어』(*La Defense civile et militaire des innocents et de l'Eglise de Christ*)는 정치적 저항의 논리를 정면으로 제시하였다. 이 저술은 법률가 샤를 뒤 물랭(Charles Du Moulin, 1500-1566)이 집필한 것으로 보인다. 목회자 피에르 비레(Pierre Viret, 1511-1571)를 비롯한 정통 개혁파가 비판했으나, 샤를 뒤 물랭은 언약 개념을 정치 질서에 적용하려는 새로운 흐름을 반영하였다.30 그는 "성경에 등장하는 수많은 사례가 군주가 신민의 양심을 억압하고 하나님의 말씀에 반하는 행동을 명령할 경우, 신민의 무장 저항을 정당화한다"고 주장했다. 그러나 위그노 지도부는 반란을 선동한다는 혐의를 피하고자 이러한 주장을 공식적으로 받아들이지 않았다.31

1567년 10월에 시작하여 제2차 종교전쟁(1567-1568), 제3차 종교전쟁(1568-1571)을 거치면서 위그노 정치사상은 더욱 급진화되었다. 라로셸의 장 드 라 에즈(Jean de La Haize)는 군주가 하나님을 섬기는 일을 중단할 경우, 그 통치권은 자동으로 상실된다고 주장하였다. 이는 단순한 불복종을 넘어 폭군의 폐위를 요구하는 논리로 확장되었다. 그는 1565년 바르텔레미 베르통(Barthélemy Berton)이 간행한 칼빈의 『다니엘 설교집』(*sermons on Daniel*) 서문을 작성하면서, 칼빈의 신학적 사고를 넘어서 "군주에게 순종을 중단하는 것만이 아니라, 그들을 끌어내려야 한다"라고까지 주장하였다.32 이러한 주장은 곧 하위 관료가 무력 저항을 수행할 수 있다는 이론으로 이어졌다. 개혁교회의 위그노는 전쟁을 하면서, 적어도 샤를 9세가 그의

---

30 Daussy, "Huguenot Political Thought and Activities," 78. 이 문서는 당시 리옹의 목사들과 수비즈(Soubize) 총독에 의해 이단적으로 위험하다고 판단되어 1563년 6월 12일에 공개적으로 불태워졌다.
31 Daussy, "Huguenot Political Thought and Activities," 78.
32 Daussy, "Huguenot Political Thought and Activities," 78-79.

이름으로 자행된 폭군적 행위에 대해 직접적인 책임이 없다는 점을 재확인하는 데는 동의하였다. 하지만 국왕으로서 샤를 9세의 권력을 폄하하지 않으면서, '무력한 피해자'로 묘사하였다.33 위그노 진영은 당시 실권을 장악한 가톨릭 귀족 가문 등 주변 권력자를 비판하는 데 주력하였다. 아울러 콩데 공은 국가의 반란자가 아니라 국가를 회복하려는 구원자임을 분명히 밝혔다.

그러나 전쟁이 장기화되자, 국왕의 정치적 책임에 대한 언급도 점차 늘어났다. 팜플렛에서는 샤를 9세를 폼페이우스(Gnaeus Pompeius Magnus, B.C. 106-48)에, 콩데 공을 국가 회복의 지도자인 카이사르(Gaius Julius Caesar, B.C. 100-44)에 각각 비유함으로써 위그노의 무력 저항을 정당화하였다.34 어린 국왕 샤를 9세가 부패한 귀족들에게 둘러싸여 실질적 권력을 발휘하지 못했고, 형식적인 통치자에 머물렀다. 위그노 지도부는 그가 통치자로서 자신에게 부여된 임무를 완수할 수 있도록 악한 참모를 축출하고 덕망 있는 귀족에게 권력을 위임하라고 촉구했다. 샤를 9세가 이를 수행하지 않을 경우 반드시 몰락할 것이라고 경고하기도 했다.35 콩데 공은 '국가의 카이사르'로서 국왕과 국가를 보전하려 한다는 이미지를 내세웠고, 이에 따라 그의 무력 행동은 국가 질서 회복을 위한 정당한 조처로 간주되었다. 정치적 언약론은 통치자와 피치자가 하나님의 뜻 아래 상호 의무를 진다는 신학적 교리를 정치 이론에 접목한다. 이 관점에 따르면 국왕은 하나님과 백성 양자에 대한 의무를 다할 때에만 정당한 통치권을 행사할 수 있으며, 그 의무를 저버린 폭군으로 전락하면, 백성은 더 이상 복종할 의무를 지니지 않고

---

33 Daussy, "Huguenot Political Thought and Activities," 79.
34 Daussy, "Huguenot Political Thought and Activities," 79.
35 Daussy, "Huguenot Political Thought and Activities," 79.

통치자는 폐위될 수 있다. 이 입장은 로마서 13장에 근거한 무조건적 복종의 원리를 정면으로 반박하는 급진적 정치신학이었다.

이 시기의 또 다른 핵심 논점은 국왕과 백성 사이의 관계였다. 『백성의 청원과 항의』(Requeste et remonstrance du peuple)는 국왕보다 백성이 먼저 존재하며 왕권은 하나님의 감화 아래 백성의 동의를 통해 위임된 것이라고 주장하였다.36 이러한 주권 이양 개념은 라로셸에서 간행된 장 드 코라스(Jean de Coras, 1515-1572)의 팜플렛 『정치적 질문: 백성이 그들의 국왕과 조건을 협의하는 것이 정당한가』(Question politique: s'il est licite aux subjects de capituler avec leur prince)에서 절정을 이루었다. 코라스는 백성이 국왕과 "협의"(capituler)할 권리를 가지며, 이는 단순한 청원이 아니라 "계약"(contract)의 차원을 포함한다고 보았다. "이 계약은 왕과 백성 간의 합의로, 원초적 선거(primitive election)에 기원을 두므로 철저히 존중되어야 한다"고 강조했다.37 이 최초의 약속에 따라 백성은 국왕에게 복종할 의무를, 국왕은 백성을 보호할 의무를 진다. 따라서 국왕은 어떤 경우에도 백성과의 "협의"를 깨뜨리거나 독단적으로 뜻을 강요해서는 안 된다. 위그노 진영은 여전히 국왕에게 직접 저항하는 반란을 부인하고, 책임을 측근들에게 돌리는 전략을 고수했다. 그들은 국왕에 대한 직접 저항권을 노골적으로 논쟁하지 않았지만, 국왕-백성 관계에 대한 인식에는 점진적인 변화가 일어나고 있었음이 분명하다.38 이러한 사고의 전환은 위그노 정치 사상을 신학적 저항론에서 헌정주의로 이끄는 결정적 고리였다.

요컨대 프랑스 개혁교회는 1560~70년대 종교전쟁을 거치며 칼빈의 신학

---

36 Daussy, "Huguenot Political Thought and Activities," 79.
37 Daussy, "Huguenot Political Thought and Activities," 79-80.
38 Daussy, "Huguenot Political Thought and Activities," 80.

적 저항 개념을 넘어, 통치권의 정당성을 하나님의 단순 위임이 아니라 백성의 동의와 계약적 합의에 두는 헌정주의적 원리로 정치이론을 발전시켰다.39

IV. 『세속 권력자의 권리』(1574)와 저항이론

프랑스 개혁교회는 종교전쟁을 겪는 동안 국왕과 백성 사이에 세워진 정치적 언약 사상이 백성의 동의와 합의에 기초한다는 사실을 자각했고, 이 이론이 교회의 역사가 가르치는 바라는 점을 논증하였다. 이러한 논의 과정에서 국가의 통치권에 부여된 하나님의 정당성을 뒷받침하는 근거로 자연법이 부각되었다. 이제는 베자가 1572년 성 바돌로매 축일의 대학살 이후 발표한 『세속 권력자의 권리』를 분석함으로써, 베자의 정치적 언약 개념과 자연법 이해, 그리고 그가 이를 토대로 어떠한 통치 체제를 정당한 국가 질서로 제시했는지를 살펴보고자 한다.

1. 정치적 언약

'정치적 언약'은 왕과 백성이 상호 조건부로 맺은 계약으로, 통치의 정당성을 백성의 동의와 군주의 보호 의무에 연결해 두는 헌정적 규범이다. 위그노의 정치사상은 "백성은 군주보다 선행한다"라는 인식에서 출발한다. 이것은 단순한 이론적 명제가 아니라, 시간적·존재론적으로 먼저 존재하는 실체라는 점에서 자명하다고 받아들여졌다. 이러한 사고방식은 프랑수아 오트망

---

39 칼빈은 국가의 법체제를 하나님의 일반계시의 차원에서 신학적 정치이론을 구축하였다.

(François Hotman, 1524-1590)의 『프랑코갈리아』(*Franco-Gallia*)에 잘 드러난다. 그는 "백성은 왕 없이도 존재할 수 있지만, 백성이 없는 왕은 상상조차 할 수 없다."40라고 주장했다. 오트망은 개인으로서의 국왕과 공동체로서의 왕국 전체를 엄격하게 구분하였다. 그는 "국왕은 단지 개인일 뿐이지만 왕국은 모든 백성으로 구성된 보편적 공동체이다. 국왕은 자신이 다스리는 백성 가운데 가장 낮은 인간과 마찬가지로 죽음을 피할 수 없으나, 왕정 자체는 영구하며 불멸하다."41라고 설명한다. 왕과 왕정의 이러한 본질적 구분은 베자의 『세속 권력자의 권리』(*Du droit des magistrats*)에 그대로 계승된다. 이 구도는 중세 말 공의회주의(counciliarism), 곧 교황보다 공의회의 우위를 주장한 사상과 유사한 구조를 지닌다.

베자는 국왕이 공동체 복지를 위해 존재할 뿐 아니라 백성에 의해 선출된 인물이라는 사실을 전제로 삼았다.

> 백성은 단일 군주이든 선출된 여러 명의 고위 관료이든 그 어떤 통치자들보다도 오래된 실체이다. 그러므로 백성이 통치자를 위해 존재하는 것이 아니라, 통치자가 백성을 위해 존재한다.42

백성은 국왕에 의해서 존재하는 것이 아니라, 오히려 백성을 위해 국왕이 선출된다는 점도 강조된다.43 당시 '백성'은 단순한 개인의 합이 아니라, 체

---

40 François Hotman, "Francogallia," ed. Julian H. Franklin, *Constitutionalism and Resistance in the Sixteenth Century* (New York, 1969), 79.
41 Hotman, "Francogallia," 79.
42 Theodore Beza, "Rights of magistrates," ed. Julian H. Franklin, *Constitutionalism and Resistance in the Sixteenth Century* (New York, 1969), 79, 113. Beza, "Rights," 79, 113.
43 Beza, "Rights," 104.

계적으로 조직된 위계 공동체로 이해되었다. 따라서 '백성이 우선한다'는 명제는 순수 민주제가 아니라 구조화된 집단 주권을 전제한다. 베자는 통치자의 권위가 하나님의 질서 안에서 세워지지만, 실제로는 백성의 선택과 동의로 정당화된다고 보았다. 여기서 그는 '정치적 언약' 개념을 도입한다. 비록 이 용어를 명시적으로 정의하지는 않았지만, 국왕과 백성의 관계를 목자와 양떼, 선생과 제자에 비유하였다. 목자는 무리를 지키기 위해 존재할 뿐이며, 무리가 목자를 위해 존재하지 않는다. 이는 국왕이 백성을 돌보기 위해 존재한다는 뜻이다.[44] 이러한 언약적 구조를 설명하기 위해 베자는 구약성경의 예를 들었다. 사울은 하나님의 선택을 받았으나, 백성의 동의로써 통치권을 행사했으며, 다윗도 이스라엘 지파의 지지를 통해서만 실질 권력을 확보했다.[45] 즉, 하나님의 뜻과 백성의 동의가 함께 작동해야 정치권력이 정당화된다. 정치적 언약론은 역사적 사례로도 강화된다. 베자는 고대 이스라엘, 고대 그리스, 로마, 프랑크 왕국, 프랑스, 에스파냐, 폴란드, 이탈리아, 잉글랜드 등에서 왕의 즉위·축성 의식 속에 계약 개념이 내재해 있다고 보았다. 그는 오트망의 『프랑코갈리아』를 요약해 이 전통을 자신의 논증에 통합한다.[46] 더 나아가 베자는 백성의 대표로서의 의회를 언급하면서, 이를 칼빈이 『기독교강요』(1536)에서 언급한 집정관(consuls)과 유사한 하위 관료로 파악했다. 프랑스의 삼부회나 지방 의회는 이러한 구조를 구체화한 예로, 공동체의 이익을 대변하고 통치 권력을 견제하는 제도적 장치로 기능한다.[47]

---

[44] Beza, "Rights," 104.
[45] Beza, "Rights," 104.
[46] Beza, "Rights," 115-124. "프랑코갈리아"란 책에서 오트망은 상당히 길게 역사적 과정을 설명한다. 베자의 설명은 이에 대한 축소판이다. 『권리와 자유의 역사』, 208.
[47] Robert M. Kingdon, "Calvinism and Resistance Theory," J. H. Burns and Mark Goldie, *The Cambridge History of Political Thought 1450-1700* (Cambridge University Press, 1991): 206-212 참조.

베자가 제시하는 두 번째 핵심 명제는 왕의 선출은 단순한 위임 행위가 아니라 명확한 언약 조건을 수반한 정치적 계약이라는 점이다. 왕은 즉위식에서 법을 준수하겠다는 서약한다. 이 의식이 계약을 갱신하는 동시에 절대권력에 대한 방파제 역할을 한다. 따라서 왕의 권위는 백성의 이익 보호를 전제로 제한되어야 한다고 주장한다.[48] 베자는 오트망의 논지를 적극 수용하여 왕권이 하나님의 율법 아래 제한되어야 한다. 선지자·제사장·백성 간의 상호 의무를 기반으로, 모든 정치권력은 "하나님의 법과 자연법"에 종속되어야 한다. 이때 경건한 세속 권력자는 하나님으로부터 부여받은 권한과 수단을 활용하여 백성으로 하여금 하나님을 알고, 예배하며, 섬기도록 해야 할 의무를 지닌다.[49] 이처럼 베자는 신학적 언약 개념을 정치적 현실에 적용함으로써 16세기 헌정주의 정치사상의 전개와 발전에 결정적 기여를 하였다.

2. 자연법

---

[48] Beza, "Rights," 126-127.
[49] 오트망은 구약성경의 사례들을 통해 이러한 주장을 뒷받침하였다. 사무엘 선지자는 사울 왕이 하나님의 명령을 어겼을 때 그를 책망하고 왕위에서 폐위시켰다(사무엘상 13장, 15장). 이 사례는 선지자가 왕의 권력을 제한하고 하나님의 율법을 지키도록 하는 역할을 했음을 보여준다. 다윗 왕이 밧세바 사건에서 죄를 범했을 때, 나단 선지자는 그를 책망하였다(사무엘하 12장). 이 사건은 선지자가 왕의 도덕적 잘못을 지적하고 하나님의 뜻을 전달하는 역할을 했음을 나타낸다. 여호야다 제사장은 아달랴의 폭정을 종식시키고 요아스를 왕으로 세웠다(열왕기하 11장). 이 사건은 제사장이 정치적 개입을 통해 왕권을 바로잡는 역할을 했음을 보여준다. 오트망은 이러한 성경적 사례들을 통해 왕권이 절대적이지 않으며, 하나님의 율법과 선지자 및 제사장의 견제를 받아야 한다는 입헌군주제의 원리를 주장하였다. 그는 왕이 하나님의 법을 어기고 폭정을 행할 경우, 국민은 저항할 권리가 있으며, 이는 하나님의 뜻에 부합한다고 보았다. 오트망은 왕과 국민이 상호 책임을 지는 관계에 있다고 보았다. 왕은 국민의 복지를 위해 통치해야 하며, 국민은 왕의 정당한 통치에 순종해야 한다는 것이다. 그러나 왕이 폭정을 행할 경우, 국민은 저항할 권리가 있으며, 이는 하나님의 뜻에 부합한다고 주장하였다. 이러한 논증을 통해 오트망은 하나님의 율법 아래에서의 통치가 국민의 동의와 법률에 의해 제한되어야 하며, 입헌군주제가 가장 이상적인 국가 형태라고 결론지었다. 홍기원, "최선의 국가형태 - 프랑스와 오트만(1524-1590)의 혼합정체론의 신학적 기초-,"「한국법철학회」 11 (2008), 28-40 참조.

칼빈은 하나님의 법과 자연법을 본질적으로 동일한 것으로 간주하였다. 그는 하나님의 법이 인간의 본성에 새겨진 자연법보다 훨씬 더 명확하고 유익하다고 강조한다.[50] 인간은 본성상 하나님이 그들에게 주신 지식을 "억누르고, 왜곡하며, 남용"하지만, 하나님은 말씀과 성령의 역사를 통하여 인간의 본성을 회복하신다. 그렇다면 창조 질서를 반영한 "새겨진 법"은 오늘날 기독교인의 삶에서 여전히 유익한가라는 의문이 제기된다.

베자는 로마서 2장 14-15절 주석에서, 이 질문에 대한 답을 찾는다. 그는 "율법이 없는 이방인"을, 모세의 율법을 어겨 책망 받는 유대인과 대비시키며 다음과 같이 설명한다.

> 바울은 이제 이 책망의 두 번째 부분을 이방인에게 돌린다. 이는 그들이 유대인이 위반한 모세 율법을 완전히 이행하기 때문이 아니라, '하나님에 관해 알 수 있는 것'에 충분한 주의를 기울이기 때문도 아니다. 오히려 이방인은 공공 법률을 제정하고 개인의 생활을 질서 있게 유지하는, 즉 좋은 것은 허용하고 나쁜 것은 금지하는 합리적인 태도를 보임으로써 어느 정도 종교 의식과 옳고 그름을 분별하는 감각을 가지고 있음을 드러낸다. 이 두 가지를 위반함으로써 그들 또한 당연히 불경하고 부당한 것으로 책망 받아야 한다. 그러므로 '율법에 속하는 일을 행하다'라는 구절을, 자연법이든 모세를 통해 회복된 율법이든 그 법에 포함된 사항을 지키는 것으로 해석하는 것은 바울의 본 취지와 완전히 반대되는 것이다.[51]

---

50 Calvin, *OS* III, 2.8.
51 Beza, *Annotationes* 1598, pt. 2, 15-16. Summers, *Morality After Calvin* (New York: Oxford University, 2019), 70-71 재인용.

베자는 유대인이 율법을 거역해 책망을 받는 것처럼 이방인도 자연법을 거역해 심판받는다고 본다. 율법은 "인간의 마음에 본성적으로 새겨진" 하나님의 의지이다.52 이 의지는 부패하여, 죄로 인해 희미해졌어도 여전히 도덕적 책임을 묻는 기준으로 남아 있다. 그는 이방인조차도 옳고 그름을 구별할 수 있는 기본적인 도덕적 감각을 지니고 있으며, 그것을 위반할 때 정죄 받을 수 없다고 강조한다. "이는 감옥 문이 열렸음에도 자유를 알지 못해 자발적으로 더 안전한 감옥에 들어가는 죄수와 같다."53

인간 안에는 하나님의 형상이 남아있다. 따라서 최소한 양심으로 악을 경계하고 방종을 억제할 힘도 어느 정도 지닌다.54 바로 그 능력 때문에 철학자는 "최고선이신 하나님"(God the highest good)에 관하여 탁월하게 저술할 수 있다. 그러나 성경이 계시하는 "한 본질(one substance)을 지닌 하나님이 세 위격(persons) 안에 계신다"라는 진리는 어떤 철학자도 스스로 알 수 없다.55 철학자는 진리를 언급할 수는 있으나 계시로 교정받기를 원치 않는다. 이성은 이런 진리를 부인하고, 더 나아가 혐오하고 경멸한다. "이를 더욱 몰아붙이면 마침내 분노에 차서 하늘의 모든 지혜를 짓밟는다. 하나님의 은혜로 영적으로 변화되지 않는 한 결코 벗어날 수 없는 일이다."56 "이성이 온전히 변하지 않는 한 알려진 지혜(known wisdom)에 맞서 싸움을 멈추지 않는다."57라고 베자는 덧붙인다. 이성의 탐구가 진리에 약간의 명료함을 더해 줄 수 있지만, 중생의 은혜 없이는 결핍에서 벗어날 수 없다.58 이

---

52 Beza, *The Christian Faith*, 39.
53 Beza, *The Christian Faith*, 40.
54 Theodore Beza, *A Little Book of Christian Questions and Responses*, trans. Kirk M. Summers (Eugene, Oregen: Pickwick, 1986), 142.
55 Beza, *Questions and Responses*, 144.
56 Beza, *Questions and Responses*, 145.
57 Beza, *Questions and Responses*, 145.

성은 중생의 은혜가 주어질 때에라야 비로소 올바로 작동한다. 그렇지 않으면 철학자라도 참된 하나님을 끝내 알지 못한다. 타락한 본성 때문에 선을 '마땅히' 알지도, 그 깊이를 분별하지도 못해 결국 고의로 진리에 대적하기까지 한다.59 이러한 부패한 본성으로는 율법을 완전히 수행하는 것이 불가능하다.

> 다른 곳, 예를 들어 예레미야 31:33에서, 주님께서 성령으로 그들의 마음을 할례하신 백성들에게 율법이 새겨졌다고 말씀하신 것처럼, 모세가 신명기 30장 6절에서 말한 바와 같이 그들도 율법이 새겨진다고 한다. 그러나 이 본문에서 바울은 일반적인 인간 본성에 대해 말하면서, 율법을 이행할 수 있는 능력과 본성을 관련짓는 것이 아니라 자연적 지식에 관한 것으로 이해한다는 매우 박식한 주해자의 의견이 있다. 그러므로 '마음에 새겨진 율법의 작품'을 갖는다는 것은, 사람의 마음속에 새겨진 바른 것과 그른 것, 공정한 것과 부당한 것을 구분하는 기준, 즉 모든 올바른 법의 규범을 의미하는 것이다.60

'하나님의 율법이 새겨졌다'는 표현은 중생한 그리스도인의 상태를 가리킨다. 반면 바울이 언급한 '마음에 새겨진 율법의 행위'는 모든 인간에게 선악을 구분할 최소 기준이 있다는 뜻이지만, 그것만으로는 구원에 이를 수 없다. 자연법은 인간을 구원으로 인도하는 데 불충분하며, 오히려 인간을 변명할 수 없게 만들어 하나님의 심판을 가능하게 하는 정죄의 근거로 작용한다.

이러한 인식은 자연법과 계시된 율법(십계명) 사이에 존재하는 연속성과 차별성을 동시에 드러낸다. 베자에 따르면 십계명은 "새로운 율법이 아니라,

---

58 Beza, *Questions and Responses*, 143.
59 Beza, *Questions and Responses*, 143.
60 Beza, *Annotationes* 1598, pt. 2, 14. Summers, *Morality After Calvin*, 72.

죄의 부패로 인해 인간의 마음에서 점차 지워지고 있던 자연법에 대한 최초의 지식을 회복하려는 조치"61라고 보았다. 아담의 타락 이후 인간은 창조 안에 숨겨진 하나님의 뜻을 거의 읽어내지 못했다. 하나님이 십계명을 주신 까닭은 창조 질서에 새겨 두신 자연법을 되살리려는 데 있었다.62 십계명은 인간 사회의 도덕적 토대이며, 그 안에는 공정성과 자연적 형평성이 내포되어 있다. 즉, 아담의 타락 이후에도 인간 본성 속에 남아 있는 법적 구조의 흔적이다. 베자는 인간의 이성이 타락했음에도 불구하고, 그 속에 하나님의 형상의 흔적이 남아 있어 죄를 최소한으로 인식하게 한다고 보았다. 이 때문에 베자는 영아살해, 근친상간, 남색, 축첩처럼 자연법을 정면으로 위반하는 관행을 지목하며, 이런 행위가 질서를 파괴한다고 단호히 비판했다.63 또는 그는 로마법의 형평성 개념과 자연법 전통을 바탕으로, 인간의 '자기 보존권'과 통치자의 보호 의무를 강조했다. 특히 신분제 의회가 소집되지 못할 때에도 고관대작들이 하위 관료로서 폭군에 맞서 저항할 책임이 있다는 보며, 저항권을 자연법에 근거해 정당화했다.

결론적으로 베자에게 자연법은 하나님이 창조 질서 속에 부여한 도덕적 원칙으로서 타락한 인간을 정죄하는 근거가 된다. 이 자연법은 계시된 율법을 통해 회복되어야 하며, 구원은 오직 복음의 은혜로만 가능하다. 따라서 율법과 자연법은 모두 복음의 필요성을 드러내며, 기독교 정치 신학에서 인간과 공동체를 위한 윤리적 기준이자 하나님의 통치 질서를 규정하는 핵심 요소로 작용한다.

---

61 Beza, *The Christian Faith*, 37.
62 Beza, *The Christian Faith*, 36.
63 John Witte Jr. and Robert M. Kingdon, *Sex, marriage, and family in John Calvin's Geneva. Courtship, Engagement, and Marriage* (Grand Rapids, Michigan, 2005) 참조.

3. 최상의 국가 체제

베자는 하나님을 세상의 궁극적 통치자, 곧 "유일한 군주"로 보았다. 하나님이 세속 군주를 국가의 지배자로 세우셨으므로 군주는 하나님의 명령에 복종해야 한다. 그러나 군주도 타락한 본성을 지닌 인간이기에 자신의 권한을 남용할 위험이 있다는 사실을 베자는 분명히 인식하였다.

> 세상의 시작부터 지금까지 어떤 뛰어난 왕을 선출하더라도 자신의 권한을 전혀 남용하지 않은 왕은 없었다. 자연적 이성만으로 계몽된 철학자들도 인지했다시피, 군주적 지배를 고삐로 억제하지 않는 한, 그것은 백성에게 보호와 복지보다는 붕괴와 파괴를 가져온다는 것을 인정해야 한다.[64]

군주도 죄인이므로 폭정에 빠지기 쉽다. 따라서 권한을 제어할 고삐가 필요하다. 베자는 그 고삐를 제도화된 국가 체제, 곧 군주와 백성 사이에 위치한 '하위 관료'의 직무에서 찾았다. 이들은 왕실 시종이나 개인적 충성심에 얽매인 관리가 아니라, 정의의 집행과 전쟁 수행에서 공적 책임을 지닌 인물들이다. 로마 제국에서는 집정관, 총독이, 이스라엘에서는 지파별 지도자·장로가 그 전형이었다. 근대 이후에는 세습 귀족뿐 아니라 시장·행정관 같은 선출직도 이 범주에 포함된다.[65]

군주와 백성을 중재하는 하위 권력자는 공동체에서 법의 지배와 법적 질서를 유지하도록 부름 받은 존재이다. 이들은 공동체의 법이 부여한 직위에

---

[64] Witte, John Jr. *The Reformation of Rights: Law, Religion, and Human Rights in Early Modern Calvinism*, 정두메 옮김, 『권리와 자유의 역사』, 209-210.
[65] Franklin, "Introduction," 31-32.

서, 자신이 수호하겠다고 맹세한 선한 법을 철저히 보호하고 내·외부의 폭력으로부터 지켜내야 한다.66 이들이 맹세에 따라 법을 수호하는 행위는 신법과 인법 모두에 부합한다. 군주와 하급 관료는 서로 조건부 의무를 진다. 국가 통치는 군주 개인의 소유가 아니며, 군주에게는 오직 '주권적 권능'(sovereign degree)만이 속한다. 하급 관료는 각자의 위계에 맞는 직무만을 맡을 뿐이다. 그리고 양측에는 분명한 조건이 정해져 있다. 만약 하급 관료가 국가적 합의에 근거한 조건을 지키지 않는다면, 군주는 그들을 해임하고 처벌할 권한이 있다. 다만 '법에 따라 직무를 수행하겠다'는 선서를 위반하지 않는 범위 내에서, 그리고 반드시 정해진 사유와 절차에 따라서 행해야 한다.67 개인 간의 계약조차 손해를 무릅쓰고 지켜진다. 하물며 공공의 합의에 의한 계약은 파기해서는 안 된다.68 하급 관료는 군주가 임명하지만, 실질적으로는 군주보다 법적 질서가 부여한 '직무 자체'에 귀속된다. 다시 말해서 하급 관료는 군주가 죽더라도 여전히 그 직위는 유지되며, 직무 자체는 변하지 않는다. 새로운 군주가 즉위해도, 이들에게 부여되는 것은 새로운 권리가 아니라, 기존 권한을 재확인하는 절차에 지나지 않는다.69

베자에게 최선의 국가는 하나님이 세우신 왕정이다. 다만 왕권은 세습적이되 반드시 제한되어야 한다. 국왕의 권위는 신분제 의회의 동의로 합법화되며, 의회는 백성을 대표하는 기관으로서, 하위 권력자가 그들의 의사를 표

---

66 Franklin, "Introduction," 41-43, 74.
67 Beza, "Rights," 111.
68 Beza, "Rights," 110.
69 Beza, "Rights," 110. 베자는 국가를 통치하는 세속 권력자인 군주를 보좌하는 하급 관리자를 셋으로 구분한다. 첫째, 공직이 없는 순수한 개인 신하이다. 둘째는 주권자 왕의 통치 아래에 위치한 하위 관료로, 주권자와는 다른 지위에 있는 공직자이다. 셋째는 일상적인 업무에서는 주권 권력을 행사하지 않지만, 그 권한을 견제하고 제어하도록 마련된 기관이다. Beza, "Rights," 111.

현할 수 있는 제도적 공간을 제공한다. 이 같은 정부는 국왕과 백성 사이의 정치적 언약 위에 세워진다. 그 결과 베자가 구상한 통치 질서는 군주제와 민주제, 귀족제의 균형으로 요약할 수 있다.70 이러한 체제에서 평민은 직접 저항하거나 봉기할 권리를 인정받지 못한다. 그들은 폭군에 저항할 권리를 갖지 않고 "다른 곳으로 떠나거나 하나님께 호소"하는 소극적 선택만 허용되며, 폭군에 맞서 외부 도움을 청할 권리는 고위 대작에게만 부여된다."71 피에르 메나르는 『관리들의 권리』에서 베자의 국가체제를 "형식적으로 왕정이다. 그리고 그것의 기초는 민주적이다. 그리고 정부는 귀족적이다. 게다가 신성하며 최우선적인 진리의 이름으로 종교적인 봉기가 지속적으로 가능하다."72라고 규정했다. 메나르는 '군주와 백성의 계약'이 낳는 구조적 긴장을 강조하면서, 그 긴장이 종교적 진리뿐 아니라 자연권의 이름으로도 폭발할 수 있다고 분석했다.73

임승휘는 당시의 신분제 의회는 비효율적이라고 평가했다.74 신분제 의회가 폭군에 대항할 잠재적 행위자가 될 수 있지만, 평상시에는 실질적으로 작동하지 않는 기구이기 때문이다. 베자의 신분제 의회는 어떤 현실적 힘을 지닌 체제가 아니라고 보았다. 다만 하급 관료는 군주와 백성 사이의 완충지대를 형성하여 균형과 견제를 담당한다. 이 완충장치는 군주가 폭군이 되는 비정상적인 상황에서만 효과를 발휘한다.75 베자는 이러한 직무가 제대로 수행

---

70 칼빈이 선호하는 국가체제는 왕정체제보다는 "귀족정이 아니면 혹은 귀족정과 공화정을 혼합한 상태가 다른 모든 것보다 훨씬 더 뛰어나다"고 보았다. Calvin, *OS* V, 4.20.8.
71 Beza, "Rights," 108.
72 Mesnard, *L'essor de la philosophie politique aus XVIe siècle* (Paris, 1936), 326; 임승휘, "프랑스 신교도 모나르코마크(Monarchomaques)의 정치이론(1572~1584)," 「프랑스사 연구」 15(2006), 20.
73 Quentin Skinner, *The Foundations of Modern Political Thought*, II. *The Age of Reformation* (Cambridge, 1978), 318-338.
74 임승휘, "프랑스 신교도 모나크로마크(Monarchomaques)의 정치이론(1572~1584)," 20.

되는 국가를 최상의 형태로 규정했다. 베자의 제한 군주정은 단순한 통치 형태가 아니라, '정치적 언약'이라는 법적·신학적 원리에 뿌리를 둔 영구적 국가 질서이다. 이 언약은 권력자의 직무를 개혁하고, 지배 권력을 견제하고 폭정으로부터 백성을 보호하고, 그럼에도 폭정이 발생할 때, 구조적 대응을 가능케 하고, 궁극적으로 전체 질서가 무너지지 않도록 제도화할 것을 요구한다.76 교회 제도에서도 베자는 유사한 원리를 주장한다. 그는 컨시스토리(consistory)를 '귀족정치적 제도'로 규정하면서, 교회의 통치 역시 정부의 고전적인 세 형태, 즉 귀족정·민주정·군주정이 균형을 이루는 혼합 정체 원리에 따라 운영되어야 한다고 보았다. 이는 칼빈이 제시한 혼합정체 이론을 계승하고 확장한 것으로, 교회와 국가 모두에서 통치의 정당성은 단순한 권력의 강제가 아니라 제도적 합법성과 도덕적 균형에 달려 있음을 분명히 한다.

V. 결론

프랑스의 개혁교회는 종교전쟁을 거치면서 하나님이 세운 군주와 백성의 관계를 새롭게 규정하기 시작했다. 성 바돌로매 축일의 대학살을 기점으로 정치적 사고가 급격히 전환되었다. 위티(John Witte Jr.)는 이 변환을 다음과 같이 설명했다.

16세기 후반 프랑스 위그노는 칼빈과 후기 루터, 1550년 마그데부르크 고백

---

75 Beza, "Rights," 38.
76 Letter to Bullinger (1574.12.), *CB* 14: 129.

(Magdeburg Confesseion)에 기반을 두고 자신의 사상과 행위를 프로테스탄트 종교개혁의 연장이요 확장으로 쉽게 해석할 수 있었다. 하지만 성 바돌로매 축일의 학살 이후 프랑스 칼빈주의자의 이런 연장과 확장이 본래 칼빈의 교회와 국가, 법과 종교, 권리와 자유에 대한 이해에서 변화된 형태로 나타났다는 것을 의심할 여지가 없다.[77]

종교개혁자 칼빈은 법에 의한 국가 통치를 강조하였다. 그의 통치론은 하나님의 주권과, 죄로 타락한 현실 속에서도 하나님이 남겨주신 보존의 은혜를 조화시키려는 시도였다. 제1차 종교전쟁은 칼빈의 신학을 정치 언어로 급속히 번역하는 계기가 되었고, 그 결과 위그노는 폭군 저항의 요건과 절차를 신학·법학의 공통 어휘로 정식화했다. 이 과정에서 칼빈, 베자, 비레가 폭정에 대한 저항의 정당성 및 조건을 신학적, 정치적으로 정립했고, 군주와 백성 사이에 정치적 언약에 주목함으로써 위그노 저항 사상의 토대를 제공했다.

백성은 왕을 선택하고, '이중 계약'(double contract)의 원리에 따라 그를 폐위시킬 권한도 보유한다. 첫 번째 계약은 성경적 언약(covenant)의 이미지를 차용한 것으로, 하나님과 백성 전체가 맺은 약정이다. 이어서 백성은 국왕과 두 번째 계약을 체결한다. 이 두 번째 계약은 불평등한 의무를 부과하여, 백성은 국왕이 약속을 지킬 때에만 그에게 복종한다. 만일 국왕이 정치적이거나 영적 차원에서 폭군적 행태를 보이면 저항이 정당화되며, 필요하면 무력 저항도 허용된다.

정치적 언약은 국왕이 행해야만 할 직무를 규정한다. 이를 통해 통치 권력을 제한하는 민주주의적 원리가 작동한다. 국가의 문제는 더 이상 국왕 개인

---

[77] Witte, 『권리와 자유의 역사』 (서울: IVP, 2015), 148.

의 사적 영역이 아니며, 국왕이 전체 백성의 이익을 대변하지 못할 때 그 점이 더욱 분명해진다. 종교전쟁 중 가톨릭 진영은 위그노를 "군주 살해자"라 비난했으나, 위그노는 군주제 자체와 싸운 것이 아니라 종교적이든 정치적이든 폭정에 맞서려 했을 뿐이다. 이 논의 속에서 칼빈을 비롯한 종교개혁자들은 "일반 대중이 아니라, 삼부회로 대표되는 집합적 백성의 주권"을 주장했다. 백성은 합법적 군주가 폭군으로 타락하더라도 그를 암살하는 '폭군살해'(tyrannicide)를 승인하지 않았다. 반면 권좌를 찬탈한 자에 대해서는 살해가 정당화될 수 있다고 보았다.[78]

베자는 법적·헌정적 절차에 따른 저항의 필요성을 강조했다. 개인이 임의로 폭군에게 봉기할 수는 없으며, 그 권리는 삼부회나 공적 권위를 가진 하급 관료에게만 부여되었다. 이들은 국왕을 설득하고, 그가 완강할 경우 무기를 들어 폐위할 의무를 진다.[79] 베자의 저항론은 칼빈의 입장을 계승하여 백성(평민)의 직접 저항권을 거부하였다. 하지만 베자는 국왕과 백성의 '계약' 관계와 '자연법'의 재해석을 통해 통치 질서 내부에서 저항의 근거를 마련했다. 이러한 사상은 17-18세기 영국 의회주의와 미국 독립사상의 헌정적 토대를 구축함으로써 현대 권리 담론의 신학·법학적 기원을 보여준다. 따라서 베자가 제시한 저항권 사상이 미친 영향 범위를 체계적으로 규정하는 연구가 필요하며 연구할 가치가 충분하다.

베자가 제시한 이상 국가는 다음과 같다. 국왕은 상징적 주권을 보유하고, 하급 관료(귀족·의회) 층이 실질 권력을 견제하며, 도시 대표가 참여하는 혼합 정체가 균형을 이룬다. 위그노는 성 바돌로매 대학살을 계기로 '칼빈의 순종적 모델'을 벗어나 조건부 군주·집합적 저항권 체계를 확립했다. 베자는

---

[78] Daussy, "Huguenot Political Thought and Activities," 80-81.
[79] Daussy, "Huguenot Political Thought and Activities," 80-81.

이를 '이중 계약'과 자연법 개념으로 체계화하여 군주제·귀족제·민주제를 교차 배치한 제한 군주정 이론을 제시한다. 이는 왕정이 쉽게 전제정으로 기울 수 있으므로 권력을 분산해 귀족정이나 귀족정과 공화정을 혼합한 체제를 선호한 칼빈의 견해와 뚜렷한 대비를 이룬다.[80]

---

[80] Calvin, *OS* V, 4.20.8.

〈참고문헌〉

Beza, Theodore. *Correspondance de Theodore Beza*. 14. eds. A Dufour, Béatrice Nicollier, M. Turchetti. Genève: Droz, 1988.

_____. "Right of magistrates." Julian H. Franklin ed. and trans. *Constitutionalism and Resistance in the Sixteenth Century*. New York: Pegasus, 1969.

_____. James Clark trans. *The Christian Faith*. 2016.

_____. Kirk M. Summers trans. *A Little Book of Christian Questions and Responses*. Eugene, Oregen: Pickwick, 1986.

Calvin, John. Petrus Barth, Guilemus Niesel ed. *Johannis Calvini Opera Selecta III-V*. Monachii in Aedibus: Chr. Kaiser, 1974.

Daussy, Hugues. "Huguenot Political Thought and Activities." Raymond A. Mentzer, Bertrand van Ruymbeke. *A Companion of the Huguenots*. Boston: Brill, 2016: 66-89.

Dennison, T. James. "The French Confession(1559)." *Reformed Confessions of the 16th and 17th Centuries in English Translation*. vol. 2. 1552-1566. Grand Rapids, Mich.: Reformation Heritage Books, 2010.

Ottman, François. "Francogallia." Julian H. Franklin ed. and trans. *Constitutionalism and Resistance in the Sixteenth Century*.

New York: Pegasus, 1969.

Kingdon, Robert M. "Calvinism and Resistance Theory." J. H. Burns and Mark Goldie. *The Cambridge History of Political Thought 1450-1700*. Cambridge University Press, 1991: 193-218.

Maruyama, Tadataka. *The Ecclesiology of Theodore Beza. The Reform of the True Church*. Genève: Librairie Droz, 1978.

McGrath, Alister E. 이은진 옮김. 『장 칼뱅의 생애와 사상』. 서울: 비아토르, 2019.

Summers, Kirk M. *Morality After Calvin: Theodore Beza's Christian Censor and Reformed Ethics*. New York: Oxford University Press, 2017.

Skinner, Quentin. *The Foundations of Modern Political Thought, The Age of Reformation*. Cambridge: Cambridge University Press, 1978.

Witte, John Jr. *The Reformation of Rights: Law, Religion, and Human Rights in Early Modern Calvinism*. 정두메 옮김. 『권리와 자유의 역사』. 서울: IVP, 2015.

Witte Jr, John and Kingdon, Robert M. *Sex, marriage, and family in John Calvin's Geneva*. vol. 1. *Courtship, Engagement, and Marriage*. Grand Rapids, Mich.: Willam B. Eerdmans Pub. Co., 2005.

박효근. "생 바르텔르미 대학살과 폭력의 재구성."「서양사론」123(2014), 170-199.

양신혜. "베자의 국가 저항권에 대한 이해."「갱신과 부흥」24(2019), 85-114.

임승휘. "프랑스 신교도 모나르코마크(Monarchomaques)의 정치이론 (1572~1584),"「프랑스사 연구」15(2006), 5-28.

홍기원. "최선의 국가형태 – 프랑스와 오트만(1524-1590)의 혼합정체론의 신학적 기초."「한국법철학회」11(2008), 7-44.

우르시누스의 정부론과 국가론:
교회권징 논쟁을 중심으로 본 교회와 국가의 관계

이남규

Zacharias Ursinus (1534-1583)

합동신학대학원대학교에서 신학(M.Div.)을 공부했으며, 16세기와 17세기 개혁신학 원전에 대한 관심을 갖고 유럽으로 가서 네덜란드 아펠도른 신학대학교에서 박사학위(Dr. theol.)를 받았다. 현재 합동신학대학원대학교에서 조직신학을 가르치고 있으며, 합신 〈도르트신경 400주년 프로젝트〉 디렉터이다. 유학 중 라벤스부르크한인교회(2003-2004)와 뮌스터복음교회(2006-2009)에서 목회했으며, 현재 현산교회 협동목사로 있다. *Die Prädestinationslehre der Heidelberger Theologen 1583-1622* (V&R), 『우르시누스 올레비아누스-하이델베르크 요리문답서의 두 거장』(익투스), 『개혁교회 신조학』(합신대학원출판부), 『칼빈주의 뿌리내리다』(합신대학원출판부)를 저술했으며, 『도르트신경 은혜의 신학 그리고 목회』의 편집자이다.

이남규

I. 들어가며

자카리아스 우르시누스(Zacharias Ursinus, 1534-1583)는[1] 『하이델베르크 요리문답서』의 주저자로서, 선제후령 팔츠(수도는 하이델베르크)에 개혁교회를 정착시키는 데 중요한 역할을 감당하였으며, 하이델베르크 대학의 '지혜의 학교' 교장으로서 많은 제자들에게 깊은 영향을 끼쳤다. 우르시누스는 하이델베르크에 도착한 초기부터 교회와 국가의 관계에 대한 정리된 신학적 입장을 지니고 있었으며, 이를 이미 저술을 통해 드러냈고, 그의 이러한 이해는 생애 말년까지 지속되었다. 우르시누스가 하이델베르크에서 영향을 끼치는 시기, 즉 구체적으로 1560년대 후반부터 선제후 프리드리히 3세가 죽게 되는 1576년까지 하이델베르크에서는 개혁주의자들 사이에 큰 논쟁이 있었다. 소위 교회권징 논쟁으로 불리는 이 논쟁은 단순히 교회권징의 결정권을 둘러싼 논쟁을 넘어서, 교회와 국가의 관계를 어떻게 이해할 것인가에 대한 개혁교회의 선택을 요구하는 상황을 보여준다. 우르시누스와 올레비아누스 등 신학부 교수들이 한 편에 있었고, 반대편에는 토마스 에라스투스(Thomas Erastus, 1524-1583)와 다수의 귀족 및 세속 권력자들이 있었다. 그리고 각각 제네바와 취리히의 지지를 받고 있었다.

이러한 맥락에서 본 연구는 우르시누스의 교회권징 논쟁을 중심으로 교회와 국가의 관계를 고찰하고자 한다. 본 연구는 이를 위하여 세 가지 주요 연구 대상에 초점을 맞춘다. 첫째, 1568년의 하이델베르크 교회권징 논쟁의

---

[1] 우르시누스의 생애는 다음을 참고하라: 이남규, 『우르시누스, 올레비아누스 – 하이델베르크 요리문답서의 두 거장』 (서울: 익투스, 2017); Erdmann K. Sturm, *Der Junge Zacharias Ursin, sein Weg vom Philippismus zum Calvinismus (1534-1262)* (Neukirchen: Neukirchener Verlag, 1972); Karl Sudhoff, *C. Olevianus und Z. Ursinus, Leben und Ausgewählte Schriften* (Elberfeld, 1857); Derk Visser, *The Reluctant Reformer: His Life and Times* (New York: United Church Press, 1983).

역사적 배경 및 쟁점, 그리고 에라스투스의 주장에 대한 우르시누스의 주요 논박이다. 둘째, 우르시누스의 저술에 나타난 교회권징과 교회와 국가의 관계에 대한 이해이다. 셋째, 우르시누스가 초안을 작성한 『하이델베르크 요리문답서』이후 팔츠의 교회법 및 규정들의 변천 과정인데, 특히 교회권징 규정과 그 규정에 담긴 교회-국가 관계의 신학적 함의 분석이다.

본 논문은 연구 결과를 다음과 같은 구성으로 제시한다. 첫째, 우르시누스의 생애를 교회와 국가의 관계라는 관점에서 조망함으로써, 이후 전개될 교회권징 논쟁의 맥락과 그 역사적 중요성을 이해하는 데 기초를 제공한다. 둘째, 1568년 교회권징 논쟁의 역사적 배경과 쟁점을 살피면서 에라스투스의 주장과 우르시누스의 논박 등을 간략하게 소개한다. 셋째, 우르시누스의 초기 저작과 그의 사후에 출간된 하이델베르크 요리문답 해설을 분석하여 그의 교회권징 및 교회와 국가의 관계에 대한 이해를 밝힌다. 넷째, 개혁교회의 장로회 정치원리의 독특성의 관점에서 1568년 논쟁 전후의 팔츠 교회 규정 변천 과정을 살펴보고 평가하여 팔츠 개혁교회의 성취와 한계를 밝히고자 한다. 다섯째, 하이델베르크 교회권징 논쟁의 의미를 개혁교회의 역사적 맥락에서 조명하고자 한다. 마지막 결론 부분에서는 하이델베르크 교회권징 논쟁이 지닌 신학적 의미를 정리하고 평가한다.

II. 우르시누스 생애에 나타난 정치 권위에 대한 태도

우르시누스의 정부론은 단순히 글로만 나타나지 않고 그의 삶 속에서도 드러난다. 우르시누스는 여러 종교개혁가들이 그러했듯이 고향을 떠나 나그

네로서 살았다. 그의 인생을 살펴보면 깃발을 들고 지도자처럼 나아가는 모습과는 거리가 있다. 실제로 그의 전기에는 『마지못한 개혁가』라는 제목이 붙여지기도 한다.2 우르시누스의 인생을 살피면서 부정적으로는 소신을 드러내지 못하고 주저하는 모습을 그릴 수도 있고, 긍정적으로는 매사에 신중한 모습을 그릴 수도 있다. 우르시누스의 실제 내면과 생활이 어떠했을지 규정하기는 어렵지만, 주저하거나 망설이는 인물로 묘사되는 이유 중 하나는 바로 정부에 대한 그의 자세 때문일 수 있다. 한편으로 우르시누스는 정부의 권위를 인정하고 자신의 견해와 다를 때에도 그 권위에 순종하는 모습을 보인다. 아마도 이 모습이 사람들에게 더 많이 알려져 있을 것이다. 그러나 다른 한편으로 그는 정부의 중요한 결정에 대하여 신학적 소신에 따라 선명한 반대를 표명하기도 한다. 우르시누스의 생애를 따라가다 보면, 그는 상황에 따라 그 자리를 떠나거나 반대하거나 순종한다.

1. 고향 브레슬라우를 떠나는 우르시누스

우르시누스는 비텐베르크 대학에서 수학하던 중, 1557년 여름부터 1558년 여름까지 독일 남부를 거쳐 스위스의 개혁도시들을 돌아보는 학문 여행을 다녀왔다. 비텐베르크로 돌아왔을 때, 고향인 브레슬라우에서 그를 초청하였다. 1558년 9월 엘리자베스 학교에서 취임강연과 함께 그의 공식적인 사역이 시작되었으나 고향에서의 사역은 오랫동안 지속되지 못했다. 이 시기 브레슬라우는 종교개혁이 뒤쳐진 상태에 있었다. 예배 중에 라틴어 사용, 미사의 방식, 타종, 축귀의식, 촛불 점화, 성의 착용 등이 남아 있었고, 너무

---

2 Visser, *The Reluctant Reformer*.

많은 미신적 방식 때문에 우르시누스는 성만찬에 참여하기 어려워했다.3

브레슬라우는 다양한 긴장과 갈등에 직면에 있었다. 제2성만찬 논쟁으로 브레슬라우도 시끄러웠고, 우르시누스는 루터파 목사 프레토리우스(Praetorius)와 갈등했다. 또한 1559년 말부터 1560년 초 사이에는, 예배 방식과 성만찬 예식, 축귀 의식을 둘러싸고 논쟁이 계속되었다. 이는 로마 가톨릭의 미신적 잔재들을 제거해야 한다는 개혁적 요구와 맞물려 있었다. 한편, 브레슬라우의 개신교는 실제적인 위기에도 직면하고 있었다. 헝가리, 오스트리아, 슐레지엔 등지에서 개신교 목사들을 추방하라는 명령이 내려졌기 때문이다. 많은 이들이 갈등을 피하고자 침묵과 타협을 선택하던 상황 속에서,4 우르시누스는 침묵할 수도 타협할 수도 없다고 판단하고, 고향을 떠나기로 결심하며 시의회에 사의를 표하였다.

사표가 수리되어 일을 공식적으로 사임한 날은 1560년 4월 26일이다. 우르시누스가 시 정부와 관계가 악화된 상태에서 사직한 것은 아닌 것으로 보인다. 이는 브레슬라우 시 정부가, 필요 시 언제든 그가 복귀한다는 조건 아래 사임을 수락했기 때문이다.5 취리히에서 크라토(Crato)에게 보낸 편지에서 우르시누스는, 브레슬라우에서 직분을 내려놓은 것에 대한 내적 부담과 고향 교회를 향한 깊은 염려를 표현하고 있다.6 그는 브레슬라우 시 정부와의 약속을 성실히 지키기 위해, 경제적 어려움 속에서도 취리히에 머물며 어떠한 공식적 직책도 맡지 않았다. 다른 도시에서 청빙했을 때에도 우르시누스는 쉽게 가지 않았다. 관련 기록에 의하면 우르시누스는 1561년 1월에 하

---

3 Sturm, *Der junge Zacharias Ursin*, 129.
4 Sturm, *Der junge Zacharias Ursin*, 166.
5 Sturm, *Der junge Zacharias Ursin*, 167.
6 Sturm, *Der junge Zacharias Ursin*, 173.

이델베르크로 추천되었고, 1561년 7월에 하이델베르크는 불링거를 통해 다시 우르시누스를 청하고 있다.7 즉, 그는 1년이 넘는 기간 동안 경제적 곤란을 감수하면서도, 브레슬라우 시 정부와의 약속을 지키기 위해 취리히와 타 도시들로부터의 청빙 요청을 일관되게 거절한 것이다. 이런 모습이 한편으로는 우르시누스를 신중한 자로 다른 한편으로는 머뭇거리는 자로 보이게 할 수 있으나, 정부에 대한 자세로만 본다면 그는 신학적 확신을 지키면서도 정부의 권위를 인정하며 정부로부터 받은 직분을 무겁게 받아들이며 정부와의 약속을 신실하게 지키는 자세를 가진 자였다.

2. 정부에 대한 우르시누스의 공개적 항의: 프리드리히 3세의 참전 결정과 관련하여

정부의 결정에 선명한 반대를 표명하는 우르시누스의 모습을 보는 일은 낯설지도 모른다. 우르시누스를 자신의 신학적 소신에 대하여 침묵하는 인물로 보는 것은 오해다. 사실 브레슬라우에서도 그는 여러 방식으로 자신의 견해를 밝혔었다. 그리고 하이델베르크에서 선제후 프리드리히 3세의 결정에 분명한 반대를 표명한 일이 있었다. 프리드리히 3세는 하이델베르크 요리문답서의 서문을 썼으며 개혁주의의 길로 가도록 결정하며 지지했던 인물이다. 그는 단지 신성로마제국의 선제후라는 정치적 권위자일 뿐 아니라, 개혁신학의 지지자이자 우르시누스를 여러 논쟁에서 후원해 준 인물이었음에도, 우르시누스는 신학적 소신에 따라 그 결정에 반대 입장을 표명하였던 것이다.

---

7 Sturm, *Der junge Zacharias Ursin*, 174-6.

프랑스에서 위그노들이 극심한 박해를 받게 되자, 무력 저항에 나서게 되었다. 위그노 제2차 전쟁이 발발한 후, 프리드리히 3세가 아들 카시미르의 참전을 허락하자,8 우르시누스는 이에 대해 분명한 반대 입장을 표명하였다. 그는 참전 결정을 내린 팔츠의 통치 당국을 신랄하게 비판하였다. 우르시누스는 무엇보다 팔츠 정부의 참전 결정으로 인해 팔츠 교회가 혼란에 빠지고 교리에서 멀어진다는 점을 지적했다. 우르시누스는 신앙을 명분으로 전쟁에 참여할 수 없다는 점을 분명히 한다. "무기가 아니라 기도와 순교로 싸우는 것이 합당하기 때문입니다. 교회가 참여한 전쟁은 항상 불행했습니다."9 그는 평화보다 전쟁에 몰두하는 팔츠의 교회위원회(Kirchenrat)를 비판했는데, 이는 단순히 시정부만이 아니라 자신의 동료들이 포함되어 있는 교회지도자들에 대한 비판이라는 점에서 주목할 만하다.

나아가 우르시누스는 "진실을 말한다면, 우리는 그 아들[카시미르]을 위대하게 만들려는 목적으로, 참된 열심이 아니라 악함으로 프랑스 전쟁에 이끌렸습니다. 하나님께서 승인하지 않으실 것이고 성과도 주시지 않으실 겁니다"라고 말하면서10 프리드리히 3세와 권력층들의 참전 결정 의도가 악하다고 규정한다. 이는 평소 신중하고 조용한 우르시누스의 모습과는 전혀 다른, 단호하고 공개적인 비판의 태도라 할 수 있다. 그는 카시미르의 참전이 마치

---

8 팔츠의 위그노 전쟁 참전에 대해서는, 이남규, "위그노 전쟁과 프리드리히 3세의 활약", 「갱신과 부흥」 제33호 (2024), 65-104를 참조하라. 본 논문은 졸고의 주요 내용을 일부 발췌하여 본문의 관련 부분에 활용하였다.

9 "... cum illorum proprium sit precibus et martyrio, non armis, pugnare; semper bella infausta fuisse, quibus ecclesiastici se immiscuerunt ..." A. Kluckhohn ed., *Briefe Friedrich des Frommen*, Bd. 2, 1054. 1568년 3월 26일 우르시누스는 이 편지를 간접적으로 다른 사람을 통해서 프리드리히 3세에게 전달했다.

10 "Et si verum dicendum est, nos magis vitio quam vero zelo ad bellum Gallicum pertractos, filium groß zu machen, quod deus improbat nec successum dat." A. Kluckhohn ed., *Briefe Friedrich des Frommen*, Bd. 2, 1054.

개인의 독자적 결정처럼 비춰졌으나, 실제로는 선제후 프리드리히 3세를 포함한 팔츠 정부 전체의 결정이며, 특히 교회위원회까지 이에 동의했다는 점을 분명히 지적하였다. 이렇게 그는 선제후가 "그 아들을 위대하게 만들기 위해" 전쟁에 참여했다는 점을 명확히 밝히며, 팔츠 권력층이 카시미르의 정치적 입지를 강화하려는 불순한 의도 아래 프랑스 전쟁에 참전하려 했음을 지적하고, 이에 대해 강력히 반대하였다.

우르시누스는 "하나님의 섭리에 반대하여 계속 실행되어도 인간은 아무것도 할 수 없습니다."라고 프랑스에서 일어나는 박해를 하나님의 섭리 아래서 감수해야 하는 사건으로 보았다. "저 나라에 있는 박해와 전복은 하나님에 의한 것이고 하나님의 의로우신 판단에 따라 선택된 자들을 시험하시고 불경건한 자들을 벌하시기 위한 것입니다. 특정 숫자는 멸망으로 정해져 있습니다. 하나님의 이 결정을 아무도 바꿀 수 없습니다."[11] 우르시누스는 "우리는 마지막 때에 살고 있기 때문에, 여기서 모든 나라가 멸망으로 흘러갑니다. ... 인내하고 기도하면서 그가 기쁘게 오시는 것과 악한 것들에서 영원히 해방될 것을 열망해야 합니다."라고[12] 하면서 그리스도인의 본분은 전쟁이 아니라 인내, 기도, 그리고 궁극적인 구속에 대한 소망임을 강조하였다.

이렇게 우르시누스는 국가의 최고 권위자인 선제후 프리드리히 3세, 정부

---

[11] "Gegen die göttliche Vorsehung, wird dann weiter ausgeführt, vermag der Mensch nichts. Verfolgungen und Umwälzungen in den Reichen sind von Gott, nach seinem gerechten Urtheil, um die Auserwählten zu prüfen, die Gottlosen zu züchtigen. Eine bestimmte Zahl ist zum Untergang be stimmt. Diesen Beschluß Gottes kann Niemand umstoszen." A. Kluckhohn ed., *Briefe Friedrich des Frommen,* Bd. 2, 1054.

[12] "... quia in extremis temporibus versamur, ubi omnia regna ad interritum fluunt, non debemus nos fatalibus dispositionibus opponere, sed pacientia et precibus ipsius laetum adventum et aeternam liberationem a malis exoptare." A. Kluckhohn ed., *Briefe Friedrich des Frommen,* Bd. 2, 1055.

권력층, 그리고 교회지도자들의 참전 결정에 대해 하나님의 말씀을 거스르면서 불순한 의도를 갖고 참전한다고 단호한 반대를 표했다. 우르시누스는 정부의 권위에 순종하는 사람이었으나 그 권위가 하나님의 말씀과 어긋나는 결정을 한다고 판단할 때는 숨은 동기를 드러내 날카롭게 지적하며 하나님의 말씀의 가르침이 무엇인지 보여주었다.

3. 반대하면서 순종: 카시미르를 대하는 우르시누스

개혁신학을 지지하던 팔츠의 선제후 프리드리히 3세가 사망하고, 그의 아들 루드비히 6세가 하이델베르크에 루터주의를 다시 도입하자, 당시 하이델베르크 대학에서 학생들을 가르치던 우르시누스와 올레비아누스는 학교를 떠나야 했다. 이 때 카시미르는 자신의 형 루드비히 6세의 노선에 반대했으며 하이델베르크의 개혁신학 전통이 자신이 다스리는 팔츠-라우테른(Pfalz-Lautern)에서 계속되기를 원했다. 그는 새로운 학교가 설립되면, 개혁신학을 지지하는 하이델베르크 대학의 교수들과 학생들을 함께 데려올 계획을 세웠다. 카시미르는 특히 우르시누스에게 노이슈타트(Neustadt an der Haardt)에 학교가 세워질 때까지 하이델베르크에 머무를 것을 요구했다.

카시미르의 명을 따라 노이슈타트로 가는 길이 우르시누스의 유일한 선택지는 아니었다. 하이델베르크를 떠나게 된 우르시누스와 같은 인재를 다른 도시들이 주목하지 않을 리 없었다. 베른과 여러 곳에서 우르시누스를 청빙했다.[13] 1577년 베른에서 대학교수직으로 청빙 받았을 때, 우르시누스는 그

---

[13] Visser, *The Reluctant Reformer*. 176.

제안을 진심으로 받아들이고 싶어 했다. 왜냐하면 카시미르 곁에 있는 것이 우르시누스의 마음에 편치 않았기 때문이다. 그는 이렇게 말한다. "내가 지금 돈을 모을 수 있어 땅 한 마지기나 포도원을 살 수 있다면 좋겠습니다. 거기서 나는 충분히 먹고 살 수 있을 것이고 다른 주인을 섬기지 않을 수 있을 텐데 말입니다. 그래서 진정한 주인인 하나님을 더 잘 섬길 수 있을 텐데 말입니다."14 이 고백은 땅의 통치자, 즉 카시미르를 섬겨야만 하는 일의 편치 않음을 보여준다. 그 근본적인 원인은 교회권징 논쟁에서 기인한다. 하이델베르크에서 잠재되어 있던 긴장은 1568년에 표면화되었고, 이는 도시 전체를 두 진영으로 나누며 심각한 갈등의 국면으로 이끌었다. 이 논쟁은 교회권징 문제에 관한 것이었으며, 한편에는 장로회 정치 원리를 따르는 교회권징 지지파가 있었고, 다른 한편에는 교회가 궁극적으로 통치자의 권위 아래 있어야 한다고 보는, 소위 에라스투스파가 있었다. 계속되는 갈등 속에서 양 진영의 감정의 골은 깊게 파였었던 것이다.

우르시누스는 베른대학에서 교편을 잡고 싶었으나 카시미르의 허락 없이는 가지 않으려고 했다. 그러나 카시미르는 허락하지 않았고 1577년 11월 우르시누스는 자신의 건강과 카시미르의 뜻을 이유로 들면서 갈 수 없다고 베른 시의회에 전했다.15 우르시누스는 여러 차례 간곡히 요청하였으나, 카시미르는 이를 일관되게 거절하였고, 결국 우르시누스는 그의 명을 따랐다.16 우르시누스는 진정한 주인인 하나님의 말씀을 따르는 교리를 밝히는 데 있어서 이 땅의 통치자의 견해와 부딪히면서도 말하는 사람이었으나, 동

---

14 Sudhoff, *C. Olevianus und Z. Ursinus,* 428.
15 Gustav Adolf Benrath, "Briefe des Heidelberger Theologen Zacharias Ursinus (1534-1583)," *Heidelberger Jahrbuecher* 1964 (VIII), 134.
16 Benrath, "Briefe des Heidelberger Theologen Zacharias Ursinus(1534-1583)," 134-138.

시에 정부의 권위를 존중하여 그 명을 성실히 따르는 사람이었다.

III. 하이델베르크 교회권징 논쟁의 역사적 배경과 쟁점

팔츠에서 벌어진 교회권징 논쟁이 얼마나 심각했는지는 앞서 우르시누스의 카시미르를 향한 태도에서 볼 수 있었다. 이 심각한 논쟁이 하이델베르크에서 어떻게 점화하게 되는지, 그 쟁점이 무엇인지 여기서 살피려고 한다.

1. 교회권징 논쟁의 그림자: 하이델베르크의 개혁과 드러난 차이

하이델베르크 교회권징 논쟁이 처음부터 드러난 것은 아니었다.[17] 1559년 프리드리히 3세가 선제후에 즉위하며 팔츠를 개혁신학의 방향으로 이끌자, 하이델베르크에 머물던 루터주의자들은 떠나야만 했다. 이후 우르시누스가 초안을 작성한 『하이델베르크 요리문답서』가 대내외적으로 개혁신학의 정체성을 보여주었지만, 교회 권징에 대한 이견이 팔츠를 수년간 지속적으로 뒤흔들었다. 개혁주의 진영 내부에서 한편에선 신학부 교수들이 다른 편에선 귀족 및 다른 학부 교수들 사이의 갈등이 형성되었다. 우르시누스, 올레비아누스 등 신학부 교수들의 입장에 맞서 논쟁의 상대편을 주도했던 핵심 인물은 의학부 교수인 토마스 에라스투스(Thomas Erastus)였다.[18]

---

[17] 하이델베르크의 교회권징 논쟁에 대해서는 이남규, "에라스투스주의의 등장으로서 하이델베르크 권징논쟁," 「성경신학저널」 5 (2013), 273-291; Charles Gunnoe, *Thomas Erastus and the Palatinate: A Renaissance Physician in the Second Reformation*, Brill's Series in Church History 48 (Leiden: Brill, 2011), 특히 chap. 6, "The Heidelberg Church Discipline Controversy"를 보라.

[18] 에라스투스의 하이델베르크에서의 활동과 교회권징 논쟁에서의 역할에 대해서는 Charles

에라스투스는 17세기 영국에서 웨스트민스터 총회에서 교회 정치체제를 다시 세우면서 논쟁할 때 등장한 소위 '에라스투스주의'로 사람들에게 지금까지 알려져 있지만, 그 시작은 하이델베르크였다. 그는 스위스 아르가우 출신으로, 바젤·파두아·볼로냐 등지에서 의학과 철학을 수학하고, 1552년 박사학위를 받은 후 1558년 팔츠의 선제후 오토하인리히의 부름을 받아 하이델베르크로 왔다. 그는 하이델베르크 대학에서 의학교수로 재직하는 동시에 교회회의(Kirchenrat)의 일원으로 팔츠 교회 운영에도 깊이 관여하였다. 1559년 루터파와의 성만찬 논쟁에서는 개혁주의 입장을 옹호하며 신학부 학장이었던 보키누스(Petrus Boquinus)를 도와 논쟁에 참여하였다. 이 논쟁은 하이델베르크와 팔츠 전반이 개혁신학의 방향으로 나아가게 되는 데 있어, 프리드리히 3세에게 결정적 정당성을 제공하였다. 즉, 에라스투스는 교회권징 및 교회-국가 관계 이해에 대해서는 우르시누스와 올레비아누스와 다른 길을 갔을지라도 원래는 개혁신학을 위한 동지였다는 사실이다.

교회권징(disciplina ecclesiastica)은 제네바에서의 경험을 통해 많은 이들에게 신앙 공동체의 중요 과제로 인식되었다. 제네바는 높이 칭송되곤 했는데, 이는 단지 교리의 개혁만이 아니라 생활 전반의 개혁이 이루어졌기 때문이다. 이러한 개혁은 교회 권징의 실행을 통해 가능했다. 제네바의 경험은 이후 칼빈주의 전통 내에서 교회권징이 참된 교회의 표지 중 하나로 들어가는 데에 결정적 역할을 하였고, 이는 『벨직 신앙고백서』(*Confessio Belgica*)에서 말씀의 선포, 성례의 시행과 함께 교회권징의 실행을 참된 교회의 세 가지 표지(*notae ecclesiae*)로 명시하는 데서 확인된다.

Gunnoe, *Thomas Erastus and the Palatinate: A Renaissance Physician in the Second Reformation*; Ruth Wesel-Roth, *Thomas Erastus* (Baden: Moritz Schauenburg Lahr, 1994)을 보라.

우르시누스도 칼빈의 영향 아래서 제네바의 방식을 따라 교회가 국가로부터 독립하여 성례에 참여할 이들을 결정해야 한다고 보았다. 이와 같은 우르시누스의 입장은 그가 하이델베르크에 도착한 직후 작성한 이른바 '대요리문답서'(『신학요목문답』(Catechesis maior)) 제320-322문항에 명확히 드러난다. 그는 1563년 초에 발표된 『하이델베르크 요리문답서』의 작성에 깊이 관여하였고, 이 문서는 교회권징을 교회의 고유한 직무로 고백한다. 곧, 고백과 삶에서 불신앙과 불경건을 드러내는 자들은 하나님의 언약을 훼손하는 자들이므로, 교회는 그리스도의 사도들이 명령한 바에 따라 '열쇠의 직무'(Amt der Schlüssel)를 통해 그들이 회개에 이르도록 지도해야 한다(문82). 이 열쇠의 직무는 곧 교회권징이다(문83). 『하이델베르크 요리문답서』는 제85문에서 이를 다음과 같이 고백한다.

85문: 교회권징을 통해 어떻게 천국이 닫히고 열립니까?

답: 이런 방식입니다. 그리스도의 명령에 따라, 그리스도의 이름 아래 있으면서 비그리스도적인 교리나 생활을 가진 어떤 이들이, 여러 번 형제의 권고를 받은 후에도 오류와 악행을 그만두지 않으면, 교회 또는 교회가 정한 이들에게 보고되어야 합니다. 그리고 그 권고마저 따르지 않을 때에는, 거룩한 성례의 금지를 통해서 그리스도의 교회에서 제외되며, 하나님 자신에 의해 그리스도의 나라에서 제외됩니다. 그들이 참된 변화를 약속하고 변화를 보인다면, 다시 그리스도와 교회의 지체로 받아들여집니다.

즉, 고백과 생활에서 권고를 받은 후 돌이키지 않는 자들에 대하여 교회 또는 교회에 의해 세워진 자들에게(der Kirche oder denen, so von der

Kirche dazu verordnet sind) 알려져야 한다. 따라서 이 권징은 국가의 일이 아니라 교회의 일로 설명된다. 교회에서 세워진 자들(즉, 장로들)의 권고에도 회개가 없으면 성찬에 참여하는 것이 금지된다는 것이다.

1563년 11월에 공포된 팔츠의 교회법 역시 하이델베르크 요리문답서와 같은 정신에 있다. 성만찬에 참여를 금지시키는 교회권징의 주체를 "한명이나 몇 명의 교회사역자나 특정 인물의 권위에"(in eines oder etlichen kirchendiener oder anderer personen macht) 두지 않고, "하나의 전체 기독교 공동체"(bey einer gantzen christlichen gemein)에 있다고 하였다. 더 나아가 교회사역자들도 교회의 가장 작은 지체로서 그 공동체 아래에 위치하며, 각 지역의 형편과 필요에 따라 교회가 선택한 자비롭고 하나님을 경외하는 몇 사람(즉 장로들)이 교회사역자와 함께 '전체 공동체의 이름으로(in namen der ganzten gemein)' 권징을 시행하도록 규정한다. 회개하지 않는 자에 대해서는 회개가 나타날 때까지 성찬을 금지하며, 이는 기독교 공동체로부터의 분리를 의미한다.[19] 곧 1563년 교회법은 감독제나 교황제를 명시적으로 거부하면서, 교회권징의 권위가 특정 개인이 아니라 교회 공동체 전체에 있다는 점을 강조한다. 이처럼 1563년에 제정된 하이델베르크 요리문답서와 팔츠 교회법은 교회권징을 다룸에 있어 국가의 역할을 배제하고 교회의 직무로 표현한다.

그러나 1564년에 제정된 팔츠 교회위원회규정은 1563년의 교회법과 하이델베르크 요리문답이 제시한 교회권징과 상충되는 내용을 담고 있다. 해

---

[19] "… welche [etliche erbare und gottsförchtige menner] …, so sie sich daran nit keren, mit verbietung der heiligen sacramenten von der christlichen gemein absöndern, biß sie besserung verheissen und erzeigen." Emil Sehling, ed., *Die evangelischen Kirchenordnungen des XVI. Jahrhunderts*, Bd. 14 (Tübingen: Mohr, 1969) [이후 KO 14로 표기], 388.

당 규정은 교회권징이 세속 권력과 구분된다고 명시하지만, 실제 실행에 있어서는 세속 권력과 교회 권력이 협력하는 구조, 나아가 최종판단을 국가 통치자에게 맡기는 형식을 취하고 있다. 예컨대, 직무에 태만한 공직자나 불경건한 삶을 사는 자는 목사의 경고를 받은 후 상급 관청에 보고되며, 경우에 따라 경찰 규정(Polizeiordnung)에 따라 처벌된다. 개선의 여지가 없을 경우 최종 판단은 선제후가 내리게 되며, 출교 결정 역시 선제후의 결정에 따른다. 목사는 단지 출교 결정을 설교단에서 공적으로 선포하는 역할만을 수행한다.20 이는 교회권징이 국가 권력에 종속되는 구조임을 보여준다.

요컨대, 1563년에 제정된 하이델베르크 요리문답서와 팔츠 교회법은 교회권징을 교회의 고유 권한으로 규정하였으나, 1564년의 '교회위원회 규정'은 권징의 실행 방식에서, 특히 최종 판단 권한을 국가 통치자에게 부여함으로써 교회권징이 국가 권력의 통제 아래 종속되는 구조였던 것이다. 교회위원회(Kirchenrat)는 세 명의 세속(weltlich) 인사와 세 명의 교회(geistlich) 인사로 구성되었다. 이 위원회에는 우르시누스의 동료인 올레비아누스도 포함되어 있었으나, 교회권징에 반대한 에라스투스 또한 함께 참여하고 있었다. 이렇게 팔츠 지역을 개혁주의로 세우기 위해 힘을 합쳤던 인물들 사이의 긴장이 이미 교회 문서 작성 과정에서 드러나고 있으며, 이는 1568년 본격화 될 교회권징 논쟁의 그림자였다.21

2. 1568년 교회권징 논쟁: 정부인가, 교회인가?

---

20 "Kirchenratsordnung 1564," in *KO 14*, 421-424.
21 Goeters, "Einführung," in Emil Sehling, ed., *Die evangelischen Kirchenordnungen des XVI. Jahrhunderts*, Bd. 14 (Tübingen: Mohr, 1969), 49.

우르시누스를 비롯한 신학부 교수들은 제네바 방식의 교회권징이 하이델베르크에서 시행되기를 바랐다. 정부 쪽에서 이들을 지지한 인물에는 총리 에헴(Ehem)과 교회위원회 회장 출레거(Zuleger)가 있었다. 이들의 반대편인 에라스투스 진영에는 대부분의 상원의원들, 카시미르를 포함한 프리드리히 3세의 아들들, 그 외 고위관직자들, 귀족들이 있었다. 그런데 가장 중요한 선제후 프리드리히 3세가 신학부 교수들을 지지했다. 에라스투스는 선제후가 자신의 아들들과 귀족들, 보좌관들, 대중들의 말에 귀를 기울이지 않는다고 불만을 토로했다.22 선제후는 프랑켄탈에 있는 프랑스 피난민 교회의 제네바식 교회권징과 경건한 삶의 모습에 깊은 인상을 받았으며, 자신의 통치 지역인 팔츠 교회들도 이를 본받기를 원했다.23 겉보기엔 작고 약한 피난민 교회가 팔츠 전역에 영향을 준 셈이다. 에라스투스는 하이델베르크에 개혁주의가 들어오도록 공헌했으나 교회권징의 권한이 세속 정부의 권세 아래 있어야 한다고 주장하면서 우르시누스와 올레비아누스의 반대편에 서게 되었다. 에라스투스는 정교분리가 아니라 정교일치가 성경적이며 사회적 통합에 유익하고, 교회가 정부로부터 독립하여 시행하는 교회권징은 해롭다고 판단했다. 프리드리히 3세는 결국 신학부에 힘을 실어주며 다른 학부 교수들의 침묵을 명했지만, 에라스투스는 물러서지 않았다.

1568년 6월 10일 있었던 공개논쟁(Disputatio)이 교회권징 논쟁을 본격적으로 수면에 떠오르게 했다. 이 논쟁에서는 보키누스(Boquinus)가 좌장을 맡았고, 조지 위더스(George Withers)가 답변자로 나섰다. 위더스는 국

---

22 Erastus가 Bullinger에게 보낸 편지(1570년 1월 1일)를 다음에서 확인할 수 있다: Karl Sudhoff, *C. Olevianus und Z. Ursinus*, 344: "… non filios, non consiliarios, qui ei uno excepto Ehemio constanter adversantur omnes, non nobiles, non doctos, non plebejos audit …"

23 Wesel-Roth, *Thomas Erastus*, 46.

가교회 체제를 반대해서 고향인 영국을 떠났으며, 1568년 3월 22일 다른 세 명의 영국인과 함께 하이델베르크 대학에 등록했던 인물이다.24 이 공개 논쟁에서 발표된 논제 중 12번째와 13번째가 전해지는데, 우르시누스의 하이델베르크 요리문답서 해설서에 이 내용이 포함되어 있다.

12. 하나님의 말씀의 신실한 선포와 성례의 합법적인 시행과 치리의 직무가 교회에서 유지되어야만 한다.

13. 그런데 이 직무를 나는 이렇게 말한다: 곧 목사들이 장로회와 함께 죄를 범한 누구라도 (왕들까지도) 고발하고 책망하며 출교하고 교회권징을 위해 관계된 그 외 다른 것들을 시행할 권한을 가질 뿐 아니라 실행한다.25

이 공개토론은 아침에 열렸으며, 마무리될 즈음 에라스투스가 도착했다. 에라스투스는 위더스의 논제에 반대 입장을 표명했으나 논쟁이 길어지자, 좌장 보키누스는 더 많은 시간이 필요하다고 판단하여 정회를 선언하고 며

---

24 하이델베르크대학 등록부(Die Matrikel der Universität Heidelberg)에 1568년 3월 22일 등록한 네 명의 영국귀족(nobiles Angli) 출신은 다음과 같다(Gustav Toepke, *Die Matrikel der Universität Heidelberg von 1554 bis 1662* (Heidelberg, 1886), 45): Georgius Witherus, Laurentius Tonsomus, Georgius Allinus, Richardus Serger; 이들 중 Laurence Tomson은 퓨리탄에 있어서 중요한 인물이다(Andrew Forret Scott Pearson, *Thomas Cartwright and Elizabethan puritanism, 1535-1603* (Cambridge, 1925), 68-71).

25 "XII. Sinceram Verbi divini praedicationem, & legitimam Sacramentorum administrationem, oportet in Ecclesia Gubernationis urgere officium. XIII. Officium autem hoc voco, ut Ministri cum Presbuterio quosuis peccantes (etiam Principes) arguendi, increpandi, excommunicandi, reliquaque ad disciplinam Ecclesiasticam pertinentia peragendi facultatem & habeant & exerceant.". Ursinus, *D. Zachariae Ursini Theologi Celeberrimi, Sacrarum literarum olim in Academia Heidelbergensi & Neustadiana Doctoris ... Opera Theologica*, Vol. I, ed. Quirin Reuter (Heidelberg, 1612).

칠 후 속회하기로 결정하였다. 이로써 신학부 교수들과 에라스투스 간의 논쟁이 본격화된 것이다. 이후 에라스투스는 자신의 입장을 103개 항의 논제로 체계화하였으며, 시간이 지나 이를 다시 75개 항으로 축약하였다.26 이 책이 후에 에라스투스주의자들의 교과서가 된다.

에라스투스는 당대의 국가 형태인 기독국가(res publica christiana)에서는 머리가 하나여야 하며, 그 머리는 위더스의 논제처럼 목사와 장로들이 아니라 정부여야 한다고 주장했다. 그는 목사와 장로들에게 치리권을 맡기는 일을 결국 과거 교황이나 감독이 세속권력을 장악했던 오류를 되풀이하는 것이라고 보았다. 에라스투스에 따르면 마태복음 18:17의 "교회에 말하라"는 말씀은 회중을 다스리는 이들에게 즉, 시의회와 같은 공직자들에게 말하라는 뜻이다. "교회에 말하라"는 "산헤드린에게 말하라"는 말이며 산헤드린이 유대인 공동체의 다스리는 기구였던 것처럼, 기독국가에서 "교회에 말하라"는 명령은 결국 시의회에 말하라는 의미가 된다는 것이다.27 그는 출교에 대해서도 반대 입장을 보였는데, 그 이유는 출교가 범죄자로 하여금 말씀을 듣고 회개할 기회를 박탈한다고 보았기 때문이다.28 에라스투스는 출교는 하나님의 법이 아니라 인간의 발명이라 주장했다.29

우르시누스는 다음날 자신이 원장으로 있던 '지혜의 학교'에서 계획에 없던 논쟁수업(disputatio)을 개설하고 에라스투스의 이의제기에 대해 답했으

---

26 Thomas Erastus, *Explicatio Gravissimae Quaestionis utrum Excommunicatio, quatenus Religionem intelligentes & amplexantes, a Sacramentorum usu, propter admissum facinus arcet; mandato nitatur Divino, an excogitate sit ab hominibus.* (Pesclavii, 1589). 1-63.
27 Erastus, *Explicatio*, 34-35.
28 Erastus, *Explicatio*, 21-24.
29 Erastus, *Explicatio*, 25. "… putamus, humanum potius inventum esse Excommunicationem … quam divinam quandam legem."

며 이 내용이 사후에 제자들이 정리한 하이델베르크 요리문답 해설서에 포함되었다. 다만, 에라스투스의 이의제기에 대한 응답은 모든 해설서 판본에 동일하게 포함되어 있는 것은 아니다. 예컨대 우르시누스 사후인 1584년에 비교적 이른 시기에 출간된 해설서에서는 에라스투스를 직접 언급하지 않고, "어떤 이들이 출교를 반박하려 시도한 주장들에 대한 해명들"(Solutiones argumentorum quibus nonnulli excommunicationem expugnare conati sunt)이라는 제목으로 첨부되며, 후대에 정리된 원고보다 분량이 적다.30 에라스투스에 대한 반론이 보다 장문으로 상세히 서술되어 있는 대표적인 판본은 후기 출간물인 1612년 로이터(Reuter) 편집본과31 1616년 제네바 편집본 등이다.32 또한, 교회권징 논쟁이 진행되던 시기에 우르시누스가 선제후 프리드리히 3세에게 보낸 서한은 그의 전집 3권에서도 확인되며,33 앞선 해설서의 내용과 유사한 논지가 반복되고 있다.34

가장 먼저 우르시누스는 두 가지 이의제기에 답하면서 교회권징과 출교의 정당성을 옹호한다. 그는 권징 제도가 교회의 역사 속에서 지속적으로 시행

---

30 Zacharias Ursinus, *Doctrinae Christianae Compendium seu Commentarii Catechetici ex ore D. Zachariae Ursini* (Geneva, 1584), 634-644.

31 Zacharias Ursinus, *D. Zachariae Ursini theologi celeberrimi, sacrarum literarum olim in Academia Heidelbergensi et Neustadiana doctoris … Opera Theologica: quibus orthodoxae religionis capita perspicue et breviter explicantur, tributa in tomos tres, quorum indicem a praefatione pagina proxima exhibet; praemissa vita autoris … qui continet didascalica scripta orthodoxam fidem Christianam* (Frankfurt am Main, 1612), 301-306.

32 Zacharias Ursinus, *Corpus doctrinae orthodoxae sive catecheticarum explicationum D. Zachariae Ursini opus absolutum* (Geneva, 1616), 540-552.

33 Zacharias Ursinus, "Judicium de disciplina ecclesiastica et excommunicatione: ad Electorem Fridericum III. Pium, anno 1569," in *Opera Theologica*, vol. 3, 1612, 801-812.

34 우르시누스의 대답에 대한 토론은 다음을 보라. Charles Gunnoe, *Thomas Erastus and the Palatinate: A Renaissance Physician in the Second Reformation*, Brill's Series in Church History 48 (Leiden: Brill, 2011), 197.

되어 온 사실을 지적하고, 마태복음 18:17, 고린도전서 5:5, 디모데전서 1:20 등을 근거로 권징과 출교가 성경에 기초한 제도임을 논증한다.35

두 번째 부분에서 우르시누스는 마태복음 18:17의 "교회에 말하라"에서 '교회'가 무엇을 의미하는지를 해석한다.36 그는 장로가 이 구절에 포함되어 있지 않더라도 교회가 지정한 사람들에 의하여 교회의 일이 되어지므로 장로가 교회라는 용어에 포함된다고 주장한다. 또한 그는 에라스투스가 산헤드린을 국가기관으로 해석하여 "교회에 말하라"는 곧 "시의회에 말하라"는 의미라고 주장한 것에 대해 반박한다. "이방인과 세리와 같이 여기라"는 명령이 하나님 나라에서 배제된 자로 간주하라는 뜻이며, 이는 이 직무가 세속 정부가 아니라 교회에 부여된 직무임을 말한다는 것이다. 세리는 국가의 일원이기 때문이다. 그는 주께서 천국열쇠, 곧 메고 푸는 일을 통치자에게 주신 것이 아니라 교회에 주신 것이라고 논증한다.

세 번째 부분에서 우르시누스는 "이방인과 세리처럼 여기라"(마 18:17)라는 말이 출교의 의미가 아니라는 주장을 반박한다.37 그는 교회가 어떤 개인을 이방인과 세리로 여긴다는 말은 단순히 사사로운 일이 아니라 공적으로 교회의 교제에서 제외시킨다는 의미라고 답한다. 이를 뒷받침하기 위해 그는 고린도전서 5:11의 "그런 자와 함께 먹지도 말라"와 5:13의 "너희 중에서 그 악한 사람을 내쫓으라"는 바울의 권면을 인용한다. 이렇게 성경은 출교의 문제가 교회에게 맡겨져 있음을 증거하는 것이다.

마지막으로 우르시누스는 바울 서신에 나타난 권징과 출교 관련 구절들을 해석하며 에라스투스의 이의제기에 반박한다. 그는 고린도전서 5:5의 "그를

---

35 Ursinus, *Opera Theologica*, I, 301.
36 Ursinus, *Opera Theologica*, I, 302.
37 Ursinus, *Opera Theologica*, I, 303.

사탄에게 내어주라"는 명령이 "그들과 함께 먹지 말라" 등의 구절들과 함께 해석될 때, 아나니아와 삽비라에게 임한 기적적 징벌이 아니라 교회 공동체로부터의 출교를 의미한다고 주장한다.38 회개하지 않는 한 그들은 사탄의 나라에 속했기 때문이다. 우르시누스는 출교가 죄인을 회개로 이끄는 수단으로서 교회에 부여된 통상적 권한임을 논증한다. 이와 같이 그는 교회권징 제도의 성경적 근거와 그 제도가 교회에 고유하게 속한다는 사실을 강조하였다.

IV. 우르시누스의 교회권징 및 교회-국가 관계 이해: 주요 저술 분석을 중심으로

앞서 교회권징 논쟁의 역사적 배경을 살펴보았기에, 이제 그 논쟁의 중심에 있었던 자카리아스 우르시누스의 신학적 입장을 체계적으로 고찰하고자 한다. 앞서 살핀 바와 같이, 우르시누스는 교회권징의 성경적 정당성과 교회의 독립적 권위를 강조하며 에라스투스주의에 맞섰고, 이러한 입장은 초기 저술에서부터 나타난다. 이에 먼저, 우르시누스가 하이델베르크에 부임한 직후(1562년경)에 작성한 『신학요목문답서』에 나타난 교회권징 이해를 고찰하고, 이어 『하이델베르크 요리문답 해설서』의 내용을 분석하여 그의 정리된 신학적 입장을 밝히고자 한다.

1. 초기견해: 우르시누스의 『신학요목문답서』에 나타난 교회권징

---

38 Ursinus, *Opera Theologica*, I, 304.

우르시누스는 하이델베르크에 부임한 이후 두 종류의 요리문답서를 작성하였다. 그 중 하나는 『소요리문답서』(*Catechesis Minor*)로, 이는 『하이델베르크 요리문답서』의 초안으로 간주되기도 한다. 다른 하나는 『신학요목문답서』(*Catechesis Summa Theologiae*)로, 흔히 『대요리문답서』(*Catechesis maior*)라고도 불린다. 두 문답서 모두 『하이델베르크 요리문답서』 이전이므로 교회권징에 대한 우르시누스의 초기의 입장을 보여준다. 320문에서 성만찬에 합당하지 않은 자들에 대해 묻고, 이들은 교회권징으로 교정되어야 한다고 말한다.39 이어서 321문부터 323문까지 교회권징을 다루는데, 321문은 교회권징의 형식, 322문은 교회와 정부 직무의 차이를, 323문은 교회권징의 필요성을 다룬다. 이는 마치 훗날 벌어질 교회권징 논쟁을 예견한 듯, 동일한 쟁점들에 대한 신학적 응답을 미리 제시한 것이라 할 수 있다.

우르시누스의 교회권징에 관한 초기 견해가 견고했을 뿐만 아니라 체계적으로 정리되어 있었으며, 특히 정부로부터 독립적인 교회권징이 초기에도 매우 분명함을 보여주기 위해서 321-323문의 전체 번역을 여기에 소개하며 함의를 고찰하고자 한다.

321. 교회권징의 형식은 어떠해야 하는가?

장로들이 세워져야 하며 이들이 교회 도덕을 감찰하는 자들이 되어야 한다.
악한 생활을 하는 자들은 한두 차례의 개인적 권면 후 장로들에게 알려져서

---

39 "Quid porro de his faciendum, qui vitam Christianis indignam agunt? Ecclesiastica disciplina coercendi sunt." Zacharias Ursinus, "Summa Theologiae," in *Opera Theologica*, vol. I, ed. Quirin Reuter (Heidelberg, 1612), 33 [320문].

장로들로부터도 권면을 받아야 한다. 권면한 장로들에게 순종하지 않을 경우, 그들이 생활을 교정할 것을 단지 말로만 아니라 행함으로 분명히 보일 때까지 장로들의 동의로 성만찬에서 제외되어야 한다.[40]

이 문답은 우르시누스가 제네바 방식을 따라 권징의 실질적 주체를 정부가 아니라 지교회 장로회의 결정 아래 두고 있음을 잘 보여준다. 권징은 개인적 권고 후 장로들에게 알려지고 장로회를 통한 공적 권면을 거쳐 회개하지 않는 이들의 수찬금지로 이어진다. 이때 회개란 입술의 회개가 아니라 삶이 드러낸 회개의 열매다. 따라서 이 모든 과정은 이미 교회가 국가 권력으로부터 독립하여 권징을 시행함을 보여준다.

322. 교회권징이 정부 관원의 직무와 어떻게 다른가?

첫째, 우선적인 차이는 정부 관원은 악한 자들에게 물리력으로 벌을 주어 제어하는 반면, 교회는 다만 말씀으로 권면하고 교제로부터 제외시킨다. 둘째, 정부 관원은 형벌을 줌으로써 공의가 실행되는 일에 만족하는 반면, 교회는 권면 받은 자들의 회개와 구원을 추구한다. 셋째, 정부 관원은 형벌을 주려고 나아가지만, 교회는 형제로서 권면하여 때에 맞는 교정으로 관원들의 형벌을 피하게 한다. 넷째, 정부 관원은 교회를 해치고 교회에 의해 책망 받아야하는 많은 죄악에 대하여는 벌하지 않는다.[41]

---

[40] "Quae debet esse forma disciplinae Ecclesiasticae? Seniores constituendi sunt, qui morum Eclesiae censores sint. His flagitiose viventes, post unam atque alteram admonitionem privatam indicandi sunt, ut ab his etiam moneantur: quibus si non obtemperant, eorum consensu a coenae dominicae communione debent arceri, donec emendationem vitae non tantum verbis promittant, sed factis etiam ostendant. Ursinus, "Summa Theologiae," Ursinus, "Summa Theologiae," 33 [321문].

[41] "Quid differt disciplina Ecclesiae ab officio magistratus politici? Primum et praecipuum discrimen est, quod magistratus vi corporali punit & coercet

321문에서 교회권징의 주체가 정부 관원이 아니라 교회의 장로들임을 보여준 우르시누스는, 이어지는 322문에서 교회권징과 정부의 처벌 사이의 근본적인 차이를 더욱 선명하게 드러낸다. 죄인을 향하는 권세가 물리력인가 말씀인가(첫째 차이), 또 그 목적이 형벌인가 구원인가(둘째 차이)라는 점에서 정부와 교회는 각각 고유한 영역에서 주어진 사명을 감당한다. 두 영역이 어떤 지점에서 서로 교차할 수 있지만 시기와 목적이 다르며(셋째 차이), 특히 교회가 바라보는 죄악과 정부가 다루는 악행이 서로 일치하지 않는 경우가 많다는 점(넷째 차이)은 정부와 교회의 직무 사이에 본질적 차이가 있음을 강조한다.

323. 교회권징이 왜 필요한가?

첫째, 주님의 명령 때문이다. 주님께서는 죄를 범한 자들을 몇 차례 권면 할 것과 그들이 권면하는 우리의 말을 듣지 않을 때에는 교회에 알릴 것을 명하셨으며, 그리고 그들이 교회의 권면도 듣지 않을 때에는 이방인과 세리와 같이 여기라고 명하셨다. 둘째, 성례와 하나님의 언약이 모독당하는 일을 피하기 위함이다. 이러한 모독은, 고백이나 삶으로 자신이 하나님의 언약 밖에 있는 자임을 드러내는 자들이 교회의 동의 아래 성례에 참여할 때 발생한다. 셋째, 사역자에게 마땅한 순종이 교회 내에서 유지되도록 하기 위함이다. 넷째, 오염이 퍼지는 것을 막고 될 수 있는 한 교회 안에서나 대적자들 중에 걸림

---

delinquentes: Ecclesia vero tantum verbo admonet & a communicatione excludit. Secundum, Magistratus acquiescit in exequutione iustitiae in puniendo: Ecclesia vero quaerit emendationem & salutem eorum quos admonet. Tertium, Magistratus ad poenam progreditur: Ecclesia fraterne admonet, ut poenae magistratuum tempestiva emendation vitentur. Quartum, Magistratus multa vitia non punit, quae nocent Ecclesiae, et ab eo taxari debent." Ursinus, "Summa Theologiae," 33 [322문].

돌이 제거되도록 하기 위함이다. 다섯째, 죄인의 교정과 구원을 위해 하나님께서 제정하신 어떤 것도 교회 안에서 경시되지 않게 하기 위함이다.[42]

훗날 에라스투스와 벌어진 논쟁에서 교회권징의 필요성도 중요한 쟁점인데, 우르시누스는 여기서 교회권징의 필요성을 가장 먼저 주님의 명령에 근거해서 찾고 있다. 에라스투스가 교회권징을 사람의 발명이라고 규정한 것과 근본적으로 다른 입장을 보여주고 있는 것이다.

정리하면 우르시누스는 이미 초기저술부터 교회권징이 정부의 일이 아니라 교회에 속한 일임을 분명히 보여주고, 죄인을 다룬다는 점에서 교회와 정부가 유사한 것 같으나 전혀 다른 목적과 방식으로 다룬다는 사실을 드러내고, 교회권징의 필요성을 가르친 것이다.

2. 후기견해: 『하이델베르크 요리문답 해설서』에 나타난 입장

『하이델베르크 요리문답서』 83문에서는 천국 열쇠가 복음의 선포와 교회권징임을 밝히고, 84문에서는 복음의 선포를 통해 천국이 어떻게 열리고 닫히는지를 설명하며, 85문에서는 교회권징을 통해 천국이 어떻게 닫히고 열리는지를 다룬다. 이 부분의 해설은 다섯 가지 질문을 다룬다. "I. 교회에 주

---

[42] "Quare haec disciplina est necessaria? Primo, propter mandatum Domini, qui peccantes jubet aliquoties moneri, et si nos non audiant, indicari Ecclesiae: si hanc etiam non audiant, haberi tanquam publicanos et ethnicos. Secundo, ut sacramentorum et foederis divini profanatio vitetur: quae accidit, cum Ecclesia consentiente admittuntur ad sacramentorum usum, qui confessione aut vita se alienos a foedere Dei ostendant. Tertio, ut in Ecclesia retineatur obedientia ministerio debita. Quarto, ne serpant contagia, et ut tollantur scandala apud adversarios et domesticos Ecclesiae, quoad fieri potest. Quinto, ut nihil, quod ad emendationem et salutem peccantium a Deo institutum est, in Ecclesia negligatur." Ursinus, "Summa Theologiae," 33 [323문].

어진 열쇠의 권세는 무엇이며, 그 부분들은 무엇인가? II. 교회권징과 출교는 필요한가? III. 이 권세는 누구에게 맡겨졌으며, 누구를 대상으로, 어떤 순서로 행사되어야 하는가? IV. 이 권세는 어떤 목적을 지향해야 하며, 어떤 오용을 피해야 하는가? V. 열쇠의 권세는 시민 권세와 어떻게 다른가?"[43] 이 다섯 가지 질문 중 네 항목이 교회권징에 직접 관련되어 있다는 사실은, 이 주제가 우르시누스 당대에 얼마나 중요한 신학적 쟁점이었는지를 보여준다. 『하이델베르크 요리문답 해설서』가 우르시누스 사후 그의 강의 내용을 바탕으로 편집되고 출간되었다는 점을 고려할 때, 교회 권징에 관한 해설 부분은 에라스투스와의 논쟁과 그 이후의 논의가 반영된 결과로 이해할 수 있다.[44] 우리는 위 다섯 가지 질문 중 두 번째 질문부터 다룬다.

두 번째 질문, 즉 권징과 출교의 필요성은 이미 1562년의 『신학요목문답』에서도 다루어졌다. 당시 제시된 필요성의 이유들은 큰 변동 없이 『해설서』에서 확장되고 심화된다. 1562년 문답서는 주님의 명령만을 근거로 삼았던 반면, 『해설서』에서는 구약의 선지자들, 신약의 세례 요한, 그리고 그리스도뿐만 아니라 사도들의 명령까지 포괄하여 권징의 성경적 근거를 더욱 풍부하게 확장한다. 1562년에 성례와 하나님의 언약이 모독당하는 위험을 언급했다면, 『해설서』에서는 그 외에도 하나님의 영광이란 목적 등이 추가된다. 대요리문답서에서는 그 필요성이 다섯가지로 언급된다면 『해설서』에

---

[43] "I. Quid sit potestas clavium ecclesiae data, & quae eius partes sint. II. An sit necessaria disciplina ecclesiastica & excommunicatio. III. Quibus haec potestas sit commissa; contra quos, et quo ordine sit exercenda. IV. Ad quos fines sit dirigenda, & qui abusus vitandi. V. Quid potestas clavium differat a potestate civili." Ursinus, *Opera Theologica*, I, 294.

[44] 예를 들어, 교회권징의 필요성을 위해서 선지자에게 호소하는 부분, 세례 요한에게 호소하는 부분 등은 1569년 프리드리히 3세에게 보낸 "교회권징과 출교에 대한 판단"이란 제목의 서신서에도 유사하게 등장한다. Ursinus, "Judicium de disciplina ecclesiastica et excommunicatione," 807-808.

서는 세분화하여서 총 열일곱가지의 근거를 댄다. 특히 17번째 이유에서는 성례 참여의 조건으로 회개와 믿음이 명시적으로 제시되며, 이는 1562년 문답서에서 다만 암시되었던 내용을 명확히 드러낸 것이다. 또한 15번째와 16번째 이유에서도 회개와 믿음의 요소가 보다 분명하게 언급된다는 점에서 주목할 만하다.[45]

세 번째 질문은 위에서 다루었던 『신학요목문답』의 321문의 내용과 연결된다. 1562년 문답서에서는 단지 장로들이 세워져 그들에게 권징이 위임된다고만 언급되었으나, 『해설서』에서는 복음 선포의 열쇠와 권징의 열쇠가 서로 다른 대상에게 위임된다는 점을 보다 분명히 설명한다. 복음의 선포는 온전히 목사에게 맡겨진 일이라면, 권징은 온 교회에 속한 일이라는 것이다. 곧 권징은 "한 개인에 의해 사적으로 행해지지 않고 전체 교회에 의해 또는 전체 교회의 이름으로 하되 이 일을 위해 모두가 함께 동의하여 선출한 이들이 한다."[46] 교회권징이 목사 개인이 아닌 온 교회에 속한다는 이 설명은, 교회권징이 국가 통치자까지 목사의 권위 아래 둔다는 오해에 대한 해명으로 기능한다. 이외에도 1562년에는 수찬금지까지만 언급되었다면 『해설서』에서는 이단자들과 배교자들의 무거운 죄의 예를 언급하면서 출교의 필요성과 정당성까지 논증한다.[47]

네 번째 질문은 교회권징이 지향해야 할 목적과 시행 시 피해야 할 점을 다룬다. 우선, 권징의 참된 목적을 밝히기 위해 그것이 무엇이 아닌지를 명시한다. 권징의 목적은 죄인을 멸망에 이르게 하는 것이 아니다. 또한 권징

---

[45] Ursinus, *Opera Theologica*, I, 297.
[46] "... non fit ab uno privatim, sed a tota ecclesia, aut nomine totius ecclesiae, ab iis qui ad hoc delecti sunt communi omnium consensu ..." Ursinus, *Opera Theologica*, I, 297.
[47] Ursinus, *Opera Theologica*, I, 298.

의 목적은 목사들의 권위와 폭정을 세우기 위한 것도 아니다. 왜냐하면, 목사도 이 권징제도 아래에 있어 한계를 인식해야 하기 때문이다. 우르시누스는 권징의 목적이 오해받는 주된 이유로, 권징 반대자들이 퍼뜨린 왜곡된 비방을 지적한다. 그가 에라스투스의 이름을 언급하지 않지만 이러한 내용은 자연스럽게 그를 떠올리게 한다는 점에서 『해설서』의 해당 부분의 심화의 배경에 에라스투스가 있다고 말할 수 있다. 권징의 참된 목적은, 완악하고 불순종하는 자들에게 회개의 기회를 주고자 함이고, 그리스도인들의 오염을 막고자 하기 위함이며, 사람들이 범죄를 두려워하게 하기 위함이고, 교회가 악평을 듣는 일이 없도록 하기 위함이다. 우르시누스는 권징의 실행에 있어 오류를 피하기 위해 반드시 정당한 절차를 따를 것, 범죄자의 유익과 구원을 목표로 삼을 것, 확실한 근거를 바탕으로 행할 것, 그리고 깊이 있는 심사숙고를 거칠 것을 강조한다.[48]

다섯 번째 질문은 열쇠의 권세와 시민 권세가 어떻게 구별되는지를 다룬다. 이 부분은 교회권징 논쟁을 거치면서 1562문의 『신학요목문답』보다 확연히 심화되고 발전된 모습을 보인다. 1562년에는 교회권징과 정부의 형벌의 일정 부분 교차점이 있었으나 『해설서』에서는 교회와 정부의 권세의 차이가 더욱 분명히 드러나는데, 특히 정부의 법과 달리 교회권징은 양심에 호소하고 회개를 추구한다는 점이 강조된다. 첫째, 권징과 형벌의 시행 주체가 다르다. 교회권징은 교회가 주체가 되며, 시민 권세는 재판관이나 통치자와 같은 국가 기관이 담당한다. 둘째, 시행의 법적 근거에서도 차이가 나는데, 국가는 시민법을 따르지만 교회권징은 하나님의 법과 하나님의 말씀을 따른다. 셋째, 이는 1562년 『신학요목문답』 322문의 내용을 확장한 것으로, 시

---

[48] Ursinus, *Opera Theologica*, I, 298-299.

민 권세는 외적 권위와 형벌을 통해 복종을 유도하는 반면, 교회의 권세는 하나님의 말씀을 통해 양심을 일깨우는 내적 방식으로 작동한다. 넷째와 다섯째는 권세의 목적에 대한 구분이다. 교회의 권징은 범죄자의 회개와 구원을 지향하므로 진정한 회개가 있을 경우 절차가 중단된다. 반면 국가는 공의의 실현과 사회질서의 유지를 목적으로 하므로, 회개 여부와 관계없이 형벌이 집행된다. 우르시누스는 마지막으로 회개와 관련된 차이점을 보다 자세히 설명한다. 교회는 회개하지 않는 자를 교제에서 배제하지만, 국가는 동일한 자를 여전히 사회 구성원으로 받아들일 수 있다. 반대로 국가가 사형을 선고한 범죄자일지라도, 그가 진정으로 회개하면 교회는 그를 다시 받아들인다.[49] 이러한 차이들은 교회와 국가가 각각 고유한 영역에서 각자의 사명을 갖는 기관임을 분명히 보여준다.

V. 팔츠 교회법 변천에 나타난 교회-국가 관계의 변화

하이델베르크가 개혁주의로 노선을 정한 이후 선제후령 팔츠의 교회와 국가의 관계는 이전에 없던 변화의 길을 간다. 1563년 하이델베르크 요리문답서와 팔츠 교회법을 따라 장로가 영혼들을 돌아보면서 교회권징을 실행하는 교회 정치에 참여하게 되었다. 그러나 에라스투스는 출교를 반대할 뿐 아니라 교회권징제도를 국가 체제 아래 두기를 원했다. 1568년 이후 1576년 프리드리히 3세가 세상을 떠날 때까지 논쟁은 계속되었으며, 이 기간 동안 팔츠의 교회법 관련 규정은 여러 가지 변화된 모습을 보인다. 우르시누스와 올

---

[49] Ursinus, *Opera Theologica*, I, 299.

레비아누스는 제네바 개혁교회의 장로회 정치원리를 지향했다. 개혁교회의 장로회 정치 체제는 세 가지 핵심적 특징으로 요약될 수 있다. 첫째, 목회자가 아닌 일반 신자들 가운데서 장로를 선출하여 교회권징에 참여하게 하는 구조이다. 둘째, 여러 단계의 치리회 체계를 두되, 각 회의는 자기 고유의 권한을 갖고 그리스도로부터 직접 권세를 위임받아 독립적으로 활동함으로써 수직적 상하구조가 아닌 동등성을 갖는다. 셋째, 이 모든 일에 있어서 교회가 국가권력으로부터 완전히 독립적으로 실행해야 한다는 것이다. 하이델베르크의 개혁가들은 이러한 목표를 향해 나아가는 과정에서 에라스투스를 넘어서야 했으며, 이는 훗날 17세기 웨스트민스터 총회에서 에라스투스주의와 싸우며 장로회 정치체제를 정립하려 했던 참석자들의 노력과 비슷하다.

에라스투스가 반대하고 취리히의 불링거가 에라스투스를 지지했으나 선제후의 확고한 의지로 1570년 7월 13일 교회권징령이 반포되었다.[50] 이 법령에 따르면 교회의 규모에 따라 4-8명의 경건한 자들을 선출하되, 의회, 법원, 교회에서 정하도록 규정되었다.[51] 장로가 참여하는 권징 방식이 부분적으로 실현되었지만, 수찬금지와 출교는 선제후의 결정에 맡겨졌으므로 교회권징이 여전히 국가 권력 아래에 남아 있었음을 보여준다. 이는 에라스투스의 영향이 완전히 극복되지 않았음을 보여준다.

1570년 공포된 교회권징령은 인접 지역의 목사들이 한 달에 한번 씩 모여 신학적 질문을 살피고, 목사 개인의 교리와 생활을 점검받도록 했는데,

---

50 "Edikt über die Einhaltung der Polizeiordnung, die Einrichtung der Kirchendisziplin und der Classicalconvente und die Verbesserung des Almosens vom 13. Juli 1570," in *KO 14*, 436-441.

51 "... nach gelegenheit deren grösse und menge jedes orst etzliche erbare und gottsfurchtige menner (dern jeder enden nach grösse der communen biß in vier, sechs oder acht oder im fal weniger personen) auß dem rath, gericht, und gemeinden ...," *KO 14*, 437.

이는 제네바와 바젤 교회의 영향을 반영한다. 그럴지라도 아직 장로들이 이 모임에 참석하지는 않고 있으므로 개혁교회의 전형적인 노회라고 볼 수는 없다.52 1571년에는 '당회의 직무'(officium presbyterium)라는 규정이 제정되어 매주 당회 개최와 회의록 기록이 명문화되었고 교회권징에 대해서도 당회의 주도적 역할을 규정했다는 면에서 발전적 모습을 보여준다.53

같은 해에 쓰여진 하이델베르크 대학 신학자들의 보고서에는 당회-목사회의-직무모임-총회로 이어지는 4단계 체제가 제시되었다.54 여전히 관이 주도하는 교회위원회(Kirechenrat)가 중심에 있었고, 국가에 의해 임명되는 감독(Superintendent)이 회의를 주재했다. 교회와 목사들에게 문제가 발생하여 해결되지 않으면 국가의 기관인 교회위원회의 도움을 받아야 했고, 다른 지역의 교회가 팔츠교회와 어떤 일을 논의할 때 치리회가 아닌 교회위원회와 논의해야 했다. 두 체제, 즉 치리회의 활동을 교회에 귀속시키는 회의체제와 그러나 공식적으로나 실질적으로 관이 주도하는 체제가 함께 하는 방식이었다고 할 수 있다.55 따라서 규정들에 나타난 장로회 정치체제를 근거로 '선제후령 팔츠의 장로회의 체제의 최종적 승리'라는 평가를 하는 자들도 있지만,56 다른 편에서는 교회가 국가로부터 독립되어 고유하게 정치구조를 실현하기 어려운 형태였다는 평가를 받기도 한다.57 더 나아가 규정에 근거해서 장로회 체제의 승리를 인정했던 고터스(Goeters)조차도, 해당 규정들이 실제로는 제대로 실행되지 못했다고 평가한다.58

---

52 Paul Münch, *Zucht und Ordnung* (Stuttgart: Klett-Cotta, 1978), 106.
53 *KO 14*, 448-450.
54 *KO 14*, 450-455.
55 Press, *Calvinismus und Territorialstaat*, 123.
56 Goeters, "Einführung," 56.
57 Münch, *Zucht und Ordnung*, 107.
58 Goeters, "Einführung," 56.

16세기 후반의 팔츠의 교회법 변천은 우르시누스와 올레비아누스 등 개혁가들의 국가로부터 독립적인 장로회 정치 체제를 구현하려는 노력을 보여준다. 그러나 우리가 확인한 바처럼 이러한 개혁을 위한 노력은 에라스투스와 귀족들의 반대와 팔츠의 특징이라고 할 있는 국가권력에 귀속되는 교회 위원회와 감독의 잔존을 극복하지 못하고 교회권징의 완전한 독립적 실현을 이루지는 못했다. 그러나 팔츠의 교회법 변화는 교회와 국가의 관계를 칼빈주의 방식으로 재설정하려는 노력으로 평가 받아야 한다. 이러한 노력은 올레비아누스가 헤르보른에서 완전히 실현시키는 예에서 보듯이[59] 이후 독일 개혁교회 전체에 영향을 미치는 경험이었다.

VI. 하이델베르크 권징논쟁: 개혁교회 역사 안에서의 위치와 의미

중세의 교회 권세가 국가보다 우위에 있는 구조는 종교개혁가들에게 개혁의 대상이었다. 신성로마제국에서는, 1555년 아우크스부르크 평화협정의 결과인 "통치자의 지역에는 통치자의 종교"(cuius regio, eius religio)라는 원칙 아래서 개신교의 지위가 확보되었으나, 동시에 이미 이 원칙은 교회의 위치가 국가가 주도하는 지위 아래 있음을 시사하고 있다.

하이델베르크를 수도로 두는 선제후령 팔츠 지역의 종교개혁은 "통치자의 지역에는 통치자의 종교"(cuius regio, eius religio)에 의해서 가능했으며,

---

[59] 올레비아누스는 우르시누스의 사후에 나사우 지역으로 갔으며 1586년에 열린 헤르보른 총회에서 의장으로 주관했으며 이 때 나사우-딜렌부르크(Nassau-Dillenburg), 비트겐슈타인, 졸름스-브라운펠스(Solms-Braunfels), 비트-룬켈(Wied-Runkel)의 지역이 통치자가 다름에도 장로회 정치원리를 적용한 하나의 개혁교회를 이루었다. 참고: 이남규, "올레비아누스의 장로회 정치를 위한 여정," 「갱신과 부흥」 15 (2017), 1-38.

1559년 프리드리히 3세가 선제후의 자리에 오른 이후 개혁주의로 노선을 정했을 때도 다른 루터파 지역처럼 국가가 교회를 통제하는 전통위에서 시행되었던 것이다. 그리고 이 때는 개혁주의 내에 교회와 국가의 관계에 있어서 두 가지 모델, 즉 교회가 독립적으로 교회권징을 시행하는 제네바 모델과 국가가 주도하는 취리히 모델이 등장한 시기였다. 이후 하이델베르크는 교회권징의 시행방식을 둘러싸고 제네바와 취리히가 대리전을 치루는 도시가 되었던 것이다.

다른 도시들처럼 취리히도 도시 의회의 결정으로 종교개혁이 시작되었고, 초기부터 자연스럽게 시정부가 교회 관할권을 가지게 되었다. 취리히에서 츠빙글리를 이어 불링거도 시정부가 주도하는 기독교 국가를 적극적으로 옹호했다. 구체적으로는 1525년 세워진 취리히의 결혼법원(Ehegericht)이 풍속법원의 역할로 기능을 확장해 갔다. 취리히가 제네바와 달리 시정부가 목사회(synod)를 포함한 교회 전반을 관리하는 체제가 된 이유는 상황적 이유가 있었다. 첫째, 목사의 영향력이 시정부 전반에 미칠 수 있었던 상황이다. 둘째, 취리히는 재세례파와 심각하게 충돌하면서 교회 공동체가 자체적으로 권징을 수행한다는 생각에 부정적 인식이 새겨져있었다. 교회의 독립적인 권징시행은 취리히에서는 기독교 국가에 대한 반역적 위협이었다고 할 수 있다.[60] 바로 이러한 맥락에서 에라스투스는 불링거, 루돌프 그발터(Rudolf Gwalther)의 지원 속에서 하이델베르크에서 제네바 방식이 아닌 취리히 방식을 세우려고 했던 것이다.

반면 제네바는 장로와 목사들이 함께 권징을 시행하는 방식을 받아들였다. 이 방식은 바젤의 개혁가 요하네스 외콜람파디우스가 1520년에 도입하

---

[60] Gunnoe, *Thomas Erastus and the Palatinate*, 167-168.

려 했고, 이후 스트라스부르에서 마틴 부써가 실행하였다.61 두 경우 모두 아직 독립적 출교권을 시행하는 방식은 아니었다. 칼빈은 제네바에서 이것을 독립적으로 시행하려고 해서 시의회와 긴장 가운데 있었고 1538년에는 쫓겨나기도 하였다. 교회와 국가가 각각 독립적으로 자기 영역을 관할한다는 이 사상은, 양 기관 모두 하나님으로부터 주어진 선물이라는 인식에 기초하며, 갈등이 아닌 협력을 전제한다. 제네바는 크고 작은 갈등 속에 1555년 자유주의파의 추방 이후에야 교회의 독립적인 치리회 활동이 안정적으로 정착했다. 제네바의 치리회(프 consistoire, 콩시스투아르)는 제네바를 방문한 신앙난민들에게 이상적으로 보였는데, 이 제도 때문에 제네바가 하나님의 도시였으며, 낙스에 의하면 사도시대 이후 가장 완벽한 도시였다. 제네바의 권징제도는 다른 개혁 도시들과 난민 교회들에 확산되었고, 칼빈주의 전통에서는 교회권징을 성경적 근거 위에 세워진, 참된 교회의 표지(nota ecclesiae)로 간주하게 되었다. 이러한 맥락에서, 우르시누스와 올레비아누스를 비롯한 하이델베르크의 신학자들이 제네바의 방식을 성경적인 교회 모델로 받아들여 도입하려 한 것은 자연스러운 일이었다.

이러한 논쟁은 이후 17세기 영국의 웨스트민스터 총회에서도 반복되었다. 총회에 참여한 스코틀랜드 신학자들은 제네바식 장로회 정치 체제를 강력히 지지한 반면, 영국 내 에라스투스주의를 지지하는 일부 세력은 교회의 권징권이 국가의 감독 하에 있어야 한다고 주장하였다. 그리하여 토마스 에라스투스는 에라스투스 그 자신에 의해서보다는 웨스트민스터 총회에서 있던 논쟁 때문에 에라스투스주의(Erastianism)라는 용어로 더 많이 알려지게 된 것이다.

---

61 Gunnoe, *Thomas Erastus and the Palatinate*, 168-169.

Ⅷ. 나가며: 교회권징 논쟁의 신학적 의미를 고찰하며

본 논문은 자카리아스 우르시누스의 교회권징 논쟁을 중심으로 개혁주의 교회-국가 관계를 연구했다. 이제 이 논쟁의 신학적 의미를 개혁주의의 일반은총-특별은총 틀에서 고찰하면서 논문을 마무리 하고자 한다.

교회 권징에 관한 논쟁은 단순히 교회법에 대한 논의에 한정되거나, 교회와 국가의 관계 설정에 관한 주제만이 아니다. 헤르만 바빙크는 교회와 국가의 관계에 대한 이해가, 교회와 세상에 대한 이해, 나아가 일반은총과 특별은총에 대한 이해가 연결되어 있음을 지적하고 있다.[62] 로마 가톨릭의 관점에서 세상은 죄악된 것은 아니라 할지라도 죄의 원인이므로 초자연적 은총의 제어를 받아야 한다. 즉, 세상과 자연은 금욕하고 억압해야 할 대상이었으므로 국가는 교회의 통제 아래 있어야 했다. 반면, 재세례파에게 세상은 악하여서 항상 회피해야할 대상이다. 재세례파에게 국가는 교회의 대적으로 종종 이해되었으며, 이런 견해 아래서 관원, 즉 국가 공직에 오르는 일이 금지된다.

그러나 개혁주의의 관점에서 보면, 자연 그 자체도 선하고 순수한 하나님의 선물이다. 다만 타락 후 죄로 부패된 것이다. 부패한 자연은 은혜로 회복되어야 하는데, 은혜로 회복되는 길은 억압이 아니라 부패한 자연을 죄로부터 해방시켜 참된 자연이 되게 하는 것이다. 이런 관점 아래서 국가는 교회

---

[62] Herman Bavinck, *Gereformeerde Dogmatiek*, 3rd ed. 4 vols (Kampen: J. H. Kok, 1918-1920), vol. 4, thesis Nr. 518; 한글 번역본은 박태현 역, 『개혁교의학 4』 (서울: 부흥과 개혁사, 2012), 512쪽 이하 참조.

의 대적이 아닐 뿐 아니라 교회가 억압할 대상도 아니다. 교회만이 아니라 국가도 하나님의 선물이며 통치자는 하나님의 일꾼이다. 이렇게 개혁주의는 국가를 하나님이 주신 일반은총으로 바라보았다. 교회와 국가는 각기 하나님 앞에서 자기 소명을 감당해야 한다. 교회는 말씀을 섬기는 소명을 감당하며, 정부는 다른 모든 일반은총처럼 부패했기 때문에 교회를 통해 하나님의 말씀을 들어야 한다. 그러나 정부가 교회가 전하는 하나님의 말씀을 듣기를 거부한다면 교회는 강요할 권세가 없다. 교회가 물리적으로 정부와 사람들을 강요하며 벌할 수 있는 권세를 갖지 않았다. 교회의 권세는 오직 말씀에 관한 권세, 즉 말씀을 전하고 성례를 시행하며 권징을 실행하는 권세이며, 그 성격은 인간에게 물리력을 행사하는 방식이 아니라 말씀과 성령으로 그 영혼을 다스리는 영적 권세이다.

특히 하이델베르크에서 논쟁이 되었던 점은, 국가가 기독국가가 되었을 때다. 일반은총 영역이 특별은총을 경험하였을 때, 특별은총 영역과 어떤 관계를 맺게 되는가에 있어서 제네바 방식과 취리히 방식이 다른 답을 주었던 것이다. 제네바는 기독교 국가일지라도 각 영역이 자기 자리에서 자기 역할을 감당한다. 즉, 국가가 특별은총을 경험했어도 특별은총 영역에서 일하지 않고 자기 영역에서 자기 일을 한다. 그러나 에라스투스와 취리히에게는 특별은총을 경험한 정부는 교회를 포함한 전체 사회의 머리가 된다. 로마 가톨릭의 관점에서 초자연적 은총 아래 자연이 통제되고 억압되어야 한다면, 취리히와 에라스투스 방식에서는 교회는 국가의 통제 아래 있게 된다. 여기서 일반은총 영역과 특별은총 영역은 그 구분이 희미해졌고, 일반은총의 영역이 특별은총을 경험했다는 명분으로 특별은총 영역을 통제하는 구조가 되었다. 따라서 에라스투스의 입장은 황제교권주의(cesaropapisme)의 한 형태로 평가될 수밖에 없다. 반대로 에라스투스가 제네바의 교회권징방식이 일종의 교황주의(papalisme)로서 국가 통치자를 영적 권세 아래 두려는 것이라고 비판했지만, 우르시누스의 관점에서 본다면 교회 치리회는 통치자의 죄를 지적하고 통치자가 회개하지 않으면 성찬을 배분하지 않을 수 있었다. 그러나 통치자가 회개하지 않는다고 해서 교회가 물리력을 행사할 수 없고 다만 죄를 지적하고 회개를 요청할 뿐이다. 기독교국가라 할지라도 정부는 교회의 수호자일 수는 있으나 교회의 통치자일 수는 없다는 것이다. 일반은총 영역이 특별은총을 경험했다고 해서 자기 영역을 벗어나 특별은총의 영역에까지 권세를 가질 수 없다. 각자는 자기 자리에서 하나님이 주신 사명을 감당해야 한다.

〈참고문헌〉

Bavinck, Herman. *Gereformeerde Dogmatiek*. 3rd ed. 4 vols. Kampen: J. H. Kok, 1918-1920. = 박태현 역. 『개혁교의학 4』. 서울: 부흥과개혁사, 2012.

Erastus, Thomas. *Explicatio Gravissimae Quaestionis…* Pesclavii, 1589.

Goeters, J.F. Gerhard. "Einführung." In Sehling, Emil, ed. *Die evangelischen Kirchenordnungen des XVI. Jahrhunderts 14*. Tübingen: Mohr, 1969, 1-89.

Gunnoe, Charles. *Thomas Erastus and the Palatinate: A Renaissance Physician in the Second Reformation*. Brill's Series in Church History 48. Leiden: Brill, 2011.

Kluckhohn, A, ed. *Briefe Friedrich des Frommen, Kurfürsten von der Pfalz, mit Verwandten Schriftstücken*. Bd2. Braunschweig, C.A. Schwetschte und Sohn, 1872.

Münch, Paul. *Zucht und Ordnung*. Stuttgart: Klett-Cotta, 1978.

Pearson, Andrew Forret Scott. *Thomas Cartwright and Elizabethan Puritanism, 1535-1603*. Cambridge, 1925.

Press, Volker. *Calvinismus und Territorialstaat*. Stuttgart: Klett-Cotta, 1977.

Sehling, Emil, ed. *Die evangelischen Kirchenordnungen des XVI. Jahrhunderts*. Bd. 14. Tübingen: Mohr, 1969.

Sturm, Erdmann K. *Der Junge Zacharias Ursin, sein Weg vom Philippismus zum Calvinismus (1534-1262)*. Neukirchen: Neukirchener Verlag, 1972.

Sudhoff, Karl. *C. Olevianus und Z. Ursinus, Leben und Ausgewählte Schriften*. Elberfeld, 1857.

Toepke, Gustav, ed. *Die Matrikel der Universität Heidelberg von 1554 bis 1662*, Heidelberg, 1886.

Ursinus, Zacharias. *Corpus doctrinae orthodoxae sive catecheticarum explicationum D. Zachariae Ursini opus absolutum*. Geneva, 1616.

_____. *Doctrinae Christianae Compendium seu Commentarii Catechetici ex ore D. Zachariae Ursini*. Geneva, 1584.

_____. "Judicium de disciplina ecclesiastica et excommunicatione: ad Electorem Fridericum III. Pium, anno 1569." In *Opera Theologica*, vol. 3 (1612), 801-812.

_____. *D. Zachariae Ursini Theologi Celeberrimi, Sacrarum literarum olim in Academia Heidelbergensi & Neustadiana Doctoris ... Opera Theologica*, Vol. I, Ed. Quirin Reuter, Heidelberg, 1612.

Visser, Derk. *The Reluctant Reformer: His Life and Times*. New York: United Church Press, 1983.

Wesel-Roth, Ruth. *Thomas Erastus*. Baden: Moritz Schauenburg

Lahr, 1994.

"Edikt über die Einhaltung der Polizeiordnung, die Einrichtung der Kirchendisziplin und der Classicalconvente und die Verbesserung des Almosens vom 13. Juli 1570." In Sehling, Emil, ed., *Die evangelischen Kirchenordnungen des XVI. Jahrhunderts 14*. Tübingen: Mohr, 1969: 436-441.

"Kirchenratsordnung 1564." In Sehling, Emil, ed., *Die evangelischen Kirchenordnungen des XVI. Jahrhunderts 14*. Tübingen: Mohr, 1969: 421-424.

이남규. 『우르시누스, 올레비아누스 - 하이델베르크 요리문답서의 두 거장』. 서울: 익투스, 2017.

_____. "에라스투스주의의 등장으로서 하이델베르크 권징논쟁". 「성경신학저널」 제5권 (2013), 273-291.

_____. "올레비아누스의 장로회 정치를 위한 여정". 「갱신과 부흥」 15 (2017), 1-38.

_____. "위그노 전쟁과 프리드리히 3세의 활약." 「갱신과 부흥」 33 (2024), 65-104.

푸티우스의 정부론과 국가론

권경철

Gisbertus Voetius (1589-1676)

총신대학교 신학대학원을 졸업하고, 미국 필라델피아 근교에 위치한 웨스트민스터 신학교 (Westminster Theological Seminary)에서 17세기 제네바 신학자 프랑수아 투레티니 (Francis Turretin)에 대한 논문으로 역사신학 박사학위(Ph.D.)를 취득하였다. 총신대학교 신학대학원 외래교수를 역임했으며, 경기도 평촌에 위치한 열린교회 부목사로 사역하고 있다.

권경철

I. 들어가며

신학의 역사에 있어서 정부론과 국가론만큼 큰 변화를 겪은 분야도 별로 없을 것이다. 이는 정부 형태 자체가 시대와 지역에 따라 변해왔다는 것을 생각하면 자연스러운 현상이지만, 그만큼 현대에 사는 우리가 옛날 신학자들의 정부관과 국가관을 있는 그대로 보기 어렵다는 것을 의미하기도 한다. 이와 같은 난점 때문인지 아니면 단순히 관심의 부족 때문인지는 몰라도, 17세기 신학자들의 정부론과 국가관에 관한 깊이 있는 연구를 찾기란 매우 어려운 일이다.

17세기 신학자 중 한 명인 기스베르투스 푸티우스(Gisbertus Voetius, 1589-1676) 역시도 이 점에 있어서 예외가 아니다. 푸티우스의 정부론과 국가론은 그동안 학계에서 주목을 받지 못했다. 특히 20세기 초부터 유럽에 보편화되기 시작한 정교분리 원칙은, 안 그래도 소외되었던 푸티우스의 정부론과 국가론을 구시대의 산물로 전락시켰다. 리차드 멀러(Richard Muller)의 영향력에 힘입어 17세기 개혁주의 신학연구의 르네상스가 도래한 요즘에도,[1] 푸티우스의 정부론과 국가론은 그의 신학의 주요한 논제 중 하나로 여겨지지 않는다.

하지만 푸티우스의 정부론과 국가론은 여전히 연구할만한 역사적 가치가 있다. 1886년에 있었던 소위 '돌레앙티'(*Doleantie*)라고 하는 화란개혁교회의 분열 당시 아브라함 카이퍼를 위시한 개혁파는 교회와 국가간의 관계를 재정립하기 위하여 푸티우스의 정부론과 국가론을 참고하였다는 것은 주지의 사실이다.[2] 그 뿐 아니라 교회와 국가와의 관계에 대한 푸티우스의 견

---

[1] Richard A. Muller, *Post-Reformation Reformed Dogmatics*, 4 vols. (Grand Rapids, MI: Baker Academics, 2003).

해는 제2차 세계대전 이후 독일개신교회의 재건에 간접적인 기여를 했고,3 선교라는 이름으로 남아프리카공화국에 이식된 화란개혁교회에도 다소간의 영향력을 행사해왔다.4 그러므로 푸티우스의 정부론과 국가론에 대한 견해는, 그 중요도에 합당하게 다루어질 필요가 있다.

이 글은 푸티우스의 라틴어로 된 정부론과 국가론을 한국어로 소개하는 최초의 글이다. 일단 푸티우스의 견해 자체가 대부분의 신학도들에게 생소한 것이 현실이므로, 필자는 시대착오적인 접근을 배제하기 위해 푸티우스의 견해를 그 당시의 시대배경 속에서 최대한 있는 그대로 묘사하고자 한다. 그렇게 함으로써 필자는, 푸티우스가 중세 로마 가톨릭의 신정정치와 아르미니우스 항론파의 국가교회주의(Erastianism) 및 종교개혁시대 재세례파의 무정부주의를 모두 배격하면서도, 전통적인 종교개혁자들의 견해와 발맞추어 현대의 정교분리와는 다소 다른 형태의 정교분리를 주장했다는 사실을 밝히도록 하겠다. 당시의 시대상황에 기반한 상세 분석을 통하여 푸티우스의 견해를 있는 그대로 밝힘으로써, 필자는 푸티우스의 국가론과 정치 사상을 현대 한국사회에 그대로 적용해야 한다는 한 쪽 극단과, 혹은 푸티우스의 전근대적인 정부관과 국가관에서 아무 의미도 찾지 못하겠다고 하는 다른 한 쪽의 극단을 모두 피하도록 하겠다.

---

2 Andreas J. Beck, *Gisbertus Voetius (1589-1676) on God, Freedom, and Contingency* (Leiden: Brill, 2007), 119.
3 Beck, *Voetius*, 119
4 Gideon van der Watt, "Gisbertus Voetius (1589-1676): Some Perspectives on His Influence on Developments in the South African Dutch Reformed Church's Missiology and Mission Practice" *In die Skrilig* 53/3 (2019), 1-9.

II. 푸티우스의 정부론과 국가론의 배경

푸티우스의 정부론과 국가론을 이해하려면 먼저 푸티우스가 당대에 논박하려고 했던 집단들의 정부론과 국가론에 대해서 이해하는 것이 필요하다. 교회와 국가와의 관계에 있어서 푸티우스와 논쟁했던 집단들은 크게 세 부류로 나눠질 수 있으니, 첫 번째는 로마 가톨릭이고, 두 번째는 재세례파이며, 세 번째는 항론파이다.

1. 로마 가톨릭

네덜란드는 개혁파 전통의 종교개혁을 힘입어 로마 가톨릭을 국교로 신봉하는 에스파냐와의 80년에 걸친 독립전쟁(1567-1648)을 벌였기 때문에, 로마 가톨릭의 정부론과 국가론은 신생국으로서 황금시대를 구가하던 네덜란드에서는 용납이 불가능한 성질의 것이었다. 이러한 네덜란드인들의 정신은 푸티우스 집안내력에서도 잘 나타난다. 푸티우스의 할아버지는 종교개혁과 독립운동에 가담했다가 덴 보스(Den Bosch) 지방에서 순교한 이들 중 한 명이었으며, 푸티우스의 아버지는 독립전쟁 과정에서 전사하였다.[5] 푸티우스는 독립전쟁이 여전히 진행중일 때 태어났고, 개혁파 전통의 종교개혁 신앙과 신학으로 철저하게 무장하고 있었다. 따라서 그가 로마 가톨릭의 정부론과 국가론에 대해 비판적이었던 것은 매우 당연했다.

푸티우스가 보기에 로마 가톨릭은 소위 "카노사의 굴욕"(1077)으로 대표

---

[5] Arnoldus Cornelius Duker, *Gisbertus Voetius*, 4 vols. (Leiden: Brill, 1897-1915) 1:9-22; 권경철, "푸티우스가 가르친 결혼과 가정", 『종교개혁과 결혼 및 가정』 (부산: 고신대학교개혁주의학술원, 2024), 323-325.

되는 일종의 신정정치의 꿈을 버리지 못함으로써, 교회권과 국가권을 혼동하는 오류를 범하고 있다.6 그리고 아무리 로마 가톨릭 신학자들이 교회의 권세에 대해서 교회법 전문가들보다는 온건한 입장을 취하는 경향이 있다고 하더라도, 여전히 교황이 국가 정치에 지나치게 간섭할 수 있는 여지를 남기고 있다.7 교회의 권세는 내면적이고, 국가의 권세는 외면적인데, 교황 혹은 성직자가 조세문제에 간섭하고, 면책 특권을 누리며, 사법권을 틀어쥠으로써 국가의 일을 좌지우지하는 것은 옳지 않다.8

푸티우스는 요한복음 18장을 통해 이 점을 부연 설명한다. 그리스도의 나라는 이 세상에 속한 것이 아니기에, 교회의 권세는 이 세상 세속권세와 일치될 수 없다.9 다른 말로 하면, 교회의 권세는 정치적 경제적 권세와는 다른 종류의 권세이다.10 그리고 교회의 권세는, 국가의 권세와는 다르게, 섬기는 권세임을 기억해야 한다.11 따라서 교회에 주신 열쇠의 권세라는 것은, 다른 것이 아니라 바로 섬기는 성스러운 권리를 제유법 혹은 환유법적으로 일컫는 것이다.12

로마 가톨릭의 정교일치에 대해서 반대하는 과정에서, 푸티우스는 교황황제주의 뿐만 아니라 황제교황주의에 대해서도 반대 입장을 표명한다. 신령한 권세가 정치인에게 주어지면 정치인이 일종의 교황이 될 수 있다.13 그렇다고 해서 로마 교황처럼 전횡적인 권력을 독점하여 위정자가 신앙에 관련

---

6 Gisbertus Voetius, *Politica Ecclesiasticae* (Amsterdam, 1663-1676), 1:115.
7 Voetius, *Politica Ecclesiasticae*, 1:115.
8 Voetius, *Politica Ecclesiasticae*, 1:115.
9 Voetius, *Politica Ecclesiasticae*, 1:122.
10 Voetius, *Politica Ecclesiasticae*, 1:122.
11 Voetius, *Politica Ecclesiasticae*, 1:117, 122.
12 Voetius, *Politica Ecclesiasticae*, 1:117.
13 Voetius, *Politica Ecclesiasticae*, 1:123.

하여 아무런 판단도 하지 못하도록 하는 것 역시도 옳지 않다.14 교회의 주인과 머리는 그리스도뿐이므로, 로마 교황이든 혹은 왕이든 그 누구도 교회의 머리라는 호칭을 주장할 수 없다.15

교회와 국가 사이에서 이러한 질서가 깨지고 폭정이 행해질 때에는, 하급 관료가 상급관료에게 대항할 수 있다. 이러한 저항권에 대해서는 필립 멜랑흐톤(Philip Melanchthon, 1497-1560)도 슈말칼덴 전쟁이 예상되는 상황에서 언급한 적이 있고, 프랑스 위그노 전쟁 중에도 같은 이야기가 회자되었다.16 그러므로 네덜란드 독립전쟁 역시도 정당한 저항권의 산물이다. 하급 관료인 오란녜공 빌렘은, 종교개혁 신앙과 저지대인들을 위하여 로마 가톨릭 군주인 에스파냐왕 펠리페2세의 폭정에 저항할 권리가 있었다.17

2. 재세례파

푸티우스는 로마 가톨릭의 정교일치를 비판할 뿐만 아니라, 반대 극단이라고 할 수 있는 재세례파의 정치관과 국가관에 대해서도 반대 의견을 분명히 개진한다. 특히 그는 재세례파 중에서도 가장 급진적이었다고 할 수 있는 인물들을 언급하는데, 농민전쟁을 이끌었던 토마스 뮌처(Thomas Müntzer, 1489-1525)와 뮌스터 반란을 주도했던 소위 레이든의 요한(Jan Beuckelson, 1509-1536)이 대표적이다.18 이들은 신약 교회가 모든 정치

---

14 Voetius, *Politica Ecclesiasticae*, 1:135.
15 Voetius, *Politica Ecclesiasticae*, 1:136, 144.
16 Voetius, *Politica Ecclesiasticae*, 1:131; Voetius, *Selectarum Disputationum Theologicarum*, 5 vols. (Utrecht, 1648-1669), 4:231-244.
17 Voetius, *Politica Ecclesiasticae*, 1:131.
18 Voetius, *Politica Ecclesiasticae*, 1:115.

권력으로부터 절대적으로 자유하다고 주장하면서 칼을 들고서라도 그 자유를 지켜야한다는 생각으로 소요를 일으켰던 광신도들이었다.[19]

이들과 같은 급진적인 재세례파의 몰락 이후에 재세례파에 변화가 나타났다는 것에 대해서는 푸티우스도 동의한다.[20] 하지만 여전히 그는 새로워진 재세례파에 대해서도 비판적인 입장을 견지한다. 새로이 일어난 재세례파는 기존의 폭력성은 버렸으나, 모든 종류의 칼의 권세와 정당한 전쟁까지도 반대하는 정반대의 극단주의에 빠지게 되었다.[21] 이러한 극단적인 평화주의로 인해, 재세례파는 구약성경과 신약성경의 단절성을 극단적으로 강조했던 마르키온주의와 소키누스주의를 닮게 되었다.[22]

이러한 극단적인 평화주의는, 그리스도인들이 공직을 맡아서는 안 된다는 재세례파의 주장과 관련이 있다. 푸티우스 당대의 재세례파들 중에서는, 그리스도의 양심은 정부와 정치권력으로부터 완전히 구별된 성질의 것이므로, 그리스도인은 양심의 문제에 있어서 정부 권력 등을 사용하여 다른 그리스도인들의 양심을 속박해서는 안 된다는 생각을 가지고 있는 사람들이 있었다.[23] 물론 이에 대해 푸티우스는 전혀 동의하지 않는다. 재세례파가 이전의 폭력성을 버렸다는 것은 사실이지만, 그래도 그들은 여전히 정부와 국가에 대해서 부정적인 인식을 고수하고 있으면서 십계명의 다섯 번째 조항을 바르게 이해하지 못하고 있다는 것이 푸티우스가 내리는 결론이다.[24]

여기서 푸티우스의 관측은 다소 단순화된 면이 있다. 푸티우스는 재세례

---

[19] Voetius, *Politica Ecclesiasticae*, 1:115.
[20] Voetius, *Politica Ecclesiasticae*, 1:115.
[21] Voetius, *Selectarum Disputationum*, 4:207.
[22] Voetius, *Selectarum Disputationum*, 4:207-208.
[23] Voetius, *Politica Ecclesiasticae*, 1:115.
[24] Voetius, *Politica Ecclesiasticae*, 1:115.

파 내부에 존재하는 다양성에 대해서 충분히 다루지 않는다. 실제로 스위스 재세례파의 대표적인 신앙고백으로서 1527년에 출간된 슐라이트하임 신앙고백서(Schleitheimer Artikel)의 경우, 처음부터 철저한 평화주의를 내세우고 있다. 슐라이트하임 신앙고백에 따르면, 그리스도인이 아닌 위정자는 육신적이므로 칼의 권세를 가질 수 있으나, 그리스도인은 영적인 사람이어야 하므로 칼의 권세를 가질 수 없다. 뮌처가 1525년에 죽임을 당했고, 레이든의 요한은 1536년에 죽임을 당했으며, 슐라이트하임 신앙고백은 그 둘 사이 시간인 1527년에 발표되었다는 점을 생각한다면, 재세례파가 세월의 흐름에 따라 주전파에서 주화파로 변화되었다는 푸티우스의 관측은, 어떤 측면에서는 재세례파 내부의 다양성을 간과한 언급이 될 수도 있다. 아마도 푸티우스는 재세례파를 평화주의적으로 만드는 데에 큰 기여를 했던 네덜란드인 메노 시몬스(Menno Simons, 1496-1561)를 염두에 두고 그와 같은 언급을 했을 것이다. 하지만 적어도 오스트리아와 스위스 지방 재세례파 중에서는, 메노 시몬스 이전에도 평화주의를 원칙으로 했던 이들이 많이 있었으니, 푸티우스가 재세례파를 도매금으로 싸잡아 비판한 면도 없지는 않다 하겠다.

그래도 전체적으로 볼 때, 푸티우스가 개혁주의 신학의 입장에서 재세례파의 무정부주의적인 경향에 대해 견제를 한 자체는 정당하다고 할 수 있다. 특히 네덜란드에서 메노 시몬스와 그의 추종자들로 대표되는 새로운 재세례파의 존재감이 분명했다는 점을 생각하면, 푸티우스로서는 재세례파의 교회와 국가관에 대해서 일침을 놓을 수밖에 없었을 것이다. 하지만 재세례파 비판은 푸티우스의 주요 관심사가 되지는 못했다. 왜냐하면 정부론과 국가론 분야에서 푸티우스에게 보다 더 시급했던 현안은, 아르미니우스의 신학적 유산을 따르는 항론파의 교회와 국가관 논박이었기 때문이다.

3. 항론파

항론파(Remonstranten)란, 야코부스 아르미니우스(Jacobus Arminius, 1560-1609)의 신학적 유산을 따라 기존 네덜란드 개혁교회의 신학에 반론을 제기했던 이들을 일컫는 말이다.25 푸티우스가 언급하는 항론파의 대표적인 인물로는 요한 위텐보가르트(Johannes Wtenbogaert, 1557-1644), 시몬 에피스코피우스(Simon Episcopius, 1583-1643), 그리고 속죄론과 법률 관련 저서로 명성을 떨쳤던 휴고 그로티우스(Hugo Grotius, 1583-1645)가 있다.26 이들은 네덜란드 홀란드주의 행정장관이었던 올덴바르너펠트(Johan van Oldenbarnevelt, 1547-1619)의 총애를 등에 업고, 교회를 국가에 복속시키는 것을 골자로 하는 에라스투스주의(Erastianism), 즉 일종의 국가교회주의를 견지하였다.27 그러나 올덴바르너펠트가 실각하고, 독립운동의 아버지였던 빌렘의 후손 모리츠왕이 항론파를 배격하면서, 국가교회주의에 대한 입장을 수정하지 않을 수 없는 난관에 봉착하게 되었다.

푸티우스는 항론파의 에라스투스주의를 강하게 반대했던 고마루스

---

25 아르미니우스의 신학에 대해서는, Muller, *God, Creation, and Providence in the Thought of Jacob Arminius* (Grand Rapids, MI: Baker, 1991)을 참고하시오.
26 Hugo Grotius의 속죄론과 그에 대한 개혁파 정통주의 신학자들의 평가에 관해서는, 필자의 저서 *Christ and the Old Covenant: Francis Turretin(1623-1687) on Christ's Suretyship under the Old Testament* (Göttingen: Vandenhoeck & Ruprecht, 2019), 101-118을 참고하시오.
27 항론파의 에라스투스적인 국가관에 대해서는 안인섭, "항쟁파의 교회와 국가의 관계: 위텐보가르트를 중심으로", 「한국개혁신학」 60(2018), 10-51을 참고하시오.

(Franciscus Gomarus, 1563-1641)의 제자답게, 항론파가 가진 이러한 약점들과 모순들을 조목조목 짚어낸다. 자신들이 유리할 때에는 국가에 교회를 복종시키려고 하던 항론파가, 정작 자신들이 수세에 몰리자 말을 바꾸어 도르트 대회(synod)를 부정하고 새로운 대회에 권위를 부여하려고 시도했다.28 사실 교회의 일과 권징을 관장할 권리가 없는 정치인들에게 교회의 문제를 맡기다보니 혼란이 더해졌다고도 할 수 있다.29 당시 네덜란드 위정자들이 개혁주의 신학과는 거리가 멀고 오히려 교황주의와 자유사상 및 펠라기우스주의에 어느 정도 물든 사람들도 많았기 때문에, 그들이 교회에 간섭한다는 것은 에스파냐 종교 재판소만큼이나 교회에 해를 끼치는 일이었다.30 애초에 네덜란드 정치인들이 교회 일에 지나치게 간섭하지 않았더라면 항론파 문제로 교회가 어려움을 겪는 일도 줄었을 것이다.31

계속해서 푸티우스는, 항론파 문제에 대한 위정자들의 간섭 때문에 네덜란드 교회와 사회가 얼마나 홍역을 치렀는지에 대해서 부연 설명한다. 1582년에는 항론파들이 레이든(Leiden) 국회에 불려갔으나 정치인들이 그들을 정당화했다.32 같은 해에 하를렘(Haarlem)에서는 대회(synod) 역시도 항론파들을 조사했지만 결론적으로는 항론파들의 변명이 받아들여졌다.33 하우다(Gouda)에서도 위정자들은 정통신학을 떠난 사역자를 두호했다.34 그리고 푸티우스의 활동무대였던 위트레흐트(Utrecht)에서도, 교회 고유의 권한인 권징권을 위정자들이 탈취하여 문제를 일으켰다.35 결국 항론파들은 교회

---

28 Voetius, *Politica Ecclesiasticae*, 1:121.
29 Voetius, *Politica Ecclesiasticae*, 1:126.
30 Voetius, *Politica Ecclesiasticae*, 1:125.
31 Voetius, *Politica Ecclesiasticae*, 1:125.
32 Voetius, *Politica Ecclesiasticae*, 1:125.
33 Voetius, *Politica Ecclesiasticae*, 1:125.
34 Voetius, *Politica Ecclesiasticae*, 1:125.

내에서의 신학적인 논쟁으로는 승산이 없음을 깨닫고 위정자들의 비호를 받기 위해 최선을 다했다.36

하지만 항론파들을 두호하던 올덴바르너펠트가 실각하면서, 항론파들은 더 이상 세상 법정에 호소할 수 없게 되었다. 위정자들이 더 이상 자신들의 편을 들어주지 않자, 역설적이게도 항론파들은, 국가교회를 이상적으로 생각하면서도 국가교회에 저항하게 되는 자가모순에 처하게 되었다. 더욱이, 네덜란드 국회가 주도하고 푸티우스도 참가했던 1618년 도르트대회는 항론파들의 신학을 배격하는 것이 옳다는 결론과 함께 1619년 그 대단원의 막을 내리기에 이르렀으니. 항론파들은 이러한 난관을 돌파하기 위해 새로운 접근법을 필요로 하게 되었다.

이와 같은 상황을 타개하기 위하여 항론파들이 만들어낸 것이 바로 공공교회와 사적교회 사이의 구분이다.37 항론파에 따르면, 공공교회는 위정자들의 권한을 보장하는 교회이지만, 사적교회는 위정자들이 간섭할 권한이 없다.38 공공교회라면 위정자들이 허락하는 장소에서 모여야 하겠지만, 사적교회는 위정자의 허락과 상관없이 임의로 모일 수 있다. 따라서 정부가 항론파가 모일 공공 예배당을 허락해 주지 않고 교회 재산 사용을 막는다고 할지라도, 항론파는 사적교회의 영역으로 도피하여 모임을 지속할 수 있다는 논리가 된다.39 이러한 구분법은 도르트대회의 결의사항을 공공교회의 영역에만 국한시켜서 사적교회의 영역에서는 항론파가 활동할 수 있는 여지를 만들기 위한 것이기도 했다. 당시 성직자의 사례비와 교회 재산 및 예배당 사용 등

---

35 Voetius, *Politica Ecclesiasticae*, 1:125.
36 Voetius, *Politica Ecclesiasticae*, 1:125.
37 Voetius, *Politica Ecclesiasticae*, 1:127.
38 Voetius, *Politica Ecclesiasticae*, 1:127.
39 Voetius, *Politica Ecclesiasticae*, 1:127.

의 문제에 있어서 위정자의 동의가 필수적이었음을 생각해볼 때, 이것은 에라스투스주의를 버리지 않으면서도 정부에 반대하여 항론파들이 모일 수 있도록 이론적인 근거를 마련했다는 점에서 쓸만한 출구전략으로 여겨졌다. 하지만 도르트 대회 이전과 이후에 항론파들이 취했던 입장에는 분명한 불일치와 차이점이 나타난다.[40] 도르트 대회 이후 항론파들은, 이전에 그들이 국가교회주의 입장을 취했던 것과는 정반대로, 항론파의 입장에 동조하지 않는 위정자들의 권세를 인정하지 않은 채 소책자 전쟁을 계속하였다.[41] 하지만 이전에 항론파는, 어차피 교역자 사례비를 주고 교회당을 제공해주는 사람은 위정자이므로 교역자가 교회 일을 결정할 때 위정자의 지시에 따라야 한다면서 에라스투스주의를 주장하기도 했으니, 항론파들의 저항은 자가모순이다.[42]

물론 위정자는 정확한 지식과 선한 양심이 없이 교회의 일에 간섭하면 안 된다.[43] 네덜란드 개혁교회 헌법에 명시된 정치인의 교회 후견인 역할을 오용하거나 남용하는 것은 잘못이다.[44] 교회에 주신 열쇠의 권세, 즉 권징권을 가지고 위정자에게 맡기는 것은 사역자로서는 직무유기를 하는 것이다.[45] 하지만 그렇다고 해서 한 때 에라스투스주의를 부르짖고 위정자에게 교회 건물 소유권이 복속된다고 했던 항론파가 도르트대회의 결과에 대한 저항권을 주장하는 것은 옳지 않다는 것이 푸티우스의 생각이다.[46]

---

40 Voetius, *Politica Ecclesiasticae*, 1:126.
41 Voetius, *Politica Ecclesiasticae*, 1:127-130.
42 Voetius, *Politica Ecclesiasticae*, 1:135, 138.
43 Voetius, *Politica Ecclesiasticae*, 1:134.
44 Voetius, *Politica Ecclesiasticae*, 1:135.
45 Voetius, *Politica Ecclesiasticae*, 1:137.
46 Voetius, *Politica Ecclesiasticae*, 1:138.

III. 정부와 국가에 대한 푸티우스의 견해

푸티우스의 정부론과 국가론은, 그가 교회와 국가와의 관계에서 로마 가톨릭의 교황황제주의와 재세례파의 무정부론이라는 양극단을 지양함과 동시에, 항론파의 에라스투스주의도 거부한다는 점을 염두에 두고 살펴봐야 한다. 푸티우스가 생각하는 이상적인 위정자는, 아버지 같은 마음으로(신 17:20; 수22:21), 신령하고 사리분별력이 있어 생명을 살릴 줄 알아 법을 지키며 시행하는 사람이다(딤전2:2; 시101:8; 잠28:15-16; 사10:1; 렘5:1; 신1:16-17; 대하 19:4).[47] 아버지의 마음으로, 신령함과 사리분별력을 겸비하고 법을 시행한다는 말에는 많은 의미가 내포되어 있다. 『교회정치』에 나오는 푸티우스의 교회론의 관점에서 이 구절을 설명한다면, 교회의 입장에서 이상적인 위정자란 참된 신앙을 보호하고, 교회가 사역을 할 수 있도록 장을 열어주며, 교회가 자체적인 법과 내규에 따라 움직일 수 있도록 유도해주면서도, 교회에 지나치게 간섭하지 않는 사람이라고도 볼 수 있을 것이다.[48] 위정자가 교회에 지나치게 간섭하면 안 되는 이유는, 성직자와 위정자는 엄연히 서로 분리된 직분이기 때문이며, 이는 역대하 19장에서 왕과 선견자와 제사장 직분이 구분되어 있는 사례를 통해 확증된다.[49] 위정자가 교회 일에 참여할 수는 있으나 주도할 수 없다는 것은, 마치 디모데전서 2:11-12 그리고 고린도전서 14:34 말씀에서 교회 내에서 여성의 참여는 인정하지만 주도권을 인정하지 않는 것과 같다.[50]

---

[47] Voetius, *Selectarum Disputationum*, 4:208.
[48] Voetius, *Politica Ecclesiasticae*, 1:134-135.
[49] Voetius, *Politica Ecclesiasticae*, 1:140.

이처럼 한편으로는 위정자가 교회에 참여하도록 허용하면서도, 다른 한편으로는 교회에 간섭하면 안 된다고 주장하는 의미에서의 정교분리는, 현대 서구 사회와 한국의 보다 더 엄격한 의미의 정교분리와는 차이가 있는 것이 사실이다. 하지만 사실 푸티우스가 말하는 정교분리는 큰 틀에서 볼 때 종교개혁과 17세기 신학자들이 흔하게 견지하던 정부관과 국가관을 계승하고 있는 것이다. 종교개혁자 칼빈(John Calvin, 1509-1564)이나 1647년에 출간된 웨스트민스터 신앙고백서의 경우를 보더라도, 위정자가 참된 종교를 보호해야 한다고 주장함과 동시에, 위정자가 교회에 아무 때나 지나치게 간섭하는 것은 옳지 않다고 가르친다.[51] 성직자의 말씀선포와 성례집행권 및 권징권과 서임권을 위정자에게 양도하지 않으며, 교회의 양심의 자유를 보장한다는 측면에서 이와 같은 형태의 정교분리 원칙은 에라스투스주의와는 엄연히 구별된다.[52] 항론파의 에라스투스주의를 일관되게 고수한다면, 위정자가 성직자 서임, 권징, 출교, 말씀과 성례, 그리고 교회의 살림을 모두 맡아서 해야 할 것이지만, 사실 그 어떤 위정자도 그 모든 일을 감당할 수는 없다는 것은 주지의 사실이다.[53]

그래도 위정자가 교회와 사회를 보호하기 위해 "불신자와 이단과 출교당한 사람에게 참정권을 주지 않고, 그들이 다른 곳으로 이사 갈 권리를 막는" 방식의 통제를 함으로써 그들의 "방종을 줄이는" 일을 하는 것은 정당하다.[54] 물론 정치인이 교회가 아닌 사회에서 언제나 무관용 원칙을 고수하며

---

50 Voetius, *Politica Ecclesiasticae*, 1:141.
51 The Westminster Confession of Faith 23장; John Calvin, 『기독교 강요』, 4.20.14; Robley A. Johnston, "A Study in the Westminster Doctrine of the Relation of the Civil Magistrate to the Church (Continued)" *Westminster Theological Journal* 12 (1950), 121-135.
52 Voetius, *Politica Ecclesiasticae*, 1:143.
53 Voetius, *Politica Ecclesiasticae*, 1:146.

악인들의 악을 원천봉쇄 할 수는 없다는 정도는 푸티우스도 인정한다.55 그리고 전술한 것처럼 위정자들은 교회 내에서의 권징권을 가지고 있지 않다는 것은 주지의 사실이다. 따라서 여기서 푸티우스가 의도하는 것은 교회와 국가 사이의 구별을 철폐하는 것이 아니라, 교회와 사회 질서 유지의 차원에서 위정자가 신앙에 기초한 통치원리를 어느 정도 이상은 실천에 옮길 수 있음을 긍정하는 것이다. 이를 현대사회에서 대입한다면 종교편향이요 불완전한 정교분리라는 비판을 들을 수도 있겠지만, 그래도 푸티우스는 자기 시대 기준으로는 충분한 정도의 정교분리를 주장하고 있는 것이다. 따라서 그의 정부론과 국가관은 항론파의 그것과는 달라서, 에라스투스주의나 신정통치주의와 동일시 될 수 없다.

푸티우스는 이어서 그리스도께서 오심으로써 모세 율법의 시민법 부분이 폐하였으므로(abrogatio) 오늘날의 정부와 국가에 적용될 수 없다는 사실을 분명히 한다.56 이스라엘의 정치는 구약성경에서 볼 수 있듯이, 사무엘 선지자가 사울왕과 다윗왕을 세울 당시에는 하나님이 직접 계시하는 인물에게 선지자가 가서 기름을 부어야 했고, 그렇게 세워진 왕은 신명기 17:15-16의 가르침에 철저히 따라야 했다.57 따라서 이스라엘 왕은 말을 많이 두면 안 되었고, 외국인을 왕으로 세울 수도 없었으며, 귀족이나 민주정에게 권력을 이양할 수도 없었다.58 하지만 오늘날도 정부가 그런 방식으로 세워져야

---

54 Voetius, *Selectarum Disputationum*, 4:209.
55 Voetius, *Politica Ecclesiasticae*, 1:134.
56 Voetius, *Selectarum Disputationum*, 4:212-216; 이러한 견해는, 웨스트민스터 신앙고백서를 만들었던 신학자들 대부분이 공식적으로 구약 모세 율법 시민법 부분에 대해 표명했던 입장과 동일하다. 이에 대해서는 Chad van Dixhoorn, "Reforming the Reformation: Theological Debate at the Westminster Assembly 1642-1652," 7 vols. (Ph.D. Diss. Cambridge University, 2004), 2:92.
57 Voetius, *Selectarum Disputationum*, 4:212.
58 Voetius, *Selectarum Disputationum*, 4:212.

한다는 것을 뜻하지는 않는다. 특정 국가와 정부의 형태는, 베드로전서 2:13의 표현대로 "인간의 모든 제도"이므로, 적극적인 의미에서의 도덕법 혹은 자연법으로 시대와 국경을 초월하여 불변하도록 하나님이 정해놓으신 성질의 것(*juro divino*)은 아니다.[59] 그래도 허용적인 차원의 작정하심을 통해 하나님이 특정 정부 형태를 허락하셨다는 정도의 표현은 가능하다.[60]

푸티우스가 생각하는 정부 형태는 크게 네 가지이다. 첫째는 단독왕정(monarchicus), 둘째는 다두왕정(polyarchicus), 셋째는 귀족정, 넷째는 민주정이다.[61] 이 중에서 왕정이 특별히 성경에 가까운 제도라고는 할 수 없는데, 왜냐하면 사무엘 시대에도 하나님이 기쁜 마음으로 왕 제도를 허락하신 것은 아니기 때문이다.[62] 푸티우스가 귀족정이나 민주정을 왕정보다 이상적인 세속 정부 형태로 생각했는지는 확실하지 않지만, 적어도 교회 정치에 있어서는 준 민주적이고 귀족적인 통치 형태가 적합하다고 그가 언급한 적도 있다는 사실로부터 미루어 본다면, 왕정보다는 귀족정이나 민주정을 더 선호했을 가능성이 농후하다.[63]

푸티우스가 굳이 이러한 언급을 하는 배후에는, 스코틀랜드 장로교의 정부론과 국가론을 정립하는 데에 큰 공을 세웠던 조지 뷰캐넌(George Buchanan, 1506-1582)과 프랑스 개신교도들(*huguenots*)의 저항사상을 비판하면서 왕권신수설을 주장했던 스코틀랜드의 가톨릭 왕당파 법률가인

---

[59] Voetius, *Selectarum Disputationum*, 4:212.
[60] Voetius, *Selectarum Disputationum*, 4:213.
[61] Voetius, *Selectarum Disputationum*, 4:207.
[62] Voetius, *Selectarum Disputationum*, 4:213.
[63] Voetius, *Politica Ecclesiasticae*, 1:122. 흥미로운 것은, 칼빈도 왕정보다는 일종의 귀족정을 선호하는 경향이 있었다는 점이다. 물론 칼빈의 생각은 오늘날의 민주주의 사상과는 차이가 있다. 이에 대해서는 Heiko A. Oberman, *The Dawn of the Reformation: Essays in Medieval and Early Reformation Thought* (Grand Rapids, Eerdmans, 1992), 259-268.

윌리엄 바클리(William Barclay, 1546-1608)가 있다.64 푸티우스는 바클리의 주장을 논박하면서, 자신의 국가론과 정부론이, 왕권신수설에 반대하고 폭정에 항거했던 멜랑흐톤의 신학적 유산과 알투시우스(Johannes Althusius, 1557-1638)의 국가관, 그리고 스코틀랜드 언약도들 및 프랑스 위그노들의 전통과 궤를 같이하고 있음을 분명히 한다.65

푸티우스가 멜랑흐톤 및 언약도들과 위그노들의 입장을 지지하고 있다는 것은, 그가 『폭정에 항거하여 자유를 변호함』이라는 책을 분석하는 글을 그의 책에 수록하고 있다는 사실에서도 분명히 드러난다.66 이 책은 칼빈의 후계자였던 테오도르 베자(Theodore Beza, 1519-1605) 자신에 의해서 혹은 그의 저항신학을 따르던 익명의 인물에 의해서 스테파누스 유니우스 브루투스(Stephanus Junius Brutus)라는 필명으로 출판되었는데, 후에 영국 내전 당시 사무엘 러더포드가 왕당파의 주장을 논박하기 위해 썼던 『법과 왕』(Lex, Rex)책에도 상당한 영향을 끼치게 된다.67 푸티우스는 네덜란드에서도 이 책이 인쇄되었음을 상기시키는 동시에, 이처럼 중요한 싸움 중에도 힘을 보태지 않고 침묵으로 일관했다는 이유로 그로티우스를 위시한 항론파들을 비판한다.68 여기서도 푸티우스가 로마 가톨릭과 항론파에 대해 거부감을 가지고 자신의 정부론과 국가론을 전개하고 있음이 드러난다.

로마 가톨릭과 재세례파와 항론파 논박이라는 과제는, 푸티우스가 국가론과 정부론을 설파할 때마다 빠지지 않고 등장한다. 재세례파의 무정부주의

---

64 Voetius, *Selectarum Disputationum*, 4:213.
65 Voetius, *Selectarum Disputationum*, 4:207.
66 Voetius, *Selectarum Disputationum*, 4:231-244.
67 이에 대해서는 권경철, "사무엘 러더포드의 『법과 왕』에 나타난 언약신학," 「갱신과 부흥」 23(2019), 104-126을 보라.
68 Voetius, *Selectarum Disputationum*, 4:235.

와는 달리, 성경 로마서 13:1-5의 말씀은 하나님께서 위정자를 세우시는 것이므로 정부 그 자체는 "선하고 정당한 것이며, 따라서 선한 양심이 평안을 얻을 수 있는 성질의 것이다."[69] 이처럼 정권은 하나님께로부터 직접 오는 것일 수 있으므로, 결과적으로 정권은 이 세상의 여느 다른 제도의 구속을 받지 않고 독립적으로 기능할 수 있어야 한다.[70] 로마 가톨릭은 이 점을 간과한 채 교회의 권세에서 세속 권세가 파생되기라도 하는 것처럼 국가를 종속시키려는 우를 범하고 있다.[71] 개신교는 로마 가톨릭처럼 왕에게 면박을 주고 왕을 죽이면서까지 저항을 잠재움으로써 주도권을 장악하는 "끔찍한" 국가관을 신봉하지 않는다.[72]

위정자가 하나님이 아닌 여타 권세에 예속되지 않는다는 말은, 전제군주론을 의미하는 발언은 아니다.[73] 왜냐하면 성경은 정부 수립을 말할 때 하나님과의 관계를 바르게 하는 것은 물론이고, 정부와 사람들 사이에서 민간의 의사에 따라 수립되는 언약관계 역시도 빼놓지 않고 언급하기 때문이다(신17:18; 롬13:1,4; 대하19:6; 시82:6-7; 삼하5:3).[74] 따라서 네덜란드 독립 전쟁은, 전횡적인 군주에게 조공을 드리기를 거절하고 저항권을 행사한 사건이요 정당한 전쟁이다.[75] 왜냐하면 공의가 없는 곳에는 통치권도 없기 때문이다.[76] 재세례파와 소키누스주의자들 그리고 마르키온주의자들은 구약시

---

69 Voetius, *Selectarum Disputationum*, 4:206.
70 Voetius, *Selectarum Disputationum*, 4:207.
71 Voetius, *Selectarum Disputationum*, 4:207.
72 여기서 푸티우스는 소위 "카노사의 굴욕"을 선사한 교황 그레고리 7세를 비롯한 복수의 로마 가톨릭 인사들의 저서 뿐만 아니라, 1605년 로마 가톨릭 세력이 제임스 왕 암살을 사주했다는 의심을 받게 되는 단초를 제공했던 소위 "화약음모사건"(Gunpowder Plot)을 다룬 역사책도 인용한다. Voetius, *Selectarum Disputationum*, 4:209.
73 Voetius, *Selectarum Disputationum*, 4:207.
74 Voetius, *Selectarum Disputationum*, 4:207.
75 Voetius, *Selectarum Disputationum*, 4:207.

대에만 전쟁이 허용된다고 보면서 정당한 전쟁이라는 개념 자체를 부정하지만, 사실 신약성경의 배경에도 국가의 안위를 건 공격 전쟁 혹은 방어 전쟁이 내포되어 있다(롬13:5; 눅3:14; 행10:1-22; 23:12; 마8:11-13).[77] 여기서도 우리는 푸티우스가 독일과 영국과 프랑스 등지에서 있었던 개신교의 사활을 건 전쟁과 네덜란드 독립전쟁을 동일선상에 놓고 자신의 국가론과 정부론을 전개하고 있음을 알 수 있다.

더욱이, 위정자가 교회에 예속되지 않는다는 말이 곧 에라스투스주의를 의미하지는 않는다. 항론파의 경우에는, 콘스탄티누스 황제가 교회를 주관했던 것처럼 교회가 정부에 종속되어야 한다고 주장했지만, 사실 말씀전파와 성례집행 및 권징을 행할 권세는 교회에게 있는 것이지 위정자에게 있는 것이 아니므로, 그러한 주장은 어불성설이다.[78] 교회는 하나님의 말씀에 따른 양심의 자유를 가져야 하고, 내부의 일들을 위정자와 상관없이 자체적으로 판단할 수 있어야 한다.[79]

어쨌든 성직자와 평신도를 무론하고, 위정자에게 복종해야 한다는 것은 핑계의 여지가 없는 사실이다.[80] 위정자가 아버지의 마음으로 백성을 대해야 하듯이, 백성들은 아들이 아버지께 하듯이 위정자를 대해야 한다(잠24:21; 롬13:7). 또한 백성들은 모든 신의로 위정자에게 기꺼이 복종하며 공세를 납부하는 등 공적인 의무를 다해야 하고, 위정자에 대한 특별한 존중을 나타내야 한다(딛3:1; 롬13:6, 25; 마22:21). 따라서 위정자에게 선한 양심으로 복

---

[76] 이것은 푸티우스가 *De Civitate Dei*에 나오는 아우구스티누스의 표현을 빌린 것이다. Voetius, *Selectarum Disputationum*, 4:210.
[77] Voetius, *Selectarum Disputationum*, 4:207.
[78] Voetius, *Selectarum Disputationum*, 4:208.
[79] Voetius, *Selectarum Disputationum*, 4:208.
[80] Voetius, *Selectarum Disputationum*, 4:208.

종하지 않으면서도 개인적인 저항이라는 핑계를 대며 그저 성급하게 볼멘소리를 하는 재세례파의 저항은 용납될 수 없다(출21:28; 전10:20; 벧후2:10; 유1:8).[81] 정말 저항을 해야 하는 상황이라면, 네덜란드 독립전쟁의 사례처럼, 위정자가 백성 모두와의 언약을 어긴 것이 분명하여 선한 양심상 용인할 수 없어 단체로 다함께 저항하는 그림이 나오게 된다.[82] 네덜란드 독립전쟁은, 교황 중심의 세계정복의 망상에서 벗어나지 못한 무법한 에스파냐에 대한 정당한 저항이었다.

IV. 결론

이상을 통해 우리는 푸티우스가 철저하게 개혁파 개신교회의 입장에 서서 자신의 국가관과 정부관을 전개해나갔다는 사실을 보았다. 그에게 로마 가톨릭을 등에 업고 에스파냐 왕이 내세우던 절대왕정이란, 하나님께서 마지못해서 허용해주시는 정치형태에 불과하다. 그가 보기에 네덜란드 독립전쟁은, 개인적인 기호에 의해 발발한 것이 아니라, 전횡적으로 법을 무시하고 백성과의 언약을 어긴 에스파냐왕과 교황주의자들에게 정당하게 저항한 사건이었으므로 재세례파의 무정부주의적 저항운동과는 엄연히 다르다. 또한 푸티우스는 교회의 영적이고 내적인 권세와, 세속 통치자의 외적인 권세를 구분함으로써, 항론파의 에라스투스주의 역시도 피하고자 하였다. 물론 푸티우스의 정교분리 이론은, 불신자들과 이단과 출교당한 사람들의 공민권을 제한하고 그들이 악을 전파하지 못하도록 통제한다는 점에서 현대의 정교분

---

[81] Voetius, *Selectarum Disputationum*, 4:209.
[82] Voetius, *Selectarum Disputationum*, 4:209.

리 개념과는 차이가 있다. 혹자들은 이것을 신정정치라고 오해할 수도 있는 부분이지만, 사실 푸티우스는 구약 율법의 시민법 부분이 후대에 이스라엘 나라 밖의 국가에도 적용되도록 의도되지 않았다는 것을 천명함으로써 자신이 신정정치를 지향하는 것이 아님을 확실히 한 바 있다. 이렇게 볼 때 푸티우스가 이상적으로 생각하는 국가와 정부란, 위정자와 교회와 백성이 하나님으로부터 주어진 역할 이상의 역할을 탐하지 말고, 각자 맡은 자리에서 소임을 다하는 국가와 정부라고 할 수 있을 것이다.

위정자는 위정자의 자리에서, 교회는 교회의 자리에서, 국민들은 국민들의 자리에서 각자 하나님이 주신 사명을 다하자는 푸티우스의 생각은, 오늘날 대통령 탄핵과 이념전쟁 속에서 국가와 교회와 국민들이 각자의 본분을 잃고 마땅히 생각할 것 이상을 생각함으로써 서로의 영역을 침범하여 혼란에 빠진 한국교회와 사회에 온고지신의 지혜를 줄 수 있다. 국민은 위정자만을 탓하지 말아야 하고, 위정자는 국민을 품어야 한다. 결국 무정부도 답이 아니고, 신정통치도 답이 아니고, 에라스투스주의도 답이 될 수 없다. 결국 답은, 국가와 교회와 국민이 각자의 자리에서 하나님이 주신 본분을 충실히 감당하는 것이다.

〈참고문헌〉

Beck, Andreas J. *Gisbertus Voetius (1589-1676) on God, Freedom, and Contingency*. Leiden: Brill, 2007.

Calvin, John. 『기독교 강요』. 김종흡 신복윤 이종성 한철하 공역. 서울: 생명의말씀사, 1988.

Dixhoorn, Chad van. "Reforming the Reformation: Theological Debate at the Westminster Assembly 1642-1652." 7 vols. Ph.D. Diss. Cambridge University, 2004.

Duker, Arnoldus Cornelius. *Gisbertus Voetius*. 4 vols. Leiden: Brill, 1897-1915.

Johnston, Robley A. "A Study in the Westminster Doctrine of the Relation of the Civil Magistrate to the Church (Continued)." *Westminster Theological Journal* 12 (1950), 121-135.

Muller, Richard A. *God, Creation, and Providence in the Thought of Jacob Arminius*. Grand Rapids, MI: Baker, 1991.

_____. *Post-Reformation Reformed Dogmatics*. 4 vols. Grand Rapids, MI: Baker Academics, 2003.

Oberman, Heiko A. *The Dawn of the Reformation: Essays in Medieval and Early Reformation Thought*. Grand Rapids, Eerdmans, 1992.

Voetius, Gisbertus. *Politica Ecclesiasticae*. Amsterdam, 1663-1676.

_____. *Selectarum Disputationum Theologicarum*. 5

vols. Utrecht, 1648-1669

Watt, Gideon van der. "Gisbertus Voetius (1589-1676): Some Perspectives on His Influence on Developments in the South African Dutch Reformed Church's Missiology and Mission Practice." *In die Skrilig* 53/3 (2019), 1-9.

권경철. "푸티우스가 가르친 결혼과 가정." 개혁주의 학술원 편. 『종교개혁과 결혼 및 가정』. 부산: 고신대학교개혁주의학술원, 2024.

_____. "사무엘 러더포드의 『법과 왕』에 나타난 언약신학." 「갱신과 부흥」 23(2019), 104-126

_____. *Christ and the Old Covenant: Francis Turretin(1623-1687) on Christ's Suretyship under the Old Testament*. Göttingen: Vandenhoeck & Ruprecht, 2019.

안인섭. "항쟁파의 교회와 국가의 관계: 위텐보가르트를 중심으로." 「한국개혁신학」 60 (2018), 10-51.

청교도 리처드 백스터의 국가론

우병훈

Richard Baxter (1615-1691)

서울대학교 자원공학과(B.Eng.)와 서양고전학 대학원(M.A 졸업, Ph.D 수학)을 거쳐, 고려신학대학원(M.Div)과 미국의 칼빈신학교(Th.M, Ph.D)에서 공부했다. 저서로 『그리스도의 구원』, 『처음 만나는 루터』, 『룻기, 상실에서 채움으로』, 『기독교 윤리학』, 『구속사적 설교』, 『교리 설교』, 『교회를 아는 지식』, 『구원, 그리스도의 선물』, 『교리 설교의 모든 것』, 『아우구스티누스의 기도론』(가제, 근간), 공저로 『초대교회의 갈등과 치료』, 『초대교회와 마음의 치료』, 『멘토링과 교회 성장』, 번역서로 『교부들과 성경 읽기』(공역) 등이 있으며, 박사논문이 B. Hoon Woo, *The Promise of the Trinity: The Covenant of Redemption in the Theologies of Witsius, Owen, Dickson, Goodwin, and Cocceius* (Göttingen: Vandenhoeck & Ruprecht, 2018)로 출간되었다. 국내외 저널에 게재한 수십 편의 논문을 calvinseminary.academia.edu/BHoonWoo에서 볼 수 있다. 현재 고신대학교 신학과 교의학 부교수이다.

우병훈

Ⅰ. 국가론의 간략한 역사

서구 지성사에서 국가에 대한 논의는 매우 오래된 주제 중 하나다. 철학자 플라톤(주전 427-347)은 약 주전 380년대 혹은 370년대에 쓴 『국가』(정체; *Politeia*)라는 작품에서 국가에 대해 다뤘다. 그는 이상적인 국가가 지혜를 갖춘 철학자인 통치자, 용기를 갖춘 군인인 수호자, 절제를 갖춘 일꾼들인 생산자로 구성되며, 그들이 자신의 본분에 충실할 때 진정한 정의가 이뤄진다고 주장했다.[1] 또한 플라톤은 만년에, 즉 주전 350년대 혹은 340년 초에 『법률』(*Nomoi*)을 써서 철인 통치자가 다스리는 국가에 대한 차선책으로, 법과 조직이 지배하는 현실적인 법치국가를 제시했다.[2] 플라톤의 『국가』와 『법률』은 이후 서양 지성사에서 국가론을 다룰 때 기본적 참고서로 작용해 왔다.[3] 대표적인 예가 로마의 문인 키케로(주전 106-43)의 경우다. 키케로는 주전 54-52년경 『국가론』(*De republica*)과 주전 52-51년경 『법률론』(*De legibus*)을 썼다. 그는 이 두 책의 제목, 대화체 형식, 작성 순서에 있어서 플라톤을 모방하고 있다. 하지만 그의 정치철학이나 법철학 사상은 플라톤적이라기보다는 스토아적이며, 두 책에 담긴 국가체제나 정무직(政務職), 구체적인 법조문은 그리스식이 아니라 로마식이라는 점에서 차이가 있다.[4]

기독교 역사 속에서도 국가에 대한 논의는 종종 있어 왔다. 아우구스티누스(354-430)는 『신국론』(*De civitate Dei*)에서 지상국(*civitas terrena*)과

---

[1] 이 작품에 대한 개요는 플라톤, 『국가(정체)』, 박종현 역주(서울: 서광사, 2008), 41-44와 플라톤, 『국가』, 천병희 역주(서울: 도서출판 숲, 2016), 5를 참조하라.
[2] 플라톤, 『법률』, 박종현 역주, 11-37; 플라톤, 『법률』, 천병희 역주, 7을 보라.
[3] 그 외에도 플라톤의 『정치가』도 역시 정체(政體)에 대한 논의를 담고 있다. 플라톤, 『정치가, 소피스트』, 천병희 역주(서울: 도서출판 숲, 2014)를 참조하라.
[4] 키케로, 『법률론』, 성염 역주(서울: 한길사, 2007), 21-50을 보라. 또한, 키케로, 『국가론』, 김창성 역주(서울: 서광사, 2021)의 서론도 참조하라.

신국(*civitas Dei*)을 대립시키면서, 모든 사람은 이 두 도성(혹은 나라) 중에 하나에 속한다고 주장하였다. 이 책은 비록 플라톤이나 키케로의 작품들처럼 본격적인 정치철학을 다루지는 않지만, 제대로 된 국가가 되기 위해서는 하나님에 대한 참된 예배와 정의의 실현이 중요함을 잘 밝혀주고 있다.5 중세에 토마스 아퀴나스(1225-1274)는 13세기 중반에 『통치론』(*De regno*)이란 작품을 썼다. 2권 4장에서 중단되는 미완성본인 이 책에서 토마스는 교회와 국가의 관계를 다뤘으며, 세속 군주가 지닌 잠정적 권한에 대해 논했다. 그는 통치자가 공공선(*bonum commune*)을 위해 백성을 다스려야 하며, 자연법과 신법을 따라야 한다고 주장했다.6

마틴 루터(1483-1546) 역시 『세속 정부에 대하여, 어느 정도까지 그 권위에 순종해야 하는가?』라는 책을 써서 국가론을 다뤘다. 그는 이 작품에서 "두 왕국 이론"을 전개했다.7 라이프치히에 있던 작센의 게오르크 공(1471-1539)은 루터를 격렬하게 반대했던 사람 중 한 사람이었다. 1522년 11월에 게오르크는 그가 통치하는 지역에서 루터가 번역한 "9월 성경" 판매를 금지시켰다. 이에 루터는 세속 정부 역시 하나님께서 만드셨기에 기본적으로 그것에 순종해야 하지만(롬 13:1-2에 근거함), 세속 정부가 하나님의 말씀에 위배되는 내용을 명령할 때는 순종할 필요가 없다고 주장했다. 이 작품에서 루터는 인간 세상을 두 왕국으로 나눈다. 그것은 그리스도의 왕국과 세상 왕국이다. 하나님은 오른손으로는 복음의 원리로 그리스도의 왕국을 다스리시며, 왼손으로는 율법의 원리로 세상 왕국을 다스리신다. 루터는 성

---

5 우병훈, 『기독교 윤리학』(서울: 복있는사람, 2019), 100-1, 246-56을 참조하라.
6 Chad C. Pecknold, "Catholic Teaching on Politics and the State," in *The Oxford Handbook of Catholic Theology*, ed. Lewis Ayres and Medi Ann Volpe, Oxford Handbooks (New York: Oxford University Press, 2019), 464.
7 우병훈, 『처음 만나는 루터』(서울: IVP, 2017), 126-29를 보라.

도의 삶에서 정당한 행위를 했거나 잘못한 일이 아무 것도 없다면, 세상 나라가 제공하는 소송, 제소, 법정, 재판관, 형벌, 법 또는 칼이나 무력 등이 필요 없을 것이라 주장한다.8 그는 "산상설교"의 원리에 따라, 그리스도인의 삶에는 무력의 원리가 불필요하다고 역설한다.9 왜냐하면 그리스도인들은 지상의 모든 법과 가르침이 요구하는 것을 훨씬 더 뛰어넘어서 살고 있기 때문이다. 이미 그리스도인들은 세상의 기준보다 훨씬 수준 높은 윤리적, 도덕적 삶을 자발적으로 실천하고 있기에, 세상의 무력적, 법적 권세는 그리스도인의 삶에서 사실상 쓸모가 없다. 그렇다면, 정부의 무력과 법은 이 세상에서 아무런 효용이 없는가? 그렇지는 않다고 루터는 말한다. 마치 율법이 그러한 것처럼, 세상의 법과 정부의 무력은 무법한 자들을 위해 주어져서 그들로 하여금 죄를 깨닫게 하는 역할을 하기 때문이다.10 중요한 것은 그리스도인의 경우 1차적으로는 세상 정부의 지배가 아니라 하나님의 말씀의 통치를 받는다는 사실이다. 이러한 정부론 혹은 국가론으로써 루터는 게오르크의 주장을 물리칠 수 있었다.

II. 칼빈의 국가론

개혁주의 신학자들 역시 국가에 대해 중요한 논의들을 제시했다. 그 중에

---

8 Martin Luther, "Temporal Authority: To What Extent It Should Be Obeyed," *Luther's Works*, Vol. 45: *The Christian in Society II*, ed. Jaroslav Jan Pelikan, Hilton C. Oswald, and Helmut T. Lehmann (Philadelphia: Fortress Press, 1999), 89. 이하에서 루터의 본 영역 작품 시리즈는 LW로 약칭한다.
9 LW 45:92-93.
10 LW 45:89.

서도 이 글의 주제가 되는 리처드 백스터의 국가론을 살피기에 앞서 가장 중요한 인물은 칼빈(1509-1564)일 것이다. 칼빈의 국가론은 개혁파 내에서 많은 영향력을 발휘했고, 백스터의 국가론과 유사점과 차이점을 모두 보여주기에 자세히 살펴볼 필요가 있다.

칼빈은 『기독교강요』 제4권 20장에서 국가에 대해 논했다.[11] 그는 국가 제도를 부인하려는 재세례파뿐 아니라, 군주에게 아첨하면서 군주의 권리를 거의 절대시하는 자들을 모두 거부했다(4.20.1). 국가는 하나님께서 선한 목적으로 만드신 기관이다(4.20.2). 칼빈 역시 루터처럼 두 왕국론을 제시한다(4.20.2).[12] 한 가지 기억해야 하는 것은 아우구스티누스에게는 지상국과 신국에 둘 다 속한 사람은 아무도 없지만, 루터와 칼빈에게 있어서는 한 사람이 그리스도의 영적인 왕국에도 속하고 세속적 왕국에도 속할 수 있다는 사실이다. 아우구스티누스에게 신국이란 구원 받은 사람들의 무리이지만, 루터와 칼빈에게 영적인 왕국은 이 땅의 세속적 왕국 가운데 위치해 있는 교회이기 때문이다.[13]

칼빈은 "국가 통치에 지정된 목적은, 우리가 사람들과 함께 사는 동안 하나님께 대한 외적인 예배를 존중하고 보호하고, 건전한 교리와 교회의 지위를 수호하며, 우리를 사회생활에 적응시키며, 우리의 행위를 사회정의와 일

---

[11] 이하의 내용은 우병훈, 『기독교 윤리학』, 264-89에서 필요한 부분을 이 글의 목적에 맞게 발췌하고 요약한 것이다. 아울러, 이 단락에서 『기독교강요』를 인용할 때는 각주를 사용하는 대신, 문장 끝에 괄호를 넣어서 『기독교강요』의 권, 장, 절을 기입한다.
[12] 칼빈, 『기독교강요』, 4.20.2 (문병호 역, 4:817): "우리가 바로 위에서 지적했듯이, 이러한 종류의 정부는 저 영적이고 내적인 그리스도의 나라와는 구별된다. 그러나 우리는 이와 함께 이 둘이 서로 충돌되지 않는다는 것도 알아야 한다. 왜냐하면 실로 그리스도의 나라가 이미 지상에 있는 우리에게 임하여 어떤 모양으로든 천국이 도래하였으며 죽고 사라질 생명 위에 죽지 않고 썩지 않는 복이 드리우기 시작하였기 때문이다."
[13] 이에 대해서는 아래 논문을 참조하라. B. Hoon Woo, "Pilgrim's Progress in Society: Augustine's Political Thought in the City of God," *Political Theology* 16, no. 5 (2015), 425-26.

치하도록 인도하며, 우리가 서로 화해하게 하며, 전반적인 평화와 평온을 증진하는 것이다."라고 적는다(4.20.2). 성도가 이 땅에서 "나그네 생활"을 할 때에는 이러한 국가가 보조 수단으로서 필요하며, 이것을 빼앗는 것은 그 사람에게서 인간성을 빼앗는 것이 된다(4.20.2). 이처럼, 칼빈에게 국가란 하나님의 뜻에 따라 인간에게 주어진 기관이다. 기독교와 관련해서 정부는 "우상 숭배, 하나님의 이름에 대한 모독, 하나님의 진리에 대한 훼방 그리고 그 밖에 종교에 대한 공공연한 방해가 사회에 발생하거나 만연하지 않도록 하고, 치안을 유지하며, 시민의 재산을 보호하고, 인간 상호간의 선한 교제를 가능하게 하며 정직과 겸양의 덕을 보존한다. 요컨대 그리스도인들이 공개적으로 종교 생활을 할 수 있도록 하여 사회에 인간성이 보존되도록 한다(4.20.3)."

칼빈은 정부 형태에 있어서 왕정, 귀족정, 민주정을 제시하고서, 이 중에서 "귀족정과 민주정을 결합한 제도"가 다른 형태보다 더 낫다고 주장한다(4.20.8).[14] 그런 선택을 하게 된 이유는 인간의 타락성 때문이다. 즉, 공정하며 바른 생각만을 하는 자제력이 강한 왕은 아주 드물기 때문이며, 민중의 지배가 난동으로 타락하는 것은 가장 쉽기 때문이다.[15] 칼빈은 구약 시대 이

---

[14] 플라톤은 『정치가』 291c-d에서 정체(政體)의 형태를 1인 지배(monarchy), 소수 지배, 민주정이라는 세 가지 분류로 제시한다.

[15] 존 파이퍼는 민주주의를 왕정에 비해 옹호하면서 C. S. 루이스의 말을 다음과 같이 인용했다. "아리스토텔레스는 어떤 사람들은 다만 노예가 되기에 적합하다고 말했다. 나는 그를 반대하지 않는다. 하지만 나는 노예제는 반대하는데, 그 어떤 사람도 주인이 되기에는 적합하지 않다고 생각하기 때문이다." John Piper, *Sermons from John Piper* (2000-2014) (Minneapolis, MN: Desiring God, 2014), 2005년 성탄절 설교. 파이퍼는 이 땅의 왕은 모두 유한하며 악하기에 왕정을 옹호할 수 없다고 한다. 비록 그가 선호한 정치 형태와 칼빈이 선호한 것은 다르지만, 인간의 타락성을 염두에 두고 정치 형태를 선택하고자 했다는 점에서 그는 칼빈과 유사한 사고 방식을 따랐다고 볼 수 있다. 한편, 그는 루이스의 글의 출처를 아래와 같이 밝혔다. C. S. Lewis, "Equality," in Wayne Martindale and Jerry Root, eds., *The Quotable C. S. Lewis* (Wheaton, IL: Tyndale House Publishers, Inc., 1989), 152-53에서 재인용. 칼빈과 그 후예들이 교회의 정치 구조를 제시할 때, (물론 성경에서 그 모범을 찾았지만) 어떤 한 사람이

스라엘 백성 사이에서 하나님께서 제정하신 정부 형태 역시 "민주정에 가까운 귀족정"이라고 해석한다(4.20.8). 칼빈이 이렇게 "귀족정과 민주정을 결합한 제도"를 보다 선호하는 이유는 그것이 "자유를 적절한 절제로써 조절하고 견고한 기초 위에 바르게 확립하는 정치제도"라고 보았기 때문이다 (4.20.8). 그는 자유가 잘 조절되는 정체(政體)를 누리는 백성들이 가장 행복하다고 생각한다. 따라서 "참으로 집권자들은 전력을 다하여 어떤 의미에서든지 자유가 감소되는 것을 방지해야 하며 침범 당하지 않도록 막아야 한다. 왜냐하면 그들이 자유의 수호자로 임명되었기 때문이다. 그들의 각성과 주의가 불충분하다면 그들은 직책에 대해서 불충실하게 되며 조국에 대해서는 반역자가 된다(4.20.8)." 앞에서 칼빈은 집권자가 "법의 보호자와 수호자"가 된다고 말했는데, 여기서는 집권자들이 "자유의 수호자"라고 하여, 법의 목적은 결국 자유에 있음을 주장하고 있다. 칼빈은 여러 나라가 여러 가지 정부 조직에 의해 통치되고 있다면서, 특정한 정부 형태를 고집하지 않는 유연성을 보여준다. 하나님께서 각 시대와 장소와 민족에 따라서 다른 형태의 정부를 두는 것을 좋게 생각하셨다면, 자기가 사는 곳에 주께서 세우신 사람들에게 복종하는 것이 백성의 의무이다(4.20.8).

칼빈은 위정자들의 직무를 율법의 두 돌판과 관련해서 설명한다(4.20.9).[16] 십계명의 첫째 판에 적힌 계명들은 하나님 경외에 대한 계명들이다. 칼빈은 키케로와 같은 세속 학자들도 하나님의 권리를 무시하고 사람의 일만을 돌보는 법률은 본말이 전도된 것이라 인정했음을 주지시킨다. 위정자들은 종

나 소수의 무리에게 권력이 집중되는 것을 최대한 막으려는 의도가 있었음을 알 수 있다.
[16] 많은 종교개혁자들과 그 이후의 많은 개혁신학자들은 십계명이 신자(信者)와 불신자(不信者) 모두에게 주어진 도덕법이라고 생각했다. Stephen John Grabill, *Rediscovering the Natural Law in Reformed Theological Ethics* (Grand Rapids, MI: Eerdmans, 2006), 89-90, 146; David C. Steinmetz, "The Reformation and the Ten Commandments," *Interpretation: A Journal of Bible and Theology* 43, no. 3 (July 1989), 260-61 참조.

교를 잘 돌봐야 하는 책임이 있다.17

십계명의 둘째 판에 적힌 계명들은 사람들에게 공평과 정의를 행하도록 하는 계명들이다(4.20.9). 왕들은 시편 82편 3-4절의 말씀대로, 가난한 자와 고아를 위하여 판단하며 곤란한 자와 빈궁한 자에게 공의를 베풀고, 가난한 자와 궁핍한 자를 악인들의 손에서 구원해야 한다.18 요컨대, "집권자들은 공중의 무죄와 겸손과 예절과 평온의 보호자와 옹호자로 임명되었으며 사회 전체의 안전과 평화를 확보하도록 노력해야 한다(4.20.9)."

칼빈은 "정부(*politicae administrationis*)"를 다룰 때에 세 가지 주제로 나눠서 다루었다. 그 세 가지 주제는 집권자와 법과 백성이다. "집권자"는 법의 보호자와 수호자이며, "법"은 집권자의 통치수단이며, "백성"은 법의 통치를 받고 집권자에게 복종하는 사람들이다. 칼빈은 이어서 본격적으로 "법"이라는 주제를 다룬다(4.20.14). 그는 법이 "국가의 가장 튼튼한 힘줄"이라고 주장한다. 키케로의 『법률론』을 인용하면서, 그가 플라톤을 따라 법률을 "나라의 영혼"이라고 불렀다는 사실을 지적한다(4.20.14). 칼빈은 집권자와 법의 상호의존관계를 지적한다. 법 없이 집권자가 없으며, 그 역도 마찬가지이다. 다시 한 번 키케로를 인용하여, "법은 무언의 집권자요, 집권자는 살아 있는 법이다."라고 정리한다.19

---

17 아브라함 카이퍼 역시 『칼빈주의 강연』의 제 3강 "정치" 편에서 국가와 종교의 밀접한 관련성을 다루었다. 대제국을 이룬 국가치고 종교를 소홀히 했던 국가는 없었다. 오히려 많은 권력자들이 종교를 통하여 자신의 권력을 유지하는 것이 동서고금을 막론하고 자주 발견되는 사례들이다. Abraham Kuyper, *Calvinism: Six Lectures Delivered in the Theological Seminary at Princeton* (New York: Fleming H. Revell Company, 1899), 98.

18 이러한 왕의 직분을 집사직과 연결한 반 담의 견해를 참조하라. 김헌수, 코넬리스 반 담, 윈스턴 후이징아, 『성경에서 가르치는 집사와 장로』(서울: 성약, 2013), 63(반 담의 글). 이에 대한 논의는 우병훈, 『교회를 아는 지식』(서울: 복있는사람, 2022), 제4장 "집사직"을 참조하라.

19 Cicero, *De legibus*, III.ii: "magistratum esse legem loquentem, legem autem mutum magistratum(집권자는 말하는 법이요, 법은 침묵하는 집권자이다)."

당시에 어떤 이들은 나라가 제대로 구성되려면 반드시 모세의 정치 체제를 따라야만 한다고 생각했다. 하지만 칼빈은 이에 대해 반대하는 입장이었고, 구약 율법과 정치의 관계를 다루면서 자신의 견해를 제시하고 있다(4.20.14).[20] 모세법을 폐기하고 새로운 법을 채택하는 것은 하나님의 법을 모욕하는 것이 아니다. 모세법은 모든 시대 모든 민족에게 주신 보편법이 아니라 하나님께서 유대 민족을 인도하실 때에 특수하게 사용하신 법이다. 따라서 지금 우리는 모세법이 아니라 다른 법을 채택해도 괜찮다. 이처럼 칼빈은 자연법에서 나온 도덕법이 불변한 것처럼, 도덕법에서 나온 공정성이 법 제정의 보편 근거가 된다고 주장한다.[21] 따라서 공정성만이 확인될 수 있다면 제정된 법의 양태가 모세법과 다르더라도 우리는 그 법을 채택할 수 있다고 주장한다(4.20.16).

---

[20] 칼빈은 율법의 세 종류인 도덕법, 의식법, 재판법 중에서 도덕법만 보편적인 구속력을 가진다고 주장했다(4.20.15). Oliver O'Donovan and Joan Lockwood O'Donovan, eds., *From Irenaeus to Grotius: A Sourcebook in Christian Political Thought, 100-1625* (Grand Rapids, MI: Eerdmans, 1999), 665. 칼빈은 구약 성경의 재판법에 따라 신정정치를 구현하려는 것을 거부했다(4.20.14; 4.20.16). 이런 점에서 존 칼빈, 『기독교강요』, 문병호 역, 제4권(서울: 생명의말씀사, 2023), 4.20.14(839쪽)에 나오는 번역("굳이 모세의 정치를 도외시하더라도 열국의 일반법에 의해서 다스려지기만 하면 공화국이 올바르게 형성된다고 주장하는 자들이 없지 않다. 이 편견이 얼마나 위험하고 선동적인지를 다른 사람들에게 알리도록 하자. 이를 위해서 그것이 얼마나 잘못 되었으며 어리석은지를 설명하는 것으로 충분할 것이다.")은 칼빈의 의도를 반대로 제시하는 오역이다. 배틀즈의 번역은 칼빈의 의도를 제대로 전달하고 있다. John Calvin, *Institutes of the Christian Religion*, ed. John T. McNeill, trans. Ford Lewis Battles, The Library of Christian Classics (Louisville, KY: Westminster John Knox Press, 2011), 4.20.14 (vol. 2, p. 1502): "For there are some who deny that a commonwealth is duly framed which neglects the political system of Moses, and is ruled by the common laws of nations. Let other men consider how perilous and seditious this notion is; it will be enough for me to have proved it false and foolish." 맥닐은 앞의 책 같은 페이지 각주 35에서 "칼빈이 구약의 재판법에 근거한 신정 개념을 전적으로 거부하고 있다."고 적절하게 설명한다. 칼빈은 "하나님이 모세의 손을 통해 율법을 주신 것은 모든 민족에게 공표해서 모든 곳에서 지키도록 하시려는 뜻이 아니었다."라고 분명히 밝힌다(4.20.16).

[21] 16-17세기 종교개혁자들은 대체로 "자연법"의 존재를 믿었다. 앞에서 소개했던 아래 책을 보라. Grabill, *Rediscovering the Natural Law in Reformed Theological Ethics.*

칼빈은 『기독교강요』 4권 20장 17절부터 21절까지 긴 지면을 할애하여 "그리스도인과 소송 문제"를 다룬다. 이 문제는 벌써 루터도 역시 중요하게 다뤘던 내용이다.22 칼빈은 그리스도인들이 세상 사람들과의 관계에서도, 그리스도인들 상호간의 관계에서도 소송이 가능하다는 주장을 펼친다. 하나님은 집권자들을 세우셔서 우리가 악인들의 불의의 희생이 되지 않고 고요하고 평안한 생활을 하게 하셨다(4.20.17; 로마서 13:4, 디모데전서 2:2). 따라서 법정을 통해 "집권자에게 도움을 호소하더라도 경건에 위반되지 않는 것이 분명하다(4.20.17)." 그러나 우리는 소송광(訴訟狂)이 되어서는 안 된다. 증오심과 복수심으로 소송해서도 안 된다. 형제를 해하기 위해서 소송하거나 무자비하게 소송해서도 안 된다(4.20.17). 그렇다면 그리스도인들이 소송을 바르게 이용하는 때는 언제인가? 우선 법적 절차를 지켜야 한다. 원고는 원고대로, 피고는 피고대로 자기에게 속한 권리만을 주장해야 한다. 피고는 평온한 마음으로 변명하며, 자기 권리를 법적으로 옹호해야 한다. 원고 역시 법관에게 고소 이유를 말하고, 공정하고 선한 결과만을 구해야 한다(4.20.18). 상대방에 대한 복수심이나 증오심, 투쟁욕은 멀리해야 한다. 사랑이 손상된 소송은 아무리 공정하다 해도 불경건한 소송이 되고 말 것이다(4.20.18). 물론 칼빈은 이런 일이 현실에서 거의 일어나기 힘들다는 것을 안다. 그렇지만 집권자의 도움이 "하나님의 거룩한 선물(sanctum Dei donum)"이라면 우리는 그것을 더럽히지 않도록 해야 한다고 주장한다(4.20.18).

어떠한 종류의 법적 소송도 불가하다고 주장하는 사람들에 대해 칼빈은 바울 역시 소송에 대해 인정했음을 상기시킨다. "바울은 자기를 고발하는 사

---

22 아래 글을 참조하라. 우병훈, "'교회와 국가의 관계'에 대한 신학적 견해들 (1)", 「개혁신앙」, 제13호(2015년 7·8월), 56-57.

람들의 중상을 논박하며 동시에 그들의 간계와 악의를 폭로했을 뿐만 아니라(행 24:12 이하) 법정에서 자기의 로마 시민으로서의 특권을 주장했으며(행 16:37, 22:1, 25), 필요한 때에는 불의한 재판장을 기피하고 가이사의 법정에 호소했다(행 25:10-11). 이것은 그리스도인에게 복수심을 품지 말라고 한 명령과 모순되지 않으며, 우리는 그리스도인의 법정에서 복수심을 멀리 축출한다(레 19:18, 마 5:39, 신 32:35, 롬 12:19)."라고 칼빈은 성경으로 자기주장을 증명한다(4.20.19). 그는 복수심 없이 공공의 유익을 위해 소송하는 경우라면 복수하지 말라는 명령에 위배되지 않는다고 주장한다. 칼빈은 "법관이 하는 복수는 사람이 하는 것이 아니라 하나님이 하시는 것"이라고 주장한다(롬 13:4). 하나님께서는 우리의 행복을 위해서 법관을 시켜서 원수를 갚으신다는 주장이다(4.20.19).

이제 칼빈은 또 다른 주제를 길게 다루는데, 그것은 불의한 통치자에 대한 복종의 문제이다(『기독교강요』, 4.20.22-29). 칼빈은 우선 집권자들에 대한 국민의 첫째 의무는 그들의 "지위"를 가장 존귀하게 여기는 것이라고 말한다(4.20.22). 그들은 하나님의 사자(使者)와 대표자로서의 지위를 갖고 있기 때문이다. 백성은 집권자에게 복종함으로써 하나님께 대한 복종을 드러내게 된다. 통치자들의 권력은 하나님으로부터 나왔기 때문이다(4.20.22). 칼빈은 다시 한 번, 집권자들의 인물보다는 그의 "지위"를 강조한다. 그들의 "지위"를 존경하기에 그들을 공경하는 것이다. 이처럼 집권자들을 공경하는 백성들은 자신들의 의무를 다해야 한다. 세금, 공직, 방위의 임무를 다해야 하며, 집권자들의 명령에 복종해야 한다(4.20.23). 이것은 당시 재세례파와는 다르게 행동할 것을 요구한 것이다. 더 나아가 칼빈은 바울의 가르침에 따라 백성들은 통치자들의 안전과 번영을 위해 빌어야 한다고 말한다(딤전

2:1-2).

칼빈은 집권자들에 항거하는 것은 하나님께 대한 항거가 된다고 주장한다. 개인으로서 시민은 집권자의 직무를 침범해서는 안 된다. 정부의 규정을 개정해야 할 필요가 있을 때에도 개인으로서 시민이 손을 댈 것이 아니다. 시민은 명령이 없이는 어떤 일도 해서는 안 된다. 군주들이 세운 자문관들이 그 일을 할 수 있는 집권자들의 손이 된다(4.20.23). 그런데 전제가 있다. 칼빈이 여기서 말하는 복종의 대상이 되는 집권자들은 모두 "참으로 그 칭호를 받을 만한 자격이 있는 사람(*magistratum … qui vere sit quod dicitur*)"이다(4.20.24). 그들은 "국부, 국민의 목자, 평화의 수호자, 의의 보호자, 무죄한 사람을 위한 복수자"이다(4.20.24). 백성들이 이런 자들을 존경하는 것은 너무나 당연하다.

그렇다면 불의한 집권자들에 대하여는 어떻게 해야 할 것인가? 어느 시대건 불의한 집권자들은 늘 있었다. 그들은 자기의 쾌락만을 추구하며, 자신의 재산을 불리기에 여념이 없다(4.20.24). 이런 자들을 집권자로 인정해서 그 권위에 복종해야 한다는 말에 설복당할 사람은 거의 없을 것이다. 사람들은 합법적인 임금들을 사랑하고 공경한 것처럼 폭군들은 늘 미워하며 저주했다(4.20.24).[23] 그러나 칼빈은 아무리 악한 집권자라 하더라도 그들의 권위를 무조건 배척해서는 안 된다고 주장한다(4.20.25). 지배자들은 누구든지 하나님께서 주신 위엄을 부여받았다고 성경은 가르치기 때문이다.

성경은 악한 집권자들이 "하나님께서 땅 위에 내리시는 진노"라고 가르친다(4.20.25; 욥 34:30, 호 13:11, 사 3:4, 10:5, 신 28:29 참조). 칼빈은 이

---

[23] 존 칼빈, 『기독교강요』, 김종흡, 신복윤, 이종성, 한철하 공역(서울: 생명의말씀사, 1986), 하권, 623-24에서는 악한 집권자들을 인정하지 않는 것이 마치 칼빈의 견해인 양 오해될 수 있도록 번역했다. 하지만 그렇지 않다. 칼빈은 악한 집권자들을 배척하는 사람들의 통념을 소개할 뿐이다.

런 생각이 사람들의 마음에 잘 이해되지 않는 일임을 인정한다. 그러나 아무리 악한 자라도 만일 공적 권력을 잡고 있다면 하나님께서 공의와 심판의 사자에게 주신 고귀하고 거룩한 권능이 있다고 칼빈은 가르친다. 따라서 칼빈은 "공적 복종에 관해서는 가장 훌륭한 왕에게 바치는 공경과 존경을 악한 지배자에게도 마찬가지로 바쳐야 한다."고 주장한다(4.20.25). 여러 성경을 인용하면서(단 2:21, 37-38, 4:17, 5:18-19; 렘 27:5-8, 17), 칼빈은 "우리의 지배자들이 어떤 사람이든 간에 우리는 그들에게 최대의 존경을, 따라서 최대의 충성을 바쳐야 한다."라고 결론을 내린다(4.20.29). 칼빈은 성경에서 남편과 아내, 부모와 자식에 대해 의무와 책임을 규정할 때에, 남편이나 부모가 자신의 의무를 다하지 않는다고 할지라도 아내와 자녀 된 사람들은 자기편에서의 순종의 의무를 다하도록 가르치고 있음을 상기시킨다. 그와 마찬가지로 위정자들이 자신의 의무를 다하지 않을 때에도 백성들은 순종의 의무를 다해야 한다(4.20.29). "그러므로 잔인한 군주가 우리를 학대할 때...우리는 우선 우리 자신의 비행을 생각해야 한다(4.20.29)." 그럴 때에 우리는 겸손하게 되며 불안과 초조를 억제할 수 있을 것이다(4.20.29).

그렇다면 악한 집권자들의 병폐는 어떻게 할 것인가? 칼빈은 그들의 병폐를 시정하는 것은 "우리가 할 일이 아니며 우리는 다만 주의 도움을 간청할 수 있을 뿐이다."라고 말한다(4.20.29). 그는 여기서 신앙을 요청한다. 하나님께서 왕의 마음을 보의 물과 같이 인도하실 것을 믿어야 한다고 말한다(잠 21:1). 하나님은 심판관이 되셔서 악한 자들을 반드시 심판하실 것이다(시 2:10-12). 하나님은 백성들, 특히 가난하고 약한 자들을 괴롭히는 집권자들을 반드시 멸망시키실 것이다(사 10:1-2). 칼빈은 성경의 역사를 보면 하나님께서 개입하셔서 악한 왕들을 심판하시는 실례들이 많음을 상기시킨다

(4.20.30). 칼빈은 이러한 사실들을 "군주들은 듣고 떨라."고 경고한다 (4.20.31).

그럼에도 불구하고 칼빈은 일반 백성들이 왕들을 심판해서는 안 된다고 다시 한 번 주지시킨다. 그들은 다만 복종하고 인내해야 한다(4.20.31). 그러나 여기까지 칼빈이 말했던 대상은 사사로운 개인들이었다. 하지만 칼빈은 만일 악한 왕들의 전횡을 억제할 목적으로 임명된 국민의 관리들이 있다면,[24] 그들은 반드시 자신의 일을 해야 한다고 주장한다. 그 관리들은 왕들의 횡포한 방종에 대하여 그 직책에 따라 항거해야 한다. 만일 그들이 미천한 일반 대중에 대한 군주들의 폭정을 못 본 체한다면, 칼빈은 "그들의 이 위선을 극악한 배신행위라고 선언할 것"이라고 말한다(4.20.30). "그들은 하나님의 명령에 의해서 국민의 자유를 보호하는 자로 임명된 줄을 알면서도 그 자유를 배반하는 부정직한 자가 되었기 때문이다(4.20.30)."

칼빈은 이때까지 집권자에 대한 복종의 의무만을 주로 강조해 왔다. 악한 왕이 있다 해도 복종해야 한다. 악한 왕을 견제할 수 있는 사람은 사사로운 개인이 아니라 그런 일을 하도록 위임 받은 관리들이다. 그러나 『기독교강요』의 가장 마지막 단락에서 칼빈은 "한 가지 예외"를 언급한다. 그는 그것이 "가장 중요한 일"이라고 주장한다. 그것은 세상의 왕들에게 복종하기 위해서 하나님께 불복종하는 일이 있어서는 결코 안 된다는 것이다(4.20.32). 칼빈은 아래와 같이 강하게 주장한다.

왕들의 모든 명령도 하나님의 명령에 양보해야 하며 왕들의 권력은 그분의

---

[24] 칼빈은 그 예로, 고대 스파르타의 왕들에 대립한 감독관, 로마 집정관들에 대한 호민관, 아테네의 원로원에 대립한 지방장관 그리고 칼빈 당대의 각국 국회가 중요 회의를 열 때에 행사하는 권한 같은 것을 들고 있다.

위엄 앞에 굴복해야 한다. 그분을 위해서 우리가 사람들에게 복종하는 것인데 사람들의 비위를 맞추기 위해서 그분을 불쾌하게 한다면 그것은 얼마나 미련한 짓이겠는가? 그러므로 주께서는 왕들의 왕이시므로, 주께서 입을 여실 때에는 누구보다도 먼저, 또 누구보다도 더 중요시해서 그분의 말씀을 들어야 한다. 그 다음에 우리들 위에 권위를 가진 사람들에게 순종해야 한다. 그러나 주 안에서만 그들에게 순종해야 한다. 만일 그들의 명령이 하나님께 반대되는 것이라면 그 명령을 존경하지 말라. 이런 경우에는 집권자들이 가진 위엄을 조금도 염려할 필요가 없. 그들이 하나님의 진정한 최고의 권력 앞에 굴복한다고 해도 그들의 위엄은 조금도 상하지 않는다(4.20.32).

칼빈은 앞에서 악한 왕에게도 복종해야 할 것을 가르친다며 인용했던 다니엘서를 다시 인용하면서, 불경건한 왕의 명령에 복종하지 않은 다니엘이 죄를 지은 것이 결코 아니라고 말한다(단 6:22-23). 구약의 이스라엘 백성들이 악한 왕에게 복종했을 때에 하나님은 도리어 그들을 책망하셨다(호 5:11,13). 베드로의 말처럼 사람보다 하나님을 순종하는 것이 마땅하다(행 5:29). 따라서 "우리는 경건을 버리기보다는 차라리 고통을 받는 편이 주께서 요구하시는 순종을 실천하는 것이라는 생각으로 위로를" 얻어야 한다(4.20.32). 칼빈은 바울의 가르침에 따라, "우리는 그리스도에 의해서 구원을 받았고 그리스도께서는 우리의 구원을 위해서 자신을 희생하셨으므로, 우리는 사람들의 악한 욕망의 종이 되어서는 안 되며 더욱이 그들의 불경건한 명령에 복종해서는 안 된다(고전 7:23)."라고 말하면서 자신의 『기독교강요』를 끝맺고 있다(4.20.32). 어떻게 보면 이 마지막 말에서 국가 통치에 대한 자신의 논의의 결론을 충분히 읽어낼 수 있다. 그리스도에 의해 구원 받은 자들은 그리스도를 따르는 자들이 되어야 한다는 것이다. 사실 이 말은

『기독교강요』에 나타난 국가론의 최종 결론인지도 모른다.

III. 『거룩한 공화정』의 배경

"공공신학(公共神學; public theology)"이란 기독교 신앙과 가치를 가지고 사회의 공공선, 복지, 평등, 정의, 인간존엄성, 공적 대화와 정치 시스템 등을 발전시키고 향상시키기 위한 목적으로 구성한 신학이다.[25] 많은 청교도들이 공공신학적인 면에서 중요한 기여를 하였지만, 그 중에서도 리처드 백스터(1615-1691)는 공공신학적 면모가 가장 두드러지는 청교도 중 한 사람이다.[26] 비록 그는 정규적인 교육을 받지는 못했지만 열심히 독서하고 연구하여 200여권이나 되는 작품을 남겼는데, 그 중에 많은 작품들이 공공신학적 면모를 가지고 있다. 특별히 리처드 백스터의 『거룩한 공화정』(*A Holy Commonwealth*, 1659)은 공공신학의 역사에서는 숨겨진 걸작이다.[27] 이

---

[25] 공공신학의 정의에 대해서는 *International Journal of Public Theology*의 홈페이지에서 가져왔다. 개혁파 공공신학의 전반적 특징에 대해서는 우병훈, "공공신학 교육을 위한 교본으로서 웨스트민스터 대교리문답," 「개혁논총」 39 (2016), 73-111을 보라.

[26] 백스터의 공공신학에 대해서는 아래 문헌들이 있다. Richard Schlatter, *Richard Baxter & Puritan Politics* (New Brunswick, NJ: Rutgers University Press, 1957). 또한 같은 저자에 의해 작성된 아래의 두 편의 논문도 매우 중요하다. Walter B. T. Douglas, "Politics and Theology in the Thought of Richard Baxter. Part I," *Andrews University Seminary Studies* 15.1 (Spring 1977), 115-26; Walter B. T. Douglas, "Politics and Theology in the Thought of Richard Baxter. Part II," *Andrews University Seminary Studies* 16.1 (Spring 1978), 305-312. 최근에 국내에서도 백스터의 공공신학에 대한 훌륭한 소논문이 나왔다. 황경철, "청교도와 공공신학 – 리처드 백스터의 공공신학적 면모와 시사점," 「갱신과 부흥」 35 (2025), 173-212.

[27] 이 작품의 원본은 런던에서 출간되었다. Richard Baxter, *A Holy Commonwealth* (London: Printed for Thomas Underhill and Francis Tyton, 1659). 이 작품을 소개하고 요약한 작품이 아래와 같이 나왔다. Richard Baxter, *A Holy Commonwealth*, ed. William M. Lamont, Cambridge Texts in the History of Political Thought (New York:

책은 1659년에 집필되었지만, 저자는 1670년에 공개적으로 자신이 이 책을 썼음을 부인했다. 하지만 그러한 부인에도 불구하고, 이 작품은 1683년 억압적인 당국에 의해 자행된 대규모 분서갱유 사건에 포함되었다. 백스터의 『거룩한 공화정』은 토머스 홉스(1588-1679)의 『리바이어던』(Leviathan or The Matter, Forme, and Power of a Commonwealth Ecclesiasticall and Civil, 1651)과 존 밀턴(1608-1674)의 『국왕과 행정관의 재직권』(The Tenure of Kings and Magistrates, 1649년 2월)28 등과 함께 소각되는 영광(?)을 누렸다. 물론 백스터를 정치사상가로서 홉스나 밀턴과 같은 반열에 놓는다는 것은 지나친 과장이다. 하지만 1683년 분서갱유 사건을 통해서 그의 작품이 가졌던 무게감은 충분히 느낄 수 있다. 홉스가 『리바이어던』에서 절대 군주의 필요성을 주장하며 국가의 절대권을 강조했고, 밀턴이 『국왕과 행정관의 재직권』에서 절대 군주제를 비판하고 공화정을 지지했고, 존 로크(1632-1704)가 『정부론』(1689)에서 자연권과 사회계약을 통해 제한된 정부를 옹호했다면, 백스터는 『거룩한 공화정』에서 하나님의 말씀에 근거한 거룩한 국가를 제안한 것으로 이해할 수 있다.

본격적인 논의에 앞서서 이 책의 제목을 『거룩한 공화정』으로 옮기는 것에 대해 잠시 언급하겠다. 어떤 학자는 이 책의 제목을 『거룩한 영연방』이라고 하는데, 이는 적절한 번역이 아니다.29 영국 역사에서

Cambridge University Press, 1994). 이 두 작품은 각각 Baxter, *A Holy Commonwealth* (1659)와 Baxter, *A Holy Commonwealth* (1994)로 인용할 것이다. 한편 Baxter, *A Holy Commonwealth* (1659)는 145-160쪽이 원본에서부터 소실되어 있으나, 내용은 이어진다. 이하의 내용은 기본적으로는 아래 글을 요약하면서 필요한 경우 수정하거나 다른 내용들을 첨가한 것이다. William M. Lamont, "Introduction," in Baxter, *A Holy Commonwealth* (1994), ix-xxi.

28 밀턴의 『국왕과 행정관의 재직권』은 1649년 2월에 출간되었는데, 그 해 1월 30일에 찰스 1세가 처형된 이후 2주가 채 지나지 않아서 출간되었다. 밀턴은 찰스 1세의 처형을 옹호했으며, 크롬웰 정부의 라틴어 비서로 일했고, 개신교 관점에서 종교의 자유를 주장했다.

"Commonwealth"의 의미는 맥락에 따라 구분될 수 있으나, 일반적으로 가장 주요하게 지칭하는 시기는 1649년부터 1660년까지의 영국 "공화국" 시기이다. 이 시기는 잉글랜드 내전 이후 찰스 1세의 처형과 왕정 및 상원의 폐지 후에 수립된 공화주의적 국가 체제를 의미한다. 이 국가 체제는 초기에는 잔부의회(Rump Parliament)와 국가위원회(Council of State)에 의해 운영되었으나, 결국에는 1653년부터는 올리버 크롬웰(Oliver Cromwell, 1599-1658)이 호국경(Lord Protector)으로서 권력을 행사하는 호국경 정치시대로 전환되었다. 이 체제는 1660년 왕정복고로 찰스 2세가 즉위하면서 막을 내렸다. 따라서 영국사에서 "Commonwealth"는 주로 1649-1660년의 인터레그눔(Interregnum) 시기 즉, 왕정 공백기이자 공화주의적 실험의 시기를 가리키는 고유 명칭으로 사용된다. 이에 반해, 현대에 사용되는 "Commonwealth of Nations(영연방)"는 이 역사적 공화국 시기와는 구별되는 개념으로, 과거 영국 제국의 지배를 받았던 국가들을 중심으로 형성된 독립 국가들의 자발적인 연합체를 의미한다. 따라서 백스터의 책(*A Holy Commonwealth*)은 당시의 역사적 맥락에서 『거룩한 공화정』이라고 번역함이 가장 적절하다.

『거룩한 공화정』은 다소 특이한 구조를 가지고 있다. 처음에는 신학적인 일반론으로 시작하여, 책의 비교적 후반부에 이르러서야 국가를 통치하는 현실적인 대안들을 논의하기 시작하기 때문이다. 주목할 만한 부분은 저항 이론에 관한 매우 중요한 장인데, 여기서 그는 윌리엄 바클레이, 토마스 빌슨, 휴고 그로티우스의 저작들을 인용하여 통치자에게 불복종해야 하는 예외적인 상황들을 제시한다. 마지막 장은 일종의 고백록 형태로, 1642년 찰

---

29 황경철, "청교도와 공공신학," 204.

스 1세에게 불복종한 자신의 개인적인 이유를 서술하고 있다. 이 책은 정치에 대한 매우 다양한 주제들을 다루고 있어서 자칫 산만해 보이는 것도 사실이다. 하지만, 주의 깊게 읽어보면 전체적으로 논리적인 흐름이 있음을 알 수 있다. 그가 정치 이론의 거창한 결론 대신 개인적인 변명으로 끝맺는 것은 이 책이 미완성 작품이라는 사실을 보여준다. 백스터가 작업을 마무리하기도 전에, 시대의 흐름이 바뀌어 버렸기 때문에 그는 이 작품을 미완성으로 놔둘 수밖에 없었다. 다시 말해, 1658년에 올리버 크롬웰이 죽고, 1660년에 찰스 2세에 의해 왕정이 복고되었던 것이다.

〈표1: 올리버 크롬웰, 리처드 백스터, 리처드 크롬웰 관련 주요 사건 연대표〉

연도	사건
1599	올리버 크롬웰 출생 (4월 25일)
1615	리처드 백스터 출생 (11월 12일)
1626	리처드 크롬웰 출생 (10월 4일)
1640	장기 의회(Long Parliament) 소집
1641	백스터, 키더민스터 유급 설교자 사역 시작 키더민스터에서 17년간 사역(1641-42, 1647-61)
1642-1649	청교도 혁명 (영국 내전)
1645	올리버 크롬웰, 네이즈비 전투 승리 / 백스터, 의회군 군목으로 복무
1649	찰스 1세 처형 / 영국 공화정 수립

1650-1651	올리버 크롬웰, 스코틀랜드 원정 및 왕당파 진압
1653	올리버 크롬웰, 호국경(Lord Protector) 취임 (12월 16일)
1658	올리버 크롬웰 사망 (9월 3일; 59세) / 리처드 크롬웰 취임 (9월 3일)
1659	리처드 백스터 『거룩한 공화정』 출간
1659	리처드 크롬웰 사임 (5월 25일) / 공화정 붕괴 시작
1660	왕정복고 (찰스 2세 귀환)
1662	통일령(Act of Uniformity) 제정 / 백스터는 국교회에서 축출됨 (Nonconformist로 활동)
1685	제임스 2세 즉위 / 비국교도 박해 강화
1689	관용령(Toleration Act) 제정 / 백스터 은퇴
1691	리처드 백스터 사망 (12월 8일; 76세)
1712	리처드 크롬웰 사망 (7월 12일; 85세)

당시의 주요 정치적 사건은 올리버 크롬웰과 그의 셋째 아들 리처드 크롬웰(Richard Cromwell, 1626-1712)의 호국경 체제의 성립과 전복이었다. 윌리엄 라몬트(William M. Lamont)의 표현에 따르면, 『거룩한 공화정』은 리처드 크롬웰에게 바치는 일종의 연애시와 같다.30 이미 백스터는 이 책이 나오기 몇 달 전에 펴낸 다른 책인 『가톨릭 신자들을 위한 열쇠』(*A Key for Catholicks*, 1659)를 크롬웰에게 헌정한 바 있다.31 『거룩한 공화정』이 비

---

30 Lamont, "Introduction," ix.
31 『가톨릭 신자들을 위한 열쇠』는 로마 가톨릭의 교리와 관행에 대한 비판서이다. 이 책에서

록 크롬웰에게 헌정되지는 않았지만, 이 책의 모든 내용은 크롬웰의 지지가 백스터와 같은 성직자들에게 얼마나 중요했는지를 잘 알려준다. 크롬웰이 몰락했을 때, 백스터의 실망감은 1659년 4월 25일에 쓰여진 책의 에필로그 "명상"(Meditation)의 체념적인 어조와 책의 서두에 실린 신랄한 서문에서 충분히 드러난다.

백스터는 1615년 슈롭셔 근교에서 태어나, 내전 직전인 1641년에 우스터셔의 키더민스터(Kidderminster)에서 유급 설교자가 되었는데, 그때 그의 나이는 25세였다.32 1642년부터 1647년까지 의회파와 왕당파가 전쟁(Civil War)을 치를 때, 백스터는 의회군을 위해 싸웠으며, 이후에 다시 키더민스터에서의 목회를 재개했다. 이는 청교도 의회주의자의 전형적인 모습이었지만, 열성분자의 모습은 아니었다. 실제로 그는 군목으로서 복무하면서 올리버 크롬웰을 수장으로 여겼던 급진적인 분파주의자들에게 깊은 혐오감을 갖게 되었다. 그는 왕의 처형에 반대했으며, 새로운 정부에 대한 충성서약을 거부했다. 그런 그가 어떻게 10년 후 크롬웰을 지지하는 『거룩한 공화정』을 쓰게 되었을까? 이를 설명하기 위해서는 이 책이 의도한 바를 좀 더 탐구할 필요가 있다.

『거룩한 공화정』에는 여러 흥미로운 특징들이 있다. 행정관에게 복종해야 하는 의무와 그들의 불경건함에는 불복종해야 하는 의무 사이의 미묘한 청교도적 줄타기는 이 책의 중간 부분에서 가장 잘 드러난다. 시민 행정관과 성직자 규율 사이의 미묘한 상호작용 역시 깊이 있게 탐구되었다. 백스터는 이 책을 제임스 해링턴(James Harrington, 1611-1677)의 『오시아나』

백스터는 교황 및 공의회의 권위와 교황무오설을 비판한다. 그리고 로마 가톨릭의 칭의, 성사, 연옥, 성인 공경 등에 대한 상세한 분석과 비판을 제공하며, 성경의 궁극적 권위를 주장한다.
32 Schlatter, *Richard Baxter & Puritan Politics*, 5.

(*Oceana*, 1656)를 논박하기 위해 썼다고 주장했다. 그러나 이 주장을 너무 심각하게 받아들일 필요는 없다. 해링턴의 사상은 책의 후반부에 가서야 피상적으로 다루어지기 때문이다. 백스터와 해링턴은 상세한 개혁안, 즉 그들이 실제로 시행되기를 기대했던 모범적인 해법들을 제시한다는 점에서 유사하다. 왕, 귀족, 주교는 모두 1649년에 찰스 1세가 처형당하면서 사라졌고, 이제 개혁은 시대적 과제였다. 1659년에는 중앙 정부에 혼란이 있었고, 다양한 시도들이 채택되었다가 폐기되었다. 해링턴의 추종자들은 올리버 크롬웰의 제2차 호국경 의회에서 해링턴의 사상을 적극적으로 홍보했다. 해링턴은 『오시아나』에서 권력 분립을 갖춘 양원제 의회를 옹호했다. 그는 "권력은 재산을 따른다"라는 명제 아래, 농지법을 제안하여 과도한 부의·집중을 막고자 했다. 또한 그는 직위 순환제를 주장하였고, 헌법에 근거한 통치와 정교한 비밀 투표제를 제안하여 몇 사람에게 권력이 집중되는 것을 피하고자 했다. 그리하여 해링턴의 사상은 재산 분배, 권력 분립, 공직 순환제라는 공화주의 이론의 기초가 되었다. 그의 사상은 크롬웰의 호국경 제도와 왕정복고 모두를 거부한 제3의 길이 되었다.

　백스터는 해링턴의 주장에 때론 동의하고 때론 반대하는 의견을 『거룩한 공화정』에서 제안했다. 그는 해링턴보다 3년 전, 올리버 크롬웰을 개혁의 도구로 여겼다. 이는 앞서 언급한 그의 초기 냉담한 태도와는 상당한 변화였다. 이러한 변화에는 두 가지 주요한 이유가 있었다. 첫째 이유는 키더민스터에서의 성공적인 목회였다.[33] 백스터는 죽을 때까지 그 시기를 자신의 삶

---

[33] 황경철, "청교도와 공공신학," 183: "키더민스터에서 17년의 사역(1641-42, 1647-61)은 상당한 열매를 맺었는데, [백스터는] '죽어 가는 사람이 죽어가는 사람에게 하듯' 설교했고, 뜨거운 기도와 부지런한 심방, 성령의 역사로 많은 회심의 결과를 낳았다." 참고. Leonard Bacon, *Select Practical Writings of Richard Baxter*, 2 vols. (London: Forgotten Books, 2018), 1:262.

에서 가장 행복했던 시간으로 여겼다. 그가 그곳에 확립한 경건한 규율은
『거룩한 공화정』에 대한 그의 희망의 기초가 되었다. 더욱이, 그것은 다른
곳에서도 적용 가능한 모델이었다. 그것은 우스터셔 내에서, 그리고 나아가
전국적으로 뜻을 같이하는 성직자 협회의 기초가 되었다. 올리버 크롬웰은
이러한 개혁을 위한 안정적인 환경을 제공했다. 그래서 백스터는 이제 호국
경에 대한 생각을 바꾸게 되었다.

그러나 두 번째 이유도 있었다. 백스터의 청교도 목사 친구인 존 하우
(John Howe, 1630-1705)는 올리버 크롬웰의 종군 목사가 되었는데, 하우
는 호국경과 백스터 사이의 중요한 연결고리를 제공했다.34 백스터는 하우와
의 개인적인 서신 교환을 통해 자신의 공공신학적 사상들을 어느 정도 실제
정치에서 실현할 수 있었다. 올리버 크롬웰이 사망한 후에도 존 하우는 그의
아들 리처드 크롬웰의 종군 목사로 계속 봉사했다. 리처드 크롬웰은 백스터
가 보기에 아버지보다 훨씬 더 나은 경건한 행정관 후보였다. 그의 개인적인
삶에는 흠잡을 만한 점이 없었다. 따라서 백스터가 1659년에 『거룩한 공화
정』을 정당화하려고 나선 것은 결코 무모한 행동이 아니었다.

이 작품을 쓸 무렵 백스터는 영국이 이제 "신정 국가"의 문턱에 있다고 믿
었다. 물론 백스터가 그 단어를 사용하는 방식은 동시대인들이나 후대의 역
사가들이 사용하는 방식과는 다르다. 그의 시대에 일반적으로 그 단어는 성

---

34 존 하우는 1656년경부터 올리버 크롬웰이 사망할 때까지 그의 가정 목사와 종군 목사로
봉직했으며, 리처드 크롬웰의 짧은 호국경 시기에도 잠시 그 직책을 유지했다. 그는 1662년
통일령(Act of Uniformity)을 거부하여 성직을 박탈당했고, 아일랜드와 네덜란드 등에서 지내
다가, 1689년 관용령(Act of Toleration) 이후에 런던으로 와서 비국교도 회중을 섬기며 저술
활동을 하다가 1705년에 사망했다. 그의 생애와 작품에 대한 보다 자세한 소개는 아래를 보라.
Joel R. Beeke and Randall J. Pederson, *Meet the Puritans: With a Guide to Modern
Reprints* (Grand Rapids, MI: Reformation Heritage Books, 2006), 364-73 ("John
Howe" 편).

직자가 정치, 사회 영역에서 권력을 가지고 평신도를 통제하는 것을 의미했다. 그러나 『거룩한 공화정』을 주의 깊게 읽어보면 알 수 있듯이, 그것이 백스터가 의미하는 바는 아니다. 그는 실제로 행정관이 거룩해질 수 있고 또 그래야 한다고 믿었으며, 그런 거룩한 행정관을 통하여 하나님의 뜻을 정치적, 사회적으로 실현할 수 있다고 보았다.

IV. 『거룩한 공화정』의 내용

백스터는 『거룩한 공화정』을 쓰면서 자신이 정치학 논문을 쓰려는 것이 아니었다고 솔직하게 말한다. 오히려 그의 의도는 정치적 개혁을 위한 의제들을 제공하려는 것이었다. 그래서 그는 "몇 가지 정치적 아포리즘(aphorism)"을 제시하겠다고 말했다. 그가 이러한 "아포리즘"을 부르는 용어는 책에서는 "논제(These; 간략히 Thes.)"로 표현된다. 실제로 그것들은 12개의 장에 걸쳐 나오며 도합 380개에 달한다.

이 책에서 그는 우선 리처드 크롬웰을 전복시킨 군대의 파괴자들에게 보내는 "서문"으로 시작한다.35 이 서문은 책을 쓰고 난 다음에 덧붙여진 것이다. 여기서 그는 나중에 작품 자체에서 자세히 다룰 점들을 실제로 언급한다. 무엇보다 그는 국민이 권력의 원천이 아니라고 강조하며, 국민은 기본적으로 왕에게 복종해야 한다고 주장한다. 그는 올바른 개혁이 도입된다면 의회는 거룩해질 수 있다고 믿었다. 또한 그는 반성직주의(anti-clericalism)를 비판한다. 백스터는 해링턴이 『오시아나』에서 영국이 공화정체가 되기를

---

35 이하의 내용은 Lamont, "Introduction," xii-xv를 요약하고 다른 내용들을 첨가한 것이다.

옳게 바랐지만, 해링턴의 반성직주의는 동의할 수 없다고 주장한다.

　백스터는 또한 헨리 베인(Henry Vane, 1613-1662)을 비판했다. 헨리 베인은 해링턴의 『오시아나』가 나온 같은 해 『치유하는 의제』(*A Healing Quesiton*, 1656)를 출간했다. 이 책에서 베인은 기본법과 정부 구조를 수립하기 위한 대표 기구를 구성할 것을 제안한다. 그는 크롬웰을 명시적으로 공격하지는 않지만 정부 형태를 결정하는 것은 국민이며 국민이 선출한 대표 기구임을 강조함으로써 권력의 집중에 대한 불신을 표시했다. 동시에 베인은 성직자주의를 내세웠다. 하지만 백스터가 보기에 베인의 주장은 국가가 무력을 가진 인민에 의해 좌우될 수 있는 것처럼 여겨졌다. 한 마디로, 베인은 가면을 쓴 가톨릭 교도였다.

　1659년에 『거룩한 공화정』을 낸 백스터는 1656년에 나온 해링턴과 베인의 작품이 각각 고유한 약점을 가진다고 보았다. 베인의 거룩함 추구는 공화정 개념을 해체했고, 해링턴의 공화정 추구는 거룩함을 부인할 위험성이 있었다. 백스터는 그 모순을 해결했다. 그는 자신의 작품에서 해링턴과 베인이라는 두 극단 사이의 균형을 유지해야 한다고 주장했다. 백스터의 책 제목이 그것을 담고 있다. 해링턴과는 달리 그는 하나님으로 시작했기 때문에 "거룩한"(Holy)이라는 이름을 책에 붙였다. 반면, 베인과는 달리 그는 국가가 무장한 신도 이상의 존재임을 인식했기 때문에 "공화정(Commonwealth)"이라는 이름을 책 제목에 붙였다.

　각 장의 제목과 논제들은 누적적인 논증이 어떻게 발전하는지를 보여준다. 제1장(논제 1-8)은 "인간의 창조주이신 하나님이 계시다"라는 명제로 시작한다. 제2장(논제 9-23)은 "하나님은 인류의 주권자이시다"라고 주장한다. 제3장(논제 24-34)은 "하나님 왕국의 헌법"을, 제4장(논제 35-44)은

"보편 왕국의 행정"을 설명한다. 제5장(논제 45-64)은 "일반적인 종속 공화정"을, 제6장(논제 65-100)은 "여러 종류의 공화정"을 논한다. 여기서 그는 "호국경"이라는 칭호의 합법성에 대한 질문을 피하지만 민주 정부를 최악의 정부 형태라고 부르고, 군주제를 "온건한 정부에 가장 적합한" 최상의 정부 형태라고 부른다. 그러나 이는 해링턴식 민주주의에 대항하여 확고한 군주제를 지지하는 것은 아니다. 제6장의 두 번째 부분(논제 101-120)에서 백스터는 "정부의 객관적 또는 물질적 차이"를 논한다. 제7장(논제 121-189)에서는 "권력의 작용인과 전달인의 근거"를 논한다.

제8장은 "최고의 정부 형태와 가장 행복한 공화정"(논제 190-209)에 대한 논의이다. 여기서 그는 "가장 행복한"이라는 말로 "가장 거룩한"을 의미한다는 것을 분명히 한다. "공공선"과 "하나님을 기쁘게 하는 것"이 그의 "거룩함"을 정의하는 두 가지 기준이다. 그는 아주 단호하면서도 간결하게 "정부가 신정적이거나 진정으로 신성할수록 더 나은 정부이다."(논제 192)라고 주장한다. 이는 스코틀랜드 장로교와 같은 것을 은밀히 옹호하는 것처럼 들릴 수 있지만, 그것은 백스터의 의도가 아니었다. 잉글랜드의 많은 청교도들처럼 그는 스코틀랜드인들이 성직자에게 권력을 주기 위해 행정관으로부터 너무 많은 권력을 빼앗았다고 생각했다. 그는 생애 말년에 가서야 그 점에서 자신이 지나치게 의심스러웠다는 것을 인정하게 될 것이다. 아무튼 그의 "신정 정치" 개념은 백성에 대한 모든 권력을 행정관이 가지지만, 그들에 대한 엄격한 영적 통제권은 성직자가 가지며, 이를 유지하기 위해서 행정관과 성직자가 상호협조하는 방식을 뜻한다. 제임스 해링턴은 8장에서, 그것도 논제 208에서야 비로소 처음으로 주요하게 등장한다. 백스터는 1650년대 자신의 목회 경험을 통해 거룩한 공화정이 곧 실현될 수 있다고 확신하

게 되었다. 따라서 그는 이 부분을 쓸 때, 해링턴의 제안을 "시시한 이야기" 정도로 부르면서 경멸할 수 있을 정도의 자신감을 갖고 있었다.

제9장(논제 210-244)은 "만약 이점이 있고, 통치자와 백성이 기꺼이 한다면, 어떻게 공화정이 이러한 신정적 성향으로 환원될 수 있는지"를 보여주고자 한다. 여기서 그는 너무 많은 강제력을 성직자의 손에 넘겨주는 세속적인 행정관에 대한 우려를 가장 강하게 표현한다. 그래서 이 주제와 관련하여 제10장(논제 245-270), "교회 목사에 대한 주권자의 권력과 양편의 직무적 차이"와 제11장(논제 271-316), "법률과 판단에 의한 통치의 주권자의 특권과 권력"을 다루게 된다. 마지막 두 장은 행정관과 목사에서 백성으로 초점을 옮긴다. 제12장(논제 317-380), "통치자에 대한 마땅한 복종과 저항에 관하여"는 책의 핵심 중 하나이다. 백스터는 로마서 13장에 나오는 바, 더 높은 권위에 대한 백성의 복종에 대한 일반적 경우를 먼저 다룬다. 그리고 그는 극단적이고 거의 상상조차 하기 힘든 예외적인 경우, 즉 자기 보존을 위해 백성이 자신의 영역을 침략하는 미치광이 통치자에 저항해야 하는 경우로 나아간다. 그는 윌리엄 바클레이(William Barclay), 토머스 빌슨(Thomas Bilson), 휴고 그로티우스(Hugo Grotius)를 권위자로 인용한다.

논제는 여기서 끝나지만, 책은 끝나지 않는다. 마지막 장은 그의 개인적인 고백이자 변명이다. 일반적인 백성에 대한 이러한 조언이 왜 특정한 한 백성, 즉 자신의 백성과 특별한 관련이 있는지 설명한다. 제13장, "최근의 전쟁에 관하여"는 백스터가 내전에서 의회군을 위해 싸운 이유와 필요하다면 다시 그렇게 할 이유를 설명한다. 그는 바클레이, 빌슨, 그로티우스가 제시한 근거를 설명한다. 이는 왕정복고 후 그가 쓴 회고록에서 제시한 설명과는 다르기에 사료적으로 중요한 부분이다.

리처드 크롬웰의 호국경 체제가 붕괴된 후 작품에 첨부된 "명상(Meditations)"은 그 절제된 표현이 감동적이다. "서문"에서 이미 충분히 분노를 표출한 그는 "명상"에서는 감정을 자제한다. 『거룩한 공화정』은 빠른 필치로 써내려간, 많은 단점을 수반하는 작품이다. 백스터의 아내는 그가 작품들에 더 많은 시간을 들여 다듬지 않은 것을 항상 후회했다. 그는 자신의 다른 작품과 마찬가지로 이 책에서도 반복적인 내용을 자주 제시한다. 그렇다고 해서 작품에 내부적 논리가 결여된 것도 아니고, 중요한 문제를 회피하는 것도 아니지만(특히 제12장 참조), 즉각적인 사건에 대한 서두른 반응이 자주 보인다. 무엇보다 "서문" 및 "명상"과 본문 사이에 느껴지는 분위기의 불일치 문제가 있다. 그러나 역사가들에게는 이렇게 즉시성을 지닌 작품이 오히려 사료적 가치를 더 많이 담고 있을 수 있다. 희망과 두려움 사이의 기묘한 감정의 동요는 1659년 그의 심리에 대해 많은 것을 알려준다.

V. 국가에 대한 기본적 관점

이제 『거룩한 공화정』에서 국가론이 가장 잘 드러나 있는 8장을 자세히 살펴보겠다.36 먼저 백스터는 창조 때부터 이야기를 시작한다. 태초에 인간은 하나님께만 복종했다. 인간이 무죄한 상태로 계속 있었더라도 "통치[정부]와 복종(Government and Subjection)"은 존재했을 것이다. 하지만 그것은 그때의 통치와 복종은 인간의 유익을 위한 아버지의 도우심에 근거한 것이었으며, 그 안에는 형벌이나 어떤 악도 없었다. 그때의 통치와 복종은

---

36 슐라터 역시 제8장이 이 책에서 백스터가 말하고자 하는 핵심(the heart of what he had to say)을 담고 있다고 적고 있다. Schlatter, *Richard Baxter & Puritan Politics*, 68.

하나님께서 직접 다스리시고 우리는 복종하는 것이었다. 이 상태가 계속 되었다면 인간은 분열과 상처, 강도나 전쟁이나 혼란이 없었을 것이다. 하나님의 통치는 "가장 완벽하게 지혜로우며 정의롭기(most perfectly Wise and Just)" 때문이다. 사탄은 이러한 하나님의 통치와 인간의 복종이라는 관계성을 깨뜨려 버렸다. 하나님께서 타락할 수는 없었기 때문에 사탄은 인간을 유혹하여 죄를 짓게 했다.37

여기에서 흥미로운 지점은 백스터에게 통치와 복종은 원래부터 존재했으며, 죄가 없었다면 국가의 통치 역시 선한 통치로 존속했을 것이라고 본 점이다. 이 견해가 흥미로운 것은 16-17세기 당시에 개혁신학자들 사이에서도 국가의 기원에 대한 다양한 견해가 존재했기 때문이다.38 첫째로, 국가가 창조질서(creation order)에서부터 시작되었음을 강조하는 그룹이 있다. 이 그룹의 신학자들은 질서 있는 통치의 원칙은 창조 자체에 내재되어 있었다고 주장하며, 타락 이전에 이미 정부의 기초가 놓여졌다고 주장한다. 둘째로, 국가가 타락 이후에 비롯되었음을 강조하는 그룹이다. 이들은 국가와 정치적 권위는 죄의 결과로 생겨났다고 주장한다. 그리고 국가가 타락한 세상에서 악을 억제하고 질서를 유지하는 데 주로 기능하는, 인간의 타락에 대한 하나님의 처방으로 본다. 셋째로, 위의 두 가지 견해를 미묘하게 섞은 중간적 입장을 가진 그룹도 있다. 이들은 정부가 원칙적으로 창조 시에 주어진

---

37 Baxter, *A Holy Commonwealth* (1659), 200.
38 고든 스파이크만은 국가의 기원을 1) 구속에 두는 관점, 2) 타락에 두는 관점, 3) 창조에 두는 관점으로 구분한 뒤, 자신은 세 번째 입장을 취한다고 밝힌다. Gordon J. Spykman, *Reformational Theology: A New Paradigm for Doing Dogmatics* (Grand Rapids, MI: Eerdmans, 1992), 183-85. 국가의 기원을 다루는 아래 문헌들도 참조하라. Alan Harding, "The Origins of the Concept of the State," *History of Political Thought* 15, no. 1 (1994), 57-72; Bryan-Paul Frost and Jeffrey Sikkenga, eds., *History of American Political Thought*, 2nd ed. (Lanham: Lexington Books, 2019).

자연법에 근거하지만, 그 징벌적 기능은 타락 이후의 발전이라고 주장한다. 이들은 권위란 창조의 신성한 질서를 반영하는 반면, 특정 정부 기관은 인간의 죄성에 대한 대응이라는 견해를 표명했다. 사무엘 러더포드(1600-1661)는 『법, 왕』(*Lex, Rex*, 1644)에서 위의 두 견해를 통합한 입장을 발전시켰다. 즉, 그는 창조에 뿌리를 둔 자연적 권위와 강압적 타락으로 인해 필요해진 정치권력을 구분했던 것이다.[39] 백스터의 견해는 위의 견해 중 세 번째에 가장 가깝지만, 16-17세기 당시 개혁신학자들의 다양한 견해는 리처드 백스터의 견해에 이미 어느 정도 내재되어 있었다고 볼 수 있다. 즉, 국가의 권위 자체는 창조 시에 하나님과 인간 사이의 관계성에 이미 포함되어 있었지만, 국가가 강압성을 가지게 된 것은 타락 이후라는 입장이다.[40]

백스터는 죄 때문에 인간의 정욕과 욕구(passions and appetite)가 이성에 반발하게 되었고, 모든 혼란의 씨앗이 세상과 우리 안에 뿌려지게 되었다고 주장한다. 죄의 뿌리는 자만심(pride) 안에 있는 이기심(selfishness)이다. 그것은 하나님처럼 되고 싶어하는 욕구이며, 다른 사람의 시선을 받고, 세상의 우상이 되고자 하는 마음이다. 바로 이것 때문에 "신분이 높은 사람은 권력을 갖고 싶어 하고, 낮은 신분의 사람은 더 높은 지위에 오르려고 한다."[41] 백스터는 정치의 영역에서 죄가 들어온 것이 문제임을 분명하게 지적

---

[39] Samuel Rutherford, *Lex, Rex: The Law and the Prince* (London: John Field, 1644), 2-3, 5, 94. Simon J. G. Burton, "The Scholastic and Conciliar Roots of Samuel Rutherford's Political Philosophy: The Influence of Jean Gerson, Jacques Almain, and John Mair," in *Scottish Philosophy in the Seventeenth Century*, ed. Alexander Broadie (Oxford: Oxford University Press, 2020), 211에서 재인용. [러더포드와 관련한 자료를 알려준 이재국 박사님께 감사드린다(2025.4.24.)]

[40] 이러한 입장은 칼빈이 『기독교강요』 4.20.2, 4.20.3, 4.20.8 등에서 제시한 내용과도 조화를 이룬다. 칼빈 역시 국가가 하나님의 뜻에 따라 인간에게 주어진 기관이라 여기지만, 정부가 지닌 공권력 행사 기능은 타락 이후 인간 사회에서 필요하게 되었음을 가르치기 때문이다.

[41] Baxter, *A Holy Commonwealth* (1659), 201.

한다. 그러면서 폭정을 억제하는 방법이 발견되지 않았거나 발견되었어도 실행되지 않았다고 말한다. 그에게 폭정은 유전적이다.42 그러면서 백스터는 "한 사람의 의지가 국가를 파멸시키는 것은 자연본성의 빛(the light of Nature)에 어긋나는 일이다."라고 주장한다.43 청교도들의 글에서 '자연본성의 빛'이란 주로 이성과 동의어로 사용되지만, 때로는 자연계시를 뜻할 때도 있다.44 여기에서는 이성을 뜻한다고 보는 것이 좋다. 따라서 백스터는 한 사람의 폭정에 의해 국가가 다스려지는 것에 대해서 반대한다. 하지만 동시에 그는 잘못된 민주주의의 폐단 역시 지적한다. 왜냐하면 민주주의도 역시 우중정치로 변하여 폭군을 왕으로 삼을 수 있기 때문이다.45

이에 대한 백스터의 처방은 사람의 마음이 가진 죄성과 연약성을 인지하고, 그것을 방지하기 위한 방법들을 적용하는 것이라 할 수 있다.46 적절한 제재를 통하여 왕이 선한 정치를 이끌도록 해야 한다. 여기에서 말하는 선한 정치란 백성의 육체를 돌볼 뿐 아니라, 그들의 영혼을 돌보는 것이다.47 이 일을 위해서 정치가가 하나님에 대한 경건을 가지는 일은 필수적이다. 하나님으로부터 온 권력을 존중하는 사람만이 올바른 정부를 만들 수 있기 때문

---

42 Baxter, *A Holy Commonwealth* (1659), 202.
43 Baxter, *A Holy Commonwealth* (1659), 204.
44 Richard A. Muller, *Dictionary of Latin and Greek Theological Terms: Drawn Principally from Protestant Scholastic Theology* (Grand Rapids, MI: Baker Academic, 2017), 206.
45 Baxter, *A Holy Commonwealth* (1659), 203.
46 이 문단의 내용은 Baxter, *A Holy Commonwealth* (1659), 204-205에 나오는 열 가지 명제들을 바탕으로 핵심 사상을 요약한 것이다.
47 백스터는 왕과 위정자들이 백성들의 "영혼을 돌보는 일(*curam animarum*)"을 해야 한다고 주장한다. 그는 이 일에 있어서 교회와 국가는 협력해야 한다고 말한다. Douglas, "Politics and Theology in the Thought of Richard Baxter. Part II," 308. 참고로 "영혼을 돌보는 일"은 칼빈에게는 목회와 같은 말이다(*Institutes*, 4.5.9). 독일어에서도 "Seelsorge(영혼돌봄)" 는 목회를 뜻한다.

이다. 반대로, 어떤 왕이 하나님의 뜻을 거스른다면 적절한 제재를 가하는 일 역시 필요하다. 그럴 때 정치가 보다 더 선해질 수 있다.48 백스터는 하나님의 법을 거스르면서 인간 왕에게 복종하는 것은 악한 일이라고 주장한다.49

여기서 백스터의 법에 대한 견해를 살펴볼 필요가 있다.50 큰 맥락에서 보면, 백스터에게 있어 성경의 모든 계시는 하나님이 세상을 다스리는 법에 포함되어 있다. 그는 "법이란 피지배자를 구성하는 통치자의 의지의 표징"이라고 선언한다. 그는 또한 법을 "신민으로부터 그리고 신민에게 권리(또는 의무)를 구성하거나 확인하는 통치자의 통치 의지"로서, 그리고 "신민에 대한 통치자의 이유와 의지의 표시 또는 기표로서, 신민으로부터 그리고 신민에게 마땅한 것을 제정하거나 선행적으로 결정하는 것"이라고 주장한다. 또한 명령권의 권한에 따른 의무는 도덕과 법의 본질이다. 백스터에게는 목적에 대한 행위의 적합성이 아니라 의무에 대한 순종이 행동의 규범이다. 그러한 순종은 하나님의 영광과 은혜를 반영해야 한다. 백스터는 다음과 같이 주장한다.

> 하나님께서 우리에게 명하시는 모든 것은 의무이자 수단이다. 먼저는 능률적인 율법 제정자이신 하나님에 대한 관계에서 의무라고 불린다. 그다음은 일을 이루시고 그로써 그분의 뜻이 기쁘게 되는 바 목적 그 자체이신 하나님과의 관계에서 수단이다. 그리고 우리는 항상 이 두 가지 개념을 분리하지 말고

---

48 Baxter, *A Holy Commonwealth* (1659), 205.
49 Richard Baxter, *The Second Part of the Nonconformists Plea for Peace* (London: John Hancock, 1680), 128; David S. Sytsma, *Richard Baxter and the Mechanical Philosophers*, Oxford Studies in Historical Theology (New York, NY: Oxford University Press, 2017), 128에서 재인용.
50 Douglas, "Politics and Theology in the Thought of Richard Baxter. Part I," 121-22.

존중해야 한다. 어떤 의무도 수단이 아닌 것은 없다. 어떤 참된 수단도 의무가 아닌 것은 없다. 많은 사람이 의무가 아닌 죄가 되는 수단에 대해 적성을 가진 것처럼 보인다. 왜냐하면 우리가 모든 것을 보지 못하기 때문이며, 따라서 해로운 것에 대해 적성을 가진다고 생각하기 쉽기 때문이다.51

하나님은 영적이든 현세적이든 인간사에서 가장 위대한 분이다. 이 사실은 피조물로부터 존경과 순종, 사랑과 경외심을 불러일으켜야 한다. 이 모든 것이 시작과 끝으로서의 하나님에 대한 개념에 포함되어 있기 때문이다. 백스터가 이러한 법 개념을 갖고 있기에, 그가 이상적인 국가를 서술할 때 하나님 중심성을 중요한 특징으로 제시하는 것은 당연하다.

백스터에 따르면 이 세상에는 악한 왕들이 많으며, 악한 자들은 제어되지 않을 때 더욱 악해진다. 사탄은 이 악한 자를 통해 이 세상을 더욱 악하게 만든다. 하지만 이 세상이 주와 그리스도의 나라가 될 것은 성경에 주어진 약속이며(계 11:15 참조), 그 일은 거룩하고 정의로운 자들이 세상을 다스릴 때 성취될 것이다. 그런데 문제는 지상에는 지혜롭고 선한 자가 거의 없다. 그들이 잠시 통치한다 해도, 얼마 가지 않아서 악한 자들이 다시 그 자리를 차지해 버린다. 그렇기에 이제 백스터는 거룩한 국가에 대한 목표와 원칙과 제도가 필요하다고 생각한다.52 그는 최고의 정치가에 대해 이렇게 말한다.

> 최고의 정치인들은 사람들을 개선하고, 좋은 통치자를 확보하고, 종교와 평화의 주요 사안에서 우리를 보호하는 데 가장 큰 역할을 할 수 있는 사람들이다. 비록 그들은 우리에게 많은 불편을 안겨주지만 말이다. 그리고 이를 위

---

51 Richard Baxter, *The Practical Works of the Rev. Richard Baxter*, ed. William Orme, vol. 12 (London: James Duncan, 1830), 385.
52 Baxter, *A Holy Commonwealth* (1659), 205-6.

해 그는 모든 방식 중에서 가장 좋은 것을 골라내고, 가장 나쁜 것을 버릴 수 있는 지혜를 발휘할 것이다. 나는 그러한 기술을 가지고 있지 않으며, 정확한 정치학, 유토피아 또는 태양의 도시의 발견을 의도하지도 않고, 내가 가지고 있는 작은 지식을 향상시키는 데 필요한 시간과 노력을 그러한 목적에 바치려고 하는 것도 아니다. [내가 이 책을 쓰는 것은] 단지 우리가 주요한 것을 확보할 수 있도록, 무시되어 온 위대한 신성한 원리를 세상에 촉구하기 위해서이다. 나는 이러한 원리에 부합하는 새로운 모델이 있다면 기꺼이 자리를 양보할 것이다. 그리고 그들이 자신들의 방식으로 국가를 아름답게 만들 수 있도록, 만약 그 나라의 삶이 하나님의 방법으로 확보될 수 있다면 말이다.53

백스터는 자신이 이 책을 쓴 의도가 어떤 완전한 정치가를 찾아 완벽한 국가를 구성하는 데 있는 것이 아니라고 말한다. 그의 의도는 보다 소박한데, 그것은 "무시되어 온 위대한 신성한 원리(the great Divine neglected Principles)"를 세상에 촉구하려는 것이다. 그는 자신이 어떤 모델을 제시하지만, 더 나은 모델이 있다면 양보할 준비가 되어 있음을 밝힌다. 하지만 중요한 원칙은 하나님의 방법에 따라 삶을 구성하는 나라를 세우는 것이다.

VI. 최고의 정부 형태와 가장 행복한 공화국

이어지는 글에서 백스터는 논제 190부터 206에 걸쳐 자신이 생각하는 "가장 행복한 공화국(most Happy Common-wealth)", "신성한 공화국

---

53 Baxter, *A Holy Commonwealth* (1659), 207.

(Divine Common-wealth)", "거룩한 공화정(holy Common-wealth)"의 모델을 구체적으로 제시한다.54 이 부분이 사실상 이 책의 가장 핵심적인 부분이며, 백스터의 국가론을 가장 잘 엿볼 수 있는 부분이다. 이하에서 그 핵심을 요약하고, 전체적인 특징을 제시하겠다.

백스터에 따르면, 가장 행복한 공화국은 정부의 진정한 목적, 즉 영원한 관심사에 대한 공공선과 절대 주권자인 하나님을 기쁘시게 하는 목적을 달성하는 공화국이다. 반대로 세속적인 목적을 우선시하는 것은 오히려 정부를 약화시키게 되며, 무신론적 정치인은 하나님 왕국을 거부함으로써 일종의 반역죄를 저지를 것이다(논제 190). 따라서 가장 좋은 정부 형태는 헌법과 행정 모두에서 하늘의 목적에 가장 완벽하게 부합하는 정부다(논제 191).

백스터는 더욱 신정적인 정부일수록 혹은 참으로 신성한 정부일수록 더 좋은 정부가 된다고 주장하는데,55 하나님은 어떤 인간 통치자보다 더 큰 권위와 지혜와 힘을 가지고 계시기 때문이다(논제 192). 백스터는 정부는 헌법의 주체, 관계, 목적과 행정부의 관리, 판단, 집행 모두에서 신정적 혹은 신적일 수 있다고 주장한다. 그렇기에 무신론자를 제외한 모든 사람은 가능한 한 가장 신성한 공화국을 원할 것이 당연하다(논제 193). 따라서 신적인 공화국에서 하나님은 우주적 주권자이며, 모든 인간 통치자는 그분으로부터 권력을 얻고 그분에게 종속된 상태를 유지한다. 이러한 이치는 성경과 자연법 모두에 의해 뒷받침된다(논제 194).

신성한 공화국은 의무뿐만 아니라 동의에 의해서도 하나님의 신민이 되어야 한다. 하나님의 자발적 신민만이 정당한 시민이 되며, 원리상 기독교 공

---

54 Baxter, *A Holy Commonwealth* (1659), 208-23.
55 Baxter, *A Holy Commonwealth* (1659), 209: "The more Theocratical, or truly Divine any Government is, the better it is."

화국에서는 기독교인만이 완전한 시민이 된다(논제 195). 하나님과 사람들 사이의 언약은 신성한 공화국의 필수적인 토대를 형성한다. 이 언약에서 하나님의 약속은 "토대 또는 원인(the Fundamentum and the Cause)"이고 사람들 편에서의 동의는 "필수성 혹은 조건(the sine qua non or Condition)"이 된다. 사람들이 스스로 동의했기에, 이 언약은 유효적이며, 2차적 의무의 토대가 된다(논제 196).56

신성한 공화국에서 군주 또는 인간 주권자는 하나님의 대리자로서 권력을 보유한다. 사람들은 먼저 하나님과 언약을 맺은 다음에, 하나님의 대리인으로서 군주와 언약을 맺는다(논제 197). 신성한 공화국의 주요 목적은 하나님을 경외하고 사람들을 구원하는 것이며, 세속적 복지는 이러한 영적 목표에 종속되어 있어야 한다. 지상의 목적을 우선시하는 왕국은 "야만적이고 감각적인 왕국(brutish sensual Kingdom)"일 뿐이다(논제 198). 복음이 알려진 곳에서는 예수 그리스도를 주와 왕으로 인정하고 그를 공화국의 시작과 끝으로 삼아야 한다. 그러므로 그리스도의 왕국은 현재가 아니라 오직 재림 때만 존재한다는 홉스의 주장은 반박되어야 마땅하다(논제 199). 신성한 공화국의 공직자는 하나님을 두려워하고 하나님께 복종하는 개인이어야 한다. 이교도나 불경건한 사람은 가장 높은 왕에게 거짓을 행하므로 통치하기에 부적합하다(논제 200). 행정관을 선택할 때는, 하나님의 율법의 교훈을 준수하고, 하나님의 은사에 맞으며, 능력 있는 사람만 선택해야 한다. 만일 은사에 있어 잘 분별이 안 될 때는 제비뽑기를 사용할 수도 있다(논제 201).

자연과 성경에 있는 하나님의 법이 주된 법이어야 하며, 인간의 법은 그 아래에 종속되어야 한다. 모세법 자체는 더는 우리에게 의무를 부과하지 않

---

56 Baxter, *A Holy Commonwealth* (1659), 211.

지만, 도덕법은 자연법이자 또한 구속주의 법으로서 여전히 우리에게 구속력을 행사한다. 그리고 정치적인 법들도 여전히 구속력을 행사할 수 있는데, 도덕법 역시 정치적인 측면이 있기 때문이다. 하지만 하나님께서 그 법들을 정하신 상황과 이유들을 잘 분별해야 한다. 하나님은 법으로 통치하신다. 따라서 하나님의 법을 거부하는 것은 하나님을 거부하는 것과 마찬가지다. 온 세상은 자연법을 가지며, 그리스도인은 이에 더하여 은혜의 법을 가진다(논제 202).

이 신성한 공화국에서 하나님에 대한 죄는 가장 가혹한 범죄로 간주되어야 한다. 하나님에 대한 부정이나 모독은 가장 큰 반역죄가 되기 때문이다. 그런 죄를 지은 자들에게 사후 세계에서 궁극적인 형벌이 기다리고 있지만, 행정관은 사회의 부패를 막기 위해 불경죄를 처벌해야 한다(논제 203). 신성한 공화국에서 거룩함이 가장 큰 존경과 격려를 받아야 하며, 귀한 것과 천한 것 사이에 큰 차이가 있어야 한다(시 16:3, 101:6, 8). 신정(神政)이란 왕이 모든 일에서 하나님으로부터, 하나님을 통해, 하나님을 위하여 다스리는 것이다(논제 204).57 진정한 신정 또는 거룩한 공화정에서는 교회와 국가의 문제가 형식과 집행방식이 다르더라도 전적으로 혹은 거의 동일해야 한다는 사실이 드러난다(논제 205).58 교회와 국가는 통치자, 운영 방식, 토대, 범위, 회원 자격 요건 및 즉각적인 목적이 다르다. 그러나 교회와 국가가 그리스도를 머리로 가진다는 점, 언약적 성격을 지닌다는 점, 도덕적 기준과 덕성과 경건을 지닌다는 점, 그리고 이상적일 경우 둘의 구성원이 동일하다는

---

57 Baxter, *A Holy Commonwealth* (1659), 216: "This is a Theocracy, when Princes govern From God, By God, and for God in all things."
58 Baxter, *A Holy Commonwealth* (1659), 216: "By this it appeareth that in a true Theocracy, or Divine Common wealth, the Matter of the Church and Common-wealth should be altogether or almost the same, though the form of them and administrations are different."

점에서 유사성을 지닌다(논제 205). 이 신정주의 정책은 모든 기독교인이 추구해야 할 "의심할 여지 없는 그리스도의 지상 통치"이다. 그는 모든 신자들이 그리스도의 통치, 성도의 존엄성, 세상의 개혁을 갈망하는 일에 연합할 것을 촉구한다. 그러면서 백스터는 그리스도인의 정치 참여에 있어 중요한 세 가지 원칙을 제시한다. 첫째, 이렇게 거룩한 공화정을 세우는 일은 특정 파벌이나 특정 신학적 입장을 가진 신자에게만 국한될 수 없으며, 영적으로 성숙한 모든 신자가 해야 할 일이며, 심지어 초신자나 연약한 그리스도인들도 배제될 수 없다. 둘째, 그리스도의 통치에는 자비가 필요하기 때문에 배타적인 거룩함을 주장하고 다른 사람을 정죄하는 가장 비판적인 사람들이 통치해서는 안 된다. 셋째, 모든 성도가 통치자가 될 필요는 없지만, 모든 통치자가 성도가 되는 공화국 체제를 지향해야 한다(논제 206).[59]

이상과 같이 백스터가 지향하는 거룩한 공화정의 핵심을 다섯 가지로 요약하자면 아래와 같다. 첫째, 가장 행복한 공화국은 정부의 진정한 목적을 하나님께 두는 공화국이다. 즉 절대 주권자인 하나님을 기쁘게 하면서 공공선을 추구하는 것이다. 둘째, 신성한 공화국은 하나님의 통치를 인간이 받들어 섬기는 신정 정치를 추구해야 한다. 더욱 신정적인 정부일수록 혹은 참으로 신성한 정부일수록 더 좋은 정부가 된다. 셋째, 거룩한 공화정에서 시민들은 언약 안에서 주어진 의무에 대해 동의함으로써 하나님의 신민이 되어야 한다. 하나님과 사람들 사이의 언약은 신성한 공화국의 필수적인 토대를 형성하기에, 원칙적으로는 기독교인만이 완전한 시민이 될 수 있다. 넷째, 신성한 공화국의 통치자들은 하나님의 대리자로 행동한다. 그들의 주요 목적은 하나님을 경외하고 사람들을 구원하는 것이다. 여기에서 세속적 복지

---

[59] Baxter, *A Holy Commonwealth* (1659), 222-23.

는 영적 목표에 종속되어야 하며, 그리스도만이 주와 왕으로 인정받아야 한다. 다섯째, 진정한 신정에서 교회와 국가의 문제는 전적으로 혹은 거의 동일해야 하며, 그 형식과 집행방식만 다를 뿐이다. 교회와 국가는 통치자, 운영 방식, 즉각적인 목적은 다르지만, 그리스도를 머리로 하며, 언약적 성격을 지니며, 같은 도덕적 기준과 덕성과 경건을 지닌다는 점에서 일치한다. 이상적일 경우 국가와 교회의 구성원은 동일할 것이다.

VII. 해링턴과 홉스에 대한 비판

논제 207에서 백스터는 오류와 극단조차도 하나님의 섭리 안에서 진리와 교회의 개혁을 위한 도구가 될 수 있다는 신학적 낙관주의를 보여준다. 그는 먼저 진리의 소홀이 오류를 낳는다고 주장한다. 하지만 오류는 개혁의 부름이며, 하나님은 오히려 오류를 통하여서도 교회가 소홀히 한 부분을 바로잡고 개혁하도록 이끄실 수 있다. 그러한 예로서 백스터는 반율법주의자들, 알미니우스주의자들, 재세례파, 천년왕국론자들 등을 제시한다. 이러한 분파들의 오류를 통해 교회는 그동안 잊고 있던 진리나 실천을 다시 성찰하게 되었다.[60]

논제 208에서 백스터는 마치 이러한 반면교사의 예를 제시하듯이 해링턴과 홉스를 비판한다. 먼저 백스터는 해링턴을 다양한 측면에서 비판한다. 그는 우선, 정부 형태는 부차적이라고 본다. 왜냐하면 특정한 정부 구조(군주제, 민주주의 등)가 좋은 국가를 보장하는 것이 아니라 지도자의 인격, 즉 현

---

60 Baxter, *A Holy Commonwealth* (1659), 223-24.

명하고 경건한 인격이 더욱 중요하기 때문이다.61 그러면서 백스터는 해링턴의 모델을 비판하는데, 그의 작품 『오시아나』는 현명하고 신실한 통치자를 보장하는 제도가 부족할 뿐 아니라, 부적합한 자들이 정치에 개입할 수 있도록 허용하기 때문이다. 백스터는 기독교 없이는 의로운 정부가 불가능하며, 따라서 이를 무시하는 모델은 근본적으로 결함이 있다고 주장한다.

해링턴의 모델은 성직자와 좋은 공화국이 양립할 수 없는 것으로 보고 있지만, 백스터는 기독교를 보존하는 데 오히려 성직사의 역할이 필수적이라고 주장한다. 그리스도는 그의 사역자들을 통해 통치하시기에, 국가에서 성직자를 제거하는 것은 그리스도가 임명된 사역자들을 통해 통치하는 그리스도의 통치를 약화시키는 결과를 낳는다. 특히 백스터는 해링턴이 로마 가톨릭과 부도덕이 만연한 베네치아를 찬양한 것은 그의 모델이 그러한 부패에 저항하지 못했음을 보여준다고 주장한다.

또한, 백스터는 해링턴이 제시한 제도 중에 순환제도나 투표 등은 무식하고 불경건한 사람이 통치할 가능성을 높이기에 위험하다고 본다. 왜냐하면 불경건한 대중은 경건한 통치자를 경멸하고 자신의 불경건함을 반영하는 통치자를 선출할 것이기 때문이다. 따라서, 해링턴이 제시한 기획에서는 신실한 목회자보다 대중의 입맛에 맞는 나쁜 목회자가 선출될 것이다. 그리고 교회 권징도 약화될 것이며, 무자격자(예: 술집이나 농장 출신)가 군사 및 시민 지도자 역할을 맡게 되어 재앙이 초래될 수 있다. 무엇보다 위험한 것은 무지한 자들에 의한 입법이다. 해링턴의 기획 속에서는 행정(government)을 공부한 적이 없는 사람은 높은 자리에 오르고, 거버넌스 교육을 받은 사람은

---

61 이러한 면은 칼빈 역시 강조하는 부분이다. 칼빈은 귀족정과 민주정을 혼합한 형태가 가장 이상적이라고 말하긴 하지만, 국가의 형태가 어떠해야 하는지에 대한 답은 단순하게 결정될 수 없다고 가르치기 때문이다(『기독교강요』, 4.20.8).

엘리트주의자로 무시당할 수 있다.62 특히 그가 제안한 순환보직은 정치가의 역량이 성장하는 것을 방해한다. 순환보직으로 인한 지속적인 이직은 필요한 경험을 쌓을 수 있을 만큼 오래 재직하는 사람이 없다는 것을 의미하기 때문이다.

그리고, 백스터는 해링턴이 주창한 "양심의 자유"가 무신론, 이단, 불경이 번성하는 것을 허용할 것이라고 우려한다. 따라서, 해링턴의 제안은 미덕, 경건, 신중함을 구조적으로 배제하는 정부를 양산하게 되어 본질적으로 결함이 있다는 것이 백스터의 결론이다.

이와 함께 논제 208에서 백스터는 홉스 역시 비판한다. 백스터는 홉스의 『리바이어던』이 절대적인 불경한 군주제(absolute Impious Monarchy)를 주창한다고 비판한다. 따라서 홉스의 정치 이론은 "의로운 정부(Righteous Government)"를 보장하지 못한다. 백스터가 보기에 홉스의 모델은 특히 기독교의 계승을 보장하지 않는다는 점에서 문제가 있다. 백스터는 기독교 없이는 의로운 정부를 기대할 수 없다고 보기 때문에, 홉스의 기획은 기독교적 가치와 양립할 수 없다고 결론짓는다.

제8장의 마지막 논제인 논제 209에서 백스터는 좋은 법률과 나쁜 통치자가 있는 것이 좋은지, 아니면 좋은 통치자와 나쁜 법률이 있는 것이 좋은지에 대한 질문을 다루고 있다. (어쩌면 이 질문 역시 해링턴이 제기한 문제일 수 있다.) 백스터에 따르면, 법률이란 정부의 행위로서, 신민의 의무에 관한 통치자 의지의 표현이다. 우선, 그는 위의 질문이 비논리적이라고 말하면서, 마치 차가운 눈으로 따뜻해질 수 있는지 또는 불로 시원해질 수 있는지 묻는 것과 같다고 비유한다. 왜냐하면 좋은 통치자는 자연스럽게 좋은 법률을 만

---

62 백스터는 거버넌스(governance)라는 단어를 사용하지는 않는다. 대신 행정(government)이라는 단어를 자주 사용한다.

들고 유지하며, 나쁜 통치자는 그 반대를 행할 것이기 때문이다. 백스터는 하나님이 이미 세상에 좋은 법을 제공했지만, 문제는 집행자에 따라서 그 법이 효력을 발휘할 수도 있고 그렇지 못할 수도 있다. 좋은 법률이 존재하더라도 나쁜 통치자는 그 효과를 제한하지만, 좋은 상급 권위자는 나쁜 하급 관리들을 강제하여 법을 제대로 시행하게 할 수 있다. 백스터는 입법은 정부의 주요 행위이자 통치 권위의 최고 특권으로 묘사한다. 만일 통치자가 죽으면 법률은 원인 없는 결과로서가 아니라 계약적 의무를 통해 법을 수용한 후계자에 의해 계속될 수 있다. 그러면서 백스터는 부패한 판사들과 법관들이 잘못된 해석과 적용을 통해 쉽게 좋은 법률을 훼손할 수 있다고 경고한다. 백스터의 결론은 명확하다. 하나님의 기본적인 법칙이 이미 제공된 상태에서, 좋은 주권자는 좋은 인간 법률을 만들고, 좋은 관리들은 적절한 집행을 보장할 것이지만, 반대로 나쁜 통치자는 좋은 법률조차도 무력화시킬 것이라는 사실이다.

VIII. 칼빈과 백스터의 국가론 비교

백스터의 국가론은 앞에서 정리한 칼빈의 국가론과 유사성과 차이점을 동시에 지닌다. 먼저, 유사한 지점은 아래와 같다. 첫째, 칼빈과 백스터 모두 국가를 하나님께서 선한 목적으로 만드신 기관으로 이해한다. 그들은 국가의 권위가 궁극적으로 하나님으로부터 나온다고 주장한다. 둘째, 칼빈과 백스터 둘 다 영적 왕국(교회)과 세속적 왕국(국가)의 구분을 인정하면서도, 이 둘이 서로 밀접하게 연관되어 있다고 본다. 셋째, 두 신학자 모두 국가의 목적이 단순히 세속적 평화와 질서 유지뿐만 아니라 하나님에 대한 공적 예배를 존중하고 보호하는 것까지 포함한다고 주장한다. 넷째, 타락한 인간 본성에 대한 인식에 있어서도 동일하다. 칼빈과 백스터 모두 인간의 타락성을 인정하고, 이것이 정치 제도에 영향을 미친다고 보는데, 이러한 인식은 권력 남용을 방지하기 위한 제도적 장치의 필요성에 대한 강조로 이어진다. 다섯째, 칼빈과 백스터 모두 법을 국가의 중요한 요소로 보며, 특히 하나님의 법이 인간 법의 기초가 되어야 한다고 주장한다. 여섯째, 두 사상가 모두 악한 통치자라도 그 권위를 인정해야 하지만, 그들이 하나님의 법에 위배되는 명령을 내릴 경우 불복종해야 한다고 가르친다.

하지만 칼빈과 백스터에게 국가론의 차이점도 있다. 첫째, 백스터는 국가의 권위가 창조 시에 이미 존재했으나 그 강압적 성격은 타락 이후에 발생했다는 보다 명확한 입장을 취한다. 반면, 칼빈은 타락과 국가의 기원에 대한 입장을 백스터처럼 명확하게 제시하지는 않는다. 둘째, 칼빈은 "귀족정과 민주정을 결합한 제도"가 가장 이상적이라고 주장한 반면, 백스터는 공화정의 형태를 가진 입헌군주제를 최상의 정부 형태로 보았다. 셋째, 칼빈은 교회와 국가의 구분을 더 명확히 하는 반면, 백스터는 "진정한 신정에서 교회와 국가의 문제는 전적으로 혹은 거의 동일해야 한다"고 주장하며 더 긴밀한 관계를 강조한다. 넷째, 백스터는 "하나님의 자발적 신민만이 정당한 시민이 되며, 원리상 기독교 공화국에서는 기독교인만이 완전한 시민이 된다"고 주장하여 시민권과 신앙의 관계를 더 직접적으로 연결한다. 또한, 그는 칼빈보다 국가론에서 언약 개념을 더 강조하며, 하나님과 사람들 사이의 언약이 신성한 공화국의 필수적인 토대를 형성한다고 본다. 이처럼, 국가론에 있어서 칼빈과 백스터는 차이점이 있긴 하지만, 하나님 중심적 성격을 공통점으로 가지고 있기에, 차이점보다는 공통점이 더욱 두드러진다고 볼 수 있다.

IX. 결론: 백스터의 국가론이 지니는 개혁적 성격과 보수적 성격

『거룩한 공화정』에 나타난 리처드 백스터의 국가론은 이중적인 성격을 지닌다. 한편으로, 『거룩한 공화정』은 1683년 분서갱유 사건에 포함될 정도로 개혁적이고 급진적인 측면을 가졌다. 그래서 시대가 바뀌게 되었을 때 백스터 스스로 그 책을 철회할 정도였다. 다른 한편으로, 백스터 자신은 후대의 역사가들에 의해서 "청교도 보수주의자(Puritan Conservative)"라는 평가를 받는다.63 어떻게 해서 이러한 상반된 평가가 나오는지를 알기 위해서, 『거룩한 공화정』에 나타난 정치사상에서 개혁적인 요소와 보수적인 요소를 정리해 보면서 이 글을 마치고자 한다.

먼저, 개혁적인 요소는 아래와 같다. 첫째, 백스터는 위정자들이 지닌 책임성과 그에 대한 제재 가능성을 주장했다. 그가 제시한 강력한 하나님 중심적 관점에 근거하면, 왕의 권위도 하나님의 법 아래 있기에 하나님의 뜻을 거스르는 통치자에 대해서는 제재가 가능하다. 그는 세속적인 목적을 우선시하는 정치와 무신론적인 통치자를 비판하며, 정치의 궁극적인 목표는 하나님의 영광과 인간 구원에 두어야 한다고 주장한다. 이는 당시 세속 군주 중심의 정치 질서에 대한 비판적 시각을 드러내는 개혁적인 주장이며, 그의 책이 이후 왕정시대에 금서로 지정된 이유를 잘 보여준다.

---

63 Schlatter, *Richard Baxter & Puritan Politics*, 3-42. 황경철도 역시 백스터를 "청교도 보수주의자"라고 평가한 슐라터의 주장을 수용하면서도, 백스터의 『거룩한 공화정』이 금서로 지정될 만큼 이슈가 되었는지에 대한 정교한 연구가 필요하다고 지적했다(황경철, "청교도와 공공신학," 204-5).

둘째, 백스터는 시민의 자발적 동의와 언약에 기초한 국가 운영을 주장했다. 신성한 공화국의 시민은 하나님의 언약에 동의함으로써 정당한 신민이 되어야 한다. 이런 견해는 근대적인 사회계약 사상과 유사하다. 아울러 백스터는 절대군주제를 거듭거듭 비판했다. 그는 인간의 정치행위가 자연법과 성경에 기반한 하나님의 법 아래 종속되어야 한다고 주장한다. 그는 하나님의 법을 거스르는 인간의 법에 대한 복종은 악한 일이라고 단언하며, 부당한 권력에 대한 저항의 가능성을 열어둔다. 이는 절대적인 왕권에 대한 비판적 시각을 내포하며, 법치주의의 중요성을 강조하는 개혁적인 주장으로 해석될 수 있다.

셋째, 백스터는 교회와 국가의 상호 협력 원리를 제시했다. 그는 교회와 국가가 분리된 기관이면서도 함께 백성의 영혼과 육체를 돌보는 상호협력적 관계를 유지해야 한다고 보았다. 그는 통치자가 하나님의 대리인으로서 백성의 영적 복지를 포함한 공공선을 추구해야 한다고 강조한다. 위정자들은 백성의 "영혼을 돌보는 일"에 관심을 가져야 하며, 이를 위해 교회와 국가의 협력이 필요하다. 이는 통치자의 권한뿐만 아니라 책임을 강조하는 것으로 권력 남용을 견제하고, 보다 거룩하고 정의로운 사회를 지향하는 관점이다. 백스터가 제시한 국가와 교회의 관계에 대한 이러한 입장은 근대 이후에 정립된 국가와 교회의 올바른 관계성을 선취적으로 보여준다.

넷째, 백스터는 왕정도, 민주주의도 절대화하지 않았다. 그의 견해는 정부 형태 자체보다는 경건하고 현명한 통치자의 유무가 핵심이라고 강조하는데, 이는 당시 양극단(절대왕정 옹호자 vs 급진적 공화주의자)을 피하면서도 보다 건설적인 대안을 제시하려는 노력의 결과다. 특히, 백스터는 민주주의가 우중정치로 변질되어 폭군을 옹립할 수 있다는 점을 지적하며, 어리석고 불경건한 대중에 의한 지배를 경계한다. 이는 당시 급진적인 민주주의 사조에 대한 비판적 성찰을 보여주는 것으로, 신중하고 점진적인 개혁을 추구하는 그의 입장을 반영한다.

다섯째, 백스터는 무신론자 및 불경건한 자가 국가를 통치할 자격이 없다고 주장했다. 그는 공직자가 되기 위해서는 경건함이 필수적이라고 하며, 정치가들에게 도덕적이며 영적인 기준을 요구한다. 이는 좋은 정치가를 선별하는 기준으로 단순한 혈통이나 지위가 아니라 영적, 도덕적 자격을 중시한다는 점에서 개혁적이라고 할 수 있다. 그는 영적으로 성숙한 모든 신자가 정치에 관심을 갖도록 독려하며, 통치자가 기독신자가 되는 공화국 체제를 지향해야 한다고 역설한다. 이는 신앙인의 사회적 책임을 강조하고, 정치 영역에서의 적극적인 역할을 촉구하는 개혁적인 입장이다.

하지만 이러한 하나님 중심적인 국가관 및 정치이론은 백스터의 정치적 입장이 보수적으로 표현되는 데 기여하기도 했다. 첫째, 그에게 권력의 근원은 국민이 아닌 하나님이다. 하지만 "국민은 권력의 원천이 아니다"라는 관점은 자칫 근대 민주주의의 발전을 저해하는 요소로 평가될 수도 있다.

둘째, 그는 군주제에 대한 우호적인 시각을 가졌는데, 이는 민주정보다는 왕정에 더욱 호의적인 그의 태도를 보여준다. 사실 백스터가 지지하는 군주제는 입헌적 군주제이므로 중세의 왕권신수설과는 거리가 멀다. 그럼에도 불구하고 그의 주장은 민주정을 너무 비판적으로 다룬 나머지, 전통적인 왕권신수설을 옹호하는 논리로 사용될 수 있는 오용의 가능성이 전혀 없지는 않다.

셋째, 그는 경건한 소수에 의한 통치를 지지했다. 백스터는 대중이 불경건하고 무지한 경우가 많아 그들이 지도자를 투표로 선출할 경우 부패할 가능성이 크다고 비판했다. 그리하여 그는 현명한 소수의 통치를 옹호하는 엘리트주의적 경향을 보이는데, 이것은 근대 민주주의의 발전 방향과는 다른 방향이다. 특히, 시민의 투표에 의한 정치가 선출을 반대하는 그의 입장은 지금의 관점에서는 상당히 보수적인 관점으로 평가될 수 있다.[64]

넷째, 그는 교회와 국가의 건전한 협력 관계를 강조하면서도, 교회가 단순한 영적 활동을 넘어서 국가의 도덕적 기준과 통치에 영향을 주어야 한다고 주장했다. 이는 자칫 중세적 신정질서로의 복귀로 오용될 여지가 있다. 백스터는 해링턴의 반성직주의를 비판하며, 기독교를 보존하는 데 성직자의 필수적인 역할을 강조한다. 하지만 이런 관점은 전통적인 교회의 권위를 옹호하는 보수적인 입장으로 해석될 여지가 있다.

다섯째, 백스터는 원리적으로는 기독교인만이 완전한 시민의 자격을 가진다고 보았다. 그리하여 기독교인의 신분이 신성한 공화국의 완전한 신민의 조건임을 강조함으로써, 종교적 배타성을 보여주고 있다. 백스터는 해링턴이 주창한 "양심의 자유"가 무신론, 이단, 불경의 번성을 초래할 수 있다고 우려한다. 그는 미덕, 경건, 신중함을 사회 유지의 중요한 요소로 간주하며,

---

[64] 물론 백스터 역시 그 시대의 아들이므로, 이런 관점을 가진 것을 마냥 비판할 수는 없다. 가령, 여성 참정권을 결국 찬성했던 헤르만 바빙크와는 달리, 아브라함 카이퍼조차 20세기 초반에도 여전히 여성들에게 참정권을 주는 것을 반대했다. 제임스 에글린턴, 『바빙크: 비평적 전기』, 박재은 역, 이상웅 감수(군포: 다함, 2022), 495[번역을 약간 수정함]: "10년 전 카이퍼와 로만 사이에 발생한 갈등의 맥락 속에서 카이퍼는 개인들보다는 가정을 중심으로 한 대중 민주주의 형식에 지원을 아끼지 않았다. 하위스만스끼스레흐트(huismanskiesrecht, 가장의 선거권)의 구조 가운데서 세계관과 인생관을 공유하는 구성단위인 각 가정이 민주적으로 한 가정의 (남자) 가장에게 부여된 선거 권한을 갖게 되었다. 1895년 카이퍼는 가정 구성단위의 유기적 연합을 약화시키지 않은 채 보통 사람들에게 권한을 주는 한, 이런 형식의 대중 민주주의를 칼빈주의와 현대 문화 사이의 행복한 연합으로 바라보았다. 반면, 카이퍼는 개인에게 참정권을 부여하는 일은 공공의 목적을 위해 함께 기능할 것이라는 기대 없이 가정이 자의적으로 연결된 개인의 연합으로 축소되는 형태 정도로 여겼다. 카이퍼는 개인 유권자에게 선거권을 부여하는 사회야말로 배의 수면 아래 부분에 구멍이 난 것 같은 가정을 가진 사회라고 믿었다. 카이퍼의 제안이 네덜란드 사회 전역에 걸쳐 중대한 지지를 받았다는 사실을 지적하는 것은 가치 있는 일이다."

종교적 관용보다는 기독교적 가치에 기반한 사회 질서를 강조하는 보수적인 입장을 보인다.

　이상과 같이 백스터는 고전적 기독교 정치신학의 전통을 계승하면서도 당시의 정치적 혼란과 급진적 사상들을 신학적으로 평가하고 비판하며, 보수성과 개혁성을 절충하는 중도 개혁주의자의 전형을 보여준다.『거룩한 공화정』에 나타난 국가론과 정치사상은 당대의 사회적·정치적 격변기에 대한 그의 신학적 성찰을 바탕으로 형성되었다. 그의 주장은 전통적인 가치와 새로운 시대의 요구 사이의 긴장을 보여주며, 개혁적인 요소와 보수적인 요소를 동시에 내포하고 있다. 이 점은 백스터 당대에 그의 책이 그 개혁적이고 급진적인 성격으로 인해 분서갱유 당하기까지 했지만, 현대에 와서는 그가 오히려 청교도 보수주의자라고 평가 받게 되는 역설적 측면을 지니게 된 이유를 설명해 준다.

　백스터가 이러한 중도적 개혁주의적 입장을 가지게 된 것은, 어쩌면 그가 키더민스터에서 사역했을 때의 경험이나 군목으로 활동할 때의 경험 때문일 수 있다. 한편으로, 그는 크롬웰의 통치 하에서 목회 사역의 꽃을 피웠기에 하나님을 경외하는 경건하고 지혜로운 군주에 의한 통치를 찬성하게 되었을 것이다. 다른 한편으로, 그의 목회 사역에서 만난 많은 회중이나 군대에서 본 일반 민중은 그가 보기에 여전히 어리석고 불경하여 잘못된 판단을 내리기 쉬운 존재로 보였을 것이다. 그런 점에서『거룩한 공화정』은 백스터의 정치신학이 가진 개혁적 성향과 보수적 성향을 모두 보여주고 있다. 이 작품은 1659년 잠시 동안 영국이 새로운 예루살렘이 될 것이라는 희망을 키웠던 한 청교도의 국가론을 담고 있는 역사적 산물이다. 하지만 그럼에도 불구하고 이 작품은 오늘날 그리스도인들이 지향해야 할 국가에 대한 비전을 여러 가

지로 제시하고 있어 여전히 참조할 가치가 높은 정치신학을 담고 있다.65

---

65 본 논문을 기획할 때 백스터의 『거룩한 공화정』(*A Holy Commonwealth*)을 연구하도록 추천해 준 데이빗 사이츠마(David Sytsma) 교수(2025.2.4. 메일 교환)와 자료를 구하는데 도움을 준 리처드 멀러(Richard A. Muller) 교수(2025.3.25. 메일 교환)께 감사드린다.

〈참고문헌〉

1차문헌

Baxter, Richard. *A Holy Commonwealth*. Ed. William M. Lamont. Cambridge Texts in the History of Political Thought. New York: Cambridge University Press, 1994.

_____. A Holy Commonwealth. London: Printed for Thomas Underhill and Francis Tyton, 1659.

_____. The Practical Works of the Rev. Richard Baxter. Ed. William Orme. vol. 12. London: James Duncan, 1830.

_____. The Second Part of the Nonconformists Plea for Peace. London: John Hancock, 1680.

2차 자료

Bacon, Leonard. *Select Practical Writings of Richard Baxter*. 2 vols. London: Forgotten Books, 2018.

Beeke, Joel R., and Randall J. Pederson. *Meet the Puritans: With a Guide to Modern Reprints*. Grand Rapids, MI: Reformation Heritage Books, 2006.

Burton, Simon J. G. "The Scholastic and Conciliar Roots of Samuel Rutherford's Political Philosophy: The Influence of Jean Gerson, Jacques Almain, and John Mair." In *Scottish Philosophy in the Seventeenth Century*, edited by Alexander

Broadie, 208-25. Oxford: Oxford University Press, 2020.

Calvin, John. *Institutes of the Christian Religion*. Ed. John Thomas McNeill. Trans. Ford Lewis Battles. 2 vols. Library of Christian Classics; v. 20-21. Philadelphia, PA: Westminster Press, 1960. 라틴어: Baum, G., Cunitz, E., and Reuss, E. eds., *Ioannis Calvini Opera quae supersunt omnia*, 59 vols (Brunsvigae, 1863-1900) (=*Corpus Reformatorum* 29-87).

Douglas, Walter B. T. "Politics and Theology in the Thought of Richard Baxter. Part I." *Andrews University Seminary Studies* 15.1 (Spring 1977), 115-26

_____. "Politics and Theology in the Thought of Richard Baxter. Part II." *Andrews University Seminary Studies* 16.1 (Spring 1978), 305-312.

Frost, Bryan-Paul and Jeffrey Sikkenga, eds. *History of American Political Thought*. 2nd ed. Lanham: Lexington Books, 2019.

Grabill, Stephen John. *Rediscovering the Natural Law in Reformed Theological Ethics*. Grand Rapids, MI: Eerdmans, 2006.

Harding, Alan. "The Origins of the Concept of the State." *History of Political Thought* 15, no. 1 (1994), 57-72.

Kuyper, Abraham. *Calvinism: Six Lectures Delivered in the Theological Seminary at Princeton*. New York: Fleming H. Revell Company, 1899.

Lamont, William M. "Introduction." In Richard Baxter, *A Holy*

Commonwealth, ix-xxi. New York: Cambridge University Press, 1994.

Lewis, C. S. "Equality." In *The Quotable C. S. Lewis*, edited by Wayne Martindale and Jerry Root, 152-53. Wheaton, IL: Tyndale House Publishers, Inc., 1989.

Luther, Martin. "Temporal Authority: To What Extent It Should Be Obeyed." In *Luther's Works*, Vol. 45: The Christian in Society II, edited by Jaroslav Jan Pelikan, Hilton C. Oswald, and Helmut T. Lehmann, 75-129. Philadelphia: Fortress Press, 1999.

Muller, Richard A. *Dictionary of Latin and Greek Theological Terms: Drawn Principally from Protestant Scholastic Theology.* 2nd ed. Grand Rapids, MI: Baker, 2017.

O'Donovan, Oliver, and Joan Lockwood O'Donovan, eds. *From Irenaeus to Grotius: A Sourcebook in Christian Political Thought, 100-1625.* Grand Rapids, MI: Eerdmans, 1999.

Pecknold, Chad C. "Catholic Teaching on Politics and the State." In *The Oxford Handbook of Catholic Theology*, edited by Lewis Ayres and Medi Ann Volpe, 457-75. Oxford Handbooks. New York: Oxford University Press, 2019.

Piper, John. *Sermons from John Piper (2000-2014).* Minneapolis, MN: Desiring God, 2014.

Schlatter, Richard. *Richard Baxter & Puritan Politics.* New

Brunswick, NJ: Rutgers University Press, 1957.

Spykman, Gordon J. *Reformational Theology: A New Paradigm for Doing Dogmatics*. Grand Rapids, MI: Eerdmans, 1992.

Steinmetz, David C. "The Reformation and the Ten Commandments." *Interpretation: A Journal of Bible and Theology* 43, no. 3 (July 1989), 256-66.

Sytsma, David S. *Richard Baxter and the Mechanical Philosophers*. Oxford Studies in Historical Theology. New York, NY: Oxford University Press, 2017.

Woo, B. Hoon. "Pilgrim's Progress in Society: Augustine's Political Thought in the City of God." *Political Theology* 16, no. 5 (2015), 421-41.

김헌수. 코넬리스 반 담, 윈스턴 후이징아. 『성경에서 가르치는 집사와 장로』. 서울: 성약, 2013.

우병훈. "'교회와 국가의 관계'에 대한 신학적 견해들 (1)." 「개혁신앙」 13 (2015년 7·8월), 56-60.

_____. "공공신학 교육을 위한 교본으로서 웨스트민스터 대교리문답." 「개혁논총」 39 (2016), 73-111.

_____. 『교회를 아는 지식』. 서울: 복있는사람, 2022.

_____. 『기독교 윤리학』. 서울: 복있는사람, 2019.

_____. 『처음 만나는 루터』. 서울: IVP, 2017.

에글린턴, 제임스. 『바빙크: 비평적 전기』. 박재은 역, 이상웅 감수. 군포: 다함, 2022.

칼빈, 존. 『기독교강요』. 김종흡, 신복윤, 이종성, 한철하 공역. 서울: 생명의
　　　말씀사, 1986.
_____. 『기독교강요』. 문병호 역. 제4권. 서울: 생명의말씀사, 2023.
키케로. 『법률론』. 성염 역주. 서울: 한길사, 2007.
_____. 『국가론』. 김창성 역주. 서울: 서광사, 2021.
플라톤. 『국가(정체)』. 박종현 역주. 서울: 서광사, 2008.
_____. 『국가』. 천병희 역주. 서울: 도서출판 숲, 2016.
_____. 『정치가, 소피스트』. 천병희 역주. 서울: 도서출판 숲, 2014.
황경철. "청교도와 공공신학 – 리처드 백스터의 공공신학적 면모와 시사점."
　　　「갱신과 부흥」 35 (2025), 173-212.